农科英才

（2017版）

中国农业科学院　编著

中国农业科学技术出版社

图书在版编目（CIP）数据

农科英才：2017版/中国农业科学院编著．—北京：中国农业科学技术出版社，2018.7

ISBN 978-7-5116-3580-8

Ⅰ. ①农… Ⅱ. ①中… Ⅲ. ①农业—科学工作者—生平事迹—中国—2017 Ⅳ. ①K826.3

中国版本图书馆CIP数据核字（2018）第059969号

责任编审	史咏竹
责任校对	李向荣
出 版 者	中国农业科学技术出版社
	北京市中关村南大街12号　邮编：100081
电　　话	（010）82105169（编辑室）（010）82109702（发行部）
	（010）82109709（读者服务部）
传　　真	（010）82106626
网　　址	http://www.castp.cn
经 销 者	各地新华书店
印 刷 者	北京科信印刷有限公司
开　　本	787 mm×1 092 mm　1/16
印　　张	34.25
字　　数	639千字
版　　次	2018年7月第1版　2018年7月第1次印刷
定　　价	176.00元

版权所有·翻印必究

【《农科英才》编辑委员会】

主　任　唐华俊

副主任　陈萌山　李家洋　翟虎渠　薛　亮　刘　旭　李金祥　李杰人
　　　　　吴孔明　王汉中　万建民　梅旭荣　刘大群　史志国　王　韧
　　　　　雷茂良　罗炳文　贾广东　魏　琦　贾连奇

委　员（以姓氏笔画为序）
　　　　　才学鹏　王志强　王育青　王晓举　王道龙　方　军　田小薇
　　　　　吕春生　刘永明　刘君璞　刘继芳　孙日飞　孙好勤　李付广
　　　　　李红康　杨　瑾　汪飞杰　张永光　张步江　张保明　陈　直
　　　　　陈金强　林定根　周晓震　赵长军　郝志强　姜仁华　姜维民
　　　　　袁学志　高士军　高淑君　郭同军　黄修桥　曹曙明　康　威
　　　　　蒋淑芝　喻树迅　程世鹏　舒文华

主　编　薛　亮

副主编　王晓举　罗炳文　高淑君

参加编辑人员（以姓氏笔画为序）
　　　　　马　骁　马秀勇　卢绍荣　史咏竹　李　影　李明轩　李建才
　　　　　吴京凯　张　华　邵世磊　武兆瑞　林定根　鱼汲胜　赵红梅
　　　　　徐雷鸣　韩　进　韩　姝　詹　玲　解小慧　魏炳传

【唐　华　俊】

【农科英才（2017版）序】

编辑出版《农科英才（2017版）》，适逢中国农业科学院建院60周年。60年来，在中共中央、国务院的领导和关怀下，一代代农科人始终牢记科技兴国、科技兴农的使命，以服务"三农"为己任，坚持面向国家重大需求，着眼于农业发展基础性、方向性、全局性、关键性问题，扎根生产一线，不畏艰难、刻苦钻研，取得了一系列重大成果，突破了一大批世界领先的重大核心技术，为保障国家粮食安全、促进人民增收、推动农业农村经济发展作出了重要贡献。

中国是农业大国，农业农村农民问题是关系国计民生的根本性问题。当前，我国已进入全面建设社会主义现代化强国的新时代，加快推进农业现代化是"四化同步"的战略举措，是全面建成小康社会、实现中华民族伟大复兴的必然要求。农业现代化的关键在科技进步和创新。我国农业科技进步贡献率已经达到57.5%，但与从农业大国到建设农业强国的目标相比，还有很大差距，尤其是随着经济发展进入新常态，以及工业化、信息化、城镇化、市场化、国际化的深

入推进，农村经济社会发展出现了许多新情况和新动向，需要进一步提升农业科技水平和转化应用能力，加快转变农业发展方式，推进农业供给侧结构性改革，增加农业发展新动能，走创新驱动的可持续发展之路。同时，与农业发达国家相比，我国农业科技创新体系不完善、学科发展不平衡、重大标志成果不多，大多数领域仍处于"跟跑""陪跑"状态，加快农业创新体系建设、大幅度提升创新能力和水平，任重道远。

中国农业科学院是农业科研的国家队，在建院60周年之际，习近平总书记亲自发来贺信，充分肯定了中国农业科学院取得的成绩，明确提出了"三个面向""两个一流"和"整体跃升"的发展要求，指明了中国农业科学院未来的发展方向。我们要深入贯彻习近平总书记贺信的精神，深刻认识新时代对农业科技发展的新要求，充分了解和把握农业现代化规律和产业发展导向，充分利用当前有利的政策环境和社会氛围，清醒认识到自身在科研布局、创新能力、体制机制、人才团队等方面的差距和不足，直面激烈竞争和诸多挑战，切实担负起新的历史使命和时代责任。要紧跟中共中央的步伐，主动融入加快建设创新型国家和实施乡村振兴战略的总体部署和工作大局，面向世界农业科技前沿、面向国家重大需求、面向现代农业建设主战场，充分发挥"改革排头兵、创新国家队、决策智囊团"的作用，为加快推进农业农村现代化提供强大科技支撑。

创新的关键在人才，农业科技创新离不开高素质的人才队伍，《农科英才（2017版）》中的先进集体和优秀人物，就是中国农业科学院人才的杰出代表。一代又一代的优秀农业科技工作者，不仅开拓发展了新中国的农业科技事业，更积淀形成了中国农业科学院的核心价值和精神家园。中国农业科学院取得的一系列科研成果，无不凝结、体现着这种精神和传统，这是宝贵的精神财富和内在动力，要备加珍惜。希望以本书的出版为契机，进一步挖掘弘扬其精神内涵和优良传统，激励广大科技工作者服务"三农"、敬业奉献，培养造就胸怀远大理想、勇于攀登高峰、献身科学事业、富于道德诚信、充满创造能力的农业科学家群体，使农科事业更加欣欣向荣，使农科精神永续发扬光大。

这是个知识更新迅速、科技日新月异的时代，也是百舸争流、人才辈出的时代。中国农业科学院将始终坚持人才强院战略，视人才资源为第一资源，大力培育高端创新人才，为广大科技工作者施展才华提供有力保障和广阔舞台。全院科技工作者也要抓住机遇，在投身农业科技创新的光荣实践中、在建设现代化强国的伟大事业中奉献自己的聪明才智，实现人生价值。一批又一批农科英才的涌现，是中国农业科学院发展活力之所在，也是农业科技发展希望之所在。

站在新的历史方位，中国农业科学院将按照习近平总书记贺信的重要指示要求，继承发扬老一辈勇攀高峰、爱岗敬业、无私奉献的优良传统，不忘初心、牢记使命，开拓创新、砥砺前行，积极投身农业现代化建设的宏伟事业，加快建设世界一流学科和一流科研院所，推动我国农业科技创新能力整体跃升，为实现"两个一百年"奋斗目标和中华民族的伟大复兴作出应有的贡献！

农业农村部党组成员

中国农业科学院院长　唐华俊

中国工程院院士

2018年6月

【李 家 洋】

【农科英才（2012版）序】

农业是安天下、稳民心的战略产业。新中国成立以来，我国农业生产力得到极大解放，农业农村经济取得了举世瞩目的成就，为经济社会发展全局提供了强有力的支持和保障。这其中，农业科技发挥了重大作用，对农业增长的贡献率已经由"一五"时期的不足20%提高到2012年的54.5%，有力地支撑了农业的持续稳定发展。中国农业科学院作为农业科研的国家队，建院50多年来，始终牢记历史使命，认真贯彻执行中央关于"三农"工作的部署和科技工作方针，涌现出一大批卓有成就的农业科学家，取得了一大批在国内外领先的原创性科技成果，在解决我国农业产业发展中基础性、方向性、全局性、关键性重大科技问题，推动我国农业科技发展方面发挥了重要作用；为提高农业综合生产能力，保障国家粮食安全和食物供给，实现人民生活达到总体小康的历史跨越作出了重要贡献。

当前，随着世界多极化、经济全球化趋势的不断发展和科技进步的突飞猛进，各国之间以经济为基础、科技为先导

的综合国力竞争日趋激烈。世界农业科技正孕育新的革命性突破，生物技术、信息技术等高新技术迅猛发展，全球农业科技正进入创新集聚爆发和新兴产业加速成长时期。不论是欧美等农业科技强国还是新兴经济体国家，都在积极抢占未来农业科技发展的制高点。

我国正处在发展的重要战略机遇期，农业农村经济步入加快改造传统农业、走中国特色农业现代化道路的重要阶段。在工业化、城镇化快速发展的新形势下，农业和农村经济发展相对滞后、城乡发展不平衡的矛盾依然突出；耕地和淡水资源短缺压力加大，生态环境保护的要求越来越高，以资源大量消耗为代价的传统生产方式难以为继；农业劳动力成本快速提高，农业比较效益不断降低，农业生产正在进入高成本阶段。要保障粮食等主要农产品有效供给、实现农业持续稳定发展，根本出路在科技。当前，我国已经进入必须更加依靠科技进步促进现代农业发展的历史新阶段。

面对国际竞争和发展重任，中国农业科学院迎来了跨越发展的历史机遇，以"建设世界一流农业科研院所"为目标，大力推进现代科研院所建设，启动实施农业科技创新工程，努力建设成为国家农业科技创新新思想、新理论、新技术和重大科技命题的策源地，国家农业高层次科研人才的培养基地和创新创业基地，国家"三农"问题和农业科技发展战略研究的学术重镇，为我国的农业发展、粮食安全和农民增收提供强有力的科技支撑。

创新靠人才，在知识创新、科技创新、产业创新不断加速的时代条件下，人才资源已成为最重要的战略资源。综合实力的竞争，说到底就是人才竞争，把人才优势转化为知识优势、科技优势、产业优势，就能赢得竞争的主动权。要在农业科学技术的研究开发中取得重大突破，必须有一大批能够掌握和驾驭高新技术的高素质科技专家。

在当代中国，要成为一名创新型科技人才，应该具有高尚的人生理想，热爱祖国、热爱人民、热爱科技事业，坚持在报效祖国、服务人民的光荣事业中实现自己的人生价值；具有追求真理的志向和勇气，敢于挑战权威和传统观念，保持强烈的创新欲望；具有扎实的专业基础和严谨的科学思维，能够准确把握科技发展和创新方向，善于突破重大科技问题难关；具有强烈的团结协作精神，善于组织调动多方资源和优势，率领团队在重大科技攻关和前沿领域取得成就；具有踏实认真的工作作风，淡泊名利、不畏艰难、坚忍不拔，勇于在科技创新的实践中历练，不断攀登科学技术高峰。

作为中国农业科学院的科技工作者，既要锤炼这样的素质和品格，更要坚守中国农业科学院历久形成的精神家园。要进一步弘扬中国农业科学院50多年来积淀形成的核心价值和精神，继承和发扬我国农业科技工作者的优良传统和作风，彰显农业科研人员特有的情怀和胸怀，使之成为全国农业科技战线的旗帜和推进农业科技事业的强大精神动力，在培养造就大批创新型科技人才中发挥引导作用。

《农科英才（2012版）》的编辑出版，将进一步挖掘中国农业科学院的核心价值和优良传统，有利于营造扎根"三农"，以人为本、以研为先，尊重劳动、尊重知识、尊重人才、尊重创造，团结协作、积极向上的创新氛围。希望中国农业科学院全体职工牢记国家队使命，致力于攻克农业发

展的科学难关和技术瓶颈，解放思想、砥砺进取，不断提升科技创新水平，抓住机遇、凝心聚力，扎实推进科技创新工程，切实承担起引领我国农业科技的重任，为转变农业发展方式、促进农业农村经济持续稳定发展、增强我国农业和农业科技的国际竞争力、实现振兴中华的中国梦、强农梦作出更大贡献！

农业部副部长
中国农业科学院院长　李家洋
中国科学院院士

2013 年 4 月

【序】

  栉风沐雨,岁月峥嵘。新中国已走过60载光辉岁月,中国农业科学院也经历了50多年的发展历程。半个多世纪以来,中国农业科学院科技工作者肩负科技兴国、科技兴农的重任,与祖国同呼吸、共发展,在农业科研领域取得了一大批科研成果,为国家经济建设和农业现代化建设作出了突出贡献。在共和国60华诞之际,中国农业科学院决定编辑出版《农科英才》。书中共收录了47位优秀个人和2个先进集体的事迹,其中,有厚德博学的两院院士,有辛勤耕耘的科技专家,有无私奉献的劳动模范,有服务"三农"的功勋集体。宣传他们的先进事迹,对于进一步凝练和弘扬中国农业科学院精神,进一步营造求实创新、奋发有为的良好风尚,激励广大农业科技工作者团结协作、勇攀高峰,具有十分重要的意义。

  艰难玉成,见贤思齐。书中收录的优秀人物和先进集体,是中国农业科学院的杰出代表和功臣,在他们身上,集中体现了严谨求实的科学精神、潜心科研的执著精神、勇攀

高峰的创新精神、爱国为民的奉献精神,这也就是中国农业科学院精神。我们要铭记他们创造的卓越业绩和精神财富,使之在中国农业科学院永续传承。我们要发扬他们的可贵精神和优秀品质,以他们为榜样在各自的岗位上建功成才。我们要进一步培育、发现、宣传、学习先进典型,提炼中国农业科学院的创新文化核心价值理念,营造促进科技创新的文化氛围,为不断提升科技创新能力提供思想保证。

海阔天高,使命光荣。党中央、国务院一向高度重视"三农"工作,"三农"问题事关全面建设小康社会大局,始终是全党工作的重中之重。当前我国农业又进入一个新的重要发展时期。科技进步是农业现代化的根本出路,是农村繁荣的希望所在,是农民富裕的有效保障。中国农业科学院作为我国农业科技创新的领头羊、重大农业科学技术研发的主力军、农业科研工作的国家队,在新的历史条件下,肩负着更加光荣的使命,更加繁重的任务。同时面对世界新科技革命的日新月异,我们必须认清形势、坚定信心、抓住机遇、加快发展,为实现中国农业科学院"三个中心、一个基地"的目标,为建设社会主义新农村、发展现代农业作出新的贡献。

本书汇集了中国农业科学院部分杰出科研人物的事迹,还有很多的优秀人物没有包括进来,如果放大到全国,更有众多的农业科技英才值得我们去褒扬。为此,我们把本书作为第一辑,以利日后再行续编。

《农科英才》编辑委员会
2009 年 10 月

【目录】

（2017版）

为天下苍生做稻粱谋
——记中国科学院院士丁颖 **2**

育种为民食　科研百岁春
——记中国科学院院士金善宝 **10**

平生唯有赤子心　半世戎马半世农
——记中国科学院院士陈凤桐 **16**

中国现代棉作科学的主要奠基人
——记中国科学院院士冯泽芳 **24**

学为宗师　人为楷模
——记中国科学院院士盛彤笙 **32**

三把"金钥匙"相伴科研人生
——记中国科学院院士戴松恩 **40**

农业卫士　生防先锋
——记中国科学院院士邱式邦 **46**

中国杂交玉米之父
——记中国科学院院士李竞雄 **56**

中国核农学事业的开拓者
——记中国科学院院士徐冠仁 ... 64

为农业科研教育　求真求善求美
——记中国科学院院士朱祖祥 ... 70

生命　为植物多倍体燃烧
——记中国科学院院士鲍文奎 ... 78

用闪光人生抒写金色画卷
——记中国科学院院士庄巧生 ... 86

中国草原生态学的领航者
——记中国科学院院士李博 ... 94

中国农业科技的领军人
——记中国工程院院士卢良恕 ... 100

纵横阡陌为大地丰收
——记中国工程院院士刘更另 ... 108

超越生命的人
——记中国工程院院士李光博 ... 116

病毒的克星
——记中国工程院院士沈荣显 ... 124

智者行远
——记中国工程院院士方智远 ... 130

中国动物营养与饲料科学的铺路人
——记中国工程院院士张子仪 ... 136

中国农业生物技术的拓荒者
——记中国工程院院士范云六 ... 146

谱写作物种质资源主旋律
——记中国工程院院士董玉琛 ... 154

一位农学家的情怀
——记中国工程院院士郭予元 ... 162

一个在科学攀登上永不停步的大家
　　——记中国科学院院士李家洋 …………………… **170**

硕果累累　茶界楷模
　　——记中国工程院院士陈宗懋 …………………… **182**

开创作物种质资源利用的新伟业
　　——记中国工程院院士刘旭 ……………………… **190**

把一切献给棉花育种事业
　　——记中国工程院院士喻树迅 …………………… **198**

为中国植保科研永攀高峰
　　——记中国工程院院士吴孔明 …………………… **206**

建设中国农业生产的"天眼"工程
　　——记中国工程院院士唐华俊 …………………… **216**

解分子密码　让稻花更香
　　——记中国工程院院士万建民 …………………… **222**

一位科学家的国家使命
　　——记中国科学院院士陈化兰 …………………… **232**

独恋菜花　引领风骚
　　——记中国工程院院士王汉中 …………………… **240**

根植黑土地　香飘黄淮海
　　——记中国农业科学院前院长王连铮 …………… **246**

为了中国农业科技新的春天
　　——记中国农业科学院前院长吕飞杰 …………… **254**

为了农业科技国家队的光荣与梦想
　　——记中国农业科学院前院长翟虎渠 …………… **260**

为新中国动物防疫建奇功
　　——记全国农业劳动模范袁庆志 ………………… **268**

养猪科学殿堂里的"老猪倌"
　　——记全国农业劳动模范李炳坦 ………………… **274**

· 3 ·

中国农业"白色革命"先行者
——记全国农业劳动模范王耀林 280

在基因工程疫苗"王国"里遨游的人
——记全国劳动模范柳纪省 286

为优质西瓜执著追求五十年
——记全国先进工作者李子云 292

在世界小麦"基因大战"中力拔头筹
——记全国先进工作者贾继增 298

特种经济动物的"保护神"
——记全国先进工作者吴威 306

成果播在大地上　受益农民千万家
——记全国先进工作者郭三堆 312

为大地盛开油菜花
——记全国先进工作者李云昌 318

精心育人　潜心科研的带头人
——记全国五一劳动奖章获得者朱兴全 324

甘为农机科研事业奉献一辈子
——记全国五一劳动奖章获得者胡志超 330

投身农业绿色发展事业的逐梦人
——记全国五一劳动奖章获得者董红敏 336

小麦锈病的克星
——记全国五一劳动奖章获得者陈万权 342

为了丰富老百姓的菜篮子
——记中共十七大代表刘玉梅 350

情系"三农"　为生物节水做贡献
——记中共十八大代表景蕊莲 356

为了那片沃土
——记中共十八大代表何萍 362

勤于钻研的精神在探索中发光
——记中共十九大代表何中虎.................368

让设施园艺为现代农业添彩
——记中共十九大代表魏灵玲.................376

心系绿海　涛声依旧
——记全国科学大会先进工作者奖获得者粟宗嵩.......382

治虫先驱　一生为民
——记全国科学大会先进工作者奖获得者吴福桢.......390

站在水稻科技创新的制高点上
——记中华农业英才奖获得者程式华.................398

为动物防疫事业执著奉献
——记中华农业英才奖获得者童光志.................404

棉花是他第二个儿子
——记中华农业英才奖获得者李付广.................412

扛起中国饲用酶制剂的科技大旗
——记中华农业英才奖获得者姚斌...................418

被誉为"土神"的科研尖兵
——记国家技术发明奖一等奖获得者江朝余...........424

治理盐碱　造福农民　其乐无穷
——记国家技术发明奖一等奖获得者王守纯...........432

一生献给植物病理科学事业
——记国家自然科学奖二等奖获得者陈善铭...........440

中国小麦条锈病防治研究的拓荒者
——记国家自然科学奖二等奖获得者汪可宁...........446

为了棉田的丰收
——记国家技术发明奖一等奖获得者谭联望...........452

情洒黄淮海　执著写春秋
——记国家科学技术进步奖特等奖获得者贾大林.......458

甘作绿叶　奉献一生
　　——记国家科学技术进步奖一等奖获得者张方域 **466**

一生守望丰收的稻田
　　——记国家科学技术进步奖一等奖获得者叶复初 **472**

风雨五十年　乐在棉花事业中
　　——记国家科学技术进步奖一等奖获得者黄祯茂 **478**

把壮志写在祖国辽阔的棉田上
　　——记国家科学技术进步奖一等奖获得者蔡荣芳 **484**

功勋卓著的印水型杂交水稻创始人
　　——记国家科学技术进步奖一等奖获得者张慧廉 **490**

科研一定要走在疫病防控的前面
　　——记国家科学技术进步奖一等奖获得者于康震 **496**

不断创新的科研人生
　　——记国家科学技术进步奖一等奖获得者刘秉华 **502**

为我国小麦产业建功立业的科技创新团队
　　——记国家科学技术进步奖一等奖（创新团队）
　　　　获得者作物科学研究所小麦种质资源与遗传
　　　　改良创新团队 **508**

誓将红土变绿洲
　　——记全国重大宣传典型祁阳红壤实验站 **516**

服务民族奶业的科技团队
　　——记"全国青年文明号"北京畜牧兽医研究所
　　　　反刍动物营养研究室 **522**

后记 **526**

农科英才

【丁颖简介】

丁颖（1888—1964），男，广东高州人，著名农业科学家、教育家、水稻专家，中国现代稻作科学主要奠基人，农业高等教育先驱。1955年当选为中国科学院学部委员（院士）。历任中山大学农学院和华南农学院院长、教授，中国农业科学院首任院长（1957—1964年）。曾任民主德国农业科学院和苏联全苏列宁农业科学院通讯院士、捷克斯洛伐克农业科学院荣誉院士。曾当选为第一、第二届全国人民代表大会代表，首届中国科学技术协会副主席，第一、第二届广东省政协副主席。

从事稻作科学研究、农业教育事业40余年，运用生态学观点对中国栽培稻种的起源、演变、分类，稻作区域划分，农家品种系统选育以及栽培技术等进行了较系统的研究；将中国稻作区域划分为6个稻作带，并指出温度是决定稻作分布的最主要生态因子指标，在国际上首次将野生稻抗御恶劣环境的种质转育到栽培稻中，育成的"中山1号"水稻品种在生产上应用达半个世纪；选育成水稻优良品种上百个；创立了水稻品种多型性理论，为品种选育、良种繁育和品种提纯复壮工作奠定了理论基础。在国内外发表学术论文140多篇，已由中国农业出版社结集出版《丁颖稻作论文选集》，其中《中国栽培稻种的起源及其演变》《中国水稻品种对光温反应特性的研究》《水稻分蘖、幼穗发育的研究》获1978年全国科学大会奖。此外，还主编了《中国水稻栽培学》等著作。用毕生精力为我国农业教育和科技事业的发展作出了卓越的贡献，曾被周恩来总理誉为"中国人民优秀的农业科学家"。2009年被授予新中国成立60周年"三农"模范人物荣誉称号。

> 在数十年的科研路上，他身体力行地体现着矢志为民、务实求真、身教以德、敬业乐群的精神，并实现了自己"为农夫温饱尽责尽力"的誓言，无愧为蜚声国内外农业科技界的"中国稻作科学之父"。

为天下苍生做稻粱谋

——记中国科学院院士丁颖

丁颖是中国农业科研和农业教育的先驱，他的高尚品德和崇高精神将不断传承与发扬，激励后来者在崎岖的科研道路上努力奋进。

为农夫温饱　尽责尽力

20世纪初，在广东高州中学毕业时的一次同学聚会上，同学们群情激昂地讨论时事，各执己见。蓦地，一位清秀的同学站了起来，大家安静下来，目光纷纷投向他，他坚定的话语掷地有声："诸君！当今之血性青年，当为农夫温饱尽责尽力，我决意报考农科。"

一阵短暂的沉默之后，雷鸣般的掌声经久不息……

说话的同学便是丁颖。从私塾童蒙书馆考上县城的洋学堂——高州中学以后，丁颖的眼界得到了极大开阔，入学后，他积极参加了新高学社，与志同道合的同学们一起议论时政，在校园的林荫道上，时时可以看到丁颖和同学们在一起满腔热血地讨论时事。

在他的记忆中，永远忘不了父亲以及无数个像父亲一样的农民面朝黄土背朝天的辛勤耕作，但仍然衣食不足的苦难，他也永远忘不了含辛茹苦的父亲举债送自己上学，让自己成为丁家的第一个读书人。正因如此，丁颖分外珍惜这难得的读书机会，在漫漫的求学路上，背负着家庭的殷切期望，他努力前行。

年轻的丁颖在内心立下誓言，立志要以科学救国为此生夙愿。在广东高等师范学校博物科学习一年后，他便以优异成绩考取了公费留学日本。1912年9月入东京第一高等学校预科学习日语，1914年6月曾一度回国，后又于9月考取日本熊本第五高等学校继续学习。1919年毕业前，适逢国内掀起五四运动，东京的中国留学生为声援祖国的学生运动上街游行示威，受到日本军警的血腥镇压，丁颖气愤之余，不愿再留日本，加之那时家境拮据，遂决定辍学回国。他先后在高州中学、高州农校任教，后来改任广东省教育厅督学。

丁颖不仅厌恶当时贪污腐败、徇私舞弊的官场，也痛恨旧中国之各种顽疾，希望用科学来改变中国的落后面貌，渴望自己继续深造，寻求科学救国救民之路，他于1921年4月第三次赴日，考进东京帝国大学农学部攻读农艺，成为该校第一位研修稻作学的中国留学生。1924年获学士学位。

矢志不渝　科学救国

光阴荏苒，转眼即逝。学成回国后，丁颖便在广东大学农科学院（中山大学农学院的前身）任教。在教学的同时，他积极开展水稻灌溉和吸肥规律的研究，并对广东粮食生产问题做了多项调查，写出了《改良广东稻作计划书》和《救荒方法计划书》，建议政府每年拨出1%的洋米进口税作为稻作科研经费，但这些饱含拳拳学子之心的诸多建言，如石沉大海，毫无着落。面对重重困难，他没有气馁，决心立足现实，以"蚂蚁爬行的方式，苦干到150岁"！

1926年的一天，丁颖头顶草帽，在广州东郊的田间地头顾盼徘徊，他东瞅瞅，西看看，突然，眼前一亮，急步上前，蹲在一株外形和水稻比较相似但又有不同的绿苗前，他按捺不住内心的喜悦，这是野生稻啊！发现野生稻后，他紧接着开始查证了大量的资料，并以此为起点进行了长期的研究，最终提出我国是栽培稻种的起源地之一的学术论断。

1927年，丁颖拿出自己的部分工资积蓄补充科研经费的匮乏，在茂名县公馆圩筹建了我国第一个稻作专业研究机构——南路稻作育种场。随后，他又用"卖青草"预售良种等办法解决经费困难，先后又增设了石牌稻作试验总场和虎门（沙田）、东江（梅县）、北江（曲江）等试验分场，旨在选育优良稻种，改进栽培技术，对发展华南粮食生产作出了贡献。1938年日军侵入广州，他们的科研基地除南路稻作育种场外，均遭浩劫，部分同事惨遭杀害。中山大学西迁云南，他冒着生命危险抢运稻种和甘薯苗。后来学校从云南移回粤北坪石，抗战胜利后，再迁回广州。抗日战争期间，中山大学三易校址，颠沛流离，元气大伤。新中国成立前夕，校方酝酿再次迁校海南，他

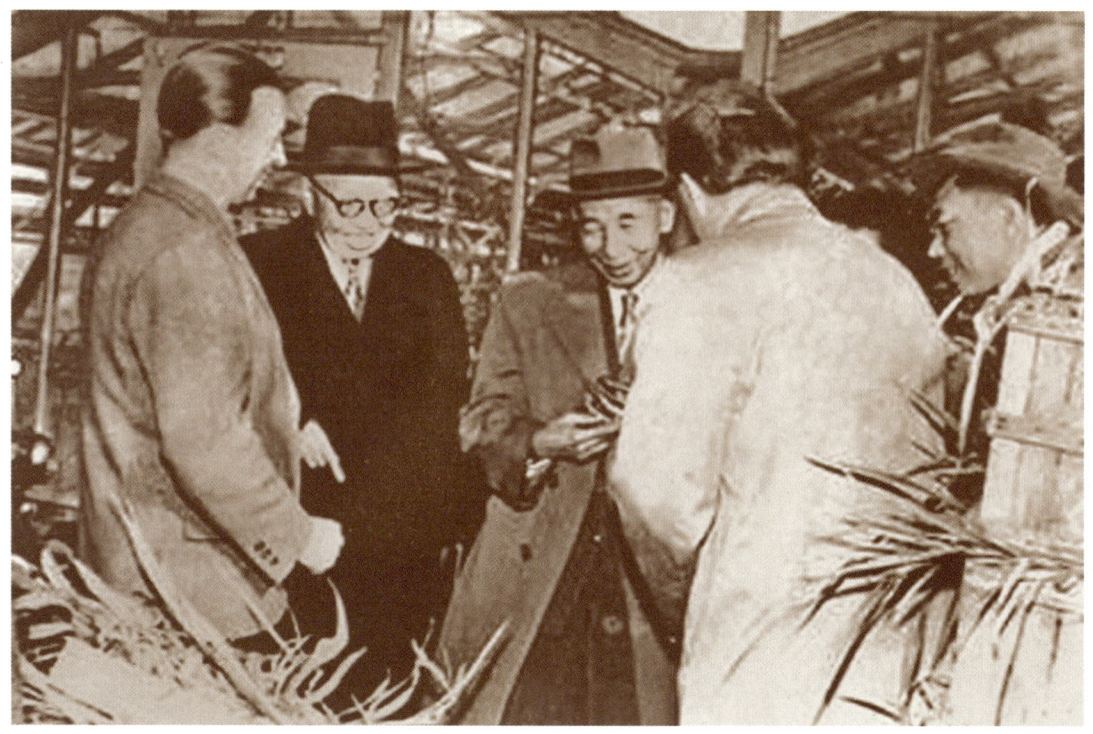

● 丁颖（左三）与外国专家一同考察

为了维护教育事业和学校财产免遭损失，便毅然加入地下党领导的护校行列，反对迁校，并不顾身家安危出面保释为此而被捕的同学。

丁颖在水稻育种实践中，经过大量试验，1933 年，他首次用野生稻与农家种杂交育成了优良新品种中山 1 号，该品种在华南地区推广后，历时 50 年而不衰。1936 年，丁颖用印度野生稻与广东农家栽培稻杂交，获得了世界上第一株"千粒穗"，一穗多达 1 400 多粒，这项成果当时轰动了东南亚稻作科学界，但由于难以解决生产所需的条件，丁颖就将其搁置了。他十分重视以保持地方品种基本种性为目标的农家品种的选育，开展水稻纯系育种工作，先后育成一大批优良品种，如竹占 1 号、东莞白 18 号、白谷糯 16 号、黑督 4 号、齐眉 6 号等，为提高我国水稻产量和品质作出了巨大的贡献。

克己奉公　严谨治学

中华人民共和国成立以后，丁颖依然秉持无私奉献、潜心科研的精神，爱农为农的决心愈发坚定不移，即便是研究上遇到重重困难，他也从不气馁，知难而进。他的稻作试验得到了人民政府的大力支持，为了更好地发展农业科学研究和教育，他受命筹建华南农学院，1955年4月，他被国务院任命为华南农学院第一任院长。1956年，丁颖光荣地加入中国共产党。之前他与一位老同志说过这样一段话："大概在大革命之前，有个朋友问我加不加入共产党，当时我回答说，'我主张科学救国，哪个党我都不参加。'我没有认识到，在旧中国'科学救国'是行不通的。新中国成立以后，我逐步领悟到'没有共产党就没有新中国'的真理。"1957年9月，他被国务院任命为刚成立的中国农业科学院院长。他的工作范围、科研领域更加广阔了，他的足迹遍及全国稻作地带。

在治学上，他始终保持严谨、求真、务实的科学精神，一丝不苟，坚持发表文章必须对科学和生产负责，更鄙视把文章作为追求名利地位的手段。他写文章都要经过深思熟虑，反复推敲。就拿《中国栽培稻种的起源及其演变》一文来说，自1926年他在广州发现野生稻之日即开始思考探索，并陆续征询了历史学、文字学、人类学、分类学等专家的意见，直至1957年才最后定稿；《农业科学为农业生产服务》一文也是经过10次修改后才交稿。就连校对工作，他也从不假手于人，而是亲力亲为。

在"大跃进"浮夸成风的年代里，丁颖保持着知识分子应有的高尚品德，不随波逐流，对所谓的"高度密植高产"的提法深表疑虑，他认为，搞一亩※或几分※※地的探索是允许的，大面积搞，就得慎重考虑。他曾多次语重心长地告诫大家：切勿忘记农民的地皮是连着肚皮的。他还经常教育后辈，要取得科学成就，必须实事求是，深入实际，掌握第一手材料。1963年他已是75岁的老人，但在考察西北稻区时，仍不顾年迈体衰，坚持赤脚下田，体察雪水灌溉对稻根生育的影响。细看、多问、勤记是他的一贯作风。

学术成就　永垂史册

丁颖从事稻作科学研究40年，从水稻的起源、分类、区划、遗传育种、水稻生态到栽培各个领域，从理论到实践，均作出了创造性的贡献。

论证了我国栽培稻种的起源及其演变。1926年丁颖在广东发现野生稻后，就开始对我国栽培稻种起源进行深入而系统的研究。他根据古籍记载和出土遗踪，从历史学、语言学、古生物学、人类学、植物学以及水稻的地理分布等方面进行了系统考察和研究，论证了中国水稻起源于公元前3 000多年，中国栽培稻起源于中国的野生稻，而且

※　根据国家法定计量单位：1亩=1/15公顷。以下全书同。

※※　根据国家法定计量单位：1分=0.1亩=1/150公顷。以下全书同。

作为世界栽培稻种三大传播途径之一由中国传至东南亚与日本等地。经过30余年的研究，他的这一成果《中国栽培稻种的起源及其演变》最终于1957年正式发表，而在他去世14年后，该成果荣获1978年全国科学大会奖。

提出栽培稻种的籼粳两个亚种和品种分类体系。日本学者曾将粳稻定名为日本型亚种、籼稻定名为印度型亚种，丁颖从生态学、生理学、形态学方面进行深入研究，为了正确反映籼粳的亲缘关系、地理分布和起源演变过程，他沿用我国1 800多年前的历史名称，把籼稻定名为籼亚种、粳稻定名为粳亚种。他对收集到的7 000多份稻种进行了分类研究，提出了我国栽培稻品种的五级分类法：第一级为籼粳亚种，籼稻为基本型，粳稻为变异型；第二级为晚稻与早中稻，晚稻为基本型，早中稻为变异型；第三级为水稻与陆稻，水稻为基本型，陆稻为变异型；第四级为黏稻与糯稻，黏稻为基本型，糯稻为变异型；第五级为品种的栽培特性与形态特征。他这种根据品种起源演变和栽培发展、结合植物学特征的分类方法，是具有独创性的。

划分我国稻作区域。丁颖从生态学观点出发，以光温条件为基础、品种类型为标志，结合种植制度、耕作方法等因素综合研究，把全国划分为六大稻作带，即华南双季稻作带、华中单双季稻作带、华北单季稻作带、东北早熟稻作带、西北干燥稻作带、西南高原稻作带。他概括指出温度是决定稻作分布的最主要的生态因子，同时还提出了干燥和高原区域的稻作类型分布。这一分类对于水稻生产发展以及育种、栽培的科学研究，具有十分重要的意义。

从事我国水稻科学育种的先驱。从20世纪20年代起，丁颖就十分重视地方农家品种的利用，尤其是对具有特殊抗逆性状品种的保存和利用，开展水稻纯系育种工作，先后育成优良品种84个。从30年代起，他就进行了杂交育种试验，开创了野生稻与栽培稻远缘杂交的先河，选育出著名的中山1号，共育成了杂交新品种26个。

我国水稻栽培学的奠基人。丁颖对水稻生长发育与环境条件之间的关系进行了深入研究，他主持了有关水稻分蘖发育研究，对栽培技术措施与穗数、粒数、粒重的关系提供了科学依据。他进行了土壤和气象变化规律研究，提出符合水稻土特性的施肥技术、水旱轮作措施等。他主持编写的《中国水稻栽培学》于1961年出版。晚年他亲自主持了"中国水稻品种对光温反应特性的研究"的重大科研项目，组织全国12个科研单位，选用有代表性水稻品种157个，在8个省的10个试验点进行历时3年的试验，取得了空前浩瀚的科学数据和成果。不幸的是，丁颖还来不及对这项研究进行全面总结，就谢世了，余下的工作由后人来完成。这项研究获1978年全国科学大会奖。

丁颖这些科学成就奠定了我国稻作科学的基础，他的重要著作是宝贵的科学财富，他是当之无愧的"中国稻作科学之父"。

大家风范　山高水长

丁颖的著作和学术论点，经得起实践和历史的考验，这与他严谨治学、深入实际的学风是分不开的。矢志为民的献身精神，是他取得事业成就的力量源泉；实事求是、严谨治学的作风，是他取得科学成果的保证。

在个人生活方面，即使面对一些困难，组织上主动提出帮助，丁颖也从不让组织上照顾。在华南农学院工作期间，中共广东省委书记陶铸常到他家去拜访，征询发展广东农业生产的意见，见他住房简陋，提出要为他另建新居，以改善工作和生活条件，他婉言谢绝。新中国成立前他的女儿希望考上某公立中学以减轻家庭负担，该校校长是他的学生，但他就是不答应写介绍信。新中国成立后，他的另一个女儿报考华南农学院，差2分未上录取分数线，他坚持一视同仁，不予特殊照顾。抗美援朝战争爆发后，他毅然送两个女儿参军。

丁颖一贯生活朴素，勤俭节约。抗战期间他以红米营养价值高、萝卜干维生素含量丰富为由，教诲孩子们过粗茶淡饭的生活。每当桌上撒落饭粒，就成为他开展"谁知盘中餐，粒粒皆辛苦"的教育话题。他爱惜公物已成习惯，在试验地发现丢下一把镰刀、一根麻绳都要一一拾起来送仓库，甚至连一些旧纸、信封也要收拾起来再用。抗战时期中山大学迁校到粤北期间，他是农学院院长，经常夹着鼓鼓囊囊的公文包来往于农学院与校本部之间的山区。一次遭到土匪拦路打劫，广东省政府为此给他赔偿损失，他分文不留，如数交给农学院购买兽药为农民防治牛瘟。他的清廉作风和为农民造福的高贵品德，使劫匪亦受感动，自觉地把抢劫之衣物附上道歉信寄还给他。1948年，晚辈集款购买一只怀表和一支自来水笔祝他60岁诞辰，他一直使用到1964年去世，成为他身上最贵重的遗物。

在日常生活中，丁颖关心他人胜过关心自己。每当同事生病或遇到困难，他都抽空探望，宁可自己节衣缩食，也要助资赠药。对于来访的客人，不分职位高低，他都起立迎送，热情接待。他爱学生如子弟，总是谆谆诱导，诲之以理，导之以情。到晚年，他不顾年事已高，仍亲自主持水稻生态研究，主编《中国水稻栽培学》；他出任中国农业科学院院长后，每年都带领科技人员到各稻区实地考察，总结经验，为发展我国水稻生产和科技事业呕心沥血，鞠躬尽瘁，是备受中国人民崇敬的农业科学家。

他曾先后代表国家赴苏联、民主德国、捷克斯洛伐克、缅甸等国考察和进行学术交流。1957年他主持了有中国、苏联、越南3国学者参加的武汉水稻科学技术会议。1964年5月，他抱病到宁夏※、甘肃、山西、陕西、新疆※※连续考察了3个月，8月参加在北京举行的有10多个国家专家参加的科学讨论会，会上他作了水稻光温生态学术报告。会后他因操劳过度病倒了，可病情稍有好转，9月初，他又到山东考察和作学术报告，以超常的毅力和惊人的忍耐力强忍肝区剧痛坚持工作。9月29日，他病情恶化，被径直送到北京医院救治。

1964年10月14日，丁颖因肝癌晚期，医治无效而逝世。首都各界1 200多人举行了隆重的追悼会，公祭丁颖，周恩来总理等国家领导人送了花圈，公祭仪式由时任副总理陆定一主祭，时任国家科学技术委员会副主任韩光致悼词，悼词中说："丁颖同志的一生，充分表现出一个又红又专的科学家的高尚品德，为我国农业科学技术工作者和农业教育工作者树立了光辉的榜样。"一些国外的水稻专家也发来唁电，深切哀悼这位杰出的农业科学家。

丁颖融中华民族的传统美德和科学家的良好学风于一身，是中国人民的优秀农业科学家和教育家。为了发展他的学术成就和弘扬他的高尚品德，在他诞辰一百周年之时，中国科学技术协会和华南农业大学、中国农业科学院分别举行了纪念大会和丁颖学术讨论会，并在华南农业大学修建了丁颖塑像。一位久居台湾省年逾古稀的学生，因错过了参加丁老师诞辰一百周年纪念大会，深感遗憾，事后特地带领老少三代，手拄拐杖，专程回母校向丁颖塑像献上一束鲜花，并三鞠躬致敬。

丁颖"矢志为民、务实求真、身教以德、敬业乐群"的精神将永远激励着一代又一代人不断奋进。

●中国农业科学院办公室供稿●

※ 宁夏回族自治区，全书简称宁夏。
※※ 新疆维吾尔自治区，全书简称新疆。

农科英才

【金善宝简介】

金善宝（1895—1997），男，浙江诸暨人，著名农学家、教育家。1920年毕业于南京高等师范农业专修科，1926年毕业于东南大学农学系，1930年赴美留学，在康奈尔大学和明尼苏达大学研究遗传育种。1955年当选为中国科学院学部委员（院士）。历任中央大学教授兼农艺系主任，南京大学农学院院长，南京农学院院长，华东军政委员会农林部副部长，南京市副市长，中国农业科学院副院长、院长（1965—1982年）、名誉院长，第一届至第六届全国人民代表大会代表，九三学社中央副主席、名誉主席，中国科学技术协会副主席，中国农学会副理事长、名誉会长。曾任苏联全苏列宁农业科学院通讯院士、美国农业服务基金会永久荣誉会员。

我国小麦科学研究的奠基人，培养了几代农业教育、科研和生产管理人才。早期育成的"南大2419""矮立多"等小麦优良品种，最大年种植面积达7 000万亩；发现并定名了我国独有的普通小麦亚种——云南小麦。育成的冬小麦良种2419和春小麦良种京红号，1978年分别获全国科学大会奖。主持的"中国小麦的种类及其分布""中国小麦光温特性的研究"分别获1982年、1995年国家自然科学三等奖。主编的《中国小麦栽培学》《中国小麦品种志》《中国小麦品种及其系谱》和《中国农业百科全书·农作物卷》等专著，集中反映了新中国成立以来作物科学，特别是小麦科学的发展与成就。《中国小麦品种及其系谱》获农牧渔业部科技进步一等奖和全国优秀科技图书一等奖，其论文汇编为《金善宝文集》。2009年被授予新中国成立60周年"三农"模范人物荣誉称号。

> 科学研究，需要一种崇高的献身精神，更需要持之以恒的毅力。他是我国小麦科学研究的先驱，他的一生体现了一位知识分子知行合一、坚定追求科学之路的赤子丹心和坚强意志，给我们留下了无价的成果遗产和精神财富。

育种为民食　科研百岁春

——记中国科学院院士金善宝

青年时代的金善宝最大的愿望是能以自己的学识,为发展祖国农业做贡献,为灾难深重的中华民族造福。回顾老院士的人生,他做到了。

立志学农　造福民众

夏日,山上桑荫碧染。金善宝随母亲在桑园里采摘桑叶,看着慈母操劳的身影以及鬓角增添的白发,他在心里暗暗立志:以后一定要学农,改变家庭的命运。

金善宝自幼聪慧,6岁开始便在父亲的私塾里读书,打下了坚实的国学基础。13岁那年父亲病逝,私塾停办。他常在读书之余帮母亲上山采桑养蚕,直到上中学,每年寒暑假几乎都与母亲在桑园竹园里劳动。劳动不仅锻炼了金善宝的体魄,也培养了他吃苦耐劳的精神;使他不仅体会到旧社会农民的疾苦,也痛感中国农业生产的落后。

强烈的求知欲和改善农村农民贫困落后状况的愿望不断地激励着金善宝,他以优异的成绩考取了南京高等师范农学专修科,且顺利毕业。农学部主任邹秉文先生亲自为这个平时说话不多,但很有心计、勤奋好学的山村学生联系了工作,介绍他到本校所属小学任教员。因已深深爱上了农业科学,金善宝婉言谢绝了恩师的积贤美意。

不久,荣毅仁先生的父亲、"面粉大王"荣宗敬先生每年出资5 000元资助南京高等师范农业专修科在南京市皇城筹建小麦试验场。邹先生闻讯立即又举荐金善宝去试验场当技术员。皇城小麦试验场虽然只有106亩地,一台美制五行播种机,设备简陋,一切农活都要靠人力和畜力,工作繁重,经费不多,但是试验场的建立是我国小麦研究史上的一个里程碑。于是,金善宝欣然接受了这个难得的举荐,开始了科研生涯。几年间,他在农事试验场从事小麦、玉米和大豆科学研究,选育了"姜堰黄皮""武进无芒"等优良小麦品种,深受农民欢迎。

1928年他到杭州劳农学院(后改为浙江农业大学,现并入浙江大学)任教。1930年应考录取，出国留学，先于康奈尔大学农学院学习植物生理学、遗传学课程，一年后转入明尼苏达大学农学院学习细胞学、土壤微生物学等课程，同时参加作物育种工作。

离开祖国去美国求学之际，金善宝就对"民以食为天""农业是立国之本"的古训十分赞赏，他决心为这个"天"和"本"出力、效劳，造福于人数最多、生活最苦的祖国农民。他到美国留学的目的，是要亲自了解国外的农作物育种方法、理论，掌握实际操作技术。他最大的愿望是能以自己的学识，为发展祖国农业做贡献，为提高灾难深重的中国人民的生活水平而献身。

1932年初，金善宝毅然离开美国，登上了返回祖国的航船。

赤子丹心　报效中华

归国后，无数个夜晚他都是在实验室中度过的，他先后在杭州浙江大学农学院和南京中央大学农学院任副教授、教授，一面从事教学，一面从事小麦育种研究工作。

金善宝和他的助手们克服种种生活、工作条件的困难，从790多个县中广泛搜集我国各地的小麦品种材料，并选出了一批优良的地方小麦品种，起到了增产作用。

为了改变我国小麦研究、教学和生产上文献资料缺乏的状况，他根据中国小麦生产的现状，总结生产实践的经验，吸收古今中外小麦栽培的知识，于1934年撰写了我国第一部小麦专论——《实用小麦论》，连同早在1928年发表的《中国小麦分类之初步》和1943年发表的《中国小麦区域》等，成为我国小麦研究、教学和生产的重要文献，至今仍有很大参考价值。

全国抗战时期，在中央大学农学院农艺系任教授的金善宝随校西迁到重庆沙坪坝。这里临时建筑的一间10多平方米的平房内，仅有两张单人床和一张两屉木桌，金善宝和梁希教授（杰出的林学家、后来任中华人民共和国第一任林业部部长）就一起生活在这里，两个人共用一张桌子。他俩年龄相差一轮，朝夕相处，情同手足，经常一起去听新华日报社组织的时事报告，有时直接聆听中共中央副主席周恩来的演讲或参加座谈。

在极其困难的情况下，金善宝顽强地坚持教学和科研工作，深受同事和学生的爱戴。同时，他一刻也没有忘记全国人民的抗日战争，他仰慕共产党、八路军奋勇抗日，多次到八路军重庆办事处捐款捐物。他对办事处的同志说："我的心在延安，在八路军将士身上。"

他还曾两次到八路军驻重庆办事处要求去延安，林伯渠同志为他做好了一切安排，只因突发意外未能成行。后来，得知延安正开展大生产运动，他认为这正是他从事的农业科学研究为延安做贡献的时候。他立即从多年搜集的小麦品种中整理、鉴定筛选出最好的品种，包装好送到新华日报社，请转交延安。半个月后，邓颖超同志告诉金

● 金善宝在观察小麦

善宝:"延安收到了你送去的种子,同志们感谢您。"

在举世瞩目的1945年国共两党重庆谈判期间,金善宝和在渝的几位进步教授一起,被邀请到嘉陵江边的张治中公馆,中共中央主席毛泽东亲切地会见了他们。这次难忘的会见,使他从黎明前的黑暗中看到了光明,更加坚信一个崭新的中国一定会在中国共产党的领导下建立起来。1946年3月,他随中央大学由重庆又迁回南京,继续任教授。1948年解放战争期间,大江南北形势动乱,台湾台中农学院聘他去任教,他断然谢绝,而应荣毅仁先生之聘赴无锡江南大学农学院任农艺系教授兼主任。

南京解放后,金善宝应邀来北京出席周恩来主持召开的自然科学工作者座谈会。会后,组织与会的40多位代表前往东北三省参观。正当在哈尔滨参观时,政务院任命金善宝为南京大学农学院院长。1950年11月,政务院任命他兼华东军政委员会农林部副部长。1952年又任命他兼南京市副市长。

南繁北育　快出良种

跋山涉水,历尽千辛万苦,金善宝和同事们从全国各地搜集到小麦地方品种5 544份。经过经济性状观察、鉴定、形态分类和生态分类研究,他们把这些品种分为普通小麦、密穗小麦、圆锥小麦、硬粒小麦和云南小麦5个种。其中云南小麦被定为一个新种,这对进一步研究中国小麦的起源、进化与分布具有重要意义,也是对世界小麦研究的一个贡献。云南小麦目前已定名的变种有16个,最先定名的6个变种皆是由金善宝所鉴定和定名的。我国种植的小麦品种,主要属于普通小麦种,其下已定名的变种有100个,其中有22个变种是金善宝定名的。

中央大学农学院与金陵大学农学院合并后,成立了南京农学院,金善宝任院长。1955年他被选聘为中国科学院学部委员(院士),之后金善宝光荣地加入中国共产党。1957年中国农业科学院成立后,他担任副院长,1965年接任院长职务至1982年年末退居二线,后被国务院任命为名誉院长。

金善宝和他的学生、助手们先后培育出京红1号、京红2号、京红3号、京红4号、京红5号、京红6号、京红7号、京红8号、京红9号及京春6082等小麦优良品种,推广面积最高年份超过100万亩,其中,京红7号、京红8号、京红9号平均单产超过当时风靡世界的墨西哥小麦品种的一二成。该项成果1978年获全国科学大会奖。

从1973年起,金善宝和助手们针对黄淮海地区小麦生产中存在的问题,开始了培育耐迟播、抗病性强、稳产、高产、适应性广的小麦新品种的工作。他带领一批科学家,做了大量工作。经过几年的努力,培育出中7606、中7902小麦新品种,增产效果非常显著。经过4年试种,一般比当地推广品种增产20%左右,最高亩产达400多公斤※。晚播时间在15~45天,深受广大农民欢迎。这两个品种适宜在山区、丘陵区、平原区广泛种植。小麦品质也有很大提高,蛋白质含量比一般小麦品种高20%左右,赖氨酸含量为10%以上。晚播小麦品种培育的成功,打破了冬小麦的常规栽培规律,是小麦育种的一个大突破。

金善宝一生潜心于小麦科学研究,为我国的农业生产作出了巨大贡献。他根据我国幅员辽阔,地跨热带、温带和寒带的优越自然条件,提出了小麦异地加代繁育的设

※ 根据国家法定计量单位:1公斤=1 000克=1千克。以下全书同。

想。他和助手们经过 5 年努力实验,取得了成功,一年可繁育 3 代,把春小麦新品种选育的时间从 10 年左右缩短到三四年,成为我国小麦育种工作的一个里程碑。"南繁北育"成为农业科技界广泛应用的育种方法。

桃李遍天下　英名留人间

金善宝在科技生涯中,取得累累硕果,同时他还独立编著或组织同行共同编著了大量论著,给后人留下了一大笔宝贵的精神财富。其中他主编的《中国小麦栽培学》,起到开篇启后的作用;他与刘定安共同主编的《中国小麦品种志》是第一部为我国现代小麦栽培品种立传的历史性文献;他担任主编的《中国小麦品种及其系谱》,填补了我国在作物育种方面进行全面系谱分析的空白,对进一步提高小麦育种水平也有非常重要意义,这部 58 万字的专著,充分体现了中国的水平与特色,与国外为数极少的类似著作相比也是高水平的,因而受到了国际同行专家的好评。1984 年,该书获得全国优秀科技图书一等奖和 1985 年农牧渔业部※科技进步一等奖。他还组织同行编写了《中国农业百科全书·农作物卷》,该书 225 万字,涉及多种作物、多个学科,是我国农业科技发展史的一个里程碑。

他不仅严于治学,还培养了大批优秀人才,真可谓"桃李满天下"!他的弟子们或在我国农业科学和教育事业中承担着重要的研究与教学工作,或在农业管理部门担任领导职务,其中获得研究员、教授职称者不胜枚举,还有的已当选为中国科学院院士或中国工程院院士。由于金善宝精深的造诣和卓越的学术贡献而蜚声海内外,早在 1957 年,就被苏联授予全苏列宁农业科学院通讯院士;1986 年 10 月 14 日,我国时任农业部部长何康受美国农业服务基金会主席恩斯明格(M. E. Ensminger)博士的委托,在中国农业科学院举行仪式,将刻有"美国农业服务基金会永久荣誉会员"的金奖牌授予金善宝,以表彰他对农业科学事业所作出的贡献。

1997 年,金善宝与世长辞,享年 102 岁。"育种为民食,科研百岁春",这或许是对先生最好的写照吧。

●中国农业科学院办公室供稿●

※ 中华人民共和国农牧渔业部(1982 年 5 月—1988 年 4 月),全书简称农牧渔业部。

【陈凤桐简介】

陈凤桐（1897—1980），男，河南内乡人，著名农学家、农业科技管理专家。1921年毕业于保定河北省甲种农业学校。1929—1931年赴日本留学，考入日本东京青山农业大学专门部研究农业经济。1955年当选为中国科学院学部委员（院士）。历任华北农业科学研究所所长，中国农业科学院分党组书记、副院长、顾问、研究员，第一、第二届全国人民代表大会代表，中国共产党第八届全国代表大会代表，中国科学技术协会副主席。

主要从事农业生产和农业科学研究的组织领导工作。20世纪40年代，在抗日民主根据地组织科学工作者开展小麦、水稻、玉米、谷子良种选育和改良，家畜良种繁育，护林和造林等农业科学研究工作。创立了"晋察冀边区自然科学界协会"，创办了《自然科学界》刊物。参加组建新中国成立后第一所综合性农业科研机构——华北农业科学研究所（中国农业科学院的前身），为开创新中国农业科学技术事业作出了突出贡献。组织科研人员深入农村开展调查研究、建立实验基点，采取室内研究与农村生产相结合的方针，控制蝗虫灾害、小麦条锈病和猪瘟、牛瘟等传染病。提倡研究农业区划，对红壤改良利用、水土保持、三叶橡胶和木薯等亚热带作物在赣南引种栽培做了大量研究工作。

> 在长达半个多世纪的科研生涯中，他始终奉行这样的理念——一切为人民服务，对人民负责。他把自己的全部精力都放在解决农业生产实际问题上，为消除病虫、水旱灾害给农民造成的损失而殚精竭虑，为新中国农业科技事业的发展而不懈努力。

平生唯有赤子心　半世戎马半世农

——记中国科学院院士陈凤桐

直到生命烛光即将燃尽的时刻，陈凤桐依然惦记着中国农业科学事业。他生命不息，研究不止，为中国走上农业现代化之路，奉献了自己一生的心血。

寻求革命真理之路

少年时代的陈凤桐，血气方刚。年纪虽轻，就已深受戊戌变法和辛亥革命思潮的影响，对改变黑暗的社会现实无限憧憬。陈凤桐的父亲和大哥都是清末秀才，但颇具爱国民主进步思想。父亲极力提倡反毒禁烟，大哥为人正直，提倡妇女放足、举办新学，这些对陈凤桐的思想影响很深。1917年在大哥帮助下，他奔赴北平，希望开始崭新的生活。

两年后，陈凤桐考入位于保定的河北省甲种农业学校，他学习十分刻苦，以优异的成绩获得奖学金得以顺利完成学业。品学兼优的陈凤桐在同学中享有很高的威望和影响力，他的想法总是得到大多数同学的认可。五四运动爆发后，他被推举为班代表，带领同学们积极呼应北平学生运动，组织游行、讲演，和军警展开面对面的斗争；积极参加李石曾、蔡元培、李大钊、陈独秀、胡适等名流学者的讲演会，如饥似渴地阅读《新青年》《向导周报》等进步刊物。

从农校毕业后，陈凤桐陷入了经济非常窘迫的状态，无力继续升学。思前想后，他曾决心以勤工俭学的方式留学法国，然而，苦于路费无着落，迟迟不能成行。为缓解经济状况，他先后辗转于河南开封农场、察哈尔农事试验场任技术员和张家口实业学校等处任教员。

1929年秋，在友人陈子毅资助下，他考入日本青山农业大学专门部，攻读农业经济。这是他一生中重要的转变时期。在日本，陈凤桐结识了共产党员阮慕韩，开始阅读《共产党宣言》等马克思和列宁的著作，留意日本报刊上有关中国革命的报道，使他认识到只有中国共产党才能救中国，逐步确立起无产阶级革命的人生观，为日后走上革命道路打下了思想基础。

九一八事变爆发后，出于反日义愤，他同一批爱国留日学生毅然离开日本，回国转入北平大学农学院农业经济系学习，并经阮慕韩介绍，认识了中共北方局学运负责人南汉宸，以及杨秀峰、黄松龄、张友渔等进步教授，从此，投入共产党领导和影响下的抗日救国及民族解放斗争。

1933年5月间，陈凤桐与许多进步同学一起，到张家口参加抗日将领冯玉祥、吉鸿昌、方振武等领导的察哈尔抗日同盟军，他在同盟军所属张励生的察哈尔人民自卫军政治处工作，与日伪军作战。1933年9月，察哈尔抗日同盟军在蒋、日内外夹击中惨败，陈凤桐为躲避搜捕到达天津，在共产党员阮慕韩、南汉宸和党组织的帮助下，应原北平大学农学院农业经济系主任、江西农业院院长董时进邀请，到江西农业院担任农业技师。

当时，陈凤桐参加了江西农业院组织的"苏区考察团"。从莲塘出发，经临川、南城、南丰到宁都等地，了解中国共产党在苏区进行土地革命和农林牧及工商等经济发展情况。在亲身感受到苏区人民不屈不挠的革命斗争及其所取得的成就后，陈凤桐写

出了《苏区农业考察报告》。同时，通过阅读邹韬奋主编的《生活周刊》等进步书刊，更激发了他的革命热情。

投身敌后抗日根据地建设

1936年5月，陈凤桐在北平加入了中国共产党，并被派往张家口，到察哈尔省※政府建设厅以农林科员身份为掩护开展工作，贯彻党的抗日民族统一战线方针，壮大抗日力量。随着敌后抗日根据地的不断巩固和日益扩大，他来到晋察冀边区工作，任晋察冀边区行政委员会农林牧殖局局长。

无论是戎马倥偬，还是后方务农，陈凤桐都是一把好手。他根据当年毛主席关于大生产运动的指示，总结和推广群众生产经验，组织开展科学实验，提倡造林、护林、兴修水利，创建农场、林场、牧场等。他还响应延安自然科学界组织起来的号召，发起成立晋察冀边区自然科学界协会，并被选为理事长，积极开展活动，创办学术刊物《自然科学界》，宣传农林牧科学知识。

在《自然科学界》创刊号（1942年6月12日）上，陈凤桐发表了题为《农业推广和普及科学思想》一文，他在文中指出："今天不是推广材料'有''无'，也不是推广什么、推广多少的问题，而是努力普及科学思想、普及科学知识的问题，是大量的培养技术干部的问题。用最大的力量进行艰苦的宣传教育工作，首先使县区级政府干部有科学的生产思想和生产知识，有千百个忠实传递科学技术的干部，站到各级政群实业工作岗位上，一道技术命令或一个技术小册子，能为他们掌握运用，能为他们喜欢掌握运用。那些简而易行和目前能够推行的推广材料，直接间接，每年何止增加我们千百万的财富。"

长期在敌后艰苦工作，日夜操劳，陈凤桐积劳成疾，身体状况极差。1944年春，党组织安排他前往延安中央党校学习，一方面可以继续学习，另一方面也可以休养身体。

到了延安后，他满腔热情地关注边区农业生产和农业科技工作，经常在《解放日报》上发表文章。1944年12月2日，《解放日报》刊登陈凤桐撰写的《北岳的农业推

※ 旧省名。1914年设察哈尔特别区，1928年改设省。1952年察哈尔省建制撤销，所辖地分别划入河北、山西两省。

● 陈凤桐在埋头工作

广》长篇文章。他从实验研究工作、农田水利、培养干部、示范推广、农业行政等方面，系统地总结了 1941 年春到 1944 年春在晋察冀边区农林牧殖局工作期间的经验教训。

建设新中国农业科技事业

1949 年 4 月间，陈凤桐辗转各地，风尘仆仆，日夜兼程。这一次，他是奉华北人民政府主席董必武之命，在原中央农业实验所北平农事试验场、中央林业实验所华北

林业试验场、中央畜牧实验所北平工作站、农林部兽医防治处北平分处以及河北省农业改进所等机构的基础上组建华北农业科学研究所。

1949年5月1日，华北农业科学研究所（中国农业科学院的前身）宣告成立，这是新中国建立的第一所综合性的农业科研机构。陈凤桐顾不得休息，立刻将全部精力和智慧投入该所的建设与发展中。

他根据农业生产和农业科技发展的需要，不仅提议设置农作物系、园艺系、病虫害系（后改为植物保护系）、理化系（包括土壤、肥料、微生物和农药研制等）、畜牧系、家畜防疫系、森林系，还增设了开展遗传、生理、生化等基础研究的应用植物学系（后改为发育生物系）和开展农业小气候、气象灾害和物候学等方面研究的农业气象室。他十分重视农业科技情报和普及推广工作，专门设置了"编译委员会"和"农业推广委员会"，前者着重收集翻译国内外农业科技情报资料和编辑出版农业科学专著与学术刊物；后者主要是组织推广本所的科研成果和从事农业科技宣传普及工作。上述机构的增设，是陈凤桐具有战略意义的创举，为我国农业科学有关学科的发展奠定了组织基础。

小麦锈病是当时威胁小麦生产的重要病害，大发生年份造成数百亿斤※的小麦损失。针对1950年在全国范围大发生的惨重教训，陈凤桐提出"全国小麦锈病研究急需统一起来"的建议，并在周恩来总理的关怀和农业部的主持下，于当年8月召开了有30多位小麦锈病专家和育种专家参加的全国小麦锈病会议，成立了全国小麦锈病研究委员会并制定出统一的研究计划，通过全国小麦锈病和育种研究工作者的共同努力，很快取得了重大突破。由于各地相继育成一批抗锈高产品种，从1965年以后在全国范围内控制了小麦条锈病的严重危害。这项研究成果先后获得国家自然科学奖和国家科技进步奖。蝗虫特别是中华飞蝗是我国历史上的第一大害虫，每次蝗灾都给人民带来极大的灾难。他亲自组织科研人员深入蝗区进行调查研究，摸清了蝗虫的种类和发生规律，总结提出查卵、查蛹、查成虫的"三查"测报和六六六粉剂与麦麸毒饵治蝗技术，为20世纪50年代中期在飞蝗孳生地消灭蝗害作出了贡献。这两项具有世界先进水平的科研成果的取得，与陈凤桐在开始阶段打下的基础是分不开的。

※ 根据国家法定计量单位：1斤=500克=0.5千克。以下全书同。

为新时期农业科学建言献策

"文革"期间,陈凤桐与其他许多老同志一样,经历了严峻考验。1970年,北京农业大学被撤销,陈凤桐被安排住到海淀区成府街道,成为一名普通居民。此时,他尽管年事已高,但从不气馁,表现出高洁品质,积极参加街道的社会活动,慷慨资助居民和公益事业,满腔热情地辅导居民学文化、学政治,受到街道居民的尊敬和称赞。

中国共产党十一届三中全会前后的拨乱反正,使陈凤桐终于能重返科研领域。他本着"有一分热,发一分光"的革命精神,热切希望全身心地投入科研工作中,丝毫不愿闲暇。他回到中国农业科学院担任顾问,并恢复了中国科学院学部委员职务。他满腔热情地与时任领导商讨农业科研发展设想,加倍地为我国农业科技事业发展贡献自己的力量。

1977年7月16日,陈凤桐本着"我们搞过农业科学的人,有责任汇报工作和提出改进意见"的精神,及时向中共中央提出对我国农业科学工作的11项具体建议;同年12月25日,他再次上报《关于中国农业科学院专业研究所体制的建议》。在此前后,他还给中国农业科学院土壤肥料研究所领导高惠民、李文玉,著名土壤学家侯光炯等写信,探讨什么是土壤肥力,包括哪些理化性状,土壤肥力的标准是什么以及"如何创造出高产的肥力"等问题。他在信中还提醒专家们注意:"许多资料是从产量上找肥力,如能反其道而行之,从肥力上要求产量,不更快吗?"他还强调,"科学工作应该走在生产的前面"。

1978年3月,他以中国科学院学部委员身份应邀参加了全国科学大会。他在会上书面发言提出《对我国农业科学工作的十项建议》,内容包括:①当前农业科学的重大任务——将科研成果应用于生产、总结群众经验、引进外国新技术;②农业科学应首先为全国重点建设县服务;③农艺如何和机械化结合;④土壤肥力标准问题;⑤关于农业经济的研究工作;⑥农林牧三结合;⑦农业科学的协作问题;⑧关于培养人才问题;⑨建立农业科学学术报告会;⑩加强农业科技的宣传推广。他还倡议:"我们农业科学工作者,必须站到生产第一线上来,有计划,有重点,争时间,通力合作,完成科研任务。"陈凤桐这十项建议,反映了他一贯的科学研究思想,对我国农业科技工作有着重要指导意义。

当时年逾八十高龄的陈凤桐,依然满腔热情,不断研究新问题,积极提出建设性意见。他似乎忘记了时间,忘记了病痛,即使在病重期间,他考虑更多的却是中国式农业现代化的设想,他一次又一次地向前往探望他的同事们询问中国农业科学院和全国农业科技事业的发展情况,并提出自己的看法,直至他生命的最后一刻。

1980年10月4日，陈凤桐因病在北京逝世。鞠躬尽瘁，死而后已！陈凤桐先生的一生都在追求科学、追求真理，为发展我国农业科技事业作出了巨大的贡献。

●中国农业科学院办公室供稿●

【冯泽芳简介】

冯泽芳（1899—1959），男，浙江义乌人，著名棉花科学家、教育家。1925年毕业于东南大学农科，1933年获美国康奈尔大学博士学位。1955年当选为中国科学院学部委员（院士）。曾任原国民政府全国经济委员会棉花统制委员会技术专员，中央棉产改进所副所长兼植棉系主任，中央农业试验所技正兼棉作系主任，中央大学教授兼农学院院长。新中国成立后，任中国农业科学院棉花研究所首任所长、研究员，南京大学、南京农学院教授等职。

毕生致力于棉花科学研究、技术推广与教育工作。对亚洲棉的形态、分类和遗传，以及亚洲棉与美洲棉杂种的遗传学和细胞学有深入研究。20世纪30—40年代主持全国棉花品种区域试验及云南木棉的调查研究，对改良棉花品种、增加棉花产量和改善棉花品质作出了重要贡献。最早在中国从事植棉区划及棉工业区划系统研究，提出的划分五大棉区的理论至今为棉花界沿用。出版了《中等棉作学》《合于中国栽培的洋棉》《合于中国栽种的细绒棉》《中国的棉花》等论著。

> 他毕生治学严谨，尊师爱友自重。他奠定的棉花区域试验方法和棉区划分理论，至今仍指导着棉花科研和生产。他永远守望在辛勤耕耘的棉花地，广阔的棉田是记录他卓越贡献的画卷，洁白的棉花是他高尚品格的象征。

中国现代棉作科学的主要奠基人
——记中国科学院院士冯泽芳

冯泽芳,我国现代棉产改进事业的伟大先驱者,中国农业科学院棉花研究所的第一任所长。他在棉花科学研究、棉种繁殖推广和培育植棉人才等方面成就辉煌。他的学术造诣和大家风范,令后学敬仰、世人赞叹。

研究种间杂交　拓宽育种途径

冯泽芳,字馥堂,1899年2月20日出生于浙江省义乌县赤岸村,1917年金华浙江省立第七中学毕业。1918年考入南京高等师范学校农业专修科,1921年毕业。在补读学分后,1925年东南大学本科毕业。在此期间,他就潜心棉花科研工作,发表了7

篇论文。其中,《中棉形态及其分类》是整理中国棉种的最早著述,奠定了我国亚洲棉分类的基础;《中棉之孟德尔性初次报告》是孟德尔定律发表后首次应用于中棉性状遗传的研究成果。

20世纪30年代的棉花育种工作,都是纯系育种或品种间杂交育种;对棉属的分类,多以形态特征和纤维性状为主,较少采用细胞学或细胞遗传学的方法进行研究。为拓宽棉花种性改造的途径,冯泽芳大胆从事美洲陆地棉、海岛棉与中国亚洲棉的种间杂交及其后代遗传学和细胞学的研究。亚洲棉与美洲棉的杂交属于种间杂交,很难成功。到30年代初才渐有可能杂交的报道,且多由美洲棉与草棉杂交。亚洲棉和美洲棉杂交时,亚洲棉为母本,一无所得;以美洲棉为母本,可得少量杂种,但F_1代均不育。当时对这种不育现象尚未得到令人满意的解释。

冯泽芳赴美深造期间,从大量的杂交试验中明确了以染色体多的美洲棉作母本,以染色体少的中国亚洲棉作父本,可以得到极少量的杂种,这在当时是一个新论点,并为以后的实践所证实。他根据杂种一代花粉母细胞第一次减数分裂中期染色体构型,分析了种间不易交配性及杂种一代不育性的原因。这些观点和所提供的富有说服力的论证数据,在当时处于同类研究的先进水平。

值得一提的是,冯泽芳的博士论文《亚洲棉与美洲棉杂种之遗传学及细胞学的研究》是在国内事先构思和设计的,他借留学深造之便,利用国外的先进设备和科研资料(参阅有关文献100余篇),勇于开拓、大胆创新,最终取得了可喜成果。1935年他的论文发表在美国《植物学报》(*Botanical Gazette*)。

主持全国区试　推广斯字棉德字棉

19世纪中叶通商开埠后,中国成为一个棉花进口国。第一次世界大战影响了外国原棉、棉纱和棉布的进口,为我国民族棉纺工业带来了发展契机。但是,机械纺织需较高品质的棉花,而我国当时栽种的中棉及退化洋棉产量低、品质差,不适合纺织工业的需要。1919年华商纱厂联合会为解决原料问题,邀请美国棉花专家顾克(O. F. Cook)来华指导我国棉种改良。顾克将8个美国品种在国内多处试种,最后肯定了脱字棉和爱字棉较为适宜。在随后的10多年中主要是驯化这两个良种。1932年中央农业实验所成立,美国康奈尔大学教授洛夫(H. H. Love)任总技师,1933年他征集31个中美棉品种,在南北各棉区进行区域试验,以选择更适宜的品种。一年后,洛夫回国。时值冯泽芳学成归来,就任中央棉产改进所副所长兼中央大学农艺系教授,接替洛夫主持这项工作。他将试验方法加以改进，经过 4 年的试验证明，斯字棉 4 号成熟早、产量高，增产 10.6%～66.7%，适于黄河流域棉区种植；德字棉 531 在长江流域丰产优质，平均增产 14.8%。这两个新品种推广后，深受农民和纱厂的欢迎。

在国内主要农作物中，棉花是率先进行全国区域试验的。除战争时期一度中断外，迄今已延续半个多世纪，并且成为国家评选优良品种、实行分区域种植的关键环节，对提高我国棉花产量和改善纤维品质起到了重要作用。

1934 年，全国中美棉品种区试在 18 个参试单位的合作下取得良好结果，冯泽芳立即通过棉业统制委员会在彰德（今安阳）和南京两地分别进行斯字棉 4 号与德字棉 531 的繁殖、纯系育种工作，为大面积推广做好准备。1936 年春，我国又从美国购进 2 万公斤斯字棉 4 号，在黄河流域几个试验场繁殖近 5 000 亩，秋季收得种子 23.3 万公斤。1937 年推行棉种管理制度，集中推广 4 万亩，这是斯字棉在中国大量种植的开始。冯泽芳在中央农业实验所和陕、豫、川有关人员配合下，1941 年在陕西关中和豫西一带推广斯字棉 4 号 100 万亩；在陕南和四川推广德字棉 75 万亩。在当时大环境下推广这么大面积，确属难能可贵。斯字棉和德字棉的推广不仅为抗战时期大后方的纺织工业提供了优质棉原料，也为新中国建立初期华北普及优质棉品种、发展棉花生产打下了良好基础。

鉴定离核木棉　　开拓长绒棉生产

1937 年抗日战争爆发后，中国棉区大部分沦陷，大后方缺乏原棉，优质原棉更少。1938 年，冯泽芳任中央农业实验所云南工作站主任派驻云南工作，他看到了多年生海岛棉，形同小树，习称木棉，多种在房前屋后用作观赏或在荒地上零星种植。经鉴定，他认为是离核木棉，属优质长绒棉。为此，他积极倡导研究和推广木棉，引起了各界人士的重视。首先由金融界与实业界配合地方政府组成木棉贷款团和推广委员会，在云南开远设立木棉试验场，贷款 100 万元，并制定出一套领取垦荒地和贷款的办法，扶植农民种植木棉。

在各方面的共同努力下，仅几年，云南的木棉就发展到 7 万亩。在推广木棉期间，他经常和助手们下乡，趁赶集日子向农民宣传种木棉的好处。初始阶段，农民收获的木棉无处出售，他便自己出资收购，轧出皮棉后再行销售。这样不仅资金得到周转，而且棉籽也可以赠给推广委员会为扩大繁殖之用。

为推广木棉，冯泽芳不遗余力，倾注了全部心血。他给助手的信中曾写道："斯字

● 冯泽芳（右）与家人在一起

棉、德字棉和木棉是我的 3 个孩子，我爱木棉同爱我的小女儿一样。"这种爱棉如子之心，何等感人！据他的学生和助手俞启葆估算，推广木棉所得的经济效益，其年生产价值比当时国民政府支付的全年农林经费还多出 1/3。

划分五大棉区　探讨纺业布局

中国棉区划分研究是冯泽芳对我国棉花事业的重大贡献之一。他指出，农业是深受地域限制，亦即"地方色彩非常浓厚"的一门学科。1936—1959 年，他曾先后 6 次发表过有关我国适宜棉区的文章。他根据棉区的无霜期、温度、雨量、日照等气象因素，地势、土质、海拔等地理条件，与棉花的分布、生长发育、产量构成的关系，以及农情调查、品种区域适应性等研究资料，将中国棉区的划分由最初提出2个发展为5个：黄河流域、长江流域、特早熟、西北内陆及华南。他还强调指出，某一棉区的良种移到另一棉区种植，效果将变差。这一见解对棉花育种和良种推广具有指导意义。60多年的实践证明，上述分区符合客观实际，至今仍为棉花科技界所沿用。其后的棉区划分研究，基本上都是在这个基础上进行的。冯泽芳在20世纪30—40年代曾指出，淮河流域现在产棉不多，但从宜棉的条件来看，疏导淮河后可成为产棉盛区。如今淮河经过治理，黄淮海平原已成为我国棉花的重要产区，这个预言已成为现实。

在进行棉区划分的同时，冯泽芳又悉心研究棉纺工业布局。1936年我国棉花产量已基本满足国内需要，但纺织工业布局不合理，纱厂集中在沿海城市，远离棉花产区，交通不便，且大部分为外商控制，以至于抗日战争时期90%以上的纱厂落在敌占区，大后方的纱锭数还不到全国的5%，而这使当时花纱布价格空前昂贵，令人咋舌。对此冯泽芳于1940年发表了《我国棉工业区的合理分布》论文，阐述了棉工业合理布局的理论和根据。他从国防和同外国竞争的观点出发，提出今后不宜在沿海大埠扩充纱厂；应在交通便利的产棉中心，如在关中、京汉铁路北段、长江中游和晋南等内地棉区建厂，发展棉纺工业，这样可以利用廉价原料，减低花纱布运费，从而降低生产成本。

冯泽芳从发展棉花生产的总目标出发，先划分宜棉区域，开拓植棉业，然后考虑加工工业与种植业密切配合，以便于农产品的销售和工业原料的供给。他认为，今后应建设好棉业区，即在最有利的环境中植棉，在棉产集中的地区发展棉纺工业，这样可以扩大主要棉区，淘汰小棉区；各省区不宜提倡棉产自给，应因地制宜发展各自的特产，建成各种特用经济作物区。对于特用经济作物区划，他也主张应在全国范围内实行合理的区域分工，如分别在最适宜的区域发展棉业区、茶叶区、丝业区等，以求国民经济的协调发展和自给。

毕生治学严谨　尊师爱友自重

冯泽芳的一生中有较长时间从事教学工作，他是循循善诱的好导师，更是深孚众望的教育家。1923年在江苏农校任教时，他以国内棉作最新资料为主，编著了一本具有中国特色的农校教材《中等棉作学》，由中华书局出版。在长期担任中央大学、南京大学和南京农学院教授期间，他提倡教师从事科学研究工作，教学与科研要联系生产实际，以不断丰富自己的知识与经验。他教导学生说，一个人在事业上的成就，除天资外，更重要的是靠勤奋学习。在指导科学实验时，十分重视收集阅读第一手资料，而不图省力去借鉴二三手资料，人云亦云。对撰写实验报告，他强调严肃性、逻辑性和数据与结论的统一。他勉励学生注重自学，独立思考，锻炼思维能力，只有勤学苦练才能成为有用人才。他虽然在事业上有很大成就，是我国棉业改良的一代宗师，但他始终虚怀若谷，谦虚谨慎，始终不忘师长和同事对他的教诲与帮助。在50周岁时，他套用胡适诗句自勉："清夜每自思，此身非吾有，一半属师长（胡适诗原为'一半属父母'），一半属朋友"，以表达他对师友的怀念和感激之情。

冯泽芳的一生始终保持农家子弟勤劳俭朴的作风。1942年，他在重庆沙坪坝中央大学任教授兼农学院院长，但一家5口仅靠他一人的薪水维持清寒生活。由于长期营养不良，除患胃病外，他还得了夜盲症，但他从来没利用自己在学术界、棉业界的声望以及与纺织企业界人士的关系谋求兼职。他家住在重庆郊区数年，而家人从未到过市区，直到1946年学校迁回南京，才由吴有训校长安排，乘校长专车载全家去城里观光，而后告别山城。

1949年国民党政府撤离南京时，他接触到由北平派来上海联络科技界人士的沈其益教授，了解了党的知识分子政策，决定留在南京，回到中央大学农学院任教（1952年改名为南京农学院）。在那里他迎接解放，以更加饱满的热情，为新中国的棉花生产和科教事业努力奋斗。

冯泽芳建议恢复中断多年的全国棉花品种区域试验，受到农业部的重视，并采纳施行。从1956年起他亲自主持此项工作，与华兴鼐等组织北方和南方棉区的区域试验，并与汪雄时、杜春培等整理发表了1956—1957年两年的试验总结，肯定了徐州209、彭泽4号等优良品种的增产作用和推广价值。他对这些国内自育的棉花新品种能与国外品种并驾齐驱十分欣慰，认为我国的棉花育种工作已进入世界的行列。

1956年他参加了《1956—1967年科学发展远景规划》的制定工作。他倡议组建全国性棉花研究所，并参与筹建工作。1957年就任中国农业科学院棉花研究所首任所长。他怀着极大的热情，放弃了大城市优越的工作和生活条件，率先与夫人来到棉区腹地——河南省安阳县白璧乡安家落户，主持工作，为我国棉业改进事业贡献毕生精力。

1959年9月22日，冯泽芳在安阳不幸辞世，年仅60岁。他的去世是我国棉花界的重大损失。他品德高尚，廉洁奉公，为我国农业教育和棉花生产与科研事业奋斗终生，作出了卓越贡献。他是我国农业科学家和教育家的楷模，永远值得后人学习。

●中国农业科学院棉花研究所供稿●

【盛彤笙简介】

  盛彤笙（1911—1987），男，江西永新人，著名兽医学家、微生物学家和兽医教育家，中国现代兽医学奠基人之一。1928年考入中央大学生物学系，1936年在德国柏林大学获医学博士学位，1938年在德国汉诺威医学院获兽医学博士学位。1946年创建了国立兽医学院并担任院长。新中国成立后，历任西北军政委员会畜牧部副部长及西北财政委员会委员、兼任西北兽医学院院长，西北行政委员会委员和西北畜牧局副局长，中国科学院西北分院筹备委员会第一副主任。1955年当选为中国科学院学部委员（院士）。曾任第一届全国人民代表大会代表，第三、第四、第五、第六届全国政协委员，中国畜牧兽医学会副理事长、名誉理事长，中国微生物学会人畜共患疾病专业委员会副主任委员。是中国农业科学院中兽医研究所创始人之一，研究员。

  长期从事兽医教育和科学研究工作，培养了一大批畜牧兽医高级人才，译著了具有重要学术影响的《克氏细菌学》《家畜传染病学》《家畜内科学》等经典著作，为我国乃至世界畜牧兽医事业的发展作出了重要贡献。2009年被授予新中国成立60周年"三农"模范人物荣誉称号。

> 矢志祖国畜牧兽医科学和教育事业，坚持发展畜牧业以富民强国。他治学严谨，诲人不倦，生命不息，奋斗不止。他是新中国畜牧兽医科学的开创者，畜牧兽医事业的繁荣发展是他永远的丰碑。

学为宗师 人为楷模

——记中国科学院院士盛彤笙

盛彤笙是中国著名的兽医学家、微生物学家,是我国现代畜牧兽医教育的开创者。他出身贫寒,但凭借出众的才华和超人的努力,在学业上取得了优异的成绩,留学德国并获得了医学和兽医学两个博士学位;在抗日战争的烽火中,他毅然回到祖国,投身于科学救国的神圣事业之中;他创办我国第一所畜牧兽医学院,培养了大批畜牧兽医高级人才;他心系我国畜牧业,著书立说,奔走呼号,为富民强国操劳一生;他治学严谨,追求真理,为我们树立了一个学者的典范;他为人正派,刚直不阿,勇于坚持原则;他对待朋友、师长、后学和家人,宽厚热诚,给予无私的支持和帮助。盛彤笙尽管屡次遭受不公正的待遇,但他卓然独立,不改本色。他为学堪称宗师,为人堪称楷模。

寒门俊才 奠定兽医志向

盛彤笙原籍江西省永新县。1911年6月4日出生于湖南长沙。家中兄弟子侄很多,一家人仅靠当中学老师的父亲之微薄工资度日,日子过得极为清苦。1922年盛彤笙考入一所外国人开办的教会学校——雅礼中学,该校除了国文和中国历史外,其他课程都用英文授课,教学十分严格。雅礼中学的这段严格训练,为盛彤笙打下了较为坚实的外语功底和文化功底。

1926年国民革命军北伐攻克长沙，富于正义感的盛彤笙作为学生会领导，组织发起了反对帝国主义文化侵略和奴化教育的学生运动。之后被迫转入江西省立第二中学学习。

1928年，盛彤笙高中毕业，考入南京中央大学生物学系。在中央大学，他如饥似渴地汲吮着多种知识的营养，除了学习本系的必修课外，还选修了化学系、物理系、外语系乃至哲学系、经济系的一些选修课程。与此同时，还阅读了许多文艺类书籍和刊物。他最喜欢鲁迅的作品，爱看常载鲁迅杂文的《语丝》《莽原》等杂志。在后来他赴德国留学时，除了一本《德华大字典》外，鲁迅的《野草》是他随身携带的唯一中文书。

由于聪颖好学，盛彤笙只用3年便学完了大学4年的课程，最后一年他转入了中央大学上海医学院（上海医科大学的前身）的本科一年级。1934年夏，他的家乡江西省招考公费留学生，其中有一个留学德国的医学名额。他便毅然回南昌应试，并以优异成绩被录取。同年9月他中断在上海的学业，登上了开往德国的客轮。

当时德国的大学全是国立的，学制完全相同，鼓励学生转学，以便开阔眼界。这样的教育制度和学术氛围，给了基础扎实、才华过人的盛彤笙更加自由的发展空间。他在慕尼黑大学就读一年后，第二学期转学柏林大学。在柏林大学，他只用了两年便修完课程，并完成博士论文，通过答辩，于1936年获得柏林大学医学博士学位。因为盛彤笙认为，我国人民的体魄孱弱是由于食用动物性食物不足所致，而畜牧兽医科学是解决这一问题的切入点。所以，他又转到汉诺威医学院完成兽医方面的功课和博士论文，并于1938年获得兽医学博士学位。能在治学严谨的德国短时间里拿到两个博士学位，令人惊羡，而盛彤笙又是从医学转到当时不为国人所重视的兽医学，更是出人预料，但这恰恰表明了他与众不同的高远志向。

心系祖国　战火考验忠贞

早在中学时代，盛彤笙就追求进步，参加学生运动，反抗反动政权。1932年淞沪战役中他还参加医疗救护队，到前线救护负伤的抗日将士。大学期间他掩护过中共地下党员吕骥、朱理治等人。在留德期间，盛彤笙结识了王炳南、乔冠华、江隆基等中共党员，思想多有共鸣。1935年盛彤笙在柏林加入了党的外围组织——反帝大同盟。他经常用节省下来的学费资助中国共产党在巴黎出版的《救国时报》。1938年在瑞士苏黎世举行第十三届国际兽医会议，盛彤笙在闭幕式上讲演，强烈谴责日本帝国主义对中国的侵略，呼吁各国科学家声援中国，联合起来共同反对日本发动的侵略战争，引起与会各国学人的热烈响应，纷纷捐款援华抗日。

1938年9月，怀着一片赤诚的爱国之心和报国之志，盛彤笙义无反顾地回到了祖国，先后在江西省立兽医专科学校、西北农学院任教，1941年春前往迁至成都的中央大学畜牧兽医系任教。在中央大学任教期间，他在几所大学兼课，潜心于教学、研究和编译工作，取得了一批高水平成果。

他利用晚上业余时间，从缩微胶卷上逐行逐字地翻译出凯瑟（Keiser）所著《兽医细菌学》。他还自编了一本《兽医细菌学实习指导》，解决了几所大学微生物学的教材问题。在经费极其紧缺的情况下，他力所能及地开展研究工作，例如对当时刚刚问世的磺胺类药物作了兽医临床试验，写成《磺胺药物对于马鼻疽杆菌的作用》，证实磺胺类药物在一定浓度以上时，对马鼻疽杆菌有杀菌作用，并对豚鼠的实验性急性鼻疽有治愈作用。他的成果《水牛脑脊髓炎的研究》证实，水牛脑脊髓炎是由一种病毒所致，在世界上属首次报道，成果在《自然》（*Nature*）上发表。在条件极为恶劣的抗战时期，他能够写出这样高水平的论文，使同行肃然起敬。

凝聚英才　艰辛学科创业

抗战胜利后的1946年，盛彤笙感于中国畜牧兽医教育事业的迫切需要，征得当时国民政府教育部的同意和联合国救济总署支持，成立了我国第一所兽医学院，暂时附设在兰州大学内。他就任兰州大学兽医学院第一任院长，负责学院的筹建工作。不久又将兽医学院从兰州大学中独立出来，成为独立的"国立兽医学院"，盛彤笙为院长。当时的兰州，交通不便，文化落后。抗战胜利之后，原来由沿海一带移到内地的知识分子大多又返回平津沪宁及东南一带，而盛彤笙却以远大的战略眼光，反其道而行之，坚守西北，甘冒风险，创办一所不为一般人所重视的兽医学院。为了学院建设他经常往返于兰州南京之间，向国民政府教育部、联合国救济总署争取资金和设备，为新创学院延揽师资。当时愿意到西北工作的人很少，为了招揽高水平的人才，他把能想到的办法都用上了。第一，在国内尽力聘请了一批名家来校任教，例如生物化学家郑集（后为第一批中国科学院学部委员）、畜牧学家路葆清、英语教授张素娥等。第二，预约正在国外的留学人员（如朱晓平、朱宣人）。第三，资助自费留学生。1947年，国民政府教育部举办自费留学考试，盛彤笙从学校经费中挤出一部分款项，资助了4位学者

● 盛彤笙（右）1985年在参加全国人大、政协会议期间与王秉祥（中）、任继周（左）交谈

出国的旅费和半年的学费，并答应以后陆续汇款。条件是他们回国后必须到兽医学院任教（如谢铮铭、陈北亨、蒋次升等）。第四，在中央大学1948年应届毕业生中选拔一部分学生就地培养，两年后来校任教，聘为讲师。

盛彤笙作为一名教育家，对人才的珍视和热情超越常人。当时在校任教的许绶泰不辞而别后，他焦急万分，尽可能收集了许绶泰亲友的地址，并对每一处地址都寄出亲笔信，劝他回来。许绶泰走到哪里，都见到盛彤笙的亲笔信等在那里，大为感动，终于给盛彤笙写信，答应回来。即使这样，他还是不放心，又派专人亲赴上海、南京等地去找他，使许绶泰终于回到兰州。陈北亨、廖延雄、蒋次升教授留学回国后，盛彤笙都盛情争取他们落户兰州。

盛彤笙对学业有成的人重视，对青年人也不忽视。对到校任教的青年人，他经常深入其宿舍察看水缸里的水打满了没有，窗户纸糊好了没有，煤炭、火炉、引火的柴禾备齐了没有，如此等等，使年轻人备受感动。

1950年，西北军政委员会成立。盛彤笙被任命为西北大区畜牧部副部长及西北财经委员会委员职务。他通过西北军政委员会，1950年组织西北各省师生及专业人员组

成了庞大的考察团，下属4个考察队，对西北四省作了为期一年的畜牧兽医调查，这是我国西部历史上第一次畜牧兽医的全面考察。这次考察摸清了家底，积累了资料，培养了人才。

1953年，全国高等学校院系调整，西北农林科技专科学校和西北农学院的畜牧兽医专业并入国立兽医学院，扩大编制，成立西北畜牧兽医学院，成为当时西北唯一的一所畜牧兽医专业的高等学校，盛彤笙任西北畜牧兽医学院院长。

这一时期，西北畜牧兽医学院全体师生在他组织领导下，与西北生产实际密切配合，做了大量的科学研究和技术推广工作。不论盛彤笙本人还是他所创办的学院，这一时期都呈现一片勃勃生机，如旭日初升，前景不可限量。

1954年，中国科学院在兰州筹建西北分院，时任中国科学院西北分院筹备处副主任的盛彤笙提出在西北分院建立一所综合性兽医研究所，经筹备处研究同意，先行筹建兽医研究室及附设家畜病院。他即多方招揽人才，负责兽医研究室的筹建。1957年2月，中国科学院西北分院兽医研究室成立。同年9月，兽医研究室并入中国农业科学院西北畜牧兽医研究所。1958年7月1日，以并入中国农业科学院西北畜牧兽医研究所的兽医研究室为基础，成立了中国农业科学院中兽医研究所。盛彤笙是中国农业科学院中兽医研究所（现为兰州畜牧与兽药研究所）的创始人之一。

志存富强　心系农业改革

盛彤笙青年时期，切身感受到欧洲畜牧兽医业的发达及其对经济发展和国民身体素质所起的重要作用，认识到要建设一个现代化的国家，必须要有发达的畜牧兽医事业，于是由医学转而投身兽医科学。

新中国成立初期，他通过对新疆、青海、陕西等省的考察，提倡在牧区实行"划区轮牧，储草备冬，改良畜种"，对西北地区畜牧业的发展起到了促进作用。1957年他被错划为"右派"，解除一切行政职务、只保留全国政协委员资格后，盛彤笙3次在全国会议和地方会议上发言，对当时占据统治地位的不论地区特点的"以粮为纲"提出质疑，力主加速发展畜牧业，从而促进我国农业早日实现现代化。他的发言引起了热烈反响。在1980年中国科学院学部大会发言中，他极力主张的"大畜牧业"观念，引起了与会学者的共鸣，他的发言被《人民日报》摘登，产生了较大影响。

盛彤笙被打为"右派"后，尽管遭受了许多不公正的待遇，但他仍然怀着对祖国、对事业、对历史的忠诚，埋头翻译了匈牙利科学家写的德文名著《家畜特殊病理和治疗学》，分上下两卷出版，上卷名为《家畜传染病学》，下卷名为《家畜内科学》。"文革"期间，盛彤笙在"牛棚"中翻译了民主德国贝尔等著的《家畜的传染病》一书。这是盛彤笙对我国兽医学的又一贡献。

学风严谨　师德彪炳千秋

盛彤笙做事严谨认真是出了名的。

在南京中央大学任教期间，他用整理好的卡片授课，条理清楚，逻辑严密，语言精练，学生把听他讲课作为一种享受，但课堂纪律极严。上课铃声一响，他准时进教室，把门关上，迟到的人想进来，先得敲门，说明原因。任国立兽医学院院长期间，坚持出版《国立兽医学院校刊》，每月一期，他都亲自看清样。同事们写的调查报告请他作序，他在写序的同时认真地指出了报告中存在的几处错误，而且用很重的语气对他们说："这是著书立说呀！"大家至今印象深刻。

在1984年，同事与年逾古稀的盛彤笙合写了一篇有关畜牧业的文章，助手把稿子誊清以后寄给盛彤笙修改。他把稿子寄回来时，附了一封信，信中说有两页放颠倒了，原样发回，要同事自己看看。

他的一位老学生，定居美国，在某大学任终身教授。"文革"后回国访问，看望盛彤笙，老师当然热情接待。但谈话间，这位老学生说"我们美国狗都是吃肉的"，以及"你们中国"如何如何。盛彤笙极为反感，随后写信给他，说"你的言行，深深地刺伤了我这个中国人的心"。翌年听说他又要回国访问，盛彤笙用复写纸写了16封信，分寄这位先生可能访问的人，要求如果见到他，给予他"帮助"。

盛彤笙不但文字工作认真，一般事务也决不马虎。在国立兽医学院伏羲堂基建中，他要人把门窗做成样子，挂在墙上，出出进进看一段时间，才决定式样。买回一把椅子，他不仅看正面，还要翻过来调过去，面面都要看到才放心。他所制定的仪器药品管理制度，曾经作为榜样，供中国科学院西北分院学习。

盛彤笙对他学生的身教、言教，无时不在。严师之严，盛彤笙作了最好的诠释。

1987年5月9日，盛彤笙历经辉煌与坎坷，走完了他76年的人生旅途。

可以告慰盛彤笙先生的是，他倾注全部心血的畜牧兽医事业和畜牧兽医教育，在西北和全国已经取得空前的发展。为了深切缅怀盛彤笙高尚的人格和为科学献身的精神，在有关方面的共同努力下，盛彤笙畜牧兽医科学基金会于1994年成立，现在改为盛彤笙畜牧兽医科学奖学金，发挥了更大的作用。盛彤笙创建的中国农业科学院兰州畜牧与兽药研究所，在建所50周年之际为他塑了铜像，矗立于研究所院内，永久纪念先生为我国畜牧兽医事业和对研究所的发展作出的卓越贡献。

● 中国农业科学院兰州畜牧与兽药研究所供稿 ●

【戴松恩简介】

戴松恩（1907—1987），男，江苏常熟人，著名植物遗传育种学家。1931年毕业于南京金陵大学农学院农艺系，1936年获美国康奈尔大学博士学位。1955年当选为中国科学院学部委员（院士）。曾任中国农业科学院作物育种栽培研究所研究员、副所长，中国农业科学院副秘书长、研究生院副院长，国务院学位委员会委员，中国农学会常务理事，美国希格玛赛（Sigma Xi）科学荣誉学会会员，第三届全国人民代表大会代表，第五、第六届全国政协委员。

早期从事小麦育种、细胞遗传和抗赤霉病研究，后转入烟草、油菜育种的基础研究。参与了选育金大2905、金大26等中国第一批小麦优良品种研究；明确了中俄美6个小麦品种杂交后代10多个性状的遗传规律及其连锁遗传关系；首次指出了在严格接种条件下，中国小麦品种对赤霉病抗性有明显差异的论断，肯定了选育抗赤霉病小麦品种的可能性；提出了直接利用美国玉米双杂交种并不能增产，必须利用它的自交系和中国材料合理组配才能得到适于中国的高产杂交玉米的学术观点；选育出了适合贵阳地区种植的烟草优良品种，对发展贵州烟草种植业作出了贡献；探明了中国油菜育种的途径和方法。1978年以后主持开展了中国小麦非整倍体的研究工作。

> 把个人的利益与得失置之度外，将毕生的精力与智慧奉献给中国的农业科研事业。秉承勤奋严谨的学风，为小麦、玉米、烟草、油菜遗传育种研究作出杰出贡献。

三把"金钥匙"相伴科研人生

——记中国科学院院士戴松恩

戴松恩曾说:"个人的得失实在是微不足道的,只有当心中装下了祖国、民族的利益,个人有限的才华、智慧才能焕发出灿烂的光彩。"在他一生中,三把"金钥匙"伴随着他辛苦卓绝的科研之旅,也见证了他的辉煌人生。

两把"金钥匙"开启研究之旅

1926年初夏,戴松恩以金陵大学专科第一名的优异成绩毕业了,并且留在校农艺系任助理。他的任务是协助沈宗瀚教授进行小麦、水稻遗传育种研究,沈先生对他非常器重,很多重要的工作都交由他来完成。

年轻的戴松恩内心深处有一个想法,那就是要做一名作物遗传育种方面的专家。于是,他废寝忘食地自学遗传学理论、育种学原理等基础课程。他的努力,沈先生看在眼里,喜在心头,沈先生被这个勤奋踏实的年轻人所感动,推荐他到金陵大学工读,学习作物遗传育种专业。

1931年夏,金陵大学农学院毕业典礼上,在潮水般的掌声中,戴松恩从校方手里接过了人生的第一把"金钥匙"——金钥匙奖荣誉证书,他以第一名的优异成绩顺利获得学士学位。同时,他还被学校选为"斐陶斐"荣誉学会会员。

1933年在美国康奈尔大学研究生院的细胞遗传学课堂上,一位东方青年认真记录着课程笔记,他就是赴美攻读作物育种和细胞遗传学的戴松恩。那时候,细胞遗传是遗传学中比较活跃的一个新兴分支,但是国内研究这个学科的学者非常少。

1936年,经过刻苦攻读,他拿到了康奈尔大学博士学位。因其在学界理论方面的建树，被选为美国希格玛赛（Sigma Xi）科学荣誉学会会员，也拿到了他人生的第二把"金钥匙"——他荣获该学会金钥匙奖。

两把"金钥匙"，开启了戴松恩执著进取的学术研究之旅。

祖国的需要就是他的选择

回国，是戴松恩的既定选择。导师的挽留，种种优厚的条件，都不足以吸引戴松恩留在美国，他只有一个坚定的信念，那就是：回国继续从事研究，改变祖国的落后面貌，要用自己的全部知识和才华为祖国、为千千万万的劳苦大众服务。

1937年2月，他踏上了回国之旅。

回国后，戴松恩受聘到南京中央农业试验所全国稻麦改进所工作，当时国内时局动荡不安，人心惶惶，但他不为外界所动，坚持在实验室忙碌着。然而七七事变爆发后，研究工作被迫全部中断，他被派往江苏北部担任"督导"，从事推动小麦增产方面的工作。

南京沦陷后，戴松恩辗转在芜湖、柳州等地，但坚持研究不辍，而且还扩大了自己的研究领域，逐步开展玉米、烟草和油菜方面的育种研究。

1938年，他在贵阳田间考察，主要针对烟草、玉米和油菜生产进行了长时间的深入调查。戴松恩大有收获，他惊喜地发现，贵州的土壤非常适合发展烟草种植。于是他大胆地引进了美国烟草品种，并于1940年第一次在贵阳地区种植了他引种筛选出的烟草新品种。在他的帮助下，当地示范推广了育苗、移栽、管理、采收以及烤烟技术，为后来贵州烟草事业的发展奠定了良好的基础。

戴松恩还针对当时有人提出要大量引入美国双杂交玉米种子进行了3年引种试验，发现美国双杂交玉米种并不比当地的最优品种好，有的甚至更差。他在《美国杂交玉米在我国的利用问题》（《农报》，1939）一文中明确指出：直接利用美国双杂交玉米并不能增产，只有利用它的自交系和国内材料才能找出适应我国情况的高产杂交玉米。同一时期，他还对当地的油菜做了不少基础性研究，诸如连续自交对不同类型油菜品种的生长发育和结实性的影响等，为制定合理的育种方案提供了科学依据。

为了"让人人都能吃上白面"

在抗日战争时期十分艰难的条件下，戴松恩苦心钻研，为发展前沿山区的农业生产作出了很多贡献。

解放战争后期，国民党在溃败之际下令"迅速将试验场全部人员、设备及财产运往南京，绝不能落入共产党之手"，时任北平农事试验场场长的戴松恩，没有服从这一命令，而是在中共地下党和民盟成员的协助下，保护好试验场的人员、财产、仪器设备和档案资料，决心留在北平，迎接新中国的诞生。

新中国成立后，戴松恩马不停蹄地继续着自己的科学研究之旅，他的足迹踏遍了大半个中国，他始终记得受到周恩来总理第一次接见的情景，总理握着他的手，语重心长地嘱托："希望你用科学技术让人人都能吃上白面。"

"让人人都能吃上白面"，这是多么简单质朴却在当时又是何等困难的事啊。戴松恩为了这个质朴的愿望，奋斗了一生。

从20世纪20年代开始，戴松恩便进入作物遗传育种研究领域，当时国内从事这方面研究的学者少之又少。没有太多可以借鉴的经验和资料，戴松恩参与育成、推广金大2905、金大26等小麦品种。

30年代，戴松恩对来自中国、苏联、美国的小麦品种进行性状遗传规律研究。当时这种研究在国内尚属空白。他通过对6个普通小麦品种的春冬性及穗部、叶片等10多个性状的遗传分析，明确了单性状的遗传规律以及它们之间的连锁遗传关系，并以博士论文形式发表了题为"中俄美小麦品种杂交之遗传研究"的报告。

当时，赤霉病是长江下游地区小麦生育后期最易流行的病害，部分国外专家甚至大肆宣扬一些悲观论调，譬如说，即使在严格接种的条件下，小麦品种也都要感染赤霉病，抗病育种非常困难等。戴松恩对此心存疑惑，他决心尝试着对已搜集到的小麦品种进行抗病性鉴定试验。持续4年试验之后，戴松恩发表了"小麦赤霉病抗病性研究"，以云南"牟定火麦"为例，指出在严格接种条件下中国小麦品种中有对小麦赤霉病抵抗的材料，论证了选育抗病品种的可能性。这一发现，对发展我国小麦抗赤霉病育种工作有很好的启发作用。

1956年在国家12年科学技术远景发展规划会议上，戴松恩主持了农业科技规划说明书的全部定稿工作，并且在规划会议上作了"关于发展我国农业和畜牧业问题"的报告，提出了很多有益的建议。

1957年中国农业科学院成立后，戴松恩被任命为作物育种栽培研究所副所长，并被聘为中国农业科学院学术委员会委员。1957年11月，他随同以郭沫若为团长的"中国访苏科学技术代表团"赴苏联进行为期两个多月的考察访问。其间，他就实施国家12年科学技术远景发展规划与中苏合作项目等有关农业方面的重大问题与苏联学者进行了广泛的交流。1958年初回国以后，他发表了《关于农学及园艺等方面的访苏传达

● 戴松恩在进行田间调查

报告》。该文就提高农作物单位面积产量、荒地开发问题等提出了迄今看来仍有参考价值的建议。

70年代末，为缩小我国在小麦育种基础理论以及研究方法上与国外的差距，戴松恩主持了"小麦非整倍体研究"，这项研究是为小麦定向育种提供理论根据的基础研究，是利用非整倍体材料和相应的分析方法，测定基因位置及连锁关系，通过染色体附加、代换和易位技术，达到有计划、有步骤地创造麦类新品种的目的。当时国内此项技术远远落后于发达国家。

戴松恩主持召开了全国小麦非整倍体研究讨论会，并发表了系列文章，翻译国外相关文章，积极推动研究进程。他还强调指出，小麦非整倍体研究在形态性状、抗病虫性、抗逆性、品质性状和其他数量性状的基因分析或定位等方面很有意义，并可直接应用于小麦育种，为农业生产作出贡献；他提出了在小麦品种杂交中，利用 ph 基因创造出更多优良变异的设想。

在戴松恩的指导下，他的助手和研究生取得了可喜成果，并进行了各种变异类型的细胞遗传学研究，为开创小麦育种的新途径进行了有益的尝试，缩小了与发达国家的技术差距。

第三把"金钥匙"彰显人生高峰

晚年的戴松恩曾经两次患上心肌梗死，4次患肺炎。但他不顾年事已高、体弱多病，坚持审阅各种稿件，指导助手和研究生的科研工作。

戴松恩在科研方面比常人勤奋，在生活上则始终保持朴实无华。他对人以诚相待，对事认真负责，从不争名夺利。他主动要求放弃一级研究员的待遇，降为二级。戴松恩赢得了人们发自内心的尊重与敬佩。

"文革"期间，戴松恩受到很多不公正的待遇，但他淡然处之，只是叹息自己所做的事情太少。他说过这样一句话："个人的得失实在是微不足道的，只有当心中装下了祖国、民族的利益，个人有限的才华、智慧才能焕发出灿烂的光彩。"

1980年，他被任命为中国农业科学院研究生院副院长，同时担任国家科委※发明委员会农林组成员。他清楚意识到"文革"所造成的人才断层的严峻事实，他认识到培养青年高级农业科研人才的重要战略意义，不辞劳苦地培养研究生，为提高中国农业科学院研究生的水平做了大量工作。

1982年，75岁高龄的戴松恩递交了入党申请书，这是他人生中第二次提交入党申请书了。在申请书上，老科学家诚恳地写道："我真诚地请求党接受我做一名普通的共产党员，在党的直接教育下，把我的有生之年贡献给祖国的四个现代化和共产主义事业。"老科学家的愿望得以实现了，他光荣地加入了中国共产党，他欣喜地说："我获得了第三把'金钥匙'。"

三把"金钥匙"，伴随着戴松恩的一生。为表彰戴松恩在农业科研和管理上的贡献，1983年中国农学会颁发给他"从事农业科研50周年表彰奖"；1985年中国科学院向他颁发了"从事科学工作50年荣誉奖"。

1987年，戴松恩与世长辞，享年80岁。

不计较个人得失，始终把祖国和人民的利益放在前面，这就是戴松恩的最高境界。

●中国农业科学院办公室供稿●

※ 国家科学技术委员会（1956—1988），全书简称国家科委。1988年改名为中华人民共和国科学技术部。

农科英才

【邱式邦简介】

邱式邦（1911—2010），男，浙江吴兴（今湖州）人，著名农业昆虫学家、植物保护学家。1936年毕业于沪江大学生物系，1948—1951年赴英国剑桥大学动物系留学，1957年起任中国农业科学院植物保护研究所研究员，1980年当选为中国科学院学部委员（院士）。曾任农业部科学技术委员会常务委员，国务院学位委员会委员，联合国粮农组织虫害综合防治专家委员会委员，第三届全国人民代表大会代表。

从事害虫防治研究工作70余年，阐明了飞蝗、土蝗、松毛虫、玉米螟、大豆害虫、甘蔗害虫等多种重要农林害虫危害的发生规律、预测预报方法和综合防治技术。20世纪中叶在国内首创应用六六六粉剂治蝗，研究建立蝗虫"三查"预测预报技术，提出根治蝗虫产卵、孵化孳生地的生态调控技术。研制成功灭蝗饵剂、防治玉米螟颗粒剂等，在全国大面积应用推广。20世纪70年代总结提出了"预防为主，综合防治"的科学技术思想，被农业部确立为中国植物保护科学技术的指导方针。1978年筹建成立中国农业科学院生物防治研究室（1990年更名为中国农业科学院生物防治研究所），致力于开展害虫天敌保护和国外优良天敌资源引入利用，积极倡导推动全国生物防治技术研究工作。1985年创办《生物防治通报》（2011年更名为《中国生物防治学报》），担任主编20余年。先后获农业部爱国丰产奖、全国科学大会奖、法国农业部功勋骑士勋章、国务院表彰等嘉奖。1957年被授予全国农业劳动模范、1979年被授予全国劳动模范荣誉称号。2009年被授予新中国成立60周年"三农"模范人物荣誉称号。

> 他一生热爱祖国、热爱人民、热爱事业、热爱家庭、热爱自然，更热爱农民。他大爱无疆，把最深厚的爱，全部化作战胜害虫的智慧，献给这片生养中华民族的沃土，为我们树起一座绿色植物保护的丰碑。

农业卫士　生防先锋
——记中国科学院院士邱式邦

他脱下洋装扎根于条件异常艰苦的蝗害灾区，改进药剂，制定"三查"，开创了新中国治蝗事业的辉煌；他研究推广防治玉米螟颗粒剂，简便实用，为国家粮食生产再立新功；他研究掌握多种重大害虫的发生规律，提出因时制宜、因地制宜、简便易行的综合防治技术策略；他以辩证的思维，积极倡导保护和利用天敌控制虫害，推动生物防治科学技术发展进步；他站在科学工作者事业与责任的高度，提炼出了我国植物保护科学工作的指导方针；他投入毕生精力和智慧，致力于农作物病虫害防治技术研究，服务农民、为国分忧。他就是著名昆虫学家邱式邦。

刻苦求学赤子心　投身害虫防治生物学

邱式邦1911年10月1日（辛亥年农历八月十日）出生于浙江省吴兴县（今湖州市），1925年考取沪江大学附属中学，1931年考入沪江大学生物系，1936年以优异的成绩毕业。在校期间，从美国康奈尔大学留学回国的刘延蔚先生开启了他对生物科学研究的浓厚兴趣。老师的循循善诱和悉心教育指导，对邱式邦毕生投身昆虫学研究，产生了决定性的影响。

1936年，邱式邦走进了南京中央农业实验所的大门，担任病虫害系技佐，开始了为之奋斗一生的植物保护科学技术事业。当时正值抗日战争全面爆发前夕，实验所被迫向西南地区搬迁，他被分配到该所广西柳州沙塘工作站，直到抗战胜利后的1946年才随中央农业实验所回到了南京。在那段颠沛流离、研究工作条件十分艰难的烽火岁月里，他努力钻研求索，先后从事过松毛虫、玉米螟、大豆害虫、甘蔗棉蚜、飞蝗、土蝗等重要农林害虫的生物学、发生规律、防治方法及天敌昆虫资源种类调查等方面的研究，掌握积累了宝贵的第一手实验数据资料，以第一作者发表了16篇卓有见地的学术论文，作出了扎扎实实的成绩。早年这段独当一面承担科学研究的工作经历，锤炼提高了他的科研创新能力和科学研究素养，也为日后开展深入研究并战胜蝗虫灾害奠定了坚实的基础。

中国是个传统的农耕大国，自古以来就遭受到蝗虫的严重为害。早在《吕氏春秋》中就记录，有史料记载的重大蝗灾便有800多起。从古至今，蝗灾与水灾、旱灾同为华夏大地发展农业生产的三大"天灾"。20世纪三四十年代的旧中国，中华民族正处于"外患"与"人祸"横行的苦难时期，连年的蝗灾更让社会底层的劳苦大众生活在深重灾难之中。

抗战初期，黄河的花园口被炸开决堤后，黄河肆虐淹没了豫、皖、苏三省1 400多万亩农田，黄泛区内田地荒芜，民不聊生，造成历史上空前严重的蝗灾。到1944年，在被淹泡了7年之久的中原地带，仅河南省飞蝗发生面积就达到5 800多万亩，治蝗成为解决国家民生的大难题。邱式邦正是在这种危难之时开始走上治蝗事业的荆棘之路。当时，他面对的是饥民遍野、满目疮痍，黄泛区老百姓仍然采用老一套的人工扑打治蝗，可这对铺天盖地的蝗虫来说几乎不起任何作用。1947年英国卜内门公司治蝗新药——六六六问世，他立即将其引入中国，开展田间的研究实验。新农药六六六是浓缩剂型，他因地制宜，拌上填充物改进成便于施用的粉剂，在蝗区开展研究试验，蝗虫死亡率达到90%以上。1948年，他将最新的研究结果撰写成国内第一篇使用六六六粉剂治蝗的技术报告，发表在《中华农学报》。

满怀拳拳报国心　　开创新中国的治蝗业

1948年邱式邦考取了英国文化委员会奖学金，翌年进入英国剑桥大学动物系，在V.B. Wrigglesworth教授的指导下研究蝗虫生理，并与英国治蝗研究中心的B.P. Uvarov

● 年逾九十的邱式邦仍孜孜不倦地学习

博士建立起密切联系，系统学习国际先进的治蝗理论和经验。1949年10月1日，当新中国的五星红旗在祖国首都天安门广场冉冉升起时，这一永生难忘的日子恰巧是他38周岁的生日，让身在异国读书求学的邱式邦心中，充满着对未来的憧憬和向往。一天，他在剑桥大学图书馆阅报室，看到《人民日报》刊登了一条消息：中国采用飞机喷撒六六六在黄骅开展治蝗。这样的事情发生在一穷二白、百废待兴的新中国，是多么的了不起！那短短的一条消息，对深怀报国之心的邱式邦触动很大，五星红旗在召唤！他毅然决定及早结束剑桥大学的学习生活，提前回国，参加祖国的治蝗斗争。

1951年9月底，邱式邦历经辗转颠簸，回到了阔别数年的祖国。当时的广东省人民政府闻知，特别邀请他出席了当地10月1日举办的国庆观礼活动。当他站在主席台上，仰望着迎风飘扬的五星红旗，聆听着激昂雄壮的《义勇军进行曲》时，内心的自豪感和责任感油然而生。

新中国成立初期，百废待举。当时虽说国内可以用飞机喷洒六六六治蝗，但是试验的面积不大，国产的六六六也尚在试产阶段，尚难以满足农业生产的大量需求。面对着国家药剂有限，喷药器械不足的诸多困难，邱式邦提出，在有条件地区尽可能采用他发明的毒饵治蝗技术。这种方法比直接喷粉省药、经济、简单易行，等量的六六六药剂防治蝗虫的面积可扩大10倍。新的毒饵治蝗技术被迅速推广应用，1952年应用80万亩、1953年应用100万亩，消灭蝗虫旗开得胜。然而在他进一步深入蝗区蹲点调查后发现，飞蝗的发源地在何处、什么时候发生、蝗虫的数量密度多大等，诸多的规律还不完全清楚。要根治蝗害，还必须对全国各地蝗区的情况了如指掌，做到知己知彼，百战不殆。

在20世纪50年代，他深入蝗虫灾区开展治蝗技术研究试验的工作和生活条件异常艰苦，坐上牛车马车是"最现代"的交通工具，徒步调查和风餐露宿习以为常。即便在县城入住的"招待所"，也往往是四处透风的破庙，睡觉时更是常常与佛像神龛为邻、与臭虫虱子结伴。蝗虫灾害严重地区大都地处盐碱荒滩，缺少生活淡水，长期工作蹲点，一小盆水要从早上洗脸、中午擦身擦汗，一直用到晚上擦澡洗脚。但是，为了能够获得准确翔实的第一手资料，彻底摸清蝗虫的行踪规律，邱式邦全然不顾这些困难，始终坚持在治蝗第一线进行调查研究。

为了能够根治蝗虫，邱式邦进一步提出在蝗区建立侦察蝗虫的基层组织，蝗虫侦察制度包括：查卵、查蝻、查成虫三个关键环节，即"三查制度"。当时的蝗区大都是贫困穷乡，这些具体技术工作很难落实。培养干部、大学生下去侦察，远水难救近火。蝗区那么大，每年发生数千万亩，工作任务巨大，老百姓又多是文盲，不懂虫情侦察，怎么办？必须培训农民、普及技术，这是治理蝗害的关键问题之一。因为蝗虫在孵化过程中，当幼虫处于3龄前期的阶段最好聚歼消灭。这时幼虫发生的面积小，密度集中，活动能力弱，耐药力差，此时扑打、药杀最为经济有效。他带领助手李光博（1995年当选为中国工程院院士）等在山东惠民、垦利、沾化、利津等县忙碌了近半年，详细绘制出蝗区常见的各类蝗虫图例，教会没文化的农民识图、画圈，比如每平方米有5个蝗虫，就圈1个圈，有10个就圈2个圈，这种调查办法化繁为简，化难为易，简单易学，普通农民也能掌握。

同时，为了更充分地调动老百姓侦察蝗虫的积极性，他又建议地方主管领导给承担虫情侦察人员家的土地搞"代耕",彻底解决了他们的后顾之忧。在政府的大力支持组织下,各地逐渐建立起长期侦察测报队伍,逐级建立了有固定人员的组织,构成完整的虫情预报网。建立"三查"技术体系后,治蝗工作迅速由被动变主动,防治效率大大提高,1953 年全国投入治蝗的劳动力,比 1951 年减少了 80%,为国家节省了大量的人力、物力和财力。推广蝗虫"三查"工作,为新中国开展害虫预测预报工作迈出了坚实的第一步。

建立起完善飞蝗侦察制度和药剂治蝗成功后,彻底改变了全国治蝗工作的被动局面,我国开始走上了有计划的科学治蝗道路。结合国家大规模兴修水利,实施消灭飞蝗孳生地等措施,飞蝗发生面积由新中国成立初期的每年四五千万亩压缩控制到五六百万亩,每年至少可以挽回数亿公斤粮食产量的损失。扼制蝗虫为害的成功,为保障粮食生产和新政权的稳固作出了卓越的贡献。毛泽东主席曾在总结新中国成立 10 周年的报告中着重指出,新中国农业科学研究取得了两大成就:治蝗与消灭钉螺。邱式邦在半个多世纪前开创的治蝗科学理论、技术方法,至今仍然发挥着指导作用,是当之无愧的"新中国治蝗英雄"。

综合防治玉米螟 再为粮食生产立新功

玉米螟是影响我国玉米生产的首要害虫,每年发生 1~6 代,从北方的黑龙江到南方的海南岛,为害分布区域极为广泛。早在 20 世纪 30 年代,邱式邦就在广西地区开始了玉米螟的生物学特性、寄生天敌种类和农业防治方法的研究工作。他曾深入实际,连续 3 年开展玉米播种期与螟害关系的试验,系统观察了 41 个玉米品种,发现玉米品种间的抗玉米螟能力存在着明显的差异;研究证明了螟害发生轻重程度与玉米生长状况(株高、茎粗)呈显著的正相关,进而提出了采用玉米螟生存率作为玉米抗虫性标准的科学依据,这一技术标准后来一直被我国抗虫性鉴定工作者所采用。他是中国最早重视利用抗螟品种达到减轻螟害损失的科学家,并且提出害虫防治应该树立起"防重于治"的科学观点。这些早年的农业害虫研究与防治实践过程,为他后期学术思想的形成、凝练、升华,奠定了重要的基础。

20 世纪五六十年代,全国玉米种植面积不断增加,玉米螟的发生数量也随之扩大,为害损失程度日趋严重。到 50 年代末,全国玉米螟害暴发成灾,演化上升为降服蝗虫灾害后威胁粮食生产的第一大害虫。治虫安邦为己任,灭害保产担天责。邱式邦再一次迎难而上,担纲肩负起玉米螟防治研究工作的重任。

当时在生产上,已经普遍推广采用六六六苗期液剂灌心防治玉米螟。但这种方法存在着诸多缺点:工作效率低,费时费工,残效较短,尤其在缺水干旱地区推广使用受到了条件制约,效果始终不够稳定。邱式邦针对问题,深入农业生产第一线,通过对玉米螟为害习性的深入研究,探明了在玉米打苞抽雄前,绝大部分玉米螟幼虫生活在玉米心叶的缝隙内,这是防治螟害最有利的时机和位置。他又细心观察发现,采用六六六液剂灌注玉米心叶,其附着药剂的部位随着玉米叶片的向上、向外生长伸出,逐日离开了幼虫生活为害的位置,施药数天后侵入的幼虫,已经完全生活在没有药剂分布的部位,因而药剂持效时间短。他认为,理想的玉米心叶期杀虫剂,不仅要在施药时可与虫体保持充分接触,在施药后的较长一段时间内,也应能够继续分布在玉米螟幼虫经常活动的部位,而不受到玉米叶片生长的影响,才能够保证后续侵入的玉米螟幼虫始终能接触到药剂而发挥效能。

找到了防虫效果不稳定的关键矛盾,邱式邦又经过反复研究试验,比较了液剂和颗粒剂施用后在玉米心叶中位置的变化,证明颗粒剂的杀虫效果明显优于液剂。因为颗粒剂撒施在玉米心叶中之后,它在重力的作用下,能够逆玉米叶片向上生长的方向移动,能较长时间保持在与玉米螟幼虫接触活动的位置,即使玉米抽雄后一部分玉米螟在叶鞘内或经叶鞘钻入茎秆时,药剂仍能持续发挥杀虫作用。在这些研究工作的基础上,他和助手周大荣等又因地制宜利用农村中最易取得的煤渣、黏土、炕土、窑土等材料,晒干后打碎加工成20~60目的颗粒,研制成功5% DDT和1%林丹六六六颗粒剂。新剂型具有效力高、残效长、用工少、不用水、施药简便等特点。经过大面积推广示范,新的防治方法不仅能够防治一代玉米螟,还可兼治二代玉米螟,防治效果十分显著。1961年新型颗粒剂在河北、江苏、山西等省大面积推广,迅速占到防治面积的50%以上,一般可以挽回玉米产量损失的10%~30%。这项简便、实用、经济、可靠的新技术在全国玉米产区推广应用后,为控制危害玉米的头号害虫、保障国家粮食生产再立新功。

殚精竭虑探规律　提出植保工作总方针

作为中国害虫生物防治研究的先驱者之一,邱式邦早年在害虫防治工作中,就十分重视发挥自然天敌的重要作用,试图探索通过提供适生环境和利用人工饲养增殖等途径，达到提高天敌控制害虫的作用。这在中国早期生物防治技术发展过程中，是一个十分深刻和具有先导意义的见解。人们可以从他早年和以后发表的一些学术论文中，撷取其观点，展现其思想的科学智慧和精髓：

"防治害虫之道，防胜于治。优良农作习惯之养成，常使农民于不知不觉之中，可防止害虫之猖獗。"

"人们往往重视病虫发生后直接扑灭的措施，而忽略了自然因素（包括天敌）和各种农事活动抑制病虫的巨大潜力。"

"病虫情况是不断变化的……在这个问题上，如果认识不足，对植保工作就会丧失警惕、放松领导、重治轻防、临时突击，（往往）造成工作被动和减产的局面。"

"综合防治不仅是防治方法问题，而是植保工作的方针方向问题。"

"必须打破只有植保人员搞植保的老框框，植保工作者要与育种、栽培、土肥、水利、农机、农药等各行各业的专家配合好，共同来解决病虫害问题。农业防治、生物防治、抗病虫品种、检疫工作等也应和化学防治一样受到重视。"

早在20世纪30年代末和40年代初，邱式邦就开始了松毛虫天敌种类调查、玉米螟卵寄生蜂和甘蔗绵蚜主要天敌的观察和饲养研究。但由于多种原因，直到70年代邱式邦才有机会将主要精力逐步转移到生物防治研究工作上来。那时他在河南民权棉区蹲点，开始了对草蛉的利用研究。他和小组人员研究了中华草蛉幼虫集体饲养方法，解决了幼虫互相残杀、人工饲料、田间释放及米蛾饲养等多项技术难题。利用秋季自然界大量发生的成虫，加以保护并结合饲养的方法，较之大量繁殖草蛉幼虫能节省大量劳动力。这样既可得到廉价的天敌，又可以按需要随时打破休眠，进行田间释放应用，人为地增加春季草蛉基数，在控制害虫上赢得了时间和空间的主动。该项研究成果得到国内外生防专家的高度评价，1978年获得全国科学大会奖。

五六十年代国内外防治害虫主要依赖化学农药，长期过量使用，出现和暴露了一系列的矛盾。邱式邦敏锐地认识到，推动中国植物保护技术发展，必须站在时代进步的高度，树立新的科学观念，必须深入研究探讨我们未来的植物保护技术策略，这是一个根本性的问题。

1974年他在全国第一次农作物主要病虫害综合防治讨论会上指出，综合防治是植物保护工作的方向。1975年在全国植物保护工作会议上，他又作了有关"预防为主，综合防治"专题报告。就在这次大会上，农业部正式确定"预防为主，综合防治"为我国植物保护工作的大政方针。

创设科研新平台　留得百年风范示后人

从化学防治到生物防治观念的变化，是邱式邦植物保护研究思想的重大飞跃。他以一名植物保护科学家的社会责任，贯穿一生研究与实践的不懈追求，不断开拓中国生物防治科学的伟大事业，矢志为子孙后代留下一片绿色净土。

在邱式邦的积极倡导下，1980年1月中国农业科学院成立生物防治研究室（1990年8月更名为生物防治研究所），承担建立农业部第一个国外天敌引种检疫实验室，负责全国的归口技术管理，与30多个国家和地区建立开展了天敌引种交换业务。他1985年主持创办《生物防治通报》（1995年更名为《中国生物防治》），担任主编23年，办刊理论结合实际，科学联系生产，办刊作风扎实严谨，成为全国农林学术期刊（影响因子）名列前茅的优秀核心刊物。这些科研平台，对推动中国生物防治科学技术事业发展、开展国内外学术沟通交流作出了重要的贡献。

邱式邦70多年来从事国家重大害虫的防治研究工作，不图名利、不辞辛劳、深入实际、注重实践，他在研究中颇多技术创新和理论创新，在生产上成效显著，为后学开辟了继续深入的途径。从他的身上，我们能够感受到老一代科学家所具有的为国分忧、为民解愁、甘于奉献的崇高精神境界。2009年10月1日国庆60周年前夕，邱式邦这位见证新中国植物保护科学事业发展进步历程的实践者和开拓者，荣获了农业部颁发的新中国成立60周年"三农"模范人物荣誉称号。

2010年10月1日是邱式邦的百岁寿辰，国务院副总理回良玉专门发来了热情洋溢的祝贺信，农业部※韩长赋部长专程看望了邱式邦，表达亲切的问候。10月28日，中国农业科学院组织编辑出版了精装本《邱式邦院士百岁寿辰纪念册》，并在《科学时报》上刊载了邱式邦百岁寿辰纪念专题。10月30日，中国农业科学院隆重举办了"邱式邦院士学术思想研讨暨百岁寿辰庆祝会"，中国农业科学院翟虎渠院长作了邱式邦院士学术思想的主旨报告。农业部、中国农业科学院、中国科学院院士工作局、上海理工大学、中国植物保护学会、中国昆虫学会等有关单位的领导，卢良恕、郭予元、刘旭3位院士及邱式邦的同事朋友、学生弟子和相濡以沫几十年的夫人段醒男等约150人出席了活动。吴孔明理事长

※ 中华人民共和国农业部（1988年4月—2018年3月），全书简称农业部。2018年3月，将农业部的职责整合，组建中华人民共和国农业农村部。

代表中国植物保护学会授予邱式邦"植物保护终身成就奖",众心所望,实至名归。

  2010年12月29日,邱式邦在北京仙逝,享年100岁。邱式邦毕生献身农业科学研究事业,淡泊名利。他为人正直,不唯上、不压下,兢兢业业、实事求是的科学风范赢得了国内外同行的尊重和敬仰,他的学品人品为我们树立了农业科学家的光辉楷模,他为中国植物保护科学事业发展进步鞠躬尽瘁。他的科学方法、科学思想、科学智慧、科学实践、科学责任、科学贡献,必将教育后人,发扬光大。

● 中国农业科学院植物保护研究所供稿 ●

农科英才

【李竞雄简介】

李竞雄（1913—1997），男，江苏苏州人，著名玉米遗传育种学家。1936年毕业于浙江大学农学院，1948年获美国康奈尔大学博士学位。1980年当选为中国科学院学部委员（院士）。曾任清华大学农学院农艺系主任、教授，北京农业大学教授，中国农业科学院作物育种栽培研究所副所长，中国作物学会第三届理事长。

长期从事细胞遗传和玉米育种研究，育成我国首批玉米双杂交种农大4号、农大7号，多抗性丰产玉米杂交种中单2号，一批优质蛋白玉米新组合以及玉米杂交种甜玉4号等；开拓我国玉米品质育种、群体改良和基因雄性不育研究；主持国家"六五"至"八五"玉米育种科技攻关。主编《作物栽培学》《植物细胞遗传学》《玉米育种研究进展》等著作。1978年获全国科学大会奖，1984年获国家技术发明一等奖。1987年被选为农业部和中央国家机关工委党员代表，1989年获全国先进工作者称号。2009年被授予新中国成立60周年"三农"模范人物荣誉称号。

> 他是我国杂交玉米育种的开创者，他使我国玉米育种水平进入世界先进行列。他用辛勤的汗水书写对祖国人民的忠诚，他用智慧的音符唱响对科学真谛的追寻。

中国杂交玉米之父

——记中国科学院院士李竞雄

如今，杂交玉米已成为玉米的主导品种，也当之无愧地成为粮食作物的高产冠军。然而，每当人们提及中国的杂交玉米，都会对李竞雄这位"中国杂交玉米之父"致以深深的敬意。

从大洋彼岸回到故国古都

1948年秋的一天，蔚蓝色的天空飘浮着淡淡的白云，宽阔的太平洋碧波荡漾。一艘大型远洋客轮从美国旧金山，经过檀香山、马尼拉、中国香港，即将到达中国上海港。风华正茂的李竞雄，身倚客轮的栏杆，任海风轻轻地吹拂；那如烟的往事，如同眼前的浪花，不时拍打出旧时的记忆。

苏州，一个景色秀美、名人辈出的地方。1913年10月20日，他就出生在这里。然而，幼时父母双亡，靠亲戚抚养。为了求学，从初小二年级就寄宿在校内。童年的处境，铸成了他独立、自强、能吃苦的品格。

1932年9月李竞雄考上了大学。在上普通遗传学课程时，教师绘声绘色精彩的讲授，使他迸发出热情好学的火花，《遗传学原理》渐渐成为他爱不释手的读物。4年苦读，为他日后踏入遗传学的科学殿堂奠定了坚实的基础。

踏上工作岗位，勤恳的工作精神和优异的成绩，使他得到推荐，在1944年11月获得了半工半读留学美国的机会。康奈尔大学农学院坐落在美国纽约州的伊萨卡小镇旁，是一座优美而恬静的校园。然而，他却无暇休闲，总是来去匆匆。除了要花一半时间帮助指导教师完成研究工作外，余下的精力都放在选读必要课程和研究论文上。课余时间，他的实验室里长久灯光明亮。他以玉米的相互易位为题，完成了硕士论文；紧接着采用电离射线照射玉米花粉，研究杂种一代出现的各种染色体畸变的频率及其分布规律，作为他的博士论文。

留学期间，他接受导师的邀请，参加了美国农业部主持的比基尼岛原子弹爆炸试验对玉米产生的遗传效应研究。后来该研究主持人以李竞雄为第三作者名义，将研究结果写成两篇论文，分别发表在美国《科学》和《遗传学》刊物上。

时过4年，学业结束。1948年8月，他在康奈尔大学先后获得了细胞遗传学硕士和博士学位。

面对美国优越的物质生活和先进的科学技术，他仍始终眷恋着生养自己的热土、处在水深火热中的祖国。夜静了，他的思绪飘过大洋彼岸。他铺上纸，在给妻子的信中深情地写道："我还是要回去的，为自己的祖国做点事情。"回国前，他特意跑到西海岸加州理工学院实验农场多待了一个玉米生长季节，求取了自己研究的结果。他还通过材料征询，搜集到大量遗传研究和育种用的珍贵材料，装了满满两纸箱，带着它，更带着为祖国的科学事业作出一番贡献的志向，毅然决然地踏上了回归祖国的旅程。

客轮终于靠岸了，它载着莘莘学子回到了祖国的怀抱。李竞雄大踏步地跨上岸边，远望眼前那熟悉的一切，沸腾的心在轻声呼唤：祖国，我的母亲，您的儿子回来了！

1949年10月1日，五星红旗第一次随报纸送到家中，李竞雄笑着，特意让6岁的女儿手持红旗，在窗口拍了一张彩色幻灯片，以庆贺新中国的诞生。

开垦华夏杂交玉米的处女地

新中国刚刚建立，百废待兴。"民以食为天"，人民需要更多的粮食。自古以来，我国农民沿用的传统育种方法，无论对产量的提高还是对质量的改进都有局限性。选育杂交种无疑能达到扩大推广、增产增收和造福农民的目的，但当时在我国尚属空白。外国人有的，我们要有；外国人没有的，我们也要有。一定要让我们自己的优良杂交玉米种子，撒遍祖国的大地。这就是李竞雄的雄心壮志。

伴随着新中国的鼓点，李竞雄踏入了北京农业大学的大门，任农学系栽培教研组主任。在努力完成繁重教学任务的同时，他始终牵挂着科学试验的园地。玉米出苗了，抽穗了。李竞雄来到田间，他鞠腰躬背，像是在亲切关爱一群活泼可爱的孩子，细心察看每一株含露的玉米小苗，详细记下它们的每一变化。七八月间，要给玉米授粉了，头天下午套袋，第二天上午授粉。他对玉米花粉过敏，常常引起全身红肿奇痒，抓破成疮，却仍默默地奋战在田间。材料多，要忙上一两个月，尤其遇刮风下雨，更要去关照那些植株，防止纸袋掉落。

暑假期间，老师们每天要集中学习，什么时间去田间授粉呢？清晨，当妻儿还在梦乡，他悄悄下了床，迎着微微露头的朝阳，走进了玉米试验地。学习、开会结束后，别人回家的时候，他却又出现在试验田里，直至日落西山。他以玉米试验地为家，以完成授粉计划为乐，默默地耕耘着。

1956年，这个难忘的年月，他带领助手们培育的农大4号、农大7号等几个玉米双杂交种问世了。这是他的科学试验园地的"初产儿"，也是我国杂交玉米处女地初绽的鲜花。它刚一问世，就表现出生长整齐、抗倒、抗旱和显著增产的优势。

为了推广杂交玉米，李竞雄多次深入山西、山东、河北和京郊农村，向农民兄弟传授技术，讲解杂交玉米的知识，还应邀为《红旗》杂志写了《积极推广玉米杂交种》的文章，使人们真正认识到玉米杂交的好处。仅就山西而言，从1960年开始试种，短短5年内就发展到500万亩，占全省玉米面积的一半以上。从此，玉米杂交种在中国的土地上生根发芽，也可以说，我国玉米生产从此进入杂交种的时代。

1969年秋天，他随学校教育革命小分队到大寨探索教育革命，接受贫下中农的再教育。翌年，教育革命小分队改归中国农业科学院编制，作为科技服务队，留在昔阳县蹲点。

1973年李竞雄从昔阳县调回中国农业科学院。这时，经历多年霜打日晒的他，非但没有歇息一下，而是又向着抗病育种和品质育种的目标奋斗着。这一年，李竞雄已入花甲，同龄人中，有的人已安享晚年了，而他却依然奋战在玉米田间。酷热的夏天，烈日炎炎，令人汗流浃背，更何况是在如人高的"青纱帐"里，待上几分钟，就让人透不过气来，李竞雄一干就是二十几天，而且每天要在试验地里转十几里路。有时天公降雨，过后道路一片泥泞。他的家距试验地有几里路，要走半个小时，可他把裤腿一卷，照常下地。别人劝他别去，他总是微笑地回答："玉米需要我。"

隆冬时节，本来可以稍获闲暇，但为了早出成果，加代繁殖，他又到千里之外的海南岛，在那里住的是简陋的木板房，饱受蚊虫叮咬，而他却丝毫没有放在心上。

组织上曾多次安排他到庐山、北戴河等旅游胜地去疗养，他都婉言推辞了，并义无反顾地在杂草丛生的万山之中苦心寻觅着，寻觅一颗璀璨的明珠。

● 李竞雄（右二）陪同客人参观玉米试验田

苦心有良报。他终于寻觅到了。那就是他在3年内，通过对200多个玉米自交系的试种、考察和分析，选育出了中单2号杂交种。你看它：茎秆坚实，株型挺秀，生长整齐，籽粒皮薄粒大；高抗大斑病、小斑病、丝黑穗病、圆斑病，中抗褐斑病、茎腐病；早期抗旱，后期耐涝抗倒伏，在气候不利的条件下，也可稳收保产，种植范围迅速遍及全国各地，每亩比当时推广的良种增产一两百斤。自1977年到2007年，累计种植5万多亩，增产玉米250亿公斤以上，增值超过200亿元。1978年获全国科学大会奖。

1984年，中单2号被评为国家技术发明一等奖，这是我国玉米界唯一获得国家技术发明一等奖的成果。抗病、高产育种目标的实现，使我国玉米育种水平跻身于世界先进行列。

成绩是卓著的。人们在李竞雄前进的路上撒下鲜花，而他却没有就此陶醉。他始终把玉米育种思维的靶向锁定在我国农业生产的需要，锁定在人民群众生活的需要。他发现玉米的蛋白质含量虽然不低，但品质不高，一些地区以玉米为主食又没有豆类作补充，出现了癞皮病。于是，他和同事们培育出赖氨酸含量较高的玉米品种。用高赖氨酸玉米喂猪，日增重比用同量的普通玉米增加20%以上，出肉率和瘦肉率也有所提高，成为特用玉米中的珍贵品种。他还与同事们共同努力，培育成甜玉米新品种甜玉4号，是国内自选甜玉米的抢手食品。一些厂家用它加工成甜玉米罐头，行销港澳等地，取得了显著的经济效益。

从1983年起，李竞雄先后被推举为"六五""七五"和"八五"国家玉米育种攻关项目的负责人。他虽年逾古稀，却一如既往，兢兢业业地工作。按单位规定，凡65岁以上的老专家可以不到办公室坐班，他不仅坚持坐班成为习惯，每个生长季节还亲自下田，亲手操作。他经常强调，做科研工作，要亲自动手，对己对人都是这样。这不仅因为靠自己动手可以避免或减少差错，而且是因为"实践出真知"。由于他和大家的共同努力，在"六五"育种攻关取得很好成绩的基础上，"七五"又提前一年半育成了40个玉米新品种，比原定计划30个品种大幅度地超额完成了任务。这些新品种原定种植面积5 000万亩，实际提前两年推广到6 480万亩。新品种应用到生产上后，仅1988年一年即增产66亿公斤粮食。

李竞雄是我国杂交玉米研究的开创者。作为一个农业科技工作者，40年来，他亲手培育的玉米良种达10余个，这在玉米育种界是罕见的，可以称得上是位多产的农业科学家了。他在自己的科研生涯中，历尽千辛万苦，闯出了一条条新路，攀登上一座座高峰，却从来不曾歇过脚；他已成为我国赫赫有名的玉米界权威，但从不自我欣赏。他永远在攀登，不停息地前进。这，正是他成功的秘诀所在。

追寻金子般闪光的精神世界

40年的光阴，李竞雄在农业科研领域艰苦跋涉，攀上了一座座高峰；同时，他也在不断地攀登思想境界的高峰。每当人们谈论起他，不仅为他的科研成就而称道，更为他那金子般的内心世界和高风亮节而肃然起敬。

20世纪50年代末，由于李森科"环境决定生物遗传变异"的理论盛行，摩尔根的遗传学被视为唯心主义。李竞雄因推崇遗传学理论，也成为被批判的对象。公开搞遗传学不行了，怎么办？他没有像有的同伴那样，离开祖国，一走了之。而是把遗传学应用到育种上，埋起头来，一心一意地搞玉米良种培育，用育种成果来捍卫遗传学理论，为自己坚持的科学真理申辩。

"文革"中，他被视为"资产阶级学术权威"，被关进"牛棚"，挨过批斗。暴风雨过后，一切都恢复了平静。经过政治上的拨乱反正，有的人内心翻腾着内疚的浪花，似乎对他、对自己过去的行为有所悔悟。可李竞雄却认为："学生参加'文革'，是要革命，要批、要斗是可以理解的。有的人'揭发'我，很可能是被逼供的缘故，也是可以谅解的。"赤诚的心使冰雪消融。他一如既往，和大家、和反对过他以及骂过他的人一道携手共进。他的心胸像大海一般宽广。

他是留过洋的，是大名鼎鼎的科学家。不熟悉他的人，会以为他做事应该是很"气派"、很"大方"的。而与他共过事的人，则深知他好"抠门儿"。他的一位朋友到他的实验室，第一个感觉是很惊讶，"这么简陋，除了水泥制的工作台、显微镜，没有什么啦！"是的，他曾是玉米系的负责人、副所长，但他从来不想为自己的实验室争抢仪器设备。他说："有人认为自己不出成果，就是因为没条件；其实有出息的人，不是追求先有条件，而是自己先干起来。"他对科研经费的使用，精打细算，一分钱掰成两瓣花。几十年来，片纸碎物，从不肯轻掷，装种子用过的牛皮纸袋，也要用橡皮擦去旧字，重新使用。他多次出国，到过美国、法国、加拿大、意大利等近10个国家。可他带回的东西，只有一个美国的爆裂玉米机和一些科研资料。

无论是作为所领导，还是作为一个大专家，李竞雄始终守正不移，清正廉洁。

1981年黑龙江省农业科学院一个玉米杂交组合的培育者获得省里发的物质奖，因这个杂交组合中所使用的一个自交系，是李竞雄和助手亲自育成后无偿赠送给他们的，所以他们决意拿出一部分表示心意。李竞雄听了笑笑说："那是我乐意做的，算不得什么。钱，我不能收。"

1986年长城种子公司聘请他当顾问，向他请教一些疑难问题，并用他的名义推广玉米杂交种。为了表示感谢，他们寄钱来，并表示以后陆续付酬。李竞雄接到汇款，认为自己身为顾问，却没有做太多具体工作，钱不能收。他亲自跑到邮局，将钱原数寄回，并在信中写道："以后请不要再寄款来。"有一次，他亲自退回了中国农业出版社给他的200元赔偿费；还有一次，他婉言谢绝了一位同事给他送来的几筐苹果……

的确，钱是宝贵的。更何况李竞雄的老伴没有工作，1976年又患癌症，医药花费可想而知。但他觉得，应该老老实实做人，清清白白做事。应有的报酬，心安理得地领取；非分之物，一概不能接收。世界上还有比金钱更宝贵的，那就是一个人的情操。

常言道，自古贤良惜新秀。李竞雄就是这样的贤良。他悉心指导后继人才，培养新生力量，让我们的事业后继有人。他年事已高，而对送审文章，往往伏案修改一坐就是半日，有时还连夜修改。一次，他一连几天开会，送审的稿子，白天没空过目，他就挑灯夜战。突然，眼冒金星，似乎什么也看不见了。多日的疲乏、劳累终于酿成眼底出血。他什么也做不成了,不得不躺下。可没过几日,稍好一些,他又如同往常一样全身心投入工作。

他经常谆谆教导他的助手和学生,在科研事业上,在学习和生活中,要做有心人。他对他们说,"任何事物总是参差不齐的,如果你是有心人,你进步得就快,如果你熟视无睹,不用心,就进步得慢或没有进步。"在他的悉心教导和以身作则的影响下,他的学生和助手们都在飞跃进步,很多人承担了工作重任,作出突出成绩。

李竞雄是一个从旧社会过来的知识分子。解放后,是党的阳光雨露,使他的科学园地结出一个又一个丰硕果实。他向党表示:志同应当道合,落叶必须归根。1980年2月,他正式向党组织递交了入党申请书。1981年3月,67岁的李竞雄实现了夙愿,光荣地加入了中国共产党。

1987年他被选为农业部和中央国家机关工委党员代表;1989年先后两次受到江泽民总书记等中央领导人的接见,并被授予全国先进工作者称号。

李竞雄走过了人生84年的光辉历程。他向祖国人民奉献了数不清的玉米良种,也奉献了可贵的精神食粮。

●中国农业科学院作物科学研究所供稿●

农科英才

【徐冠仁简介】

徐冠仁（1914—2004），男，江苏南通人，著名植物遗传学家、核农学家。1934年毕业于中央大学农艺系，1950年获美国明尼苏达大学博士学位，留校任研究员，从事小麦遗传育种研究，并被选为美国希格玛赛（Sigma Xi）科学荣誉学会会员。1980年当选为中国科学院学部委员（院士）。曾任中国科学院生物学部副主任、代主任，中国农业科学院原子能利用研究所所长、研究员。

中国核农学的开拓者和主要创始人。与国内同行创造性地将核技术农业应用研究发展成为一个完整的学科——核农学，并培养了我国核技术农业应用的第一批生力军，在农作物辐射诱变育种机理研究和诱变育种新品种育成方面，作出了开创性的贡献。主要著作有：《利用雄性不育系选育杂交高粱》《小麦雄性不育的概况》《核科学技术在作物育种上的应用》《核农学导论》和《植物诱变育种》等。

"一个人对爱人的爱，对祖国的爱，对人民的爱，对事业的爱，对同志的爱不能有丝毫的虚假，也不能三心二意，必须是百分之百的爱。人的一生，就是要为事业献身，贪图安逸、贪图享受，会失掉人生的目标和价值。"他一生致力于核农学的研究与发展，用实际行动兑现了自己的诺言。

中国核农学事业的开拓者
——记中国科学院院士徐冠仁

辛勤的耕耘期待着丰硕的收获。"为事业献身"这一崇高的理想和追求,使得徐冠仁在中国的核农学研究上数十年如一日辛勤地、默默地工作,由此奠定了他成为中国核农学的开拓者和主要创始人的地位。

求学立业　开辟抗病育种新途径

徐冠仁 1914 年 3 月 7 日出生于一个教师家庭,父亲徐由白是数学教师,母亲严冰如操持家务。因家境贫寒,他 8 岁才上小学,但学习十分勤奋刻苦,成绩优异。1930 年 6 月从江苏南通学院附属高中毕业,荣获奖章和奖状,同年升入南通学院农科学习,1931 年转入国立中央大学农艺系,1934 年 6 月毕业,获学士学位。因学习成绩优异而留校任农艺系助教,后任讲师、副教授。他和同班同学蔡旭、俞启葆都是当时从事稻、麦、棉研究的优秀青年科技工作者。

1946 年,徐冠仁获美国明尼苏达大学研究奖学金,赴美攻读博士学位,主修遗传学,1950 年 6 月获博士学位,并被接纳为美国希格玛赛(Sigma Xi)科学荣誉学会会员。在他的博士论文《正常玉米与矮生玉米发育比较研究》中,他对杂交优势的产生与表达提出了新的观点。他在研究中发现:同一致矮基因对玉米不同器官的作用是不同的,该基因在纯合态是一种表现,在杂合态下又是另一种表现;在它原来的遗传背

● 1990年中国著名的核科学家和国家领导人在中国农业科学院前原子能利用研究所考察（前排左二为徐冠仁）

景中是一种表达，转入另一种遗传背景中则又是另一种表达；当携带不同致矮基因的自交系杂交时，杂种第一代杂种优势的表达视总体遗传结构而定。

获得博士学位后，他留在明尼苏达大学农学及植物遗传学系任研究员，从事小麦遗传育种研究。

第二次世界大战结束后，核技术在农业上的应用引起各国农业科学家的重视。徐冠仁采用热中子和X射线处理小麦种子，得到抗秆锈病突变体，为抗病育种开辟了新的途径，受到国际育种界的重视，其论文被编入《第一届国际原子能和平利用会议论文集》。

报效祖国　创建中国核农学体系

1956年9月6日，北京永安宾馆一个普通房间的灯光彻夜长明，徐冠仁在这里起草了建立原子能农业应用实验室和发展中国原子能农业应用研究事业的报告。

为响应建设社会主义新中国的号召，他在这一年放弃了在美国优越的工作和生活条件，克服重重困难，携夫人黄小玲（明尼苏达大学园艺学硕士）和幼子从美国转道日本回到祖国。

党和国家有关部门高度重视他的建议，并决定由他负责筹建中国农业科学院原子能农业应用研究室。

当时，核技术在农业上的应用研究在国际上虽然发展很快，但在我国还是一片空白：既缺少人才，又缺少资料，更缺少设备。为了开展筹建工作，他不畏困难，利用几间旧平房改建成放化实验室和物理测量室，又向国内有关单位借聘了7位专家。依靠集体的智慧，筹建工作很快取得成效。经过一年的努力，1957年9月，我国第一个原子能农业应用研究机构——中国农业科学院原子能农业应用研究室（1960年发展成为研究所）正式诞生，徐冠仁任主任。该研究室也是中国农业科学院最早成立的科研机构（5个研究所，2个研究室）之一。在此基础上，他和苏联专家一起设计了苏联援华的第429项工程，即国内第一个核技术农业应用研究的专业研究设施——中国农业科学院原子能利用研究所429实验大楼和第一个农用放射性辐照装置。

由此开始，他与原子能利用研究室（所）的专家广泛开展了辐射诱变育种、同位素示踪技术农业应用、低剂量辐照刺激农作物增产、辐射保藏食品和辐射消灭害虫等研究工作。

在边建设、边开展研究、边培养人才的过程中，他亲自主持了农作物辐射诱变育种项目的研究工作，指导青年科研人员在实验中获得了小麦抗条锈病、洋麻抗炭疽病、高粱矮秆和棉花早熟等突变体。这些研究成果证明辐射诱变是行之有效的，由此开拓了中国辐射诱变遗传育种工作的先河。他和同行学者把我国原子能农业应用研究的理论与技术方法逐步归纳总结、完善提高，形成一门新兴的学科——核农学，使中国核农学在总体上达到国际先进水平，受到国际原子能机构（IAEA）、联合国粮农组织（FAO）和各国同行专家的高度重视。1999年，中国被国际原子能机构确定为亚太地区核农学牵头国（中国农业科学院原子能利用研究所为技术依托单位）。

总揽学科　深入开展诱变机理研究

徐冠仁非常注意学习借鉴国外的新成果为我所用，在"文革"那段非常时期，他克服重重困难，组织青年科技工作者撰写了一系列有关新技术应用于农业的专题报告，这些报告对青年科技人员的成长和在困难条件下推动核农学的学科发展发挥了重要的作用。

在他的带领下，农作物辐射诱变育种应用研究不断取得新进展、新成果：1972年，国内利用核辐射诱变技术育成的农作物新品种达43个，推广面积超过1 500万亩。到"九五"期间，利用辐射诱变技术育成的农作物新品种达600多个，占全世界辐射诱变育种总数的 1/4 强，年播种面积约占国内常规作物的 1/10。

在应用研究不断取得新进展的同时，他提出了要重视和加强基础研究，并专门评述了前人对辐射诱变机制在分子遗传学水平所作的解释。他在支持开展荷能离子的生物学效应研究的同时，也强调要重视辐射诱变育种的机理研究。

对于核辐射诱变，一般生物学者均认为基因突变是偶然发生的，他则认为偶然性与规律性是辩证的，他主张深入开展诱变机理的研究，从重复发生的偶然性中找出必然发生的规律性。

在学科建设过程中，他总揽全局，分析总结我国核技术农业应用 30 多年的成就，提出今后的发展方向应包括鉴定新的生物资源、创造新的生物种质；改良土壤、改进水资源管理；优化耕作、放牧、造林及水产体系；预防生物灾害及气象灾害；改进生物产品的加工与保藏；发展水域生产、开拓外层空间生物生产；核技术本身的改进与创新以及核技术更广泛深入地应用于生命现象及环境的研究。这些观点对于指导中国核农学继续向前深入发展具有非常重要的意义。

忘我工作　推动作物杂交优势利用

徐冠仁的博士论文《正常玉米与矮生玉米生长发育的比较研究》，对杂交优势的产生与表达提出了新观点。另外，他还从国外引入高粱雄性不育系、保持系和恢复系。利用从国外引入的高粱不育系材料，选育出原新一号不育系和优良组合原杂 9 号、原杂 10 号、原杂 11 号，并亲自参加现场推广示范。在他及其同事们的积极推动下，全国各地高粱产区的农业科研机构，利用当地的种质资源，选育不育系和优良组合。这大大推动和促进了杂交高粱的推广与应用，使我国高粱大幅度增产，为粮食增产作出了重要贡献。更为重要而深远的意义是：由于杂交高粱的巨大成功，引发了广大科研人员、农民和政府有关部门对杂交优势利用的认同及高度重视，从而推动了我国农作物杂交优势利用的研究与发展。

1956 年，他利用小麦"单体""缺体"全套材料指导研究人员利用农作物非整倍体开展遗传育种研究，在应用染色体工程与作物育种工作中起了带头作用。

为了开辟新糖源，他主持开展"粮糖兼用杂交高粱育种研究"，为开创我国粮糖兼用杂交高粱的利用作出了积极的贡献。

改革开放后，为广泛吸收国外核农学领域的先进成果，积极宣传中国核农学的成就，他多次应邀代表中国参加国际原子能机构召开的专业会议，应邀出访了美国、英国、法国、日本、奥地利、泰国、菲律宾和新加坡等国家，积极介绍我国农业和核农学的发展以及取得的重大成就。同时，他也重视吸收、借鉴国外的先进成果和经验，为加强国际合作和广泛联系作出了贡献。

严谨治学　人生信念历久弥坚

徐冠仁为人正直、平易近人、生活俭朴、学风正派。他甘为孺子牛，满腔热情地激励青年科技工作者，帮助他们脱颖而出。他从未具名申请奖励，他认为功劳应归于上级的正确领导，而成绩是广大科技人员做出来的。他倡导"知前人所已知，识时人所未识，为后人导新航，乃科学家之本色"。他鼓励人们"将知识的力量、团结的力量，加上献身精神的力量融在一起，为事业而奋斗"。

在开创我国核农学事业的过程中，徐冠仁经常强调"开创事业要有理想，重实干，刻苦钻研，团结协作"。1956年他在核农学创立之初，就十分重视全所和全国科研工作的团结协作及核农学体系的构建，并提出要在较短的时间内使中国的核农学达到亚洲乃至世界领先的水平。中国农业科学院原子能利用研究所与中国核农学体系的创建、发展与壮大，就是在他的理想、实干、钻研、协作等思想的指导下实现的。

"对一个团队或个人作出评估，要看这个团队或个人所开创和从事的事业，是否对人民有利，是否后继有人，是否不断兴旺发达，而不是靠树碑立传。传是会被人遗忘，甚至被人改写的；碑是会受到风蚀，甚至倒塌的；唯有对人民有利、兴旺发达的事业，可以与日月同辉、永放光芒"。这些话，真实地反映了他的高尚品质和人生的追求。同事们感受最深的就是他不为名、不为利，一心为事业，以实际行动实现为祖国献身、为人民服务的理想和追求。

"发自真挚的爱，而止于伟大的事业"，这是徐冠仁1934年从中央大学毕业时，写给挚友庄晚芳（中国著名茶叶专家）信中的肺腑之言，这充分体现了他的人生观，表达了他对祖国、对人民的真挚热爱和对事业的献身精神。

●中国农业科学院农产品加工研究所供稿●

【朱祖祥简介】

朱祖祥（1916—1996），男，浙江宁波人，著名土壤学家、农业教育家。1938年毕业于浙江大学农学院农化系，1948年获美国密执安州立大学哲学博士学位。1980年当选为中国科学院学部委员（院士）。历任浙江农业大学教授、土壤农化系主任、副校长、校长、名誉校长，浙江省科学技术协会副主席、名誉主席，浙江省人大常委会副主任。曾任中国农业科学院水稻研究所首任所长，中国农学会土壤肥料研究会副理事长，中国土壤学会副理事长，第八届全国人民代表大会代表，第五、第六届全国政协委员。

早期研究影响土壤中交换态阳离子有效性和各种因子，提出饱和度效应、陪补离子效应和晶格结构效应等概念。对土壤和水稻营养障碍化学诊断的理论、方法及标准等问题作了系统的研究。长期从事土壤理化性状检测手段、土壤磷化学及其有效养分和土壤水分能量概念的研究，并对绿肥肥效机制、土壤化学环境及污染物转化等进行了系统研究。曾担任《中国大百科全书·农业卷》总编委会委员，《中国农业百科全书·土壤卷》编委会主任。主编的全国高等农业院校通用教材《土壤学》获1988年国家教育委员会优秀教材一等奖。曾获浙江省人民政府、省科学大会、省教育委员会以及国家教育委员会多项科技进步二等奖和三等奖等。

"求真、求善、求美，为人师表，严于律己。是德、是智、是体，教书育人，贵在薰沐。"这是他一字一诺的题言，也是他一生经历与追求的写照。

为农业科研教育　求真求善求美
——记中国科学院院士朱祖祥

潜心科学研究

——他仅用3年时间就获得美国大学的硕士、博士学位。

——他是中国著名的土壤学家,开创了我国土壤学科的新领域,是土壤化学的奠基人。

——他创建中国水稻研究所,并为之争取到世界银行专项长期无息巨额贷款。

朱祖祥对土壤化学和土壤物理学有很深造诣。1944年冬,他被浙江大学选送到美国密执安州立大学研究生院深造,主修土壤化学,副修植物生理学、表面化学。整个留学期间,他放弃寒暑假,并利用一切机会在试验场的农业化学室做分析工作。他选修并完成的学分总数,超过博士学位定额30多分,仅用3年时间就完成两篇学位论文,荣获硕士和博士两个学位。朱祖祥学成回国前,其系主任和导师特致函浙江大学,对其学业水平和科研成就给予高度评价,并赞扬他在该校土壤系研究生中享有的声誉。

朱祖祥早期主要研究影响土壤中交换态阳离子有效性和各种因子,率先提出的饱和度效应、陪补离子效应两种概念,深刻阐明了土壤有效养分的动态及其差异根源,为美国的一些土壤学教科书和国外不少专业论文所引用。他和学生们研究的土壤酸度混合指示剂,其配方在我国土壤学界很快得到广泛应用,美国农业部将这种指示剂的配方列入美国《土壤调查手册》中。自20世纪60年代起,他指导研究生研究磷的土壤化学,并在国内率先研究土壤养分和水分能量。70年代,他主持研究作物和土壤营养化学诊断,提出水稻营养和土壤化学诊断的简易方法及有关理论。70年代末期,他研究土壤养分、水分能量概念以及有关热力学函数表达的理论和应用,还在绿肥肥效机制的探讨、土壤化学环境和污染物的转化等方面有广泛的研究。撰有学术论文、著作、译著约90篇(种),开创了我国土壤学科的新领域,在国内外土壤学界有重大影响,是土壤化学的奠基人。他曾主持全国土壤普查、土壤诊断研究协作组工作,对土壤和作物营养诊断的化学速测进行大量试验。他领衔撰写的《土壤和植物营养诊断速测方法》一书,行销全国,他所研制的土壤营养诊断比色卡,则被二十几个省、直辖市、自治区大量采用,从而推动了全国土壤诊断、作物施肥研究的蓬勃发展。朱祖祥创立的许多理论与技术在土壤科学领域具有里程碑意义,对提高我国农业科技水平、发展农业生产力起到了极其重要的作用,曾获浙江省人民政府、省科学大会、省教育委员会以及国家教育委员会多项科技进步二等奖和三等奖等。

朱祖祥担任过国务院学位委员会学科组评议组成员、全国自然科学基金委员会评议组成员、《中国大百科全书·农业卷》总编委委员、《中国农业百科全书·土壤卷》主编、中国科学院南京土壤研究所学术委员会委员兼研究员、中国农业科学院学术委员会委员、《国际热带农业》特约编委等职。他曾多次率团赴美国、英国、联邦德国、印度、菲律宾等国,参加国际性学术会议和进行考察活动,与国际同行专家建立了广泛的联系,同美国、英国、联邦德国的几所大学及科研机构达成或签订了学术和培训协议,积极促进国际间校际、所际的合作关系。

中国稻米总产量居世界之冠，水稻种植历史久、分布广，品种资源丰富，杂交稻、矮秆稻育种等为世界瞩目。但长期以来却没有一个全国性的稻作专业研究机构。为组织、协调和发展我国的稻作科学研究，借鉴国际水稻研究所等国际研究机构的成功经验，1981年农业部决定建立中国水稻研究所。朱祖祥为建立第一个全国性的稻作专业研究机构——中国水稻研究所作出了历史性的贡献。他作为中国水稻研究所筹建委员会副主任，中国水稻研究所的第一任所长（后任该所理事会副理事长），以强烈的事业心和开拓精神投入到建所的各项工作中去。特别是在争取世界银行专项长期无息巨额贷款，签订与国际水稻研究所的长期科技合作协议等方面，他都发挥了关键性的信息联系与传递、参与谈判和决策协调的作用。

悉心农学教育

——他是我国最早培养土壤化学和土壤物理学方向的研究生导师。

——他远见卓识，早在1978年就意识到环境污染问题，在原浙江农业大学建立了全国农业院校的首个环境保护系。

自1938年浙江大学农学院毕业留任助教到1996年不幸因公逝世，50多年来朱祖祥一直从事农学教育工作，为祖国培养了大批农业骨干人才。当他还是浙江大学学生和毕业后任助教时，就多次向学校陈述建立农化系的必要性。后经校委会讨论通过，正式成立了农化系。抗战期间，浙江大学被迫西迁，大量图书、仪器、药品和必要的教学设备也同时迁运，朱祖祥就担负了押运整个农学院仪器、药品等设备的艰辛重任。其间水陆周转，他或高卧于箱顶激流行舟，或曲蹲于箱背以避逆风，历经千辛万苦，南下江西赣州，中转广西阳朔、宜山，终于安全迁至贵州。在贵州湄潭，他作为农化系里仅有的两个青年助教之一，热情奔放地全力投入建设实验室，开辟试验地，收集文献资料，配合教授备课等工作。在实验用房、仪器不敷周转时，他就利用晚上或假日为同学安排实验，热心执教，恪尽职守。1942年他升为讲师。1948年他在美国获博士学位回国后，成为当时浙江大学农学院最年轻的教授。

新中国成立后，33岁的朱祖祥被任命为浙江大学农业化学系主任，他竭尽全力，充实教师队伍，广开专业设置，为农化系的建设与发展花费了大量的时间和精力。1952年我国高校院系调整后，他又致力于浙江农业大学的发展壮大，历任浙江农

● 朱祖祥在学术交流会上发言

业大学教授、土壤农化系主任、副校长、校长、名誉校长，为浙江农业大学的改革和发展作出了重大贡献。他在20世纪60年代初就指导、培养研究生和外国留学生，是我国最早培养土壤化学和土壤物理学方向的研究生导师。朱祖祥遵循的准则是事业第一，工作至上。他治学严谨，尽管学识渊博，仍精心备课，一丝不苟。教学中特别强调"三基"，即基本概念、基础理论和基础知识，严格要求学生熟练掌握科学实验基本技能。他敦厚淳朴，平易近人，对年轻一代无论是学生还是教师，总是满腔热情，循循善诱，务求严谨，从不草率，解答疑难问题准确、正规，查考有据。朱祖祥执教

50多年，为国家培养了大批大学本科毕业生和23名硕士、博士研究生，并接受过由国家教委下达的外籍研究生（包括美国、前联邦德国博士研究生）来华进修的指导任务，学生遍布国内外，为提高我国土壤科学研究水平，壮大科研力量及国际文化交流作出了贡献。他还受各方委托，培养土壤化学专门人才，在江苏、浙江、福建、安徽等省曾受过朱祖祥培养的学生，有不少都已成为科技方面的干才或担任重要科技管理工作。

朱祖祥在肩负行政和讲课的双重任务下，先后编写出全国最早的《土壤学》《土壤化学》和《土壤物理学》教材，其中《土壤学》被广泛采用，1988年获全国高等学校优秀教材奖。与土壤学教材建设密切相关的是建设专业实验室和土壤标本馆。浙江农业大学的土壤化学实验室、土壤物理实验室、恒温室以及土壤标本陈列馆等，都是在朱祖祥亲自参加、领导下建成的。他和其他教师一起，收集了全国各主要土类的整段标本，还结合土壤普查收集了上千个土壤样本。他对土壤标本陈列馆的建立，从标本征集、陈列柜饰、房舍修建，乃至经费申请等，事无巨细，无不躬亲。该陈列馆在80年代前曾被誉为宏大完备的土壤实习馆，亦为来访宾客必到的参观场所。

朱祖祥远见卓识，早在1978年就意识到环境污染问题，在原浙江农业大学建立了全国农业院校的首个环境保护系。环境保护是我国的一项基本国策。农业是我国国民经济的基础，农业环境保护是实现农业与农村可持续发展的重要领域，是环境保护的重要组成部分。从70年代开始，朱祖祥就在土壤化学、植物营养生理学等领域做了大量的研究，在此基础上率先提出了在农业院校开设环境保护专业，在他的主持下，原浙江农业大学从1978年开始招收环境保护专业的本科生，农业部也从1980年开始委托浙江农业大学为国家举办农业环境保护干部培训班。80年代初，浙江农业大学在全国最早建立了"农业环境保护学博士点"，至此我国农业环境保护的研究、管理、教育逐步走上了正轨，为建立和完善我国农业环境保护体系奠定了坚实的基础。

热心社会活动

——他求真求善求美，致力于提高全民族科学文化水平。

——他是浙江省科学技术协会的创始人之一。

——他80高龄因公殉职，奋斗到生命的最后一刻。

朱祖祥既是我国著名的土壤学家和农业教育家，又是杰出的社会活动家。在担任浙江省人大常委会副主任，并负责科教文卫方面工作的十几年里，他非常关注精神文明建设和法制建设。为制定该省九年制义务教育条例和《浙江省职业技术教育条例》等法规，他跋山涉水，不畏艰险，走遍全省各地，访问人大代表，倾听群众意见。为了解法律的贯彻实施情况，他经常深入基层视察调研，并亲自动手撰写议案，为完善人民代表大会制度和加强民主法制建设作出了积极的贡献。他是九三学社浙江省委主委、名誉主委，九三学社中央委员会常委，为九三学社的参政议政和地方组织建设，团结广大知识分子和爱国人士，做了大量卓有成效的工作。他还担任过第八届全国人民代表大会代表，第五、第六届全国政协委员等职务。

朱祖祥十分关注科协和学会的健康成长。新中国成立之初，他就是浙江省科协的创始人之一，担任过浙江省农学会理事长、名誉理事长，省土壤肥料学会理事长，省科协副主席、名誉主席，中国科协全国委员会委员，中国农学会理事，中国农学会土壤肥料研究会副理事长，中国土壤学会副理事长等职务。他不辞辛劳，积极组织和参加学术活动，活跃学术空气，促进学术交流，为提高全民族科学文化水平作出了不少贡献。1990年3月，他获得中国科学院颁发的荣誉奖章。

朱祖祥对家乡、对母校有很深的感情。朱祖祥先求读于慈湖高等小学堂（今慈湖中学）和民强中学，后在效实中学学习5年。1989年4月，他为母校慈湖中学题词"求真、求善、求美，为人师表，严于律己！是德、是智、是体，教书育人，贵在薰沐。"1994年10月，他到故乡出席应氏家族捐资重建慈湖中学落成典礼，在会上作了热情洋溢的发言，回忆了母校师长和自己的学习生活，并任慈湖中学首届校友会的名誉会长。

朱祖祥是一位热爱祖国的科学家，也是一位具有高度事业心和社会责任感的创业者。1983年他去前联邦德国访问途中，曾应友人之求即兴填词："远山青，近野绿，异国风光炎黄情，无奈十年误岁月，奋身'四化'兴国运。"这从一个侧面反映了他的心声。1996年，已80高龄的朱祖祥依然精神矍铄，参加长江三角洲资源环境与社会经济考察，然而就在赴江浙沪实地考察途中，突生变故，不幸于11月18日在绍兴逝世，奋斗到生命的最后一刻。

这位中国著名的土壤学家、土壤化学的奠基人，一生桃李满天下，"为人师表求真求善求美贵在奉献,教书育人是德是智是体严于律己",这既是朱祖祥提出的教育理念,也是他半个多世纪为人师表的真实写照。

●中国水稻研究所供稿●

【鲍文奎简介】

鲍文奎（1916—1995），男，浙江宁波人，著名作物遗传育种学家。1939年7月毕业于中央大学农学院农艺系，1950年毕业于美国加利福尼亚理工学院生物系，获博士学位。1980年当选为中国科学院学部委员（院士）。曾任四川省农业科学研究所食粮组副主任，北京市农林科学院作物所研究员，中国农业科学院作物育种栽培研究所副所长、研究员，北京大学教授，农牧渔业部科技委员会第一、第二届委员，第五、第六届全国人民代表大会代表。

毕生从事植物多倍体遗传育种研究，是我国植物多倍体遗传育种创始人。坚持"新物种可以通过多倍体途径飞跃产生"的理论，采用染色体加倍技术创造了同源四倍体大麦、同源四倍体水稻和异源八倍体小黑麦等新物种，并通过杂交选育探索使新物种人工进化为新作物的育种途径。先后解决了四倍体水稻和八倍体小黑麦的结实率、饱满度等一个又一个世界性难题，使我国八倍体小黑麦品种在世界上率先应用于农业生产。1978年"异源八倍体小黑麦"研究获全国科学大会奖。1979年被评为全国劳动模范。

> 正直爱国、勤奋学习、善于思考，是他的为人品格；不畏艰险、百折不挠、坚韧不拔探索科学真理，是他的职业精神。他将毕生精力贡献给我国植物多倍体遗传和育种研究，他将更多更好的优良品种留给后人。

生命　为植物多倍体燃烧
——记中国科学院院士鲍文奎

鲍文奎，祖国和人民的优秀儿子。在新中国百废待兴的时刻，他放弃在美国继续发展的机会，义无反顾地投入祖国的怀抱。他数十年如一日，以坚韧不拔的硬骨头精神，克服了科学上和政治上的重重困难，将毕生精力贡献给了我国植物多倍体遗传和育种研究。

辞别美国　满腔热情投入新中国建设

在战乱的1939年，鲍文奎毕业于中央大学农学院。由于颠沛流离，一职难求，他差点放弃所学专业。多亏金善宝教授的力荐，他有幸在四川省农业改进所得到了一份工作，从事小麦育种和栽培研究。1937年抗日战争全面爆发，知名学者李先闻教授从武汉大学农学院转到四川省农业改进所，鲍文奎也于1942年转到李先闻领导的细胞实验室。他们的研究涉及小麦和粟的细胞遗传、小麦矮生特性、黄色花叶条纹、减数分裂不配对现象、五倍体杂种后代的染色体分布等。他们还开始用秋水仙素引变植物多倍体的实验，他从此与植物多倍体结下了不解之缘。

1947年夏，经李先闻推荐，鲍文奎进入美国加州理工学院生物系攻读遗传学博士学位。他在导师爱默生（S. Emerson）指导下，研究链孢霉菌的一个隐性突变体的基因作用机理。这个突变体在室温（23℃）下能利用乳糖长成正常菌丝，而当温度升到35℃时，它不再长成细长的菌丝，而是团状的菌落。在蔗糖培养基上，则无此差别。鲍文奎比较了正常菌与突变体的乳糖酶，在其作用强度和氨基酸组成上均未发现差别。当比较菌丝的几丁质组成时，X光衍射分析表明，它们的单元结构虽然相同，但在生化反应上却有明显的差异。正常菌丝只能吸收很少量的葡萄糖，而菌落状菌丝则能吸收大量的葡萄糖。由此推测，在高温下以乳糖为能源长成的几丁质可能是分枝的，因而能较多地吸收葡萄糖，而在低温条件下长成的几丁质是长链的，吸收葡萄糖较少。导师希望他继续追踪下去，争取在生化遗传机理方面有所发现。

1949年新中国诞生的消息，激起了鲍文奎马上回国参加祖国建设的念头。他想回国后做些与农业生产联系密切的课题。鉴于他在李先闻实验室进行小麦、粟的细胞遗传学研究期间，对植物界中异源多倍体的发生规律和多倍体的突然形成等问题已有极大的兴趣，他计划回国后利用自己掌握的遗传学知识，开展植物多倍体育种。同时，他注意到这类研究不但要求设备简单，而且是一个尚待开拓的育种新领域，在国内完全有可能做得同国外一样好。他越想越激动，归心甚切。1950年年初，他估计留学可在夏天结束，就预订了回国船票，并购买了一些开展植物多倍体育种研究必需的器材和药品，如紫外光管、X光管、秋水仙素等。同年6月，他顾不得去参加领授博士学位的毕业典礼，而到芝加哥参加中国科学工作者协会留美分会的年会，因为这次年会的主要议题是号召留美同学回祖国参加建设。1950年9月，鲍文奎义无反顾地搭乘威尔逊总统号邮轮回国，并辞谢了罗忠洛先生的邀请，没有去中国科学院上海植物生理研究所工作，而是根据既定目标，选择了他3年前离开的四川省农业改进所（当时已更名为四川省农业科学研究所）。

泪洒成都　转战北京继续多倍体研究

抵达成都后，鲍文奎向所领导谈了拟进行多倍体育种研究的设想，获得了同意，所里拨给稻谷4万公斤作为筹建实验室的物资。他选用4种谷类作物作为研究对象，其代表多倍体的4种类型：大麦代表自交的同源四倍体，黑麦代表异交的同源四倍体，水稻代表籼粳亚种间的同源四倍体，八倍体小黑麦代表典型的异源多倍体。起步工作很顺利，一年后，大麦获得4个品种的同源多倍体，并开始进行四倍体品种间的杂交育种。水稻得到一个籼稻品种和两个粳稻品种的同源四倍体,并发现四倍体籼粳杂种的结实率远远超过其二倍体的籼粳杂种。还得到了"中国春"小麦与黑麦合成的中国最早的八倍体小黑麦"WRC"原始系列。

但好景不长,1952 年,李森科学派之风从苏联刮遍中国大地,鲍文奎的人工多倍体育种成了反动异端学派的典型代表。研究所迫于形势,叫鲍文奎停止使用秋水仙素。这样,许多小麦与黑麦的杂种因不能进行染色体加倍而损失掉。不仅如此,在 1954 年 11 月一年一度有千人参加的农业生产大会上,还对多倍体工作发动大批判,秋播的多倍体材料全部被强行铲除。对于怀着满腔热情回国参加新中国建设的鲍文奎,他无论如何也不相信自己搞的植物多倍体是反动的,是反革命的。他无处讲理,无处喊冤。从批判会上回到家里,他身心疲惫,双手抚面,任凭他七尺男儿泪无声地流淌……

痛苦的日子在一天天延续,鲍文奎对停止多倍体研究一直想不通,1955 年 5 月他终于鼓起勇气给农业部写信提出他的看法。约一个月后,所领导告诉他:农业部电令可以恢复多倍体研究。他一得知此喜讯,不顾早已过了水稻播种季节,赶紧在钵子里种下四倍体籼粳杂种的第二代。然而,在接下来的运动中,他又被无端地隔离审查了 3 个月之久。他决心离开工作了 18 年之久的四川成都。在农业部有关领导的帮助下,他于 1956 年 10 月被调往正在筹建中的中国农业科学院。

筹备阶段的中国农业科学院,没有实验设备条件,筹备处安排鲍文奎暂到北京农业大学农学系工作,并拨给经费 1.1 万元,用以购置急需的实验设备。1957 年春,稻、麦多倍体研究在北京农业大学重新开展起来。1958 年他正式到中国农业科学院作物育种栽培研究所工作,继续多倍体遗传育种研究。

挺进贵州 八倍体小黑麦进入农业生产

到北京后头几年,鲍文奎的多倍体育种工作进展较快的是四倍体水稻。1960 年他发现同源四倍体水稻结实率很低的问题,可以通过在四倍体水平上的杂交和选择得到解决。这大大增强了他对多倍体育种的信心,并认为大量制造人工多倍体资源应是多倍体育种的关键。因此他广泛征集各种水稻品种,将其诱变成同源四倍体,并进行广泛的杂交和杂种后代的选育。到 1966 年四倍体水稻原种已积累到 70 余个,正在选育中的杂交组合也达数十个。

鲍文奎想,在稻、麦的人工多倍体育种中,不论同源或异源,其结实率低和种子饱满度差是共同的难题。既然四倍体水稻可以通过杂交和基因重组而得到改善,这就

● 鲍文奎在实验室工作

表明在多倍体水平上进行杂交育种应该是有效的。1962年，鲍文奎对国内外八倍体小黑麦育种动态进行了又一次认真分析，意识到过去八倍体小黑麦育种之所以进展缓慢，主要原因是八倍体小黑麦原始材料太贫乏。他决定大量制造原种。他用"中国春"作为桥梁品种提高制种的效率，与国内外优良品种杂交，其杂交F_1再与黑麦进行测交。每粒杂种种子或其幼苗染色体数加倍后，都是一个原种。再加之秋水仙素处理技术的改进，他在1957—1966年共制种9次，获得了八倍体小黑麦原始品系4 695个。制种工作与杂交育种是同步进行的，通过品系之间的广泛杂交和选育，八倍体小黑麦的结实率与种子饱满度得到明显提高，鲍文奎的心头泛起无限的快慰。

然而，"文革"开始了。鲍文奎被打成了"反动学术权威"，说他与严育瑞开"夫妻黑店"，两人同遭批斗。鲍文奎被关进"牛棚"，经历过多次磨难而无比坚强的他也被折腾得容颜憔悴。深夜，鲍文奎读着鲁迅的杂文，鲁迅先生的那种不屈服的硬骨头精神支撑着他。他坚信，历史终将给真理以公正！

6月，试验地里的小黑麦成熟了。那些宝贵的育种材料在骄阳下随风摇晃，像是在向路过的人哀求，因为没有人来收获，它们面临就地待毙的厄运。鲍文奎对此焦急万分，与严育瑞反复商量保全方案，最后认定只能豁出去了，秘密抢收。他们白天要挨批斗，没有机会。所以就一大早起床，趁人们上班前的空隙时间，紧张地扛着木箱，拿着记录本，悄悄地把 1 200 多个小黑麦新品系收了回来，分类装袋，存入办公室的种子柜里。后来风声走漏，他们遭到了更凶狠的批斗。

时光流逝。1969 年鲍文奎终于获得"解放"。然而 3 年噩梦过后，大多数实验材料丧失了发芽力。四倍体大麦和四倍体黑麦全军覆没，四倍体水稻和八倍体小黑麦损失均在 2/3 以上。已 53 岁的他，黯然神伤，心在战栗。

1970 年鲍文奎随所下放到北京市农林科学院，他仍然坚持八倍体小黑麦研究，以幸存的约 1/3 的小黑麦品系继续杂交选育。同年，他将几个最好的品系定名为小黑麦 1 号、小黑麦 2 号、小黑麦 3 号、小黑麦 4 号，开始小面积试种。

贵州西北部高寒山区威宁县，地处乌蒙山上的高海拔 2 000 米以上地区，种植小麦因晚霜频繁而常遭失败，玉米有时遇早霜也不能成熟，是一个缺粮地区。1968 年自云南引入黑麦，种植面积迅速扩大后，却因食味不佳而大量积压。农民很希望得到抗逆性像黑麦、食味像小麦的作物。1972 年秋，当他们得知北京有小黑麦时，就派人前去引种。经威宁县农科所品种小区试验和全县 42 个多点示范结果，肯定了小黑麦 2 号和小黑麦 3 号的生产价值，首次进行推广。1975 年小黑麦种植面积达 1.2 万亩，平均亩产 111 公斤，比黑麦增产 44.8%，比小麦增产 66.4%。到 1978 年，小黑麦种植面积达 40 万亩。

鞠躬尽瘁　品格和精神鼓舞激励后人

1978 年，62 岁的鲍文奎服从上级安排，从北京市农林科学院返回中国农业科学院作物所，他计划向多倍体研究的更高峰攀登。

鲍文奎认识到，以小黑麦 3 号为代表的第一代品种，主要缺点是植株过高、晚熟、不易脱粒，因此只能在高寒山区一年一熟的中低产地区种植。他认为，小黑麦育种工作的第二阶段应以矮秆组合 h353 为主要矮源，育成高为 110 厘米左右的第二代小黑麦品种。这个矮源亲本的种子是皱瘪的，其杂种后代中矮秆植株的种子饱满度较差。因此，鲍文奎认为第二代小黑麦品种培育的关键是要消除由矮化所引起的一系列不良副作用，其中最严重也是最难克服的是种子饱满度下降。他通过 10 多年的穿梭育种取得了重要进展。1991 年，两个中矮秆小黑麦品种劲松 5 号和黔中 1 号，通过贵州省的品种审定，在高丘陵地区推广。

他计划的第三代小黑麦品种的目标是，育成适宜于肥水条件较好的平原小麦主产区种植的品种。为此，从 1989 年秋开始，他在我国小麦主产区黄淮平原的南缘——河南省南阳市郊区建立了一个小黑麦选种基地。小黑麦的育种进入为平原麦区培育矮秆、多抗、高产品种的第三阶段。鲍文奎曾希望在他有生之年能看到高产、优质、多抗的八倍体小黑麦新品种，一个新的细粮作物在小麦产区普及开来。遗憾的是，1995年9月15日，他因突发脑溢血在北京逝世。

鲍文奎是一位正直、爱国的学者。他在现代分子生物学处于萌芽阶段的1950年，毅然放弃在美国继续从事微生物生化遗传研究的大好机会，义无反顾地回到刚刚诞生、百废待兴的新中国，并决心为祖国的农业科技发展作出自己的贡献。他一干就是一辈子，由于特殊的时代，他一生遇到科学上和政治上的重重困难，受到无数的挫折和委屈，但他从未动摇过为祖国做贡献的信念。他曾多次对自己的学生说："祖国是一个人的根，中国的老百姓太不容易了，我们要为他们能吃饱肚子做些事。"他在68岁高龄时加入中国共产党，这也反映出他一生对党、对祖国、对人民的热爱。

他也是一位执著的科学探险家。其实，他1949年在美国时，就读到了1948年苏联关于孟德尔—摩尔根遗传学大辩论的文集。他深知李森科学派是激烈反对搞多倍体工作的，但他认为，多倍体可使作物在物种一级起变化，这比在品种一级起变化的一般育种工作要深刻得多。因此，尽管他知道这个课题的难度很大，风险很大，但他仍决定在这个领域进行探索，结果他将毕生精力贡献给了我国植物多倍体遗传和育种研究。也许，随着科学技术的不断发展，50年或100年后，当人类可以在基因组水平自由操控植物多倍体时，人们会更加敬仰鲍文奎这位执著的植物多倍体育种探险家。

他更是一位思想深邃的智者。他自幼勤奋好学，读高中时，便对生物学发生兴趣，常与同学讨论达尔文进化论问题。知名学者李先闻在自传中回忆对鲍文奎的印象时写道："他两眼炯炯有光，一副聪明相，是有天才的人，他对于数学有高深的造诣，不大爱说话……"鲍文奎习惯于在深夜博览群书，不仅是生物学，也包括哲学、历史、文学等。他在70多岁的时候，还在尝试将耗散结构理论与小黑麦遗传育种结合起来。也许是经历太多坎坷和磨难的缘故，鲍文奎特别善于思考，他不仅知识面宽，而且思想深邃，充满着智慧。与他接触或听过他报告的人多对此印象深刻。2009年1月，北京大学前校长许智宏院士在"全国植物分子育种学术研讨会"上致辞时，还亲切地回顾了鲍文奎在20世纪80年代一次会议上提醒人们注意不同植物基因在不同遗传背景下发挥作用的场景：鲍文奎当时用一个形象的比喻来说明这个问题，他说："植物的基因组好比一个单位，如果将一个单位的门卫换了，可能对这个单位的运转影响不大，但是如果将这个单位的党委书记换了，则可能整个平衡被打破，这个单位的运转可能变好，也可能变得更糟。"当前，人们在利用现代分子生物学技术操作基因时，不是越来

越认识到不同基因之间平衡的重要性吗？鲍文奎正直、爱国、勤奋好学并善于思考的为人品格，不畏艰险、百折不挠、坚韧不拔探索科学真理的职业精神，将永远鼓舞、激励后人。

●中国农业科学院作物科学研究所供稿●

农科英才

【庄巧生简介】

庄巧生,男,1916年生,福建闽侯人,著名小麦遗传育种学家。1939年毕业于成都金陵大学农艺系,1945—1946年在美国堪萨斯州立学院等处学习小麦品质测试技术。1991年当选为中国科学院学部委员(院士)。曾任国际玉米小麦改良中心理事,中国作物学会第四届理事长,全国政协第七届委员。现为中国农业科学院作物科学研究所研究员。

毕生从事小麦育种与遗传研究,主持育成10多个冬小麦优良品种;积极探索改进育种方法,是国内较早倡导使用三交和复合杂交的少数育种学家之一,在推动数量遗传学和计算机在中国作物育种中的应用研究及倡导改良小麦加工品质等方面作出了贡献;主持"六五"和"七五"全国小麦育种攻关,参加主编《中国小麦学》《中国农业百科全书·农作物卷》和《中国小麦品种改良及系谱分析》等专著,为发展中国小麦生产与育种事业和繁荣作物科学作出重要贡献。曾任《作物学报》主编。获全国科学大会奖(1978)、农牧渔业部技术改进一等奖(1983、1984、1985)、北京市技术改进一等奖(1984)和国家科技进步二等奖(1987),1995年获何梁何利基金科学与技术进步奖。1990年被授予全国农业劳动模范荣誉称号,2009年被授予新中国成立60周年"三农"模范人物荣誉称号。

> 闪光人生,淡定从容,不为清寒所困,不因荣辱扰心,麦田是他的最爱。几分机缘,几许执著,用尽毕生心智,培育出10余个优良小麦品种,总结了中国小麦品种改良的历史成果。他为祖国广袤田野编织了一幅丰收的金色画卷,也抒写了一个育种科学家的华彩人生。

用闪光人生抒写金色画卷
——记中国科学院院士庄巧生

2015年8月5日,中国农业科学院的会议室里,一位精神矍铄、谈吐睿智的长者,正被100多位来自全国各地的学者同行、晚辈学子,用一簇簇绽放绚烂的鲜花,一句句情浓意长的祝福团团包围着。中国科学院李振声院士、李家洋院士,中国工程院的多位院士都专程赶来,向这位老人祝福百岁康寿,对他为我国农业生产所作出的卓越贡献表示由衷的敬佩。这位用80年辛勤与心智,为国家培育出10余个优良小麦品种的长者,就是我国著名小麦育种专家、中国科学院院士庄巧生。

勤奋学习　辗转历练奠基石

1916年8月5日,庄巧生出生于福建闽侯西南山区农村。4岁时,他随家人投奔闯荡南洋的父亲,在苏门答腊的荒岛上度过了孤寂而苦涩的4年,并从那里华侨办的民德初小毕业。1925年全家回到福州。1928年1月他考入福州私立三民中学。为了给家里减轻经济负担,他勤奋学习,并因成绩优异免了几个学期的学费。后因学校闹分裂,最后一学期转至私立三山中学毕业。1934年夏,福建省教育厅公开招考第三届清寒学生大学奖学金,理、工、农、医各仅有1~2个名额,这让家境贫寒、无力升学的庄巧生看到了一线希望。他决意报考农科,结果以第二名的成绩被录取。1935年1月庄巧生考入南京私立金陵大学农学院,主系农艺,辅系植物。

大学的学习氛围与人文气息，使他的视野日渐开阔，也从内心萌生了要在农学领域不断进取的火种。然而1937年初夏，当他在齐鲁大学合作农场暑期实习即将结束之际，日本侵略者发动七七事变。11月下旬，南京危在旦夕，学校决定西迁成都华西大学，他便随校紧急转移，一路上冒着敌机狂轰滥炸的危险，还得抓紧时间完成老师预先布置的自修课程，过着流亡学生的生活，1938年春节后终于到达华西坝。1938年是他在大学学习的最后一年，他除修完必修课外，以"小麦与黑麦属间杂种一代的细胞遗传学研究"为选题，搜阅当时所能找到的国外文献，撰写综述性文章以代替毕业论文。这年夏天，他还参加了系里在川西平原开展的水稻单穗选种活动。1939年2月他从成都金陵大学农艺系毕业，获学士学位，并被选为斐陶斐荣誉学会会员，被授予金钥匙奖。

1939年3月，经系主任早在半年前的推荐，他来到中央农业实验所设在贵阳的贵州工作站报到，在该所技正兼贵州省农业改进所农艺系主任沈骊英先生的领导下，分管小麦品种区域试验。通过一年多的努力，在主持人授意下，他将系里以前下乡调查资料和所内两年田间试验结果进行整理，写成《贵州之小麦》一文，在中农所专刊第24号上发表（第三作者）。这是有关贵州省小麦生产与科研的第一篇历史文献。

1940年8月庄巧生回到成都金陵大学农艺系，给刚从英国留学回来的靳自重教授当助教。在两年半的助教生涯中，协助靳先生完成了"蓝麦杂种后代的细胞学研究"和"马卡小麦杂种后代的细胞遗传学研究"两篇论文，分别发表在《印度农业科学》（1943）与美国《陶莱植物学会会志》（1944）。

1944年中美两国就为中国战后复兴培训中层科技骨干计划达成协议。国民政府决定由工矿、交通、农业主管部门从科研单位和高等院校中推荐合适人员，经考试遴选赴美进行现场实习，为期一年，期满回国服务，同时还留出少数名额由考试院在社会上公开招考。他参加了考试院的招考，以第二名被录取。他申报的实习志愿是小麦品质检测。

1945年7月他到了美国，先在堪萨斯州立学院制粉工业系学习硬质小麦品质鉴定技术。鉴于这项工作与谷物化学关系密切，4个月后他又去康奈尔大学补修几门化学课。翌年春天，他到位于俄亥俄州的联邦软质小麦实验室进修了2个月软质小麦品质测试技术。最后，他去北部春小麦和硬粒小麦主产区参观两个品质实验室，同时了解美国北部和西部一些州农业试验站的麦类作物育种工作。他从农艺学家角度了解美国小麦品质分析工作布局，学习实验技术，认识到品质检验与研究在品种改良中的重要性，并注意收集有关文献，以便回国后创造条件填补这一空白领域的研究。1946年8

月庄巧生回到南京中央农业实验所。10月被派至北平农事试验场任技正兼麦作研究室主任，主持小麦育种课题。

北上麦区　培育良种结硕果

新中国成立后，中央农业实验所北平农事试验场更名为华北农业科学研究所，1957年又扩建为中国农业科学院，庄巧生就在中国农业科学院作物育种栽培研究所（2003年重组为作物科学研究所）继续开展小麦育种工作。

初到北平工作时，华北平原是雨养农业，冬春干旱，两年三作，小麦单产很低，育种目标以抗寒、耐旱、丰产稳产为主。短短两年内，在前人工作的基础上，他明确了燕大1885、北系3号等三四个新品种可在周边地区试种推广。岂料1950年春，全国暴发了前所未见的小麦条锈病，不仅上述品种因感病严重不能投入生产试种，就连新近培育的、旨在抗锈病的杂交早代材料也在劫难逃。这年秋播，北京农业大学蔡旭教授课题组主动将其经受过条锈病大流行考验、表现最好的"胜利麦/燕大1817"第三代入选株系各分出少许种子赠给庄巧生，这是对他的莫大支持。然而，庄巧生1952年应邀参加西藏工作队农科组考察，待1954年春从西藏考察回来后，上述从北京农业大学引来的材料（已第七代），只剩下有10来个品种参加的产量比较试验，其中以早熟、抗锈、穗大粒大、籽粒外观品质好的华北187性状较为全面，可供生产利用。后来他又从华北187群体中系选出植株稍矮、茎秆较强、可在中等肥力以上水浇地推广的北京6号。这两个品种从20世纪50年代中后期至60年代中期，先后在北部冬麦区东片推广种植，年最大种植面积各约70万亩和80万亩。

为了适应生产发展的需求和防止条锈菌新小种危害，60年代中期和后期，庄巧生的课题组先后育成了北京8号和北京10号。北京8号是1955年在石家庄以碧蚂4号与早洋麦杂交第三代的少数入选株系，1958年秋移到北京继续选择而育成，表现早熟、抗锈病、丰产、籽粒白、外观品质好、适应性广，成为60年代后期至70年代中期黄淮平原的主栽品种之一，年最大种植面积达2 000万亩。北京10号是用丰产性比华北187好的华北672，分别与抗锈的苏联早熟1号、早熟的辛石14杂交后再双交育成，表现高产、抗锈、中熟，在冀中、冀东、晋中、晋东南和临汾地区广为种植，年最大种植面积达700多万亩。这两个品种1978年获全国科学大会奖。

70年代初，生产上需要耐肥水、抗倒伏、抗锈病、增产潜力更大的新品种，他的课题组采用亥恩·亥德（西北欧）、欧柔（南美）、北京8号三交组合育成了北京14群

● 庄巧生在小麦试验田工作

体。有关单位从这个群体中分别协作系选出冀麦 1 号（12057）、冀麦 2 号、红良 4 号和红良 5 号等新品种，在冀中、晋中南和京、津郊区广为种植，其中冀麦 1 号于 1983 年获农牧渔业部技术改进一等奖。

1980 年，他的课题组又育成了以丰抗 8 号和丰抗 2 号为代表的丰产、抗倒伏、兼抗条锈、白粉病且落黄好的丰抗号系列品种，在北部冬麦区大面积应用长达 10 余年之久。丰抗 8 号年最大种植面积达 600 多万亩，是当时北部冬麦区推广面积最大的品种，1984 年获农牧渔业部技术改进一等奖。丰抗 2 号、丰抗 4 号、丰抗 5 号、丰抗 7 号系列品种 1984 年获北京市技术改进一等奖。80 年代后期还育成了北京 837 和北京 841，前者从 80 年代后期至 90 年代中期在河北中部推广，年最大种植面积 300 多万亩；后者丰产稳产，适应性好，是 80 年代后期至 21 世纪初晋中地区的主栽品种之一。

庄巧生是国内较早倡导使用三交和复合杂交的少数育种学家之一，善于在亲本选配上因材"施教"和在后代处理中因地制宜。"大跃进"时期，为了支援农村基点工作，压缩试验规模和简化操作，他第一次在国内采用 F_2 代派生系统法来处理杂种早代，不仅简化了程序，而且提前积累两年初步测产资料，为后来决选出北京 10 号提供了依据。他还善于根据不同类型亲本材料的特点进行合理组配，以拓宽种质资源的利用面。冀麦 1 号的选育便是一例。不但把高产、大穗、大粒、抗锈、早熟和白粒结合于一体，还有可能将不同来源的有利基因聚合起来，以丰富杂种后代的遗传背景，从而提高其总体性状水平和遗传多样性。凭借 60 年实践中积累的经验，对鉴评和选用杂交亲本来说，他可以说是开始步入"慧眼识珠""巧点鸳鸯谱"的境界。

他在主持"六五"全国小麦育种攻关时（包括华北五省区小麦协作育种），采取加强大区级区域试验，并密切其与省级区域试验的联系，以加快良种转化为生产力；注意安排好种质资源创新、抗性鉴定等支撑研究，以增强育种后劲；倡导品种材料与技术经验双交流，规定"品种材料可以不要，不能不给"，并试行穿梭育种以增强育成品种的适应性；利用五省区协作育种的专项资助，为省级单位和本所配置田间试验作业机具，以提高工作质量与效率；召开全国小麦育种攻关第一届学术经验交流会，并在会后出版论文集。这些都对发展我国小麦育种事业具有倡导性，既涉及技术又与管理措施有关。1986 年庄巧生获"六五"国家科技攻关先进个人奖；1987 年协作组的"全国大区级小麦品种区域试验'六五'成果及其应用"获国家科技进步二等奖。

编书撰文　繁荣科技有鸿篇

庄巧生知识面广，文字功底好，审阅文稿认真、细致。他参编（译）的专著有：《植物育种学》（译）、《中国小麦栽培学》《中国小麦品种及其系谱》《生统遗传学导论》（译）、《小麦育种理论与实践的进展》（论文集）、《基因库与世界食物》（译）等，对提高我国作物育种理论水平起到了积极作用。《中国小麦品种及其系谱》（1983）一书，系统总结了新中国成立 30 年来小麦品种改良的成就与经验，着重阐述育成品种的系谱渊源及其与种质资源利用的关系，其中由他主笔的《亲本选配的基本经验》一章，实际上也包括了他本人的实践经验。此书获国家优秀科技图书一等奖（1985）和农牧渔业部技术改进一等奖（1985）。20 世纪 80 年代中期，他作为第一副主编，协助金善宝院士主编《中国农业百科全书·农作物卷》（1991）。这是一部 200 多万字的大型工具书，荟萃了国内数以百计专家学者的集体智慧与研究心得，是中国农业发展史上一个重要的里程碑。他还协助金善宝院士，组织国内知名专家撰写了融国内外小麦科技新进展为一体、代表国家学术水平的权威性专著——《中国小麦学》（1996）。21世纪初，在《中国小麦品种及其系谱》的基础上，他主持编写了《中国小麦品种改良及系谱分析》（2003），并附录20世纪前半叶开创小麦改良工作时的简略情况，为新中国成立至20世纪末小麦育种实践、技术成就和生产发展的进程留下历史记录。

务实求真　认真实践带后人

1952年，庄巧生第一次接待苏联小麦育种专家，专家所说的一句"要跌打滚爬在麦田中，学会同小麦对话"，深深地印记在他的心里，也成为他以后从事育种实践的座右铭和走上成功之路的指路标。

尽管工作繁忙，各种事务缠身，他仍坚持现场作业，每到小麦生育的关键时期总是起早贪黑，见缝插针，尽可能详细了解育种材料的各种表现。一年早春，土温室的小麦加代材料在下班前没盖上草苫，当晚10时他突然听到天气预报说将有大风降温，便立即从家骑车赶到十几里以外的单位，叫起工人师傅一同把草苫放下盖好，回到家里已是午夜时分；一次下班前，为配合各课题组抢时轮灌试验田，临时决定当天夜间突击浇麦，他便自告奋勇掌灯干了一个通宵。

他襟怀坦荡，务实求真。1958年在河南新乡蹲点负责总结小麦高产经验时，正逢大跃进浮夸风四起。麦收后，他和小组成员冒着挨批的风险，总结了以《千斤小麦高产栽培技术》为题的工作报告，本着科学家的良知，实事求是地反映当时我国小麦主产区的产量潜力。

他关注中青年科技人员的成长，时常提醒要加强中外文学习，养成博览文献、敢于争鸣的习惯，并深化到本职工作中。他热心帮助年轻人修改文稿，乐于为年轻人联系进修深造机会，希望他们尽快成长。在同行中请他帮助指导工作或审改文章的人终年不断，直接和间接受益于他的指点者很多。他本人则认为"这也是充实自己、学习提高的好机会"。

在庄巧生的影响下，年轻的课题接班人通过10年精心努力，已基本形成一支以海外回国人员为主，常规育种、谷物化学、植物病理和分子生物学相结合，与国内外同行合作接轨的开放型小麦育种团队，正朝着预定目标迈进。由于在中国小麦品质研究方面取得显著进展，2008年他们获得国家科技进步一等奖；"品质性状分子标记发掘与优质品种培育"获国际农业磋商组织亚太地区杰出农业科技奖。

他始终认为，个人的才智与精力有限，而集体的智慧与能量无穷，只有把个人的努力融汇于集体的奋斗目标中，各项事业才能兴旺发达。1996年，当他荣获何梁何利基金科技进步奖时，立即将所得奖金10万元港币全部捐献出来，支持所内的小麦育种工作。这一举动感动了院、所两级领导，于是分别匹配资金建立了"庄巧生基金"，用以奖励作物科学研究所在小麦育种相关领域作出突出成绩的青年科研人员。为弘扬庄巧生献身科学、热爱农业、服务农民的崇高精神，在全国16个单位的支持下，2005年中国农业科学院作物科学研究所决定将基金改设为面向全国科研基层的"庄巧生小麦奖励基金"，奖励在小麦育种相关领域作出显著贡献的个人，让更多的后来人后浪推前浪，人才辈出。

对自己的一生，庄巧生是这样说的，"我一生只做了两件事：一是育成10来个优良小麦品种在生产上应用；二是编几本与小麦或育种有关的专著，为国家科技事业留下一些历史记录。仅此而已，微不足道。"但当人们翻开他从事小麦育种整整70年的"履历"，看到的却是整段华彩的人生，是用智慧和汗水为祖国大地倾情描绘出的一幅丰收的金色画卷。

●中国农业科学院作物科学研究所供稿●

农科英才

【李博简介】

李博（1929—1998），男，山东夏津人，著名草原生态学家。1953年毕业于北京农业大学农学系。1993年当选为中国科学院学部委员（院士）。历任内蒙古大学生物系植物生态学教研室主任、生物学系主任，内蒙古自然资源研究所所长、内蒙古大学生命科学学院名誉院长，中国农业科学院草原研究所所长、研究员，农业部草地资源生态重点开放实验室主任。曾担任内蒙古自治区科学技术顾问委员会委员、内蒙古自治区第三届科协名誉主席、中国科学院出版基金专家委员会生命科学专业组成员、北京大学遥感应用研究所兼职教授、北京师范大学国家教委环境演变与自然灾害开放研究实验室第二届学术委员会主任、中国生态学会副理事长、中国草原学会副理事长、中国自然资源学会副理事长、内蒙古生态学会理事长。

一生从事植被生态学与草地资源研究。先后主持国家科技攻关课题3项、专题4项、省部级课题多项。发表学术论文154篇，主编或参编学术专著22部，译著7部。曾任中国植被图编委会副主编、《中国草地》主编、《生态学报》副主编、《遥感学报》副主编、《植物生态学报》常务编委。先后获全国科学大会奖，国家自然科学二等奖，国家科技进步二等奖、三等奖各1项；省部级科技进步一等奖4项、二等奖2项、三等奖2项。1986年被内蒙古自治区党委授予优秀共产党员称号，同年被评为该自治区特等劳动模范；1990年获国家教委科技先进工作者称号；1993年获第二届乌兰夫奖金基础科学特别奖。

勤奋严谨、开拓创新，他把一生融入中国的草原生态事业和科技教育事业；身体力行、克己奉献，内蒙古大地上书写着他浩瀚的草原科学情怀。

中国草原生态学的领航者

——记中国科学院院士李博

他是一位科学家，也是一位老师，他把他的一生奉献给了广袤的草原，他培养的学生如今已是行业的学术翘楚；他填补了国内草原学科的多项空白领域，取得了骄人的成绩；他留给我们无尽的知识财富，为草原开辟了更广阔的发展空间。他就是我国草原生态学的奠基人与领航者——李博。

用双脚丈量内蒙古土地

李博于1953年毕业于北京农业大学，被分配到北京大学，担任我国著名植物学家、生态学家、教育家、中国科学院学部委员李继侗先生的助理。从1955年起，他开始对北京西山植被进行研究，并先后随李继侗先生参加了黄河中游水土保持考察以及黑龙江大庆、河北坝上等草原考察。1956年，内蒙古※筹建第一批国营牧场，他随李继侗先生第一次来到内蒙古大草原，从此与这片土地结下了不解的情缘。

满怀着对草原的热爱，1959年他毅然放弃北京大学优越的工作生活条件，同妻子蒋佩华一起调入内蒙古大学生物系任教，并且一待就是几十年，把他的一生奉献给了广袤的草原。在内蒙古工作的几十年，他几乎踏遍了内蒙古的每一个角落，走

※ 内蒙古自治区，全书简称内蒙古。

过很多荒无人烟的地方，被同事们称为"用双脚丈量过内蒙古土地的人"。

1959年，他带领18人的考察队租用了72只骆驼，携带考察器材及生活必需品，深入被称为"蟒螨之地"的世界第四大沙漠巴丹吉林沙漠腹地进行考察。在那里，他们顶着如火的烈日，踏着70℃高温的沙地，采集标本、描述样地、记笔记……一次，大风突起，黄沙蔽日，李博和骆驼被流沙掩埋，多亏骆驼奋力挣扎，从沙土中钻了出来，他才得以死里逃生。经过20多天的考察，他们终于胜利纵穿巴丹吉林沙漠，获得了这一地区难得的动植物区系、植被、水文、地貌等第一手资料，填补了这一地区研究的空白。

成绩卓著的草业科学家

李博从事草业科学研究40余年，作为一名科学家，始终坚持勤奋严谨、身体力行的科研精神，坚持不懈地投入自己的全部热情和智慧，致力于草原与植被的研究，成绩卓著，多项成果达到国际或国内先进水平。1980年6月，他光荣地加入中国共产党。

20世纪70年代，他参加了《中国植被》一书的编写，担任干旱、半干旱区植被编写组副组长。执笔总结了我国草原植被的基本规律，首次把青藏高原的高寒草原列为欧亚草原区的一个亚区。在朱彦丞先生和他执笔的"中国植被分类原则、单位与系统"一章，提出了具有中国特色的一个分类系统。该书于1981年获全国优秀科技图书一等奖，并于1987年获国家自然科学二等奖。

李博是我国遥感与地理信息系统研究与应用的开创者之一，在草原动态监测研究、草原植被研究与资源管理方面，成果卓著。1983年，他与北京大学遥感应用研究所所长陈凯共同主持了国家"六五"科技攻关项目"遥感在内蒙古草场资源调查中的应用研究"，前后组织了全国9所高校的近百名专家和专业技术人员展开研究，撰写了近百篇论文和专题报告，编制出包括地貌、土壤、植被、水资源、气象类型、草场类型、土地利用、生态分区8种专题地图的草场资源系列图，使我国草地资源的调查、评价与制图在方法上迈上了一个新台阶。这项成果于1987年获内蒙古自治区科技进步一等奖，1988年获国家科技进步三等奖。

1987年，他担任中国农业科学院草原研究所所长，他提出以生态系统理论、生态工程方法改良和管理草原，主持了国家"八五"科技攻关项目"中国北方草地草畜平衡动态监测"，建立草地资源数据库，利用NOAA气象卫星信息与GIS，成功进行大面积草地估产、草畜平衡评估和监测，建立了我国北方草地资源动态监测系统，使植被研究从静态及瞬时研究进入大范围动态研究，使我国草地资源的信息管理步入国际先进行列。该监测系统在内蒙古锡林郭勒试运转获得成功，并于1994年获农业部科技进步一等奖，1997年获国家科技进步二等奖。

1992年，他筹备组建了农业部重点开放实验室"草地资源生态实验室"，为开创我国草原生物多样性保护理论与技术、草地资源永久持续利用途径及优化管理模式、草地资源动态监测及灾害预测预报等新的研究领域作出了贡献。1995年，他建成了我国北方牧区221个县（旗）、300万平方公里的草地遥感估产与草畜平衡监测系统。他所领导的中国农业科学院草原研究所被评为"全国优秀科研单位"，成为国内70个综合研究能力较强的研究所之一。

此外，李博主持的"八五"国家攻关项目"北方草原畜牧业优化生产模式的研究"中的"鄂尔多斯高原沙质灌木草地绒山羊试验区研究"，荣获1997年农业部科技进步三等奖。他主持的国家"八五"重大科技攻关项目"我国草原生物多样性保护技术研究"，1995年出版了《草地生物多样性保护研究》论文集。

他还是一位卓越的国内外学术交流使者。1980—1998年，他先后21次到世界各国进行国际学术交流、考察、研究与讲学，积累了大量的资料，充实了科研与教学内容，促进了国际学术交流，扩大了我国生态学研究在国际上的影响。在美国访问期间，他省吃俭用，乘坐巴士考察了美国21个州，行程8 000多公里※，摄制幻灯片千余张，收集购买的图书资料重达200多公斤。为了扩大青年学者的国际化视野，他积极倡导、筹划召集，于1994年9月成功举办了首届现代生态学讲座，自此在世界华人生态学界开创了一个"特色鲜明、主题突出、面向青年学子、关注前沿动态"的高层次生态学讲习班，在国内外产生了深远的影响。

作为一位科学家和导师，他始终坚持开放创新、合作交流的学术思想和科研态度。他的一生中，多次主办学术会议，为生态学科的发展奔走呼号、不遗余力。他先后主持召开了国际草地植被会议（IGVC）、国际草地资源会议（ISGR）、蒙古高原草地管理国际学术会议（ISGM）等许多国际性学术会议，为学术发展与交流贡献了自己的心血和智慧。

李博是一位精力过人、不知疲倦的科学家。他曾担任过《中国草地》《生态学报》《遥感学报》《植物生态学报》等专业刊物的主编、副主编、常务编委，《中国植被图》编委会副主编、《生态学》教材主编等；参与翻译了《植物生理生态学》《草地生态学》等著作，参加了《中国生物多样性保护行动大纲》的起草工作，发表论文百余篇，可

※ 根据国家法定计量单位：1公里=1 000米=1千米。以下全书同。

● 李博一行在鄂尔多斯草原考察

谓是笔耕不辍。

天道酬勤。他先后获得过国家级奖励 5 项（包括国家自然科学二等奖，国家科技进步二等奖、三等奖各 1 项）、省部级奖励多项以及多项国家与省部级荣誉称号，成就卓著，硕果累累。1993 年，鉴于在植物生态学上的突出贡献，他当选为中国科学院院士。

他在内蒙古大草原上工作了 40 余年。即使在 3 个孩子出生的时候，他也没能陪伴在妻子的身边。他为了草原奔波一生，最终回归草原的怀抱。

师者　学者　永存的丰碑

李博是一位伟大的师者。他学养深厚、知识渊博，在学术上高屋建瓴。执教 40 余载，始终恪守信念、言传身教，奉献三尺讲坛、踏遍万里草原，为我国生态学研究与人才培养，创建平台，搭建桥梁，做了大量创造性、奠基性的工作。他在内蒙古大学生物系创办了我国第一个植物生态学专业，并先后担任植物生态学教研室主任、生物系主任、内蒙古自然资源研究所所长、所务委员会主任、中国农业科学院草原所所长、农业部草地资源生态重点开放实验室主任、内蒙古大学生命科学学院名誉院长、内蒙古科协名誉主席等职。在他身后，缔造了一支以内蒙古大学生态学科为源头的学术队伍，他用心血和知识浇灌出来的莘莘学子、得意门生，传承着先生的学养与精神，如今已成为世界各地的学术翘楚和中坚力量，享誉海内外。

作为学者，他注重积累与创新、传承与发展。他站在巨人的肩膀上搭建科学大厦，立于时代的潮头把握学科方向。他实事求是，审时度势，结合经济社会发展需要，引领学科发展方向，在学科拓展、交叉融通、国内外学术交流与合作方面，以大师眼光、与时俱进的科学态度，实现了"抢滩登陆，快速发展，占领制高点"的目标，为我国生态学科的持续发展奠定了一个非常好的基础。

李博以满腔热血，厚道自任，奉献一生，在内蒙古的草原生态事业和中国科技教育事业发展的征程上铸就了一座不朽的丰碑，演绎了一曲传世的颂歌。

●中国农业科学院草原研究所供稿●

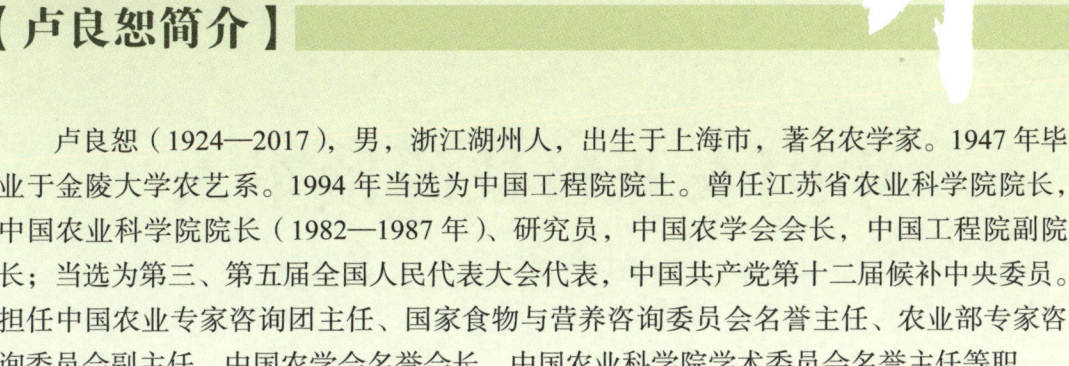

【卢良恕简介】

卢良恕(1924—2017),男,浙江湖州人,出生于上海市,著名农学家。1947年毕业于金陵大学农艺系。1994年当选为中国工程院院士。曾任江苏省农业科学院院长,中国农业科学院院长(1982—1987年)、研究员,中国农学会会长,中国工程院副院长;当选为第三、第五届全国人民代表大会代表,中国共产党第十二届候补中央委员。担任中国农业专家咨询团主任、国家食物与营养咨询委员会名誉主任、农业部专家咨询委员会副主任、中国农学会名誉会长、中国农业科学院学术委员会名誉主任等职。

新中国早期的小麦育种与栽培学家,20世纪50—60年代,曾主持选育了早熟、抗锈、丰产的华东6号等系列小麦优良品种,在长江中下游大面积推广,增产显著;后来主持南方及江苏小麦高产稳产耕作栽培技术体系研究,提出分区、分类指导和良种良法配套等论点,推动了作物育种和耕作栽培科学的发展。70—80年代主持完成的"中国粮食与经济作物发展综合研究""我国中长期食物发展战略研究"两个项目获国家科技进步奖,参加制定国家《科技体制改革决定》《中国中长期科技发展纲要》等工作。90年代和21世纪初又主持了"中国农业现代化的理论、道路、模式研究""中国农业可持续发展研究""新时期中国食物安全发展战略"等国家重点项目。在农业宏观研究方面,开拓了我国现代食物研究的新领域,创造性地提出了"现代集约持续农业""现代食物安全"等重要战略观点。代表作有《卢良恕文选》《中国立体农业》《中国中长期食物发展战略》《中国农业发展理论与实践》等。获中国工程科技奖、国家科技进步一等奖。2009年被授予新中国成立60周年"三农"模范人物荣誉称号。

> 他以仁爱之心待人接物并恪守不渝,以"等闲风餐露宿"的热忱和激情走遍神州大地,以科研硕果振兴农业和造福国人。他的成就跨越半个世纪,他是新中国成立60多年来农业发展的推动者和见证者;他在祖国这片沃土上,交织着心系国家、情牵民生的深厚情结。

中国农业科技的领军人
——记中国工程院院士卢良恕

卢良恕是新中国早期的小麦育种与栽培学家，推动了我国作物育种和耕作栽培科学的发展；他创造性地提出了"现代集约持续农业""现代食物安全"等重要战略观点，开拓了我国现代食物研究的新领域；他始终关注现代农业和区域农业发展以及农业科技创新等领域的战略性、全局性和前瞻性的重大发展问题，是我国农业科技界德高望重、并在国内外享有盛名的当代著名农学家。

上下求索必由路　对现代化农业总痴情

1964年12月20日，第三届全国人民代表大会第一次会议在北京人民大会堂开幕，毛泽东、刘少奇、周恩来、邓小平等党和国家领导人出席了开幕式。卢良恕当时作为

● 1997年卢良恕（左一）在陕西省延安地区考察小麦生产

人民代表端坐台下，当周恩来总理在政府工作报告中宣布：要在不太长的时间内，把我国建设成为一个具有现代农业、现代工业、现代科学技术和现代国防的社会主义强国时，卢良恕这位1953年就加入中国共产党的青年科技工作者，与其他人民代表一起报以长时间热烈的掌声，心潮激荡、澎湃不已。

那时的卢良恕风华正茂，并以卓越的组织才能和在小麦育种与栽培上的成就崭露头角，他所主持选育的早熟、抗锈、丰产的华东6号等系列小麦优良品种，在长江中下游大面积推广，增产显著；那时的卢良恕虽然年轻，却对于农业发展的脉搏跳动非常敏感，已经开始涉足农业科技的宏观管理和农业整体发展问题的研究。周恩来总理所提出的农业现代化这一宏伟目标，深深地吸引并激励了这位痴迷于农业的青年。

他意识到现代农业发展的机遇已经到来，坚定了自己实现农业现代化和建设现代农业这一宏大课题的研究信念。当时关于现代农业发展的研究尚在探索阶段，理论体系尚不完善，在缺乏充分理论指导的条件下，卢良恕从实践出发，亲自组织领导了建设"太湖现代化科学实验基地"的工作，亲手种植现代化样板田，并在以后的各方面工作中，始终把那些具体的、直接的问题归置于农业现代化这一宏大目标之下，卢良恕提出了许多不同寻常的判断和见解，为其日后的现代农业理论研究奠定了基础。

为了实现积淀于生命中的农业发展理想，他走遍了包括台湾省在内的30多个省、自治区、直辖市和特区；先后到欧美和周边20多个国家考察、讲学和签订双边合作协议，硕果累累。他去得最多的是黄土高原、黄淮海平原、东北三江平原、云贵川"资源金三角"，走遍了不同的地形地貌和气候带，跋山涉水考察和研究农业，耄耋依然。他主持完成了多项农业问题的重大课题和研究项目，影响深远。其中"中国农业现代化理论、道路、模式研究"是一项事关国民经济基础、事关九亿农民、事关未来几十年农业问题的大课题，堪称我国农业现代化研究中最系统的应用基础性研究，提出了"现代集约持续农业"是建设有中国特色的农业现代化的必由之路，这一观点现已得到广为认同，并为国家制定农业可持续发展战略奠定了理论基础。

这条"必由之路"，卢良恕一走就是几十年，他关于现代农业的理论也越来越丰富和完善。他以其毕生经验总结出：建设现代农业的主要任务，就是要加快传统农业向现代农业的转变，促进农业的生产方式和经营方式的变革，可以说，现代农业的核心是科学化，特征是商品化，方向是集约化，目标是产业化。

2002年党的十六大报告指出："统筹城乡经济社会发展，建设现代农业，发展农村经济，增加农民收入，是全面建设小康社会的重大任务。"现代农业，继1964年周恩来总理在全国人大三届一次会议政府工作报告中首次郑重提出后，时隔38年又一次被写进了中央的文件，其影响和意义是极其深远的。卢良恕多年潜心研究和积极倡导的"建设现代农业"的夙愿，终于成为党和国家新时期执政兴国的重大目标。

关注国计与民生　开拓食物研究新领域

卢良恕说："文盲已经基本解决，科盲正在引起重视，而营养盲问题仍然被忽视，必须尽快引起关注。"此话缘于卢良恕对于国计民生的敏锐察觉。

进入20世纪80年代中期，我国居民基本实现了温饱，但是单一的粮食生产一度使部分地区出现区域性、结构性粮食过剩，出现了"卖粮难"，以致"谷贱伤农"，此后，全国粮食产量连续4年徘徊，主要农作物减产。大起大落的粮食生产给中国的粮食安全和居民的食物消费带来了严重的影响。随着人民生活水平的提高，食物安全和营养又出现了新的问题。不论在城市还是农村，既浪费又不科学的饮食习惯普遍存在，营养过剩与营养不良同时并存。

这些现象引起了科学家的关注和社会各界的热议。卢良恕果断地说："我们要建议立项，研究如何优化中国人的食物结构和改善营养的问题。我们国家人多地少，资源相对紧缺，如何使城乡人民吃饱、吃好、吃得科学、吃得健康，是关系国计民生的大问题。食物资源和结构调整不好，不仅影响国民经济发展，而且还会引发社会不安定。这不仅是个学术问题，而且还是经济问题和政治问题。"卢良恕凭借其长期从事农业科研工作的敏锐洞察力，意识到中国人民正处在有限资源的合理利用和优化食物结构的十字路口。

他不愧是一名杰出的科学家，思想睿智，善于发现问题，同时又像一名在农业战线上冲锋向前的战士，雷厉风行，不断攻克难题。随即他与22位科学家一起，就筹组"国家食物与营养委员会"和制定《中国食物发展纲要》等问题向党中央、国务院提出建议，获得了领导批示与有力支持。在国务院主要负责同志的主持和领导下，课题组会同有关部门起草了《90年代中国食物结构改革与发展纲要》，于1993年由国务院正式颁布实施，这是我国食物发展史上的第一部纲要，指导我国于20世纪90年代实现由温饱向小康生活的食物结构过渡。从1997年年底开始，卢良恕再次以他卓越的组织才能和影响力，与科研团队的专家们一起，会同国家有关部门，于世纪之交的2000年为国家完成了《中国食物与营养发展纲要（2001—2010年）》的起草和制定工作。两个《纲要》的相继出台，对于我国发展粮食产业、促进种粮农民增加收入、保障粮食有效供给，起到了指导作用，为我国朝着资源节约型社会发展，起到了积极推动作用。

卢良恕提出的"把传统的粮食观念转变为现代的食物观念""在充分利用现有18.9亿亩耕地的同时，面向整个国土，综合开发食物资源""种植业应当从二元结构（粮食、经济作物）向三元结构（粮食、经济作物和饲料作物）转变""把畜牧业作为一个重要产业来看待，必须要有一个大的发展"等食物发展战略思路，为把握食物结构研究方向，从根本上解决我国的食物结构问题起到了奠基作用。

从2004年开始，卢良恕在国家有关部委的支持下，就"全面小康社会食物与营养发展战略"开展研究，为制定我国2011—2020年即全面小康社会时期的食物与营养发展纲要，做好前期的科学调研和规划工作。

不负领军者使命　倡导农业科技新体制

卢良恕回忆说："20世纪80年代初期，中国农业科技发展出现了历史上少有的黄金时代，遭遇十年浩劫的中国农业科学院更期盼有一个新的飞跃。1982年7月中央组织部调我到京就任中国农业科学院院长，就要担任这号称'万人科技大军总指挥'的国家农业科学院院长，当时任江苏省农业科学院院长的我深感责任重大。"

作为中国农业科技发展的领军人物，卢良恕密切注视农业科技体制改革的发展。他在农业科技战线奋斗了60多年，亲眼目睹、切身感受和亲自参与了一次又一次的农业科技体制改革。他向中共中央、国务院领导同志直接提出改革建议，他在《人民日报》《光明日报》《经济日报》《科技日报》《科学时报》和《农民日报》等多家新闻媒体发表科技体制改革的见解，他走访了全国大多数农业科研院所调研并作专题报告……他深切体会到：农业科技要发展，农业科技体制必须要先理顺。

他深知，要改变农业科研工作不能适应农业现代化发展需要的状况，必须加强科研单位的建设。他多次建议在中国现有经济和社会大背景下，尽管目前尚不具备把农业科研完全推向市场的基本条件，也要以市场为导向，促进其与生产或企业结合，加强科技开发工作，加快科技成果转化，增强自我发展能力，这个建议已为国家所接受，并于1986年写进了《中共中央关于科技体制改革的决定》。

根据几十年农业科技体制改革的经验，卢良恕和他的合作团队总结出现阶段农业科技体制改革"四个不动摇"的基本原则：即农业科研机构作为科技创新的主体地位不动摇；农业科研机构实行分类指导、以公益性为主的定位不动摇；基础性研究、应用性研究和开发研究的完整体系不动摇；以政府投入为主体的机制不动摇。2005年在卢良恕等多位农业专家的积极推动和建议下，中央1号文件中专门设有"加强农业科技创新能力建设"部分，明确提出："要大幅度增加对农业科研的投入，加快建立以政府为主导、社会力量广泛参与的多元化农业科研投入体系，形成稳定的投入增长机制。""深化农业科研体制改革，抓紧建立国家农业科技创新体系。"这些政策的出台，为我国农业科技体制改革工作确定了方向。

生命怒放在沃土　效仿后稷济万家

曾经和卢良恕共事的工程院院士说他有"敏锐的战略眼光"，《中国科学家传略》盛赞卢良恕是"有组织才能的科学家"。"新技术革命与农业现代化""中国农业现代化理论、道路、模式研究""中国粮食与经济作物发展研究""中国中长期农业科技发展纲要""中国中长期食物发展战备研究"……卢良恕所主持的农业研究项目难以一纸穷尽，许多都是涉及多学科、多部门大跨度的农业宏观战略性研究，无一不关系国计民生，无一不将卢良恕高屋建瓴的战略分析能力和高超的组织领导能力发挥得淋漓尽致。

他辉煌的科研历程中，闪烁着非凡的个人魅力。从事农学研究是一项艰苦的工作，而在这条路上，他总是能够凝聚一大批杰出人士，充分发挥他们的智慧与力量。他特别强调团结合作、发挥集体智慧对事业成功的作用，他常说："工作这么多年，我的工作方法是离不开实践，离不开群众，离不开积累，离不开总结和提高。"凡与他相识、与他有过交往或听过他报告的人，无不敬佩他敏捷的思路、惊人的记忆、儒雅的气质、平易近人的风范和对现代农业的独特见解。

卢良恕的高瞻远瞩与他的脚踏实地密不可分。他深入各地调查研究，注重了解第一手材料并进行深入细致的思考和分析，从祖国的台湾到西藏※——卢良恕成为我国第一个走遍34个省、自治区、直辖市和特别行政区的农学家；他视野广阔，注重借鉴国外的先进科学技术和农业科技管理经验，先后到英国、美国、法国、德国、日本、俄罗斯、瑞士、澳大利亚、墨西哥、菲律宾、朝鲜、韩国、荷兰、以色列等20多个国家考察、讲学和签订双边合作协议。

卢良恕在农业战线上旺盛的生命力怒放在其深厚的爱国精神之上。他的童年，遭逢七七事变，山河沦丧、民族危亡，他感慨最多的就是在贵阳看到农民"半年糠菜半年粮"的穷苦生活。他说："民众连饭都吃不饱，国家怎么能富强呢！"不久，学农成为卢良恕自觉自愿的救国行动，他回忆说："我学的是粮食作物，不是搞瓜果蔬菜的园艺学，因为我最想解决的还是人民能吃饱饭的问题。"于是他立下了"效仿后稷济万家"的志向，为解决中国人的吃饭问题和食物营养结构问题，为中国农业现代化的问题而孜孜不倦，奋斗一生。

卢良恕虽然寿登耄耋，但仍在祖国的大江南北奔波忙碌，执著地追求、辛勤地耕耘、无私地奉献。他说："要继续为发展我国现代农业和农业科技事业贡献自己的全部力量。"2005年12月20日，农业部成立由32名国内农业界知名专家组成的"农业部专家咨询委员会"，对我国现代农业建设过程中的重大部署、计划进行战略咨询，年届八旬的卢良恕又一次从农业部领导手中接过聘书，出任农业部专家咨询委员会副主任，继续为我国"三农"工作奉献桑榆一寸心。

这位心系民生的农学大家，在他80周岁生日时写下了这样两句话："老牛自知夕

※ 西藏自治区，全书简称西藏。

阳晚,不需扬鞭自奋蹄"。他告诫年轻的科学家:"坚持学习、与时俱进,为国兴旺、艰苦奋斗,与人为善、团结合作,持之以恒、登高远望,积极稳妥、从容波澜。"

●中国农业科学院办公室供稿●

农科英才

【刘更另简介】

刘更另（1929—2010），男，湖南桃源人，著名土壤肥料与植物营养学家。1952年毕业于武汉大学，1959年毕业于苏联莫斯科农学院研究生院，获博士学位。1994年当选为中国工程院院士。曾任中国农业科学院土壤肥料研究所研究员、所长，中国农业科学院副院长，国家自然科学基金委员会评委，国务院学位委员会第二、第三届学科评审组成员，中国植物营养与肥料学会名誉理事长。

20世纪60年代首次解决了水稻"坐秋"问题，揭示了磷肥防治"坐秋"的机理；70年代研究提出施用钾肥，实行氮磷钾养分平衡原理，提高了绿肥田稻谷产量；80年代揭示了亚砷酸根在土壤中的化学行为，为改良"砷毒田"提供了理论与方法；90年代解决了红壤地区旱坡地季节性干旱缺水问题。5次获得国家级奖励，8次获得省部级奖励。主编《中国农业科学》7年，翻译世界名著《化学在农业和生理学上的应用》，并主编《中国有机肥料》等著作。发表学术论文160多篇，曾多次参加国际土壤界学术会议。

> 纵横阡陌，翻山越岭，满怀坚定信念和火热激情，用科学的力量改造一块块"鸭屎泥"，把恶土穷壤变成丰产良田。几十年如一日，与低产田土相伴，不断创新理论和方法，用智慧的利剑破解一道道"疑难题"，为农业科学积累宝贵财富。

纵横阡陌为大地丰收
——记中国工程院院士刘更另

在文学家的笔下,大地总被喻为抚育人类的"母亲",而刘更另却是一位致力于让大地母亲到处"芳草鲜美,落英缤纷"的土壤肥料与植物营养学科学家。他一生纵横阡陌,驰骋山野,为我国山区开发、南方红壤和低产水稻田改良、耕作制度改革、山丘地区生态建设和农林牧业发展作出了卓越贡献。

走出桃花源投身科学

刘更另,幼年原名刘赓麟,1929年2月出生于东晋大诗人陶渊明笔下的湖南省桃源县,但在军阀混战、经济凋敝的旧中国,农民之子要走出穷困的大山,只有靠父母节衣缩食。7岁那年,刘更另踏上了求学之路,也从此走出了桃花源,投身于科学。15

岁时,他与朱镕基在湘西山区国立第8中学高中部同窗两年,抗战后转入湖南省立第14中学,并于1947年毕业。当刘更另踌躇满志企求继续深造时,他的父母却没能挨过苦难的折磨,分别在1946年和1949年撒手人寰。但刘更另还是靠艰苦努力,于1948年8月考上了国立武汉大学,并获得奖学金。他靠着勤工俭学,苦苦支撑了伙食、医药、书籍等费用。在那段时间,刘更另开始接触进步思想,参加了进步"读书会",这为他带来了勇气与希望,也使他看到了光明与未来。1948年12月他被吸收加入了中国新民主主义青年联盟,1949年3月加入了中国共产党,并积极参加了反饥饿、争温饱的学生运动以及武汉大学的"保校保产"运动,直到武汉解放。

1952年刘更另从武汉大学农业化学系毕业,3年之后他被派往苏联留学,并于1959年在莫斯科农学院研究生毕业,获得博士学位。之后,他来到中国农业科学院土壤肥料研究所,开始了一辈子与"土坷垃"打交道的历程。

让"鸭屎泥"变高产良田

广大的农村和山区,是刘更另倾注心血最多的地方。他曾先后在湖南祁阳官山坪实验研究28年,在湖南桃源8年,在湖南冷水滩7年,在河北迁西20年。在实验站最长一年工作342天。为了研究山区的农业问题,他先后考察了武陵山、五岭山、雪峰山、罗霄山、乌蒙山、峨眉山、太行山、燕山、沂蒙山、长白山、天山、阿尔泰山和昆仑山等。

为了研究燕山地区的水资源情况,刘更另从研究迁西县的水库开始,实地考察了迁西26座大中小型水库和上百个水池、水塘、灌溉渠道、河坝等,广泛收集资料。他认为,大范围调查、多点实验、长期定位研究是从事农业研究的特色,只有建立把宏观和微观结合起来、把生物学和地学结合起来、把认识论与方法论统一起来的科学思维,才能更全面地认识客观世界、更准确地了解许多农业技术问题的实质。

湖南省祁阳县官山坪地处典型的南方红壤地带,土壤非常贫瘠。这里有一种鸭屎泥田,特别怕冬干,冬干以后,来年插下秧苗老不转青,不发根、也不分蘖,一直坐到秋天才生长,群众把这种现象叫"坐秋"。其单产很低,一般只有100~150公斤,群众说:"一年干冬,三年落空""挑粪下田,不如泡冬过年"。这种田,南方各省都有,总面积约有4 000万亩。1945年湖南曾遭大旱,第二年禾苗普遍"坐秋",造成了骇人听闻的大饥荒。

1962年3月,刘更另来到偏僻而贫穷的祁阳县官山坪,投入改良鸭屎泥田的科

● 刘更另（左一）在衡阳红壤试验站考察

研中。在肯定施用磷肥防治水稻"坐秋"办法的同时，他进一步研究土壤中磷素活动变化的规律，了解土壤中各种因素之间的关系，抓住磷素活化、泥团融化、生土熟化等几个方面展开深入研究。经过大量的调查和实践观测发现：同一地形位置，鸭屎泥"坐秋"，黄夹泥不"坐秋"；同是鸭屎泥，冬干的"坐秋"，冬泡的不"坐秋"；同是冬干的鸭屎泥，插早稻"坐秋"，插一季晚稻不"坐秋"；同是插一季晚稻，气温泥温低时插的"坐秋"，气温泥温高时插的不"坐秋"；同是冬泡的鸭屎泥，带冷浸的"坐秋"重，不带冷浸的"坐秋"轻。这些现象表明：土壤中磷素的变化与土壤水分和泡水时间有密切的关系。土壤干燥过程中，随着泥浆向泥团转化，有效磷素被固结，蓄水泡冬可以增加有效磷 30%～50%，多犁多耙也可缩短浸泡时间，加速磷素活化。施猪粪、压山青，能防止磷肥固结，活化土壤磷素，猪粪和难溶的磷矿粉共沤，可以提高有效磷一倍左右。通过这些试验，他总结出一些规律，即土壤中存在磷素有效化和无效化过程，即固结与反固结过程。泡水、提高泥温、施猪粪、压山青、多犁多耙，可以促进无效磷素向有效磷素转化，是反固结过程；土壤干燥、降低泥温、减少有机物，使有效磷素向无效态转化，为固结过程。

通过化验分析发现：冬干的鸭屎泥田磷素奇缺，速效磷含量只有5~10毫克/公斤，相当于冬泡的1/5~1/4，用7.5公斤过磷酸钙沾秧根，每亩可增产稻谷52.5公斤；用15公斤磷肥作面肥，可增产稻谷83公斤。用什么办法能使土壤磷素活化，泥团融化呢？实验结果证明，绿肥不仅能增加土壤有机质和养分，而且对融化泥团和活化土壤中的磷素有特别良好的效果。经过一系列研究，刘更另总结出"冬干坐秋，坐秋施磷，磷肥治标，绿肥治本，以磷增氮，加速土壤熟化"的规律性措施。使用磷肥和种好绿肥，不仅是防治和改良冬干"坐秋"鸭屎泥的有效措施，同时也是改良黄夹泥、白夹泥等低产田的有效措施。官山坪大队运用这些措施，水稻产量大幅度上升，1964年祁阳县推广17万亩，增产30%~50%，湖南省也大力推广，据湘南湘中6个专区不完全统计，推广面积达300万亩，约增产稻谷1.8亿公斤。

破解"疑难题"创新理论

磷肥、绿肥，为双季稻的发展提供了条件，于是，双季稻绿肥制度也随之出现了。它可以更充分地利用自然界光热资源，有效地提高复种指数和土壤肥力，使稻谷亩产大面积提高100~150公斤。

然而在推广新种植制度过程中，刘更另却发现了3个新问题。

第一个问题是：早稻产量比较高，一般亩产250~300公斤；晚稻产量低，一般每亩产100~150公斤。从光热条件分析，晚稻生育期间有比早稻更优越的光热空气条件，造成低产，归根结底还是土壤、肥料、品种和栽培技术上的原因。刘更另1974年7月向祁阳县委、1976年向衡阳地委写了"力争晚稻超早稻"的建议，并提出早插、早管、早追肥的关键措施。衡阳地委接受了这一建议，到1980年，350万亩晚稻连续几年大增产，平均每年增产18.6%，晚稻总产量由4.9亿公斤上升到10.8亿公斤。1983年湖南全省实现了"晚稻超早稻"的目标。

土壤养分不平衡、不协调是刘更另发现的第二个问题。紫云英能固定空气中的氮素，活化土壤中的磷素，改善土壤结构，绿肥田比冬水田耕性好，肥力高，种好紫云英，双季稻一般能稳产在500公斤左右。但从植物营养角度来看，由于紫云英养分不平衡，氮多而磷钾少；每亩3 000公斤的紫云英含有600公斤稻谷所需的氮素，却往往每亩只能收300多公斤稻谷。同时紫云英供应养分不协调。5月上旬水稻分蘖需要大量养分，可是当时泥温低，紫云英分解慢，满足不了水稻分蘖猛长的要求，此时紫云英田的禾苗还不如冬水田来得快。但到了5月底6月初水稻幼穗形成和颖花分化期，由于气温高，紫云英分解快，供氮很多，禾苗猛长，无效分蘖大量发生，植株阴蔽，禾苗褪不下色，后期则落黄不好，病虫害严重，瘪谷空壳多，造成所谓"喜死人的苗，气死人的谷"。经过一系列的实验证明：在双季稻绿肥制度下，一定要补施钾肥，1975年刘更另给有关部门写了《发展钾肥生产、搞好氮磷钾平衡》的建议，为双季稻绿肥制度的巩固与发展作出了新贡献。

刘更另发现的第三个问题就是水稻"僵苗"。1980年衡阳地区早稻"僵苗"达20万亩，轻微的一般减产25～30公斤稻谷，严重的颗粒无收。有人说是病毒引起的"矮缩苗"，也有人说是土壤潜育化引起的还原性物质毒害，还有人说是缺钾引起的"赤枯病"。针对这个问题，刘更另进行了广泛的实地调查和一系列分析化验与田间模拟实验，得出水稻"僵苗"是由于土壤有效锌供应不足引起的结论，并阐明在碱性条件下，"磷锌矛盾"，即土壤中磷酸根越多，绿肥生长越好，腐解还原势越强，有效锌沉淀越多，致使水稻严重缺锌而"僵苗"。而每亩施用硫酸锌1～1.5公斤，就可以解决"僵苗"的问题，每亩增产稻谷23.3公斤。1981—1982年，衡阳、零陵和邵阳推广面积76万亩，增产稻谷1335万公斤。

1975年6月，刘更另到湖南省常宁县考察抗旱情况，发现有一片稻田土壤开裂，水从旁边沟里流过，群众就是不浇水，禾苗旱成凋萎状。刘更另想这"举手之劳"的事，为什么农民不干呢？一打听，才知道这种田就是不能浇水，让它这样干着，每亩还可以收80～100公斤稻谷，如果一浇水，马上死苗、颗粒无收。老农还引出一系列有趣的故事："有一年大旱，路旁的禾苗都干枯了，群众晚上集会，打着灯笼火把，有人不小心把火把丢在田里，烧着了半亩田的禾苗，没过几天被烧的禾苗反而发出新苗，抽穗结谷，每亩收稻谷两百斤，没有烧的颗粒无收。这种土就有这个怪脾气。"有一个村干部说："1958年我们这里修水库，各地的民工在这里住，积攒了许多人粪尿。有人心想，有这么多人粪尿，还怕不高产？不料插秧以后，禾苗不仅不长，反而死苗，粪尿施到哪里死到哪里。"有一位老农说："这里过去没有种水稻的习惯，大量种的是棉花、柑橘、生姜、花生等旱作物，解放后'以粮为纲'，我们这里来了一个'旱改水'，这样才种水稻。"听了这些，刘更另想这可能是土壤的问题，经过土壤化验分析和模拟实验，这种土壤含砷和镁都在500毫克/公斤以上，而亚砷酸盐易溶于水，水稻就吸收，是砷的毒害。

为了解砷化物与植物的关系，刘更另与研究生一起研究了13种植物与砷化物的关系。为了探索砷与磷、硫、硒各元素之间的关系，他们研究了砷与过氧化氢酶、超氧化物歧化酶、谷胱甘肽过氧化酶，分析了几十种防治心血管病的中成药，发现其中很多都含有剧毒的砷化物，最高的超过国际许可标准500多倍。

这一研究本已超出了刘更另原来专业的范畴，但正是对这些矛盾现象的穷追不舍，使他获得了意外的结果。含砷高的田不宜种水稻，种旱作物为害可轻一些。国际土壤学会第13届代表大会上对此作了报道，引起同行极大的兴趣，挪威科学院院长洛格教授对这些工作作了很高评价，而国内也已将其收入大学教科书。

长期实验探科学规律

刘更另是坚持基础研究工作的积极倡导者与践行者，他在湖南祁阳红壤改良实验站工作的28年中，前前后后布置了许多长期实验，截至2008年，30年以上的有6个，25年以上的有9个，这些实验为当地植被演替、生态重建、林业草业的发展积累了宝贵资料，从中总结出许多规律性的认识。

1975年开始的"阴离子长期实验"，迄今已30余年，一共种了100多茬作物，该实验证明：在南方红壤性水稻土中，长期施用含氯离子和含硫酸根离子的化肥，其离子在土壤中积累不多，也未发现其影响作物生长发育的问题，但氯离子和含硫酸根离子对土壤、对早稻、对晚稻、对籽粒和对营养体的作用却有不同。而"三种红壤熟化因子实验""水稻高产综合因子实验""水稻种植制度长期比较实验"亦有30余年，刘更另利用这些实验的材料培养了8名硕士和4名博士。

从1986年起，在刘更另的倡导和主持下，全国建立了9个土壤肥力和肥料效应长期监测实验基地，包括东北黑土（吉林公主岭）、西北黄土（陕西杨凌）、新疆荒漠土（新疆乌鲁木齐）、华北褐土（北京昌平）、中原潮土（河南郑州）、四川紫色土（重庆北碚）、南方红壤（湖南祁阳）、华南赤红壤（广东广州）、高肥力水稻土（浙江杭州）。现在，有许多实验获得了很好的结果。

这些实验的独特之处在于：它不是在一种土壤上的定位实验，而是在不同土壤气候带上的多因素系统实验；它不仅观测土壤肥力的演变和肥料效应的变化，而且还探索耕作、栽培与作物生长发育的复杂关系。刘更另认为：坚持这些长期实验，对我国农业生产、农业科学和土壤肥料科学有很重要的意义。

自1982年开始招收研究生以来，刘更另先后为国家培养了2名博士后、16名博士、11名硕士。他们或成为国家研究机构的主要领导或科研骨干，或是实验站站长，

有的已成为研究所所长,有的已成为博士生或硕士生导师,独立主持国家重要研究课题。而抓生产问题,做基础工作,用先进手段,攻薄弱环节,得综合成果,出专门人才,正是刘更另几十年农业科研成功经验的切身感悟。

2010年6月30日,刘更另与世长辞,享年81岁。就在他病倒的当天,他仍在实验基地间不辞辛劳地奔波。"阡陌交通,鸡犬相闻"是陶渊明对隐士生活的无奈希冀,而让祖国大地到处都是"良田美池桑竹之属"却是刘更另一辈子为之奋斗的征程!

●中国农业科学院农业资源与农业区划研究所供稿●

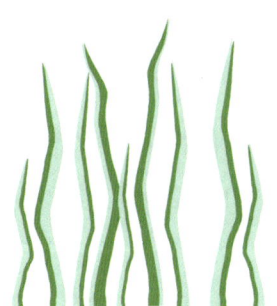

农科英才

【李光博简介】

李光博（1922—1996），男，河北武清人，著名农业昆虫学家。1947年毕业于北京大学农学院昆虫系。1995年当选为中国工程院院士。新中国成立后，任华北农业科学研究所病虫害系技术员、助理研究员。1957年中国农业科学院植物保护研究所建立后，历任农业害虫研究室、病虫动态测报研究室副主任，迁飞害虫研究室主任，研究员。1984年后任中国农业科学院植物保护研究所学术委员会主任，并先后兼任农业部第一届科技委员会委员，第二、第三届中国农业科学院学术委员会委员，中国昆虫学会理事及农业昆虫专业委员会主任，中国植物保护学会常务理事。第七、第八届全国政协委员。

中国昆虫迁飞研究创始人之一。在蝗虫、黏虫等重大害虫测报与防治研究上作出了突出贡献，主持国家攀登计划、科技攻关计划等多项国家重点科技项目，作为第一、第二主持人曾12次获得国家级、省部级奖项，其中"黏虫越冬迁飞规律研究"获1978年全国科学大会奖、1982年国家自然科学四等奖。发表论文著作近百篇（部）。曾任《植物保护》主编。1990年被授予全国农业劳动模范荣誉称号。

> "活一天，就要干一天，生命的价值就在于奉献。"这是他一生的准则，他把全部生命献给了农业治虫事业，在他身上我们看到了一位农业科学家璀璨的人生。

超越生命的人

——记中国工程院院士李光博

1996年7月20日下午4:05，北京肿瘤医院的一间病房。窗外，大雨滂沱；窗内，人们泪流满面。中国农业科学院植物保护研究所研究员、中国工程院院士李光博因病医治无效，驾鹤西去。闻讯后，人们匆匆赶来，虽然大家对他的病危早有预感，但此时仍然无法把死神的降临和那个身材微胖、精神抖擞、思路敏捷、十分健谈的老人联系在一起。人们记得就在头一天的早晨，他还一遍遍地催着家里人把所里的年轻同志找来，他问年轻人，"攀登计划"落实了没有？课题进展得怎么样？项目还有什么困

● 李光博在查阅文献资料

难?他嘱咐说,你们要心往一处想,劲往一处使,遇事多商量,好好合作。他甚至笑着说,等我病好了,咱们一起干……这一谈就是一个多小时。下午他又约了所里另一拨中年骨干,还是谈工作,谈项目……一直到傍晚。这一天重病多日的他精神出奇地好,声音清楚,中气十足,完全不像一个病人。可当大家走了之后,他的病情突然恶化,晚上所里的年轻人再次赶来时,他已经昏迷,说不出话了。大家这才意识到,他是在用自己的全部气力作最后的嘱咐。第二天,他就与世长辞了。临终前,他没有给家人留下任何遗嘱,谈得最多的是工作、工作、工作……这就是李光博,一个中国农业科学家人生的最后冲刺!

首战治蝗　多项科学措施告捷

1922年6月李光博出生在河北省武清县，虽然家境富裕，他也完全可以选择更能光宗耀祖的职业，但自幼就对大自然感兴趣的他，却一头扎入虫和鸟的世界。童年时，华北大平原夜晚的虫鸣、清晨的鸟语使他为之心醉，他养蝈蝈、养蛐蛐、养鸟、捉萤火虫、捉蚂蚱等，一心想探究这些小生命的奥秘。兴趣是最好的老师。后来他考上了北京大学农学院昆虫系。1947年毕业后，又在当时的中央农业实验所北平农事试验场病虫害系任职。从此，爱好转为职业，兴趣变成专业，他在昆虫研究的领域里像一艘鼓满了风帆的船，开始了事业的远航。1949年新中国成立，党和政府对农业科技前所未有的重视给他开辟了一个广阔的天地，李光博从农事试验场的技佐变为华北农业科学研究所的技术员、助理研究员。他第一次重点出击的治虫对象就是当时为害成灾的蝗虫。

说起蝗虫，几千年来中国人都不陌生，虫字旁加个皇谓之蝗，意为虫中之皇。蝗灾泛滥之时，遮天蔽日，所过之处将所有农作物一扫而光，令人闻之色变。这样的情景史不绝书，因此治蝗就成了几乎所有治虫人员必须面对的第一大任务。

从1950年的夏天开始，年轻的李光博在著名农业昆虫学家曹骥、邱式邦的指导下，在河北、河南、山东、内蒙古等地进行了长达7年的蝗虫研究和治理工作。一处处草滩、盐碱地、丘陵、水洼等蝗虫易于生长之地都留下了他的足迹。不怕蚊叮虫咬、酷暑骄阳，他把所有的理想和热情都投入治蝗当中。每到一处，他都仔细观察蝗虫的生长习性和种类、密度，详细了解群众灭蝗的种种办法，然后根据自己掌握的知识提出见解，帮助当地尽快消灭虫灾。土蝗和飞蝗如何识别、查幼虫和查成虫如何测报、六六六麦麸毒饵治蝗技术如何掌握和推广、气候和环境的变迁对蝗灾的产生有何影响、怎样才能从根本上减少蝗灾的发生……围绕着这些灭虫和科研中亟须解决的问题，7年中他和导师、同事们行程万里，走遍千家万户，查阅了数不清的资料，做了上百次的试验，提出了多种有效遏制蝗灾的办法。在研究大面积推广六六六麦麸毒饵治蝗技术的同时，又研究提出了青草毒饵治虫技术，用新鲜杂草取代麦麸，既消灭了蝗虫，又节省了大量的麦麸，在全国灭蝗中发挥了重要作用。他在山东渤海蝗区沾化县常年蹲点，协助山东惠民专区建立了"千人蝗情侦查网"。他提出的6月中下旬至7月上旬为防治多种土蝗的有利时机以及在冬小麦秋播时施用毒饵保护麦苗的配套技术等，在实践中也取得了预期的效果。由此他获得了农业部颁发的爱国丰产奖。然而他从未对人提起的是，这期间他的 3 个孩子陆续出生，因工作太忙，出生时他都没能留在北京守候妻子。

研究黏虫　解开迁飞危害之谜

如果说在治蝗中，李光博已经显示出他的勤奋和才华的话，那么对于黏虫的研究，则使他的科研成就登上了一个新的高峰。

1957 年，中共中央提出要尽快根治危害农业最严重的十大害虫，其中首要的就是蝗虫和黏虫。蝗虫自不必说，李光博已经打了 7 年的交道，而对于同样为害甚烈的黏虫，尽管也有千年记载，但人们对于它仍然是知之甚少，防治乏力。

黏虫，史书上有多处"害稼""害苗""食稼殆尽，食叶十伤五六"的记载。由于它昼伏夜出，在我国东北被称为"夜盗虫""鬼魔虫"，在南方被称为"剃枝虫"，还因为它来无影去无踪，以至被广大农民尊为"神虫"，中国历史上专为虫子建庙叩拜的，据考只有黏虫。早在 1949 年，他就在河北束鹿见识过黏虫吞啮庄稼的厉害。夜晚可听到黏虫吃庄稼汇成的巨大声浪，而农民白天只好到地里烧香撒饭祈神保佑，此情此景深深地刺痛了他的心。从那时起他就有一个心愿，一定要找到根治这种农业害虫的办法，绝不能让它再继续危害下去。1957 年他由治蝗改为治黏，接下了研究黏虫活动规律的项目。可要啃下这块硬骨头，从哪下手呢？

治虫必先养虫，养虫是为了找到它过冬的规律。他一口气养了 30 多个大纱笼的黏虫，数量有上千头，喂食扫粪，随时观察记录，伺候它们胜过了自己的家人，而且一养就是 4 代。然而，尽管他下了很大功夫，连一头雌蛾产几百粒卵、脱几次皮都数得一清二楚，但对于黏虫在自然界的生长规律仍然了解得不太清楚。冬天一到，很多虫子纷纷死去，结果并不理想。而随后他和助手的野外考察也很不顺利，找不到黏虫过冬的迹象。这也就意味着他们仍然不知道夏季在北方田野中肆虐的黏虫以后又到哪里去繁殖后代，度过严寒的冬天。

一晃两年过去了，1959 年夏天在哈尔滨召开的一次黏虫学术研讨会上，北京大学生物系张宗炳教授提出了"东北的黏虫不能在当地过冬，是被大风从南方吹来的"假说，这给了李光博很大启发。会后他立刻带领中国农业科学院研究小组和各地农技部门组成了黏虫研究协作组，开始了从南到北对黏虫老巢的追寻。很快在湖南长

沙发现了越冬黏虫的蛹和幼虫；紧接着他和助手南下，亲眼看见了在福建、广东、广西等地黏虫在冬季危害，他猛然悟到：黏虫会不会也如候鸟一般，夏季在北方大量吞啮庄稼后，秋季化蛹为蛾飞往南方，在南方产卵为虫吞啮庄稼后，第二年春季再化蛹为蛾飞往江淮和北方地区，产卵为虫继续危害，周而复始，年复一年。这个猜测能成立吗？

试验说明了一切。从1961年9月开始，在李光博的主持下，在全国9省13个地点陆续进行了10多次黏虫飞蛾标记试验，标记黏虫飞蛾200多万头，其中仅他一人就在山东临沂标记了黏虫飞蛾40多万头。具体做法是把甲地的黏虫飞蛾喷上颜色放飞，看在何地能够收回，以检验他的猜测能否成立。结果是在5省11个地点收到标记成虫12头，其中他亲手标记的40多万头中，有5头分别在辽宁旅大、新金、锦州和吉林公主岭、柳河等地收到，标记与回收地点的直线距离为600～1400公里。这是世界上采用大规模标记回收方法研究害虫远距离迁飞规律获得成功的唯一范例。正是这个试验的成功，使为害世代的黏虫虫源性质被查清，每年至少3次长距离、大范围迁飞活动的规律被掌握。他首次提出1月0℃等温线是黏虫在中国的越冬北界；提出了"黏虫季节性迁飞危害"假说；通过组织标记回收试验，研究明确了黏虫远距离迁飞危害的规律，阐明了各大发生区的虫源性质。这些研究成果，解开了世间流传千年之久的"神虫"之谜。

认识世界是为了改造世界。他在掌握了黏虫迁飞的规律后，又创造性地设计出黏虫"异地"测报办法。他根据对甲地查到的当代黏虫的发生情况，大胆地预测乙地的下一代黏虫的数量、发生灾害的可能性和规模，把对黏虫迁飞规律的认识化为预防和根治黏虫的行动。从1963年到1979年他主持发布了黏虫预报50余期，准确率达到了85%，运用这一预报能比过去提前20天预计到发生虫灾的情况。初步统计每年可为国家减少粮食损失25亿～35亿公斤。同时，黏虫迁飞研究取得的成就也为稻飞虱、小地老虎等没有滞育习性的害虫的深入研究，提供了宝贵的经验。

奋斗不止　生命绽放璀璨光彩

二十年如一日的黏虫研究，使作为农业昆虫学家的李光博声名鹊起。"文革"以后，阴霾散去，阳光普照大地之时，他的辛勤耕耘也到了收获季节。1977年后，他的研究成果分别获得了全国科学大会奖、国家自然科学奖、国家科技进步奖等一系列国家大奖；全国政协委员、全国农业劳动模范、有突出贡献的科学家等职务和荣誉称号也接踵而至。1983年在英国布赖敦举行的第十届国际植保会议上，展厅中代表中国治虫科研成果的黏虫迁飞图及介绍吸引了众多国际专家的目光；他在美国访问时所作的学术报告受到了国外同行的高度评价；来访的美国、日本、澳大利亚和英国专家也对他的成果给予了极高赞誉，认为这项研究处于世界领先水平。面对莫大的荣誉，他没有沉醉其中，他彻悟到所取得的这些成绩都是党和国家多年培养教育的结果，60多岁的他积极要求入党，并于1984年12月光荣加入中国共产党。从此他奋斗的目标更加明确，科研工作更加努力，同时也深感肩上的责任更加重大。如何进一步推动黏虫的研究？如何将黏虫研究的成果推广到其他虫灾的研究中？如何运用高科技手段加强对病虫害的预测？如何建立全国范围内的小麦病虫害综合防治体系？如何搞好全国的整体协作、协同攻关？如何进一步防治黏虫？……这些问题日夜萦绕在他的脑海中，大会小会，逢人便谈。围绕这些他继续主持开展了一系列国家重大科研项目的研究。

对工作，他想得很多，对同志，他关心备至。所里有一位年轻的同志患肝病，孤身一人，家又不在北京，李光博不仅经常看望，问寒问暖，而且让家人做一些可口的饭菜给他送去，帮助他早日康复。90年代，沈阳农学院的一位老教授到北京开会，住在所里的平房招待所，李光博想到他夜里上厕所不方便，就特地让家人给送去一个便盆。为了培养年轻人，他不遗余力，既是良师，更是益友，在他的感召下，一些留学人员及时回国，加入他的课题组中。

常年的野外考察、蹲点使他患上严重的肠胃病，常常靠吃药顶着，同事们劝他去看病，他却总是说，小毛病，没事。直到1995年的一次体检中他被查出患有肠癌，才被家人催促着到医院复查，医生让他马上住院治疗。而他人是进了医院，可是心却仍在研究所里。他的家人和同事又怎能忘记这样一些镜头呢？正在输液的他，听说科技攻关项目有会，想让他参加，他拔下输液管就走出了医院；在研究所的会议室里，刚刚做完手术不久的他，滔滔不绝地讲起了所里"九五"科研规划，那敏捷的思路、洪亮的声音使人几乎忘了他是一个身患绝症的病人；他躺在病床上听汇报、改稿子、谈项目更是家常便饭，就是回家休息几天，他也在伏案疾书，没有一刻停息。他常说："我活一天，就要干一天，生命的价值就在于奉献。"在他身上我们看到的是追求理想和事业的奉献精神，看到的是一位共产党员的崇高品质。正是在这种精神的支撑下，才有了本文开头他临终前仍时刻不忘科研工作的感人一幕。人们常说,"春蚕到死丝方尽。"李光博不正是像春蚕一样生命不息、研究不止,给后人留下了宝贵的财富吗?他是真正超越生命的人!

●中国农业科学院植物保护研究所供稿●

农科英才

【沈荣显简介】

沈荣显（1923—2012），男，辽宁辽阳人，著名动物病毒及免疫学家。1944年毕业于沈阳农业大学兽医系。1995年当选为中国工程院院士。曾任中国农业科学院哈尔滨兽医研究所马传贫病研究室主任、研究员。

从事家畜病毒性传染病与免疫学研究60多年。自1948年以来，曾先后参加培育成功了牛瘟、羊痘、猪瘟等疫苗。20世纪60年代后，主持研制成功了马传贫弱毒疫苗，在世界上首次解决了马传贫的人工免疫问题，是兽医界以至医学界的重大突破，对慢病毒的防治研究具有里程碑意义。研究成果获1978年全国科学大会奖、国家技术发明一等奖，陈嘉庚农业科学奖，何梁何利基金科学与技术进步奖，国家农委、科委农业技术推广奖，农业部技术改进一等奖和国家专利金奖。2001年在中国工程院与中国科学技术协会联合举办的推选"20世纪我国工程科技最伟大成就"中，畜禽水产养殖技术的疾病防治方面评选出四大重要家畜疫病疫苗，其中有3项是在沈荣显主持或参与下完成的。尤其是他主持研究成功的马传贫弱毒疫苗被评价为："在学术上突破了慢病毒不能免疫的理论，作出了开拓性贡献"。

艰难困苦终不悔，逆势而上战瘟神。他用攻克慢病毒疫病的卓越成就，在我国兽医科学史上竖起一座丰碑；他用累累的科研硕果，让世界读懂了中国科学家的骄傲。

病毒的克星
——记中国工程院院士沈荣显

1998年年初，国内外各大媒体几乎同时发布了这条新闻：中国专家从十分相似的马烈性传染病入手，艾滋病疫苗研究面临突破。一时间，中国农业科学院哈尔滨兽医研究所吸引了世界的目光。聚焦的中心是一位年逾古稀的老人——我国兽医科学界的工程院院士、著名动物病毒及免疫学专家、中国农业科学院哈尔滨兽医研究所研究员沈荣显。

艰难困苦不畏险　全力以赴战牛瘟

初次见到沈荣显，那略带辽宁味的普通话和平易近人的微笑，让人在恭敬中多了一份亲切。

沈荣显1923年出生于辽宁省辽阳县一个普通的农民家庭。幼年家庭贫困，父亲渴望通过知识改变家庭的面貌，于是节衣缩食供沈荣显上学。

1942年，沈荣显不负众望，以优异的成绩考入奉天（今沈阳）农业大学兽医系。1948年东北解放后，他来到设在哈尔滨的东北农业部家畜防疫所（哈尔滨兽医研究所的前身）工作，从此与动物和动物病毒结下不解之缘。

沈荣显一到防疫所，就接受了研制牛瘟疫苗、保护耕牛、保证生产、支援解放战争的任务。当时，东北农村牛瘟肆虐，大批耕牛接连死亡，西部蒙古牛和本地黄牛发病后死亡率达50%，东部朝鲜牛病牛死亡率几乎达100%，疫情严重，四处告急。在一

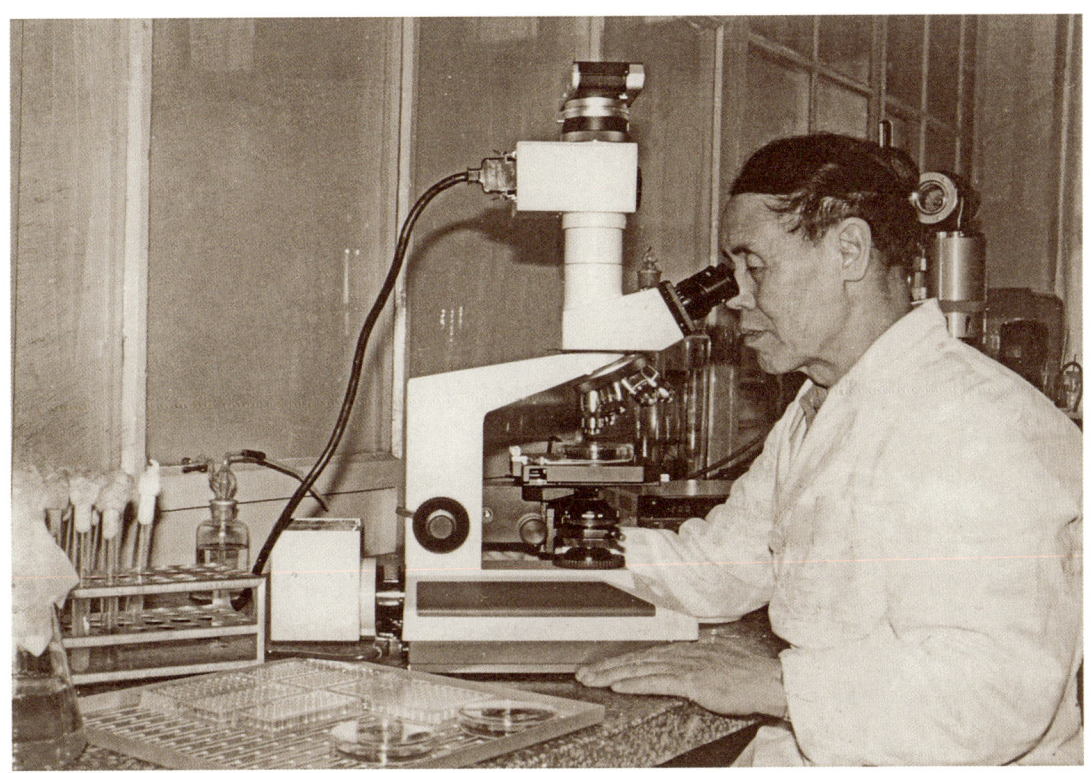

● 沈荣显在实验室工作

间 18 平方米的小屋里，靠着几支注射器、手工乳钵器和简陋的显微镜，沈荣显和同伴一起开始探索提高疫苗产量的新途径，向牛瘟宣战。他们把兔毒注入小牛体内，再把牛的脾脏、淋巴研磨制成疫苗，用一头小牛可以生产注射 2.5 万头牛的疫苗。1949 年牛体反应苗制成了。1951 年又研制成功了山羊化兔化牛瘟疫苗，到 1953 年，这场席卷东北华北的牛瘟终于被消灭了。

1953 年 3 月沈荣显受农业部派遣，带着新研制的疫苗，登上了青藏高原。3 年里，他们像一支扫敌劲旅，几十万头牦牛被注射了疫苗，并在西藏、青海等牧区大面积推广。至此，中国彻底消灭了牛瘟，这是我国兽医史上的一项显赫战绩。

1997 年巴基斯坦暴发大规模牛瘟，死亡 10 多万头牛，而与其相邻的我国西藏、新疆边境却安然无恙。这种猖獗流行的传染病从消灭至今 50 多年未有复发，创造了历史的奇迹。据农业部估算，50 年间该疫苗为我国减少经济损失达数十亿元。

在青藏高原的几年中，沈荣显和同事们风餐露宿，加之强烈的高原反应，常常使他晕倒。藏民冒险为他划船背药，并总是端出最好的奶茶款待他。无论在哪里，只要是"共产党的门巴（藏语医生）"来了，便畅通无阻。沈荣显知道，自己是个"门巴"，但还不是共产党员。在那四面透风的帐篷里，一个新的意念萌发了，沈荣显向党组织表达了想加入中国共产党的愿望。1956年，在松花江畔的友谊宫，沈荣显和哈尔滨市另外49名知识分子新党员一起在党旗下举手宣誓："为共产主义奋斗终身……"沈荣显说，这是他刻骨铭心的日子。

1957年，"兔化牛瘟病毒的研究"获得了国家第一次颁发的科学奖。

总理嘱托牢记心　传奇攻克"马传贫"

1957年的一天，更是沈荣显终身难忘的日子。他出席了全国科学工作者积极分子代表大会，见到了毛泽东、周恩来等党和国家领导人，他觉得身上有使不完的劲。

1963年12月，沈荣显被派到罗马尼亚进修学习。罗马尼亚科学院病毒研究所在世界上颇有名气，沈荣显在那里先后进过3个研究所，这为他以后在病毒研究上的突破创新打下了坚实基础。

1966年周恩来总理访罗期间，接见了中国留学生，鼓励他们早日学成回国，为祖国的社会主义建设做贡献。周总理的嘱托，沈荣显没齿不忘。他说："它化作了强大的动力，时刻提醒我要不断进取。"

1967年1月，沈荣显带着大批图书资料和满腔报国之志回到了哈尔滨。时逢"文革"，和很多科学工作者一样，半年后他被"清"出实验室，去烧锅炉、扫垃圾。"为什么剥夺我搞科研的权利？"没有答案，在那个几乎失去理性的年代，沉默中，沈荣显把生命寄托在多年来收集的国内外资料上。每晚，借助昏暗的灯光，他拼命地翻译、摘抄、研究……密密麻麻地记了几个笔记本——对马传染性贫血病研究的许多新思路，就是在自家土屋的夜读中萌生的。

1972年，被禁锢的科研出现了松动。沈荣显担任马传贫研究室主任，开始主持马传贫疫苗研制这一世界性难题。他和同志们经过反复试验，率先在国际上成功研制出马传贫驴白细胞弱毒疫苗，填补了慢病毒免疫预防的空白，并有效地应用于我国的马传贫防治工作上。这一独创性成果不仅为中国马传贫的防治作出了突出贡献，也在慢病毒疫苗的研究史上铸就了一座丰碑。该项成果于1983年获国家技术发明一等奖。迄今为止，仍然是世界上唯一的预防马传贫病最有效的疫苗。据我国农业部统计，该疫苗的应用，10年间共为国家挽回经济损失65亿元。

基于马传贫疫苗在我国的成功应用，1983年国际马传贫学术会议在哈尔滨市召开。沈荣显向来自美国、法国、日本和中国的科学家宣读了他的论文《马传染性贫血病驴白细胞弱毒疫苗的研制与应用》，报告结束时，与会者报以长时间的热烈掌声。同年，美国兽医协会邀请沈荣显出席了在纽约召开的第120届兽医年会，就马传贫及同马传贫有关预防和根除方面的问题进行了一整天的讨论，会上沈荣显宣读了题为《关于马传贫的研究进展》的论文。美国10多家媒体发表消息和评论，盛赞马传贫疫苗的研制成功是一件很了不起的科学创举。

奋勇迎接新挑战　慢病毒研究不停步

"马传贫病毒与艾滋病的形态结构相似"，使马传贫病毒研究有了新意义，世界的目光再次聚焦到沈荣显身上。1984年法国巴斯德研究所发现：只有马传贫病毒与艾滋病的形态结构相似，其他国家的研究也发现马传贫病毒在遗传性、抗原性、细胞嗜性、变异性和传播途径等方面均与人免疫缺陷病毒1型相似。这使人们对马传贫病毒研究的意义有了新的评价。

1990年，美国《纽约时报》以大篇幅报道："中国马传贫疫苗的研制成功，给艾滋病预防带来希望。"1993年世界卫生组织艾滋病项目组召开会议，18位科学家重新审视艾滋病研究历史与策略，明确提出加强艾滋病减毒疫苗的研究和需要解决的技术问题。而这些关键性技术问题，在中国马传贫减毒疫苗的研究过程中，基本都得到了解决。

国外的一些研究机构开始寻求与中国农业科学院哈尔滨兽医研究所合作。与此同时，国外一些从事生物制品开发的公司也看好中国的马传贫疫苗，欲与哈兽研所合作开发。从1997年开始，沈荣显与中国预防医学科学院性病与艾滋病预防与控制中心联合开展了以马传贫疫苗研究路线为模式、以"人—猴艾滋病毒嵌合克隆"为基础的新型艾滋病疫苗研制工作，通过探索马传贫病毒弱毒疫苗保护机理来指导艾滋病疫苗设计。沈荣显说过："希望在有生之年，为艾滋病疫苗研究开个好头。"

沈荣显在60多年的科学生涯中，求索进取，学习不辍，勇于探索实践，拓展科研领域。为使科研事业后继有人，沈荣显始终把培养学生、扶植学生作为自己的崇高使命。他倾注心血，大胆提携后辈，委以重任，成就了一大批年轻人才。目前活跃在我国动物传染病研究领域的高层次人才，有很多都是在他的亲自关怀、培养和扶植下成长起来的。对此，他的学生感慨道："能像沈老这样几十年认真持久做学问，才是我们真正需要学习的楷模。"

2012年6月30日凌晨，沈荣显在哈尔滨逝世，享年89岁。沈荣显的逝世，是我国兽医科技界的重大损失。在他的身上，闪耀着当代兽医科技工作者的灿烂光辉，凝聚着中国知识分子的高尚情怀！

沈荣显，这位曾与四位国家最高科学技术奖获奖者——袁隆平、黄昆、王选、吴文俊先后在不同项目上一同获过奖励的科学家，他夙兴夜寐、献身科学的精神，为农业科技工作者广为传诵。

●中国农业科学院哈尔滨兽医研究所供稿●

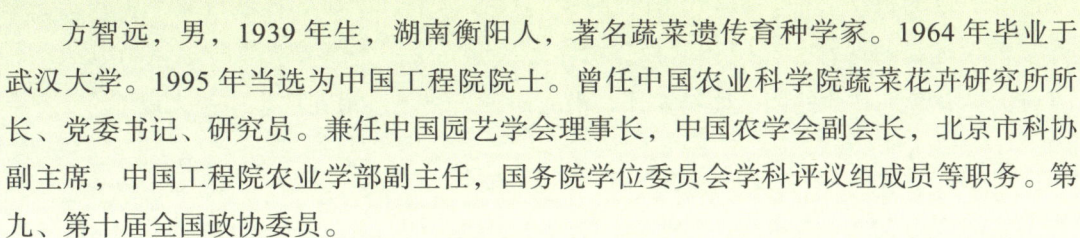

【方智远简介】

  方智远，男，1939年生，湖南衡阳人，著名蔬菜遗传育种学家。1964年毕业于武汉大学。1995年当选为中国工程院院士。曾任中国农业科学院蔬菜花卉研究所所长、党委书记、研究员。兼任中国园艺学会理事长，中国农学会副会长，北京市科协副主席，中国工程院农业学部副主任，国务院学位委员会学科评议组成员等职务。第九、第十届全国政协委员。

  20世纪70年代初开始主持甘蓝遗传育种研究。在国内率先利用自交不亲和系途径于1973年育成我国第一个一代杂种京丰1号，后又育成不同类型甘蓝新品种20多个，种植面积高峰时约占全国甘蓝总栽培面积的50%以上，累计推广1亿亩以上，取得了巨大的经济效益。研究总结出的甘蓝自交不亲和系、雄性不育系的遗传机制及其选育技术等成果，对我国甘蓝遗传育种有重要指导作用。获国家技术发明一等奖1项、国家科技进步二等奖3项。1995年获何梁何利基金科学与技术进步奖。1988年、2001年两次获全国五一劳动奖章，2000年获全国先进工作者称号，1999年获中组部等四部委授予的全国杰出专业技术人才称号。

  "六人课题组，四次获大奖"——人民日报曾这样报道和评价他和他的科研团队。古之成功者，不唯有超世之才，亦必有坚毅不拔之志。"度量宽大，勤学守规"是初中一年级时班主任给他的评语，也成了他一生的座右铭。勤奋学习，努力工作，严于律己，宽厚待人……这恰如他的成功一样，为人们树立了楷模。

智者行远

——记中国工程院院士方智远

在甘蓝遗传育种研究领域，方智远作出了卓越贡献，结束了我国甘蓝品种长期依靠国外引进的被动局面，提高了甘蓝科技和产业水平，创建了甘蓝自交不亲和系、雄性不育系等新的选育、繁殖和制种技术体系，形成了一整套育种繁种区试新方法。智者行远，方智远和他的团队团结协作，潜心研究，将足迹留在广袤中华大地。

激情科技相携手　攻克育种闯难关

20世纪60—70年代，作为中国主要蔬菜作物之一的甘蓝，生产上种植的当家品种大都引自国外。在我国华南地区大部分种植的都是由国外引进的中熟品种"黄苗"，不仅每年需要花费大量的外汇去购买国外的种子，而且种子的质量和数量总是难以得到保障。1967年外商却在"黄苗"甘蓝种子上进行刁难，一是提高种子价格，二是降低种子质量。那年春天，华南地区种植的"黄苗"甘蓝未熟抽薹，给广东等地的菜农造成了惨重损失。

面对外商的这种挑衅，年轻的方智远在老同志的带领和其他单位的协作下，在国内繁殖出在质量上可以同进口种子相媲美的优质黄苗甘蓝种子，并逐步在数量上满足了生产的需要，为国家节省了外汇开支。

路漫漫其修远兮。在获得首次成功后，方智远带领科研团队又开始了在甘蓝育种领域的新征程。在大量引进国外品种的过程中他们发现，国外培育的甘蓝杂交一代，不仅比一般常规品种产量高，整齐度好，而且抗病性强。但拥有这项技术亲本的国家对此严格保密，我国不能直接引进利用。要解决这个问题，就必须培育出我国自己的杂种一代品种。1970年方智远着手进行甘蓝杂种一代育种的研究。各项试验从整地、播种，到定植、施肥、浇水、授粉等，他和课题组成员都是倾力而为。北京的春天风沙大，常常沙尘漫天飞，他们几乎天天都要在试验地里餐风涉土。尤其是盛夏，头顶烈日，俯下身子，一株一株、一朵花一朵花地给甘蓝进行人工授粉。稍有几天空隙，还要奔波于北京郊区及山东、山西、河南、河北等地，了解新品种的试验示范情况。辛勤的培育，终于获得了丰硕的成果。1973年在国内率先利用自交不亲和系途径育成我国第一个甘蓝一代杂种——京丰一号，标志着利用自交不亲和系途径培育杂交一代这一先进技术在国内获得突破并逐步推广应用。这不仅结束了我国甘蓝品种长期靠国外引进的被动局面，而且也提高了我国的甘蓝生产和育种水平，对其他蔬菜作物杂种优势利用研究也起了重要的促进作用。

在收获了第一个甘蓝杂交种后，方智远率课题组又陆续育成了适于春秋两季种植的报春、秋丰、双金、圆春、庆丰、晚丰6个早中晚期配套的优良品种，解决了甘蓝品种单一、收获过于集中的问题，使甘蓝在我国市场上可以四季常见。1985年，他们与北京市农林科学院蔬菜所合作完成甘蓝自交不亲和系选育及其配置的系列新品种，荣获国家技术发明一等奖。一分耕耘，一分收获。此时的科研已经在甘蓝育种领域停不下前进的脚步，他还想走得更远。

育种创新不停步　推广增效为人民

科学的探索永无止境。有了前期的铺垫与努力，方智远在甘蓝育种领域又开始迎接新的挑战。从80年代开始，他先后主持国家"六五""七五""八五"重点科技攻关专题"甘蓝抗病新品种选育"的研究，在解决了品种配套的问题后，又把提高品质、抗病、抗逆作为新的课题目标来攻克。经过科学实践、辛勤劳动，终于相继培育成国内首批甘蓝抗病品种中甘8号中甘9号和第二代春早熟甘蓝新品种中甘11，第三代春早熟甘蓝新品种8398。这些品种具有优质、丰产、抗病、抗逆等优点，比原主栽品种平均增产10%以上，亩产值增收200元以上。其中，中甘8号和中甘11两个新品种仅1986—1990年就在我国20余个省区市累计推广320万亩，经济效益达6.04亿元，其主要经济性状在国内居领先地位，丰产性及对病毒病的抗性达到国际同类品种先进水平，1991年获国家科技进步二等奖。第三代春早熟甘蓝新品种8398由于具有早熟性好、抗逆性强、品质优等优良特性，1993—1997年在28个省区市推广338万亩，累计增加社会经济效益7.17亿元，1998年获国家科技进步二等奖。

到目前为止，世界各国培育甘蓝杂交种采用的技术途径主要是自交不亲和系，但自交不亲和系存在着人工授粉繁殖亲本成本高、亲本长期连续自交易退化、配制的种子纯度很难达到100%等缺陷，而雄性不育系的利用则可解决这些问题。为此，各国许

● 方智远在为甘蓝授粉

多甘蓝育种科技人员都在进行甘蓝雄性不育技术的研究。

方智远带领甘蓝育种课题组于 70 年代后期就开始甘蓝不育系的研究,经过 20 多年的艰苦努力,在甘蓝显性核基因雄性不育技术和胞质雄性不育技术上取得了具有自主创新性的领先成果。70 年代,他在国内外首次发现了甘蓝显性雄性不育材料 79-399-3。经研究明确,该材料的不育性主要受一对显性核基因控制。他们利用常规育种技术与生物技术相结合,在国内外首次培育出优良的甘蓝显性雄性不育系,并研究建立了甘蓝显性雄性不育系的选育、繁殖、制种技术体系。他们利用育成的雄性不育系已配制出中甘 21、中甘 192、中甘 17、中甘 18、中甘 96、中甘 101 等 6 个优良的甘蓝杂交种。其中 5 个品种已通过国家审定,中甘 21 也获国家植物新品种权。中甘 21 为春早熟甘蓝品种,在早熟性、品质、产量以及抗逆性等方面显著优于引进的国外品种,目前已在我国华北、东北、西北及西南部分地区 20 余个省区市推广 1 000 多万亩。这些新品种品质优、抗性强、产量高,杂交率均达 100%,比用自交不亲和系配制的杂交种杂交率高 5%~15%。甘蓝雄性不育育种技术的突破不仅在科学技术上创新性突出、先进性明显,而且还有很强的实用性。它可用蜜蜂授粉繁殖,育种成本低,是甘蓝育种技术上的重要变革,具有广泛的应用前景。该成果于 2014 年获得国家科技进步二等奖。

方智远在潜心开展科学实验的同时，十分重视把科研成果尽快应用到生产中。为了推广甘蓝新品种，中国农业科学院蔬菜花卉研究所在全国设立了10余个甘蓝新品种繁种、示范基地，30余个良种销售网点。方智远带领课题组成员不辞劳苦，亲自深入北京、河北、河南、山东、山西、辽宁、云南等省市生产第一线，只为了让良种能够尽快地撒播在中国的大地上。他们多年在北京郊区花乡、四季青乡蹲点，在海淀、丰台、通州、顺义、密云等地长期建立繁种基地和新品种示范基地，与许多农村基层干部和农民结下了深厚的友谊。为了让农民兄弟尽快掌握这些技术，他们采用典型示范、办培训班等方法，建立了一整套甘蓝育种繁种方法。传授制种、栽培等技术，区域试验、大面积示范推广，使甘蓝新品种迅速推广到30个省、直辖市、自治区，每年种植面积占全国甘蓝总栽培面积的50%以上，累计推广1亿亩以上。

团结协作出成果　希望寄予众后生

方智远一开始就把甘蓝杂种优势育种技术创新和品种改良等应用研究及其相关的应用基础研究作为课题组的主要任务。40多年来，方智远带领团队始终围绕上述目标，团结奋斗，遇到困难不灰心，有了成绩不骄傲。在统一规划下，各个时期的工作有重点，年度有计划。他充分发扬民主，吸收集中大家的意见，把握各个时期课题研究的大方向和各年度科研计划的重点。

方智远注意发挥每个人的积极性，还特别支持关心中青年科技人员的成长、学习，5名中青年科技人员都有一年以上的国外学习经历。在研究所1972—1978年下放北京市农林科学院期间，他积极支持课题组长贾翠莹工作，积极培养青年科技人员的独立工作能力。孙培田从1976年就到甘蓝育种课题组工作，长期担任课题组副组长，他作风踏实、工作细致，多年来特别在新品种繁殖推广方面作出了重要贡献，退休后被返聘，仍为课题的新品种制种出力奔忙。课题组其他中青年成员各有特色特长，曾任课题组副组长刘玉梅勤奋执著，现任课题组组长杨丽梅聪颖豁达，王晓武和庄木、张扬勇等青年科技人员思路敏捷、创新意识强。有这样一支老中青组成的战斗团队，分工协作、优势互补，是取得成绩的根本原因。

方智远在科研中与兄弟单位团结协作方面堪称典范，许多研究成果都体现了他这种合作精神和胸怀。如70年代完成的自交不亲和系选育技术和育成甘蓝新品种、80年代完成的病原鉴定及多抗性鉴定技术是分别与北京市农林科学院、西南农业大学、上海市农业科学院、江苏省农业科学院等兄弟科研教学单位协作完成的。

坚定信念终不悔　淡泊名利志高远

1959年，新中国成立10周年，年仅20岁的方智远深刻认识到中国共产党是中国人民的领导核心，他第一次提交了入党申请书。岁月蹉跎，他坚持不懈，在日记中不断勉励自己："要像雷锋那样写自己的历史，永远保持自己鲜红的颜色"；像周总理教导的那样"学到老，改造到老"。经过20多年的努力，1980年方智远加入了中国共产党，他激动地写下了"永远跟党走，为共产主义奋斗终生"的誓言。

1988年后方智远担任副所长、所长，行政事务和研究工作非常繁重，社会兼职也多，又患有高血压病，每天忙前忙后，几乎没有节假日。他的社会交往多，但公私分明，凡是因私用车或在餐厅用餐，他都按章缴费；在岳母病重期间，他每次都是下班后乘公共汽车去探望，没有因为自己是院士、所长便搞特殊化……这些都充分体现了一个共产党员廉洁奉公的高尚品格。1995年，方智远获何梁何利基金科学与技术进步奖10万港元的奖励，他全部捐献给了所里，作为所科技奖励基金，用于表彰先进工作者、优秀论文作者等。

在担任所领导期间，方智远与其他所领导团结一致，努力工作，带领全所职工共同奋斗。全所科技体制改革逐步深化，科研和成果开发工作及精神文明建设都有较大进步，经济实力显著增强，职工收入年年提高，优秀中青年人才不断涌现。全所承担的"七五""八五""九五"国家和农业部重点科研课题都已完成或超额完成计划任务，主持完成并获国家重大成果奖励9项、省部级成果奖励17项。以"中蔬牌"商标注册的良种（苗）销往全国各地，取得的经济效益年年提高。在探求科研成果转化方面，积累了一些成功经验，使研究所初步进入科研和开发相互促进、同步发展的良性循环。先后获得全国农业科研机构综合科研能力优秀单位、全国农业科研单位科研开发综合能力百强单位、国家机关党工委先进基层党组织等荣誉称号。

在荣誉面前，方智远总是谦虚地说："党和人民给予我的太多了"。他说："我深沉地爱着我们伟大的祖国，爱着我一生为之追求的事业。我将在有生之年，为我国农业科研事业的发展，为国家的繁荣昌盛更加勤奋地学习，更加努力地工作，不辜负祖国对我的培养，无愧于领导、前辈、同事和亲友对我的期望。"

在取得的荣誉面前，方智远很低调。他对名利犹如兰花一样超脱淡然，而他对工作坚持执著，就像种子一样把根扎在土壤深处，为人民奉献出丰硕的果实。

●中国农业科学院蔬菜花卉研究所供稿●

农科英才

【张子仪简介】

张子仪，男，1925年生，山西临猗人，著名动物营养学家。1948年毕业于日本京都大学农学部，1948—1952年在该大学研究生院攻读反刍动物营养学，并被聘为外国人特别研究员。1952年后在华北农业科学研究所、中国农业科学院畜牧研究所工作。1997年当选为中国工程院院士，1998—2005年任中国工程院科学道德建设委员会委员。曾任中国农业科学院畜牧兽医研究所研究员，第七、第八届全国政协委员、经济委员会委员，国务院学位委员会委员，农业部专家顾问和科学技术委员会委员，国家环保总局战略咨询委员会委员，中国饲料工业协会副会长、全国饲料工业标准化技术委员会副主任，中国畜牧兽医学会动物营养学分会会长、《中国动物营养学报》主编、动物营养学国家重点实验室学术委员会主任等。

"六五""七五"期间，组织全国同行承担有关饲料与动物营养科学领域的国家、省及有关政府职能部门的攻关项目多项，获国家、省部级科技进步奖22项（主持15项），1998年获中华科教基金杰出贡献奖。2015年获中国专利优秀奖，2016年获国家一级学会、协会终身成就奖。

> 他为畜牧业和农业科研事业倾注了毕生心血，是我国动物营养与饲料科学界有口皆碑的铺路人；他常以"博观而约取，厚积而薄发"的古训与同仁共勉，彰显着虚怀若谷、为国为民的崇高学者风范。

中国动物营养与饲料科学的铺路人
——记中国工程院院士张子仪

在动物营养与饲料科学领域,每当提起张子仪,人们的敬佩之情就会油然而生。

应召归国　人生无悔之起步

1948—1952年,张子仪在日本京都大学求学,农学部毕业后又在该校大学院攻读反刍动物微量元素营养。当时日本滋贺县武奈岳南麓出现的耕牛"异嗜厌食症",一度被误判为"氟中毒"。他通过查阅文献和地质学勘察之后,对该地区的微量元素钴含量及钴对瘤胃微生物放线菌的消长规律分析之后,排除了"氟中毒"说,认定该病可能是由于缺钴而引起的恶性贫血症。他深入农户,与当地农民建立了良好的合作关系,当获悉有耕牛相继发病,他及时地配制钴剂,奔赴现场诊救,使大批耕牛康复,受到病区农户的肯定及地方政府的表彰。反刍动物的钴缺乏症在20世纪50年代国际动物营养学界尚属前沿性课题,在日本该病例是继澳大利亚和美国夏威夷等地之后的新发现,是颇具"挑战性"的科研项目。

当时正值新中国成立初期,国内百废待兴、人才奇缺,在祖国的召唤下,张子仪克服种种障碍,历时一年,于1952年8月取道香港回国。多年后他回忆说:"从个人得失出发,即使继续留在国外,不过平添个'博士'头衔,社会地位、个人生活条件会好一点,但不可能有更大作为。"是新中国的召唤使他决定重新设计自我,报效祖

● 张子仪（左一）与年轻同事们在一起

国，"以慰冤死敌狱或捐躯疆场的千百万同龄人在天之灵的唯一选择，此乃人生无悔之起步"。

上下求索　坚持科学准则

从新中国成立初期到改革开放前的30年间，全国范围内饲料资源紧缺，而我国动物营养与饲料科学则长期处于先天不足、后天失调、真假科学成果此起彼伏的历史阶段时期，张子仪始终恪守科学工作者的基本准则，探索科技兴牧之道。20世纪50年代，他按有关部门要求主持推广收获后玉米秸秆青贮技术，蹲点跑面，奔波于晋、鲁、豫之间。但是当时农业机械化滞后，加之"以粮为纲"大气候，在春玉米与冬小麦抢收抢种季节再插入这一需投入劳力的"新技术"，很难被接受，尽管这使部分农区解决了耕牛饲草不足的问题，但是该项技术一直未能在广大农区生根开花。"这是按图索骥、人去楼空之典型"，张子仪如此自我评价。

1954—1955年，各种媒体曾大量宣传使用砻糠（稻壳）磨粉喂猪效果好，被包装成"俏货"一度在全国推广，但也有许多地方对砻糠喂猪的效果反应不一。张子仪接受农业部和粮食部下达的任务，组织了农、粮、科三方组成的验证小组在媒体报道的"砻糠喂猪效果最好"的浙江嵊县农场进行了严格的饲养试验，并经过京、浙两地农科所协作进行了为期2年的消化和饲养试验，结果证实：用砻糠喂猪不仅无饲用价值，而且加工成本高，喂得愈多，长得愈慢。但事态并未因此次验证而被扼制，张子仪反而经历了被控告、诬陷的磨难。后经农、粮两口组成的工作组内查外调之后，才得以澄清事实。砻糠喂猪问题由于种种历史原因，一直到70年代后期，才由上海市政府职能部门在全国首次明文禁止，这场折腾不仅浪费了人力、物力、电力、机械，而且误导我国科学养猪长达20年之久。

动荡年代　坚守学者本色

20世纪50年代，全国粮食统购统销，猪饲料主要依靠青粗饲料。张子仪主持了农业部下达的国产饲料资源普查及开发利用项目。他受中国农业科学院畜牧研究所领导的委托，于1958年在北京组织召开了首届饲料营养价值评定座谈会，在会上通过了饲料样品采集、《暂行饲料分析方法》及有关单位的分工协作方案。翌年由农业出版社出版了我国第一部《国产饲料营养成分含量表》（第一册）。对此表当年各界臧否不一，但多年后的实践证明，它奠定了我国饲料科学和产业发展的重要基础。

1959年是政治运动频繁的年代。中国农业科学院畜牧研究所突击迁所京郊马连洼。在"批右倾"运动伊始，张子仪被列为批判对象，隔离1周反省后又以有关文件精神宣布取消隔离"靠边站"。1960年下放浙江诸暨劳动锻炼。1961年原定下放安徽农学院，在临行离京前5分钟又突接上级紧急决定，留院。日后每谈及此事，他都感叹曰："行前也匆匆，留院也匆匆。"张子仪在如此动荡年代，面对周折心地坦荡，过来的同龄人都引以为佳话。

1962年，留所后张子仪服从组织安排，继续主持农业部重点科研项目饲料营养价值评定方面的研究，向经典的饲料营养评定方法中存在的"苏联燕麦饲料单位—牛标猪用"问题提出了挑战。这是在1961年聂荣臻、陈毅主持的科技工作者会议即"广州会议"上提出的"给知识分子脱帽加冕""不抓辫子、不戴帽子、不打棍子"的"三不政策"，与保证5/6时间搞科研、下发"科学工作十四条"的大背景下才获批准的项目。但好景不长，1965年"四清"工作组进驻畜牧研究所，该项目首先被定性为"黑项目"而遭批判，继而张子仪也被"扫地出门"。他下乡蹲点跑面，搞样板田。约一年后，下乡人员全部召唤回所，"文革"开始。

1966年，按"文革十六条"的规定，张子仪被定性为运动后期处理的"内定右派分子"。1968年，他受到"蹲牛棚"的不公待遇，数月后又在"给出路"的政策下，以"事出有因，查无实据"予以解放。同年秋，下放"五七干校"，1969年冬下放青海。

蹉跎岁月　难撼拳拳报国心

"文革"后期，张子仪被下放到青海省海西蒙古族藏族哈萨克族自治州农牧局工作，尽管条件艰苦，他仍然深入生产第一线，研究解决生产实际问题。基层组织领导给他的第一个任务，是筹建海西自治州农牧科学研究工作站。他从平整土地、设计实验室、建职工宿舍到搞三通（路、电、水）、种树、挖水渠等基本建设，样样都干，既是工人，又是工头，人称他是闲不住的老阿爷，实际他尚未及半百但显老成。用他自己的话说：生活是艰苦的，但也是充实的。

张子仪在完成工作站基建任务之后，紧接着又迎来了一项棘手而陌生的任务——青海省半细毛羊标准的制定。青海省在当时纺织业、造纸业长期依赖进口半细毛的情况下，启动了对青海藏系羊的改良。从1966年开始，先后用新疆细毛羊、苏联茨盖羊，继而以黄金等价引进了原产英格兰的罗姆尼半细毛种羊，对青海藏系绵羊进行杂交改良。由于这些杂交后代不适应青海柴达木盆地的高寒及草场条件，产毛的数量和质量都未能达到原定设计目标，所产羊毛遭遇压级压价，影响牧民收入。为了解决当时产供销环节的争议，职能部门试图通过"制定标准"平息市场购销矛盾。张子仪后来说，这实际上是一种典型的不符合当年生产实际的"竞次"（即向低标准看齐）行为。

张子仪在该项目中的任务是收购试纺专用"半细毛"200吨直交津、沪两地毛纺厂。他在收购中发现试纺半细毛的内在质量参差不齐，与项目组内定半细毛质量大相径庭，毛质不齐，标焉能准。当他向当时科委领导反映实情时，却被批评说："你对青海半细毛没感情"。当时张子仪人微言轻，心情十分懊丧。1973年他奉调离开了该项目。

为了巩固青海省半细毛羊在高寒地区的进一步发展，1989年青海省政府通过鉴定将青海半细毛羊命名为青海省高原肉毛兼用型半细毛羊。然而，到1994年10月张子仪以全国政协委员的身份重返柴达木视察时，由于草原过度放牧和退化的势头尚未得到遏制，草情更不如往昔，秋肥、冬瘦、春死现象更为严重，劣质"半细毛"无市场。这种情况直到十多年后国家开始对草原保护建设给予真正重视，才有了转机。可见，要在青海高寒地区发展达到罗姆尼水平的优质毛肉兼用羊品种是任重而道远的。他的这一段经历，可谓是逆境探幽，在"竞次"中争鸣。

张子仪总结当年标准化工作时，不无感叹地说："那是一段非常有益的生活体验，正如毛泽东说的：错误和挫折教训了我们，使我们比较地聪明起来了，我们的事情就办得好一些。"我国1988年发布了《中华人民共和国标准化法》，2017年11月又做了修订。张子仪认为，标准是产品质量的科学依据，也是表达企业综合实力的砝码，是一种无形资产。标准化是组织现代大生产必需的条件，是一门螺旋上升不断更新的系统科学，因此追求标准化的过程是一种既非一蹴而就、又非一成不变的持久工程，愿与同行们再接再厉。

张子仪在下放青海的9年里，利用各种可能的渠道关注国内外科研动态。他想方设法订阅了美国《Journal of Animal Science》和日本的《畜产の研究》等国外杂志，翻译了当时国际上营养学大师M.L.Scott的《硒的两重性》等论文；他千方百计抢救、保存了新中国成立以来由他组织领导的有关动物营养与饲料科学方面的全国协作的科研原始资料。在基层领导杨占海书记的理解和支持下，他利用业余时间用算盘、巴罗表等传统手段，整理、勘校、筛选印发了《国产饲料营养成分表》，发表于由他主编的《海西科技》1977年第一期，供全国同行参考。1977年12月，他应邀参加了拨乱反正后的有关饲料营养与饲养标准的学术研讨会"万寿路会议"。

1979年中国农业科学院畜牧研究所恢复建制后，他及时地补充、更新并出版了《中国饲料成分及营养价值表》，为我国饲料工业在起步阶段设计饲料配方时提供了急需的第一手本国科研参数。该项成果1985年获国家科技进步二等奖。这是他下放基层巧遇基层领导知音，利用业余时间"不务正业"取得的"副产品"。他经常对人说："一个过来人只有能够客观地处理好'忍'与'韧'的关系，才能化糟粕为锦帛，亡羊补牢。"

柴达木盆地地处高寒区，当时养猪生产落后、死亡率高，所需猪肉多靠内地冻肉补充，运费高、损耗大。1976年，根据组织安排，张子仪在乌兰县宗务隆公社巴音河大队筹建集体养猪场，推广科学养猪。他白手起家，经历了重重困难后，首次在该公社建成了猪、肥、粮良性循环的小型示范猪场。翌年为当地市场供应鲜肉，获得各界好评。党的十一届三中全会前后，时任原兰州军区政委的谭启龙同志闻讯后曾亲临现场视察，与张子仪促膝交谈甚笃。之后，他曾作为知识分子与群众"三同"的科技工作者典范在省广播电台播出。1979年他被选为海西自治州政协委员和青海省第五届人大代表，精神上得到极大鼓舞。不久落实政策，中国农业科学院畜牧研究所恢复建制。张子仪随所编制，重返北京。

学无止境　致力科研信息化

1979年张子仪重新回到北京中国农业科学院畜牧研究所，已近耳顺之年，而他则随着改革开放的大潮开始了后半生献身报国的又一次起步。他在我国动物营养学奠基人许振英教授等老一辈的领导下，于1980年策划成立了全国畜禽营养研究会（现中国畜牧兽医学会动物营养学分会），他被选为秘书长。他务实的作风和关心学会发展的精神，获得同行的首肯。在此后的12年间，他先后被选为该会常务副理事长、理事长和名誉理事长。1989年，在许振英教授的倡导下，他积极策划、筹措经费和稿源，创办了《动物营养学报》，迄今已发行30多年，并进入全国中文核心期刊及《CAJ-CD规范》优秀期刊，在畜牧兽医学科类期刊中名列前茅。2015年英文版《Animal Nutrition》创刊。

1979年，他主持了"六五"农业部重点攻关项目《饲料开发技术—猪鸡饲料营养价值评定》，开展了全国大协作。首次与国内数学界专家跨专业合作，应用线性规划原理开发出了适合不同计算机型号的"优化饲料配方软件"。与此同时，还超额完成了计划外项目——近红外光谱分析技术定标软件，该软件专用于16种国产饲料成分分析。该项目在"七五"期间分别获农业部和商业部[※]多项科技进步奖。

20世纪末，是我国科研成果信息化管理体系蓬勃发展的重要时期。为了与国际接轨，张子仪在加强科技团队建设的同时，怀有一股努力学习、拓宽视野、提高自身业务水平的责任感，抓住一切机会不断"充电"。为了保证全国一盘棋，避免瞎指挥而造成的低水平重复浪费，他运用现代化信息管理理念，根据国际饲料分类法原则，结合中国国情，提出了"中国饲料分类法及编码系统"。1983年，他主持了国务院大型集成线路及电子计算技术振兴办公室下达的"饲料数据库及优化猪鸡饲料配方软件开发"的任务，经与中国农业大学、中国农业科学院原情报所和计算中心联合攻关，启动了中国饲料数据库情报网中心（CFIC）的全国性协作网建设。1986年国际饲料数据信息中心（INFIC）创始人哈利斯（L. E. Harris）教授应邀来华做学术交流，为当年数据库网络启蒙阶段的我国同行们带来了最新的国际科技信息，并对CFIC的框架设计与功能提出了极其宝贵的意见。张子仪经常对人们说："哈利斯教授是我的启蒙老师，他的国际主义精神将会像白求恩那样让人们怀念。"1986年经农牧渔业部批准，中国饲料数据库情报网中心正式成立，挂靠在中国农业科学院畜牧研究所。"七五"期间，他争取到了国家攻关项目"饲料原料标准及监测技术"及"中国饲料数据库"任务，在全国31

※ 中华人民共和国商业部（1954年9月—1993年3月），全书简称商业部。

个协作单位的支持下，从采样、制样、描述到测试方法、数据处理，全部按计算机软件要求标准化。至2017年，该中心已连续28年向全国发布《中国饲料成分营养价值表》新版本，供行业无偿使用。

随着计算机技术的不断更新换代，他在耄耋之年利用一切机会对传统的理念提出挑战。特别是对传统测定方法中存在的环境应激、供试饲料配比的组合效应等问题提出了质疑，以殷切的心情告诫年轻一代这将是一场持久战，要用先哲荀子提出的"精于物者物物，精于道者兼物物"的哲学理念，用思维睿智去做弯道超车，才有可能取胜。

老骥伏枥　小车不倒只管推

花甲之年，张子仪被国家技术监督局聘任为全国饲料工业标准化技术委员会副主任委员，先后主持和参加完成了《中国饲料工业标准体系表》《饲料工业原料标准》《饲料工业卫生标准》《饲料添加剂标准》等国家、行业、北京市地方系列标准的研制、起草。1991年应美国饲料谷物协会的邀请，受国家技术监督局委托，张子仪率团赴美对饲料法规、饲料标准、加药饲料管理及饲料产品质量标准等进行了考察。中美双方对此次活动都十分重视，美方东道主事前对考察内容做了多次磋商与精心安排，在美期间访问团还与美政府部门、大学及大型企业的专家学者进行了座谈和学术交流，为我国新兴饲料工业获得了许多可资借鉴参考的宝贵信息和经验。张子仪为我国饲料工业的健康发展、产品质量及监督检验制度的建立创造了良好的开端。

进入21世纪，特别是我国加入世贸组织以后，畜产品的质量与安全问题引起社会各界的高度关注。面对新的形势，张子仪虽已进入耄耋之年，但仍潜心钻研自然辩证法与科学技术发展史，领悟畜牧业乃至农业科学发展观与生态文明观，凭借自身的国学基础，他以不断自我否定之心态，介绍先秦诸子的生态文明观，与青年学子们共同探索新问题，交流学习心得体会，不断推陈出新。近十多年来，每年他都应全国各地大专院校的邀请，做关于人文社会科学与自然科学交叉融合、以道德为准则的生态伦理与以价值为取向的生态经济学的融合、科研队伍建设与团队凝练等方面的报告约200场，引导新生力量重视未来动物营养与饲料科学如何与边缘学科，如品种改良、环境卫生、应激免疫等专业领域之间的切入与交融，拓宽研究领域、探索新的技术途径。

针对我国规模养殖业中长期被忽视的应激（Stress）问题，他提出了一系列"釜底抽薪"的根治策略与建议。他认为，规模健康养殖应在查明"激源"研究方面加强力度，破译"兽语""鸟语"，通过建立应激预警系统，减缓乃至消除"激源"是根治"应激"之上策。他提出了疫病防治要从"防重于治"到"防养并举"向"养重于防"打"持久战"的观点。早在20世纪90年代"应激"问题初现端倪之际，他在没有经费来源的情况下，多方"化缘"，甚至以"举债"的方式向企业筹措经费，与他的助手们克服种种困难，在国内首次用我国航天技术设计建成了系统研究"激源"的第四代"畜禽代谢人工气候舱"。对农牧结合问题，他提出要从"有啥喂啥"向"种啥喂啥"最后达到"喂啥种啥"的方向过渡的循环经济观，他是先期主张"粮、经、饲"三元种植业结构的倡导者之一。

近年来，在全国范围内，一支多学科联合攻关的团队悄然崛起。他工作多年的旧实验室相继于1990年经农业部批准建成农业部动物营养代谢重点实验室，2005年又升级为动物营养学国家重点实验室。为了争取我国科技资源的高效利用，排除条块分割的局面，他主导建立了中国农业科学院畜牧研究所与中国农业大学动物科技学院携手共建产学研相结合的动物营养学重点实验室的长期合作机制，强强联合、协同创新，迄今一直保持着良好的合作关系。2007年动物营养学国家重点实验室代谢基地在中国农业科学院昌平基地竣工。近10年来为推动我国环境与营养交叉学科的研究，为健康养殖技术体系的创新研究提供了平台。

甘为人梯　不遗余力传学子

古稀之后的张子仪利用一切可利用的机会，苦口婆心地呼吁科学研究要敢于创新，要"苟日新、又日新、日日新"；要苦干、实干加巧干；要洋为中用、而不唯洋，古为今用、而不泥古；选题要急国民经济当务之急与结合可持续发展的需要，要有"你无我有，你有我优"意识，要棋看三步。他在饲料养分生物学效价评定的理论方面，提出了要彻底改变传统的无视饲料"组合效应"、无视动物正常生理、无视动物应激，以偏概全的形而上学测试方法理念。他大胆提出了要像海森伯指出的"测不准关系"是可以用矩阵的数学方法测得准的理念来创新。鉴于畜禽营养需要量的表达中没有配套的有效能值评定手段提供相应的参数，导致所有营养需要量规定的参数便形同虚设的世界性难题，张子仪提出：对传统"体内"法的改革只有在"黑箱理论"指导下，通过"参量实物"与"参量常数"配套的"参考系标样"为基准，建立"快速、精确、可重复、测得准"的相对生物学效价测定方法。他认为目前机械的阶梯式营养需要量表述模式是隐性资源浪费的源头，也是目前上下游产品供需环节中司空见惯的大漏洞。

因此,他提出了用程控手段模拟消化道酶谱和消化环境的仿生消化系统方法是解决这些问题的重要科学方向,也是解决用传统的活体法测定生物学效价时"测不准"老大难问题的技术途径。为此,由他与学生们组成的老中青团队开发出了"单胃动物仿生消化系统",并获得多项国家专利。在系统模拟猪、鸡、鸭消化道酶谱变化规律及消化生理过程的基础上,自主创建并更新了第3代全程电脑程控装置及配套的猪、鸡、鸭的仿生酶谱试剂盒及程控规程,在快速测定饲料的有效能值方面取得了令人满意的结果。该项目已经科技部验收通过,先后获得了中国专利优秀奖和中国农业科学院成果奖。目前第二、第三代单胃动物仿生消化系统已在广东温氏集团、中国农业大学等全国43家单位应用,为我国饲料工业的发展提供了新的技术支撑,取得了重大经济和社会效益。在现有的研究成果的基础上,他又向学生们指出在用"仿生法"支撑饲料生物学效价评定与用动态数学模型表达畜禽营养需要量两个"小同行"的衔接、创新等方面,还有大量有价值的课题要做。

作为我国当今动物营养科学的领军人物和我国饲料工业及现代化养殖业的主要铺路人之一,张子仪不辞辛苦为有关农业、技监、内贸、科技、环保等部委的科技咨询项目担任顾问,献计献策,并获有关学会、协会终身成就奖。张子仪平易近人、为人厚道、生活俭朴、助人为乐、诲人不倦。他经常和青年学子们沟通,到邀请单位与师生们进行跨越代沟的交流学习。他能深入浅出地阐明有关复杂事物的真谛,他有扎实的国学功底,对一些古训信手拈来、吟诵如流,每每使听众赞不绝口。

他广学博览,十分注重自身的知识结构改造,特别强调老人要警惕"好为人师""倚老卖老"的信条,要经常自我反省,不断否定自我,是"活到老、学到老"的典范。"蜡炬成灰,犹可护花""废物利用"是他的座右铭,虽年已耄耋,仍把办公室当家,没有节假日,笔耕不辍,并以"无期徒刑"调侃自己,是"春蚕到死丝方尽"的践行者。他的夙愿是有生之年自己清理自己的文存,千秋功过留与后人评说,不给后人留麻烦。

●中国农业科学院北京畜牧兽医研究所供稿●

农科英才

【范云六简介】

范云六，女，1930年生，湖南长沙人，著名分子遗传学家。1952年毕业于武汉大学农业化学系，1960年毕业于苏联列宁格勒大学生物系，获副博士学位。1997年当选为中国工程院院士。曾任国家科技奖励委员会委员，国务院学位委员会评审组成员，国家自然科学基金委员会评审组成员，农业部科技委员会委员和生物技术顾问，中国农业生物技术学会副理事长，国际水稻遗传工程委员会委员，亚洲植物技术中国项目负责人，中国农学会常务理事，北京生物工程学会农业生物技术委员会主任，国家重点基础研究发展计划（"973"计划）第三届专家顾问组成员，教育部"长江学者计划"农业科学评审组成员等职务。担任中国作物学会常务理事，农作物基因资源与基因改良国家重大科学工程学术委员会主任，中国农业科学院学术委员会及学位委员会委员，国家生物产业发展专家咨询委员会副主任等职务，中国农业科学院生物技术研究所研究员。

作为国家农业基因工程的学科带头人，于20世纪80年代初在中国农业科学院创建了分子生物学实验室，率领团队分离、合成了抗棉铃虫 Bt 基因和蝎毒基因，为培育抗虫棉新品种奠定了基础；从真菌里克隆出植酸酶基因，成功实现了将植酸梅基因转入玉米并获得稳定遗传的转基因玉米纯合体，为进一步产业化打下了基础。在国内外核心学术刊物上发表研究论文、学术报告200多篇，出版专著5部。担任《中国农业科技导报》主编。先后获得国家科技进步二等奖、国家技术发明二等奖、农业部科技进步二等奖各1项，国家发明专利多项。是我国转基因棉花、水稻以及植酸酶玉米的引领者。

> 热爱祖国、为国争光是她取之不竭的动力；敢为人先、赶超国际是她坚定不移的信念。几十年执著奋斗，她站到了世界农业科技革命的前沿，成为中国农业生物技术领域的引领者。

中国农业生物技术的拓荒者
——记中国工程院院士范云六

分子生物学是当今世界自然科学领域的前沿学科,只有从分子水平上进行研究,才能深入认识生命现象的本质,不断发现其运动规律,进一步揭开生命的奥秘以造福人类。范云六就是把分子生物学联姻到中国农业的拓荒人。

微生物为她打开科学大门

范云六的童年和少年是在苦难的挣扎中度过的。七七事变后,隆隆的炮声击碎了这个女孩的求学梦,1944年,正在湖南上初中二年级的范云六就在日寇的炮火声中开始了颠沛流离的逃亡生活,她和家人白天躲进农民在山上搭起的小草棚,晚上才敢偷偷地出来找点东西吃,她亲眼目睹了许多同胞死在日本侵略者屠刀下的惨状,开始懂得:国之不国,何以为家?

1948年,范云六高中毕业后以优异成绩考上了武汉大学农业化学系。她深情地回忆说:"陈华癸教授(后为中国科学院院士)对我的影响最大,受陈教授潜移默化的影响,我对微生物这一学科产生了浓厚的兴趣,这也是我致力探索微观世界奥秘的开始和原动力。从根本上说,是我以后钟情于分子生物学并为之奉献了我全部精力和热情的转折点。现在回想起来,总觉得,一个人的命运与事业开始可能就隐藏在一个不为人知的地方,直到有一天,其智慧受到了启迪,思想受到了碰撞,才有机会叩开成功之门!"范云六求学期间一直是学校里的优秀学生,全面发展自己,尤其是她目睹了旧社会人民的悲惨生活,看到新中国的欣欣向荣,人民的幸福生活,加入中国共产党成为当时她的理想和目标,1951年她终于如愿加入党组织,成为一名党员后,她对自己的要求更加严格,更加努力地学习和工作,以优异的成绩回报党和祖国。

1952年,范云六大学一毕业,就小试牛刀,结果出手不凡,取得可喜成果。当年从事矽盐酸细菌研究发表的论文,至今仍被该领域的研究人员引用。范云六是幸运的,赶上了我们伟大祖国全面建设社会主义时期,各行各业都急需优秀的专门人才。1956年,经过严格的选拔,她被派往苏联列宁格勒大学留学。她兴奋,她高兴,却又感到肩头使命的重大。她珍惜分分秒秒,刻苦钻研,1960年获得生物学副博士学位后,带着平时省吃俭用买下的大批科技书籍和资料,满怀着对未来的憧憬和希望,踏上了归国之路。

范云六被组织上分配到中国科学院微生物研究所遗传室工作,成为我国微生物学领域中最早从事分子遗传研究的科学家之一。她笑言:"可以说,这是我科研生涯的真正开始。"

选择农业作为事业新起点

范云六这位自小在湖南读小学、中学,深受湘楚文化影响的科学家,给人的印象是温和、典雅而思想深邃,在她的血脉中流淌着敢为人先的大无畏精神。再加上武汉大学、苏联留学的滋养,中外文化的融合,使她的科研有着十分深厚的积淀。她一出

马，就冲到全国前茅，继而向世界前沿冲刺。

20世纪70年代，她在国内率先开始质粒的分子学研究，并成功构建了我国第一个DNA体外重组质粒。1979年，世界著名基因工程创始人之一科恩（Cohen）教授特邀她到国际学术会上作报告。

改革开放的春风吹遍了祖国大地，范云六的科研迎来跨越的新机遇。1980—1982年，她再一次走出国门，到美国威斯康星大学和西北大学医学院做访问学者，从事分子生物学研究。在美国的两年里，她"睁开眼睛看世界"，亲身感受了西方国家的科研优势以及他们的科研体制所产生的工作效率，她的灵魂受到了震撼！时不我待，要追，要赶，要走到他们前面去！

1982年12月，范云六从美国回来。那年她已经52岁，用她的话说就是"过了'知天命'的年龄"。这个年龄重新确立科研方向，还要干出一番事业，谈何容易。她思考到底今后的路如何走？选择什么作为下一步事业的发展方向和突破口？

在那些日子里，她彷徨过、苦闷过，经过反复慎重的考虑，她终于选定了科研方向和突破口，这就是：走创业的路！1983年，她毅然决定到中国农业科学院创建分子生物学实验室，开始植物基因工程和分子生物学的研究。

这是一个非常大胆的决定，很多人不知道她这样一个温良谦和的女性，哪里来的那么大的创业勇气。实践证明，她当时的决定是多么正确，短短几年，她主持的分子实验室的发展成为生物技术研究中心，为她和她的团队向世界前沿冲刺进一步创造了条件。后来经常有人问她："当时您以知天命的年龄从中国科学院到中国农业科学院来开始一项全新的事业，您的勇气是从哪里来的？"她的回答掷地有声："当你热爱一项事业并愿意无怨无悔地为之付出一切时，勇气自然也就有了。"

做科研，不仅需要"敢为天下先"的勇气，而且更需要正确的方向和思路。范云六这样来宣示她对农业科研事业的选择：那是看清了世界科技发展的趋势，弄清了中国的实际。她说："世界的趋势是学科分工越来越细，但综合性也越来越强，多学科之间的交叉互补是科学发展的必然趋势。20世纪80年代初，分子生物学对于我国农业来说还是一片空白，而西方发达国家已经开始瞄准农业这个全球性的问题来开展工作，并已取得了一定的成绩。我国是个农业大国，农业新一轮的革命必须有赖于分子生物技术的有机结合才能实现。因此，我选择了农业作为我事业新的起点。"

● 范云六在查阅文献

分离"嫁接"基因抗击棉铃虫

20 世纪 90 年代，猖獗的棉铃虫每年都给国家造成几十亿元的经济损失，1992—1996 年，棉农因防治棉铃虫喷药而中毒的人数超过 24 万人次。由于棉铃虫很快就能产生抗药性，棉农喷施农药的次数，从 1 次到 20 余次，最后甚至把虫子放在农药原液中，它还能存活。

范云六来到中国农业科学院后，紧紧咬住抗棉铃虫这一世界性难题，研究棉花杀虫基因的人工合成。1993年，利用简陋的设备，她在棉花转基因技术上取得了重大突破——人工优化了天然 Bt 基因的密码，通过人工设计、人工合成建构了在植物中能高效表达的 Bt 基因，同时人工设计和合成了在植物中能高效表达的昆虫特异性神经毒素基因（蝎毒基因）。这些基因对棉铃虫有很好的毒杀效果，但是它们杀虫的机理互不相同；利用这些基因可以形成多基因抗虫的组合路线，可以延缓棉铃虫对单一杀虫基因产生抗性，并保持自然界基因的多样性。

在她的科研团队引领下，全国有关科研单位合作开展了转基因抗虫棉的产品动物安全性研究、田间靶标害虫种群动态研究、抗性治理技术研究、抗虫性遗传规律等方面的研究，取得了一系列重要成果，为抗虫棉的产业化提供了科学依据。该研究成果与抗虫棉其他核心技术的立体交叉集成，逐步形成了产业化系统成果；其核心技术共申请了两项国家专利，抗虫棉的关键技术拥有我国自主知识产权。此后，依靠这项技术，相关研究单位和育种单位培育出了适宜不同棉区种植的国产转基因棉花新品种，全面提高了我国棉花综合开发的创新能力和棉花产业的国际竞争力，打破了美国抗虫棉的垄断地位，使国产转基因抗虫棉的市场份额从最初的 5% 上升到 90% 以上，在与国外转基因抗虫棉的竞争中取得了决定性胜利。

改造玉米基因生产"绿色磷"

畜禽和水生动物的成长，需要一种重要的矿物元素——磷。玉米、大豆等饲料中的植酸磷非常丰富，但是，由于动物体内缺乏"植酸酶"，很难吸收植酸磷。为此，饲料企业不得不高价购买矿物磷进行添加。与此同时，饲料原料中未被动物利用的植酸磷却形成了高磷粪便，我国畜牧业每年有 300 多万吨磷从畜禽粪便里排放，对环境造成了严重污染。

范云六经过持续努力，终于从真菌里克隆出植酸酶基因，并申请了国家专利，拥有自主知识产权。紧接着，她选择了玉米作为转植酸酶基因的材料——因为我国的玉米有 80% 用于生产饲料。一开始，这些珍贵的转基因种苗长势很弱，因为它们居住的温室门窗走风漏气，夜间冷得像室外一样；玻璃也灰尘蒙面，透不进多少阳光。第一轮，只长出几十粒种子。为此，范云六带领大家修房、补漏、换玻璃，还买来钠汞灯和电炉子增加光照和提高室温，在这样的温室里一种就是 3 年。

经过与传统杂交育种方法结合育种，范云六的科研团队得到了27个含有植酸酶并能稳定遗传的转基因玉米纯合系。就这样，范云六把一粒粒普通的玉米种子变成一座座微型"生物工厂"，生产出富含植酸酶的优质饲料原料，实现了科学家多年来梦寐以求的生产"绿色磷"的梦想，从根本上解决了畜牧养殖业的这个营养难题。

这种由我国科学家首创的植酸酶生产方式有巨大的产业化优势——由于不需要厂房、发酵罐、产品后加工设备等，它比发酵生产的成本低得多；由于生产过程仅是玉米种子的田间生长过程，无须耗费其他能量，也不需再进行植酸酶的提取和纯化，可以节约大量能源（仅2006年我国发酵生产植酸酶的能源费用就达4.5亿元）。此外，植酸酶能在种子中长期稳定保存，无须酶类产品特殊的保存条件，极易长距离运输和普及推广。国内著名的遗传育种、分子生物学和动物营养学专家评价说，这项研究的技术水平，已居于国际同类研究的领先水平。

倾心培养高水平科技人才

范云六披肝沥胆，带着自己的团队向基因工程和分子生物学的世界前沿不断冲锋，取得了一个又一个硕果。她说："青年人是真正的希望所在，所以培养新人是老一代的职责。我愿意将自己有用的知识留给青年一代。"几十年来，她呕心沥血培养了30名硕士和40名博士，还培养了3名外国进修生。

说到范云六是如何培养学生的，她却侃起打球来。她说："踢足球多像做科研。球队是个团队，科研集体也是团队……"

"一个球队要有球星，一个科研集体也要有尖子人才。一个球队没有球星，就难夺冠军；一个科研集体，没有尖子人才也难以创出一流科研成果，更谈不上闯进世界前沿……"

"打球是硬碰硬，科研也是硬碰硬，半点虚假和炒作都不行。"她这段话意味深长，对当前学术界少数人的浮躁情绪流露出一种深深的忧虑。

"打球要技术，更要精神。科研更是如此。赛球也好，科研也好，意志力相当重要。很多时候，最后获得成功的，不一定是最有才华者，而往往是意志最坚定、最能坚持到底的人。"

范云六一生都在追求,"敬业、执著,严谨、探索,继承、开拓"。这三组关键词是她的人生追求,她的精神写照,也是她的成功秘诀。

●中国农业科学院生物技术研究所供稿●

农科英才

【董玉琛简介】

　　董玉琛（1926—2011），女，河北高阳人，著名作物种质资源学家。1950年毕业于河北农学院（今河北农业大学），1959年在毕业于苏联哈尔科夫农学院，获农学副博士学位。1999年当选为中国工程院院士。曾任中国农业科学院作物品种资源研究所副所长、所长，中国农学会遗传资源分会主任委员和名誉理事长，中国作物学会常务理事和荣誉理事长，中国农业科学院作物科学研究所研究员。

　　长期从事作物种质资源研究及其组织实施，主持建成现代化国家作物种质资源库，提出种质资源入库的技术路线，组织第一轮20万份种质资源入库长期保存，为农业持续发展储备了遗传物质基础，使我国作物种质资源保存跃居世界前列；考察收集我国北方小麦野生近缘植物，为利用野生种扩大小麦遗传基础开辟了新途径。曾任《植物遗传资源学报》主编，主编《中国作物及其野生近缘植物》（共7卷）、《农作物种质资源技术规范》丛书（共110分册）。获国家科技进步二等奖1项，省部级成果奖励多项。2003年，主持研究完成的"中国农作物种质资源收集保存评价与利用"项目，获国家科技进步一等奖。2009年被授予新中国成立60周年"三农"模范人物荣誉称号。

　　在崎岖的山路间寻觅种质资源，在静寂的实验里探秘科学真谛，半个世纪的风雨兼程、执著不辍，用智慧和汗水构建国家作物种质资源宝库，让科学的力量开辟遗传基因为民造福之路。

谱写作物种质资源主旋律

——记中国工程院院士董玉琛

在中国农业科学院有一座世界一流的现代化国家作物种质资源库，这里保存着我国 35 万余份农作物种质资源，人们将其比喻为一座蕴藏着无法估量其价值的"金库"。然而，它饱含了一位中国农业女科学家的无数心血与汗水。她就是我国作物种质资源学科奠基人之一、著名作物种质资源学家、中国农业科学院作物科学研究所研究员、中国工程院院士董玉琛。

跨国结缘作物种质资源

1944 年董玉琛考入北京大学医学院药学系，当时她的同学中有的已是中国共产党党员，有的与党组织有联系。她从一位同学处经常看到解放区的书报，使她逐渐认识到只有共产党才能救中国。1945 年日本投降后，国民党政府接管了北京大学，开始对学生进行甄审。这时董玉琛已随进步同学由北大医学院转入农学院。她积极参加反甄审运动、组织办壁报、聘请进步人士来学校讲演等活动。这年12月，董玉琛加入了中国共产党。1946年秋，她考入河北农学院。

1950年，董玉琛大学毕业后来到华北农业科学研究所（中国农业科学院的前身）任技术员。1954年被选派赴苏联哈尔科夫农学院攻读研究生，1959年1月取得副博士学位。就在这时，组织上要求董玉琛毕业后就近学习苏联对作物种质资源管理和利用的经验。于是，她答辩结束后，立即到列宁格勒全苏作物栽培研究所，在这个专门从事作物种质资源收集、保存、评价、研究的世界知名研究机构，董玉琛用自己节余的生活费，完成了3个月的进修。其间，她了解了该所各个系的全部工作，与各系的主要专家进行交谈，了解他们的工作经验、研究目标和设备以及主要成果，并着重了解了小麦种质资源工作。这一切使她更加热爱作物种质资源这门学科，也从此与之结下了一生的不解情缘。

1959年5月初，董玉琛回到中国农业科学院作物育种栽培研究所，任原始材料室副主任，并主持小麦品种资源研究。一年后，在她的倡议下，原始材料研究室改名为品种资源研究室，她任室主任。当时作物所保存小麦种质资源1万余份，为了保持种子的发芽力，每年至少要种植2 000多份，用新收获的种子换掉发芽率降低的旧种子。她首先和研究组同志们一起，抓紧了小麦种质资源的建档和种子繁殖更新工作。同时组织全国会议，推动全国种质资源工作开展。正当她踌躇满志地投入种质资源工作时，1965年初，被派遣带队到河西走廊蹲点，并建立中国农业科学院西北工作站。1978年，中国农业科学院作物品种资源研究所成立，此时已年逾五旬的董玉琛出任副所长，后来任所长。

倾注心血创建一流种质库

1979年，中国农业科学院作物品种资源研究所成立半年后，作为副所长，董玉琛协助所长筹备和召开了第一次全国农作物品种资源科研工作会议，会议提出"广泛收集、妥善保存、深入研究、积极创新、充分利用"的种质资源工作方针，制定了全国作物种质资源科研规划，明确了各级相关机构的职责与分工。随后，中国农业科学院各有关专业研究所和大多数省（直辖市、自治区）农业科学院相继成立了品种资源研究室（所），初步建成了中国作物种质资源工作体系。1984年，董玉琛作为所长，主持召开了第二次全国农作物品种资源科研工作会议，会议着重制定了全国科研工作协调方案、对外交换管理办法、种子入库暂行管理办法以及"七五"重点研究课题设想。这次会议有力地推动了中国作物种质资源的收集、保存和研究蓬勃发展。

当国家批准了由洛克菲勒基金会部分资助兴建中国国家作物种质资源库后，董玉琛为了这一多年夙愿的实现，忙碌异常。协助所长，从提出设计要求到检查工程质量，直至指导仪器设备的选购和安装，她都亲临现场与工程具体负责人共同商定，倾注了大量的心血与智慧。1986年，中国国家作物种质资源库以优质工程落成，该库总容量为40万份，种子生命力可保持50年以上，日处理种子能力200份，堪称世界一流。

随后她立即主持申请国家科研项目，组织协调全国作物种质资源科研人员，将全国的作物种质资源入库保存。她与种质保存室的负责人一起，首先提出入库的技术方案，制定入库种质的数量和质量标准及入库程序。同时按作物组成全国协作组，每个协作组编写该作物全国种质资源目录，这样既剔除了重复，又给予了每个品种（品系）国家统一编号。在"七五"期间，只用了5年时间便入库各种作物种质资源20万份，做到了优质快速。迄今入库种质已达36万份，包括粮食、经济作物、蔬菜、牧草等多种作物，它们隶属35科、192属、712种，为中国乃至世界农业的持续发展提供了种质储备。

踏遍千山找寻资源宝藏

1978年中国农业科学院作物品种资源所成立伊始，董玉琛就提出须尽早对中国边远地区的作物种质资源进行考察收集，并先对有"植物王国"之称的云南进行了综合性作物种质资源考察。1979—1980年，她带队对粮食作物、蔬菜、麻类、茶、桑等进行考察，先后3次到滇西南、滇西北18个县考察收集麦类作物。该地区地处横断山脉，地势陡峭险峻，江水湍流，林中道边毒蛇出没，许多地方只能靠骑马才能艰难前行。从未骑过马并已年近花甲的她，和年轻考察队员一样，毅然骑上马，向着种小麦的地方出发。他们寻觅在麦田，寻访于农民，在麦场上看麦穗，到农户家看麦种。考察期间，共收集到麦类作物种质资源数百份，查明了普通小麦、密穗小麦、圆锥小麦和硬粒小麦4个小麦种的种植海拔高限；普通小麦中国特有的亚种——云南小麦亚种（铁壳麦）分布的县、海拔和生境；命名铁壳麦10个新变种；首次在国内发现33个小麦变种，其中23个国外未见报道，从而进一步证明中国是六倍体小麦的多样性中心之一。该项考察成果获农牧渔业部技术改进一等奖。

1982年，董玉琛又带队奔赴新疆参加八一农学院组织的农作物野生近缘植物考察

● 董玉琛在小麦试验田工作

收集。从阿尔泰山到昆仑山，从准噶尔盆地到塔里木盆地都留下了她的足迹。地域辽阔的新疆，气候变化无常，交通极不方便。考察队驾驶着212吉普车穿越在"早穿皮袄午穿纱"的北疆布尔津县夏牧场，颠簸于通宵酷热的吐鲁番，在艰苦的条件下，考察队共收集到小麦族植物10个属37个种的110份材料，其中只有在新疆才生长的旱麦草属植物4个种，新麦草属植物（华山新麦草除外）4个种，小麦的祖先种之一粗山羊草（节节麦），找到了穗长有30厘米多的大赖草等植物属和种。由此证实，新疆是世界小麦野生近缘植物的主要分布地区之一。同时董玉琛还发现国内尚无报道的小麦属11个变种，其中黑长芒、穗分枝的"波兰小麦"和"新疆小麦"亚种（稻穗麦）的3个变种国际上尚未有报道。

1986—1990年,她再一次带领课题组成员与国际遗传资源委员会合作进行了中国北方小麦野生近缘植物考察。先后途经12省(直辖市、自治区),共收集到小麦族植物547份,包括10个属的53个种和7个变种。其后,考察组对全部材料进行了形态特征和细胞学鉴定,明确了各个材料的染色体数目和15个物种的核型,对部分材料进行了抗黄矮病和白粉病鉴定,筛选出一批抗病种质,从而为小麦野生近缘植物的分类、多样性研究和利用提供了物质储备和宝贵信息,该研究成果获农业部科技进步二等奖。

在国内收集和国外引进大量小麦野生近缘植物的基础上,董玉琛带领课题组成员,开展了小麦属间杂交研究。在广泛的远缘杂交研究中,她惊喜地发现两个种质能使小麦与一些近缘属的杂种第一代染色体自然加倍。它们是波斯小麦品种编号PS5和硬粒小麦品种编号DR147,这两个小麦种质与山羊草、黑麦等属植物杂交后,杂种第一代不经任何处理,可自然形成异源双二倍体。她还揭示了这些属间杂种染色体自然加倍的细胞学机理,查明它是由花粉母细胞减数分裂时两种异常行为造成的,并在3年内合成了22个小麦—山羊草双二倍体,即Am1至Am22。这些双二倍体大多数抗白粉病,一些小麦遗传育种单位已利用这些双二倍体作亲本,培育出优良品系,"小麦属间杂种染色体自然加倍种质的发现和利用"也因此获国家科技进步二等奖。

她带领研究生广泛开展了小麦远缘杂交工作,他们将远缘杂交与组织培养相结合,通过杂种幼胚培养获得杂种植株;通过杂种幼穗培养扩大杂种群体,以便进行大量回交;通过花药培养以便较快得到稳定的杂种株系。通过杂种组织培养与回交,他们成功地将小麦与冰草属的冰草、沙生冰草、根茎冰草,新麦草属的新麦草,旱麦草属的东方旱麦草以及赖草属的多枝赖草4个属的6个种杂交成功并得到杂种后代,其中前3个属为世界首例。

严谨著书引导学科发展

董玉琛虚心向老一代科学家学习,早在20世纪中期,就参加了《中国小麦栽培学》《中国小麦品种志》(3卷)、《植物遗传育种学》等我国重要农业科学著作的编写。80年代初,董玉琛翻译出版了作物种质资源学科创始人瓦维洛夫的经典著作《主要栽培植物的世界起源中心》。此前,她还与人合译了《小麦的现代品种及其系谱》《世界小麦》等著作。2000年合著的《中国小麦遗传资源》出版。

进入21世纪,她和课题组人员一起,利用分子生物学方法研究中国小麦品种的遗传多样性,明确了中国小麦品种遗传多样性的中心有两个:一个是河南西部,另一个是四川盆地。在中国的十大麦区中,从地方品种看,遗传丰富度最高的是黄淮冬麦区,其次为西南冬麦区,而华南冬麦区与东北春麦区的品种遗传多样性最低;从育成品种看,同样是黄淮冬麦区遗传多样性最高,其次是北方冬麦区,新疆冬春麦区和华南冬麦区较低,而青藏春冬麦区最低。明确了小麦3个基因组的遗传多样性,我国地方品种是B＞D＞A,育成品种是B＞A＞D。为了有效利用我国数量庞大的作物种质资源,她和课题组人员率先提出构建核心种质并在小麦中实施。他们分析了2.3万余个中国小麦品种和重要品系的基因型,构建的中国普通小麦核心种质以5%的材料代表全部种质资源遗传多样性的90.1%,微核心种质以1%的材料代表全部种质遗传多样性的74.8%。这批微核心种质(231个品种)已交小麦遗传育种专家深入研究利用,并从中发掘出一批有用的基因。

与此同时,董玉琛与其学生刘旭共同组织全国多个研究机构和有关院校61个单位的217名专家、教授,编撰出版了约700万字的《中国作物及其野生近缘植物》系列丛书。该书论述内容全面、探讨理论深入,是一套系统、权威的作物种质资源科学著作。该著作首次阐明了我国与农业密切相关的植物(包括粮食、经济作物、果树、蔬菜、饲草、绿肥、蜜源、杂草、有毒植物等)物种共9 631个,隶属293个科、2 155个属。其中农作物528种,栽培种涉及1 339个物种,野生近缘植物1 930个物种,这些物种分属138个科、557个属。按作物类别统计,粮食作物43个、经济作物68个、蔬菜182个、果树57个、饲用及绿肥98个、花卉126个。该书为中国作物种质资源、作物育种、农业区划、作物区划、作物分类、生物多样性保护、国家履行《生物多样性公约》以及制定相关的法律法规提供了科学依据,意义重大。

她一向严格认真、勤恳敬业、任劳任怨、襟怀坦荡、淡泊名利,在成绩和荣誉面前,总是想着周围的同事们,想办法将他们推向前台。她主持实施的"小麦杂种染色体自然加倍种质的发现和利用"研究,从提出计划、项目形成到选定试验材料、具体实验指导,起、承、转、合都饱含着她的许多心血,然而在获得国家科技进步二等奖人员名单上,她却把在研究中发挥重要作用但早已出国的年轻硕士生列为第一完成人。她的同事和学生们这样说:"董老师不仅传授我们知识,还用行动教我们如何做人"。如今,她带过的硕士生和博士生大部分已是事业有成,有的当选为中国工程院院士,有的被授予有突出贡献的中青年科学家称号,有的被批准为跨世纪青年学科带头人,有的被授予全国五一劳动奖章,有的被任命为国家研究项目的首席科学家。

作物种质资源浩瀚如海,绚烂如虹,在董玉琛心里,它们是一件件不容失落的无价之宝。50年躬身追寻、游历其中,以厚积薄发之力将人类春色的"音符"汇聚起来,

"编码"成一部金色的乐章,这也正是董玉琛一生平实而又精彩的旋律。

2011年9月26日,董玉琛逝世,享年86岁。她虽然离开了我们,但她所开创并一生钟爱的作物种质资源事业已后继有人,她留下的宝贵精神财富将永远激励着我们前进。

●中国农业科学院作物科学研究所供稿●

农科英才

【郭予元简介】

郭予元（1933—2017），男，广东潮阳人，出生于上海市，著名农业昆虫学家、植物保护学家。1953年毕业于北京农业大学（今中国农业大学）植物保护系。2001年当选为中国工程院院士。曾任中国农业科学院植物保护研究所所长，研究员，农业部科学技术委员会委员，植物病虫害生物学国家重点实验室学术委员会主任，中国农业科学院植物保护研究所学术委员会主任，科技部"攀登计划"植物保护项目首席科学家，"973"计划专家顾问组成员，第八、第九届全国政协委员，中国植物保护学会副理事长等。

先后主持研究棉铃虫预测预报及综合防治、农作物主要病虫害、农田草鼠害综合防治等，承担国家和省部级重点科研项目30余项。"我国棉铃虫地理型组成及兼性迁飞规律"等研究成果先后获国家科技成果奖4项、省部级科技成果奖9项，全国优秀图书提名奖1项。共发表科研论文300余篇，出版科技专著22部，译著2部。1990年获农业部有突出贡献中青年专家称号，1996年获国家"八五"科技攻关有突出贡献个人荣誉证书，2001年被评为全国优秀科技工作者，2002年获中组部等四部委授予的全国杰出专业技术人才称号。2011年获国际植物保护科学协会"国际植物保护杰出贡献奖"，2012年获中国植物保护学会"植物保护终身成就奖"。

> 他以国家的需要为己任，干一行、爱一行、钻一行，他不为名利、地位诱惑所动，面对压力愈挫愈强，他用自己的成就和贡献诠释了50多年前给自己定下的全心全意为人民服务、为改变祖国农业落后面貌而奋斗的目标。

一位农学家的情怀

——记中国工程院院士郭予元

在科学研究的道路上,没有平坦的大路。每一项成功的取得都要付出辛劳、倾注心血、克服艰辛,郭予元在农业科技战线上获得成果的经历,清晰地证明了这一点。

到祖国最需要的地方去

1953年9月的一天,天高云淡。一辆破旧的客运敞篷大卡车,颠簸在陕西西安到宁夏银川的公路上,扬起了阵阵尘土。一位身材高大浓眉大眼的男青年,挤坐在车后

● 郭予元在检查棉铃虫为害棉苗情况

面,用充满好奇的目光急切地向远处田野张望着,脸上带着兴奋紧张的神情,这是他第一次来到大西北。他叫郭予元,还未满21岁,是毕业于北京农业大学的一名高材生,此行是奔赴他主动报名要为祖国建设贡献力量的地方——大西北的宁夏。

他认为:自己是新中国培养的第一代大学生,为新中国、为党争光,哪里艰苦到哪里去,就是自己的志向。

1933年1月郭予元出生于一个多子女家庭,幼时因父亲破产,又遭上海沦陷,日军铁蹄践踏黄浦江两岸,家里的生活每况愈下,只能靠变卖东西维持。内忧外患的双重压力,使得他从小就懂得了人生的艰难,知道了国家贫穷落后就要挨打的道理。人穷志不穷!郭予元暗下决心:一定要在学习上取得好成绩,长大后报效祖国,让自己的祖国强大起来！在上海读高中时，连续3年6个学期他都是年级第一名，对此学校免收了学费，同时他也养成了在艰苦条件下刻苦读书的好习惯。1949年，上海解放了，郭予元迎来了自己一生中难忘的秋天——他一口气报了5个名牌大学并被全部录取。他选择了清华大学昆虫系，后因院系调整，清华大学昆虫系和其他一些院系合并成为北京农业大学（今中国农业大学），由此他成为一名北京农业大学的学生。

从清华到农大，他不大情愿但又无可奈何。可经过学校对新生的入学教育，尤其是当他下乡实习，看到漫天的蝗虫疯狂地吞食着庄稼；看到灾农在因虫害绝产的田头落泪，甚至在地头点香求神驱虫的时候；当他在农民的土炕上，听他们讲对摆脱贫穷能吃上饱饭的渴望之时；当他坐在宽敞明亮的教室里听国内一流的农业学者刘崇乐、陆近仁、胡秉芳等先生授课的时候；当他一遍又一遍读革命史，为先烈们的事迹而感动的时候，郭予元的思想也悄然发生了变化：既然已经上了北京农业大学，就要为发展祖国农业科学而奋斗。他懂得了一个企盼国家独立富强的青年就必须肯为建设新中国而奉献自己。从那时起，他变了，他变得爱上了农大、爱上了农学、爱上了植保专业，他聪明好学，刻苦勤奋，成绩优异。"既然不能去抗美援朝流血保卫祖国，就应到最艰苦的地方去建设祖国"。在毕业志愿表上，一直为没能够参军到朝鲜前线而遗憾的郭予元写下了十个大字——"到祖国最需要的地方去"。就这样，他义无反顾地奔赴了当时交通不便、贫穷落后的宁夏。

分配给我的工作就是我的阵地

"牛车来喽，买水喽。""水牌呢？你交了几个水牌？"在一阵吆喝声之后，几个年轻学生模样的人把一桶桶水提进了小平房。

"快看书吧，要不又该停电了……""这发电机太老了，比我爸岁数都大"。小平房里省农技推广站的几个小年轻在议论。

这就是1953年的宁夏银川。当时的宁夏，还没有成立自治区，银川是省会，可这里没有一条柏油路，没有一座楼房，连省政府都是几排平房，城市规模就像内地的一个小镇；吃水靠牛车送，发电机还是清朝留下来的。郭予元被分到了省农技推广站，报到后被派下乡蹲点，当时没有公交车，近靠步行，远骑单车，带上行李用具，土路上一骑就是百多公里，连屁股都磨出了泡。他吃住在农民家里，白天下地了解病虫害的情况，向农民学习，也向他们推广防治技术；晚上在油灯下带着问题查书找答案，边干边学。在田间地头、村院农舍经常能看到他的身影，生活工作条件虽艰苦，但得到农民的认可和信任，初战告捷。冬季回到推广站，在小平房做实验，研究病虫害是怎样发生、怎样防治的，写报告、写总结、办培训班、参加各种政治活动还附带着学外文……这个上海小伙子有着使不完的精力，从不叫苦叫累，站里领导和同事对他都很满意。

最让郭予元难忘的是对稻瘟病的防治。宁夏作为引黄灌区，水稻是主要农作物之一，稻瘟病连年大发生。为了研究这种病的防治方法，1955年调他到农业试验场，单枪匹马挑大梁，负责这个项目。他常常在水田里一泡就是四五个小时，稻田里施的羊粪在烈日下发酵，使他的腿上长满了脓包，当地人叫羊粪疙瘩，远看像是穿了一双黄靴子，刺痒难熬。可他"穿着一双黄靴子"愣是每天走10多个田块观察病情，并定时更换病菌孢子捕捉器上的载玻片；搞盆栽、查文献，到气象站查资料，分析天气与病情变化的关系，自学统计分析，最终用辛苦换来了出色的成果：他能用7月的雨量与雨日较准确地预测8月份稻瘟病发生的程度，做出了用前期叶瘟病情较准确预测后期穗瘟病情的预测模型，提出了高效控制稻瘟病的药剂防治技术规范。因出色的工作表现，他被省里推荐参加了稻瘟病考察团去全国主要稻区考察。

说起宁夏科研，他另一个出色的成果是对小麦上发生的麦种蝇和其他一些疾病的防治，为此他选中了1958年宁夏成立自治区时新划入的西海固地区进行研究。在这个宁夏最穷的地方，他一扎就是几年，终于搞清了这种虫害的发生规律并找到了控制其危害的方法——用辛硫磷拌种，一举解决了这个问题。此外，将大面积小麦腥黑穗病病穗率大幅压低、消灭豌豆象虫、控制杨树上的腐烂病等，都是他辛勤劳动的成果。

郭予元是勤奋的，也是聪明的。因为他勤奋，很多苦活难活都让他干，这也使他在艰苦的磨练中逐步成长起来。因为他聪明，很多岗位他边学边干都能够胜任，且干一行爱一行。在宁夏29年半，他当过农技推广员、技术员、农校教师、农学院教师、植保所所长。他关注几乎所有宁夏农林作物的重要病虫害，教过中专植保范畴所有的专业课，多数都是自编教材。由于他总是被调来调去，岗位常变，有人惋惜："领导把你当万金油了，哪儿需要往哪儿抹，怎么能出大成绩？"对此，他只是淡淡地一笑："生产上要解决的问题太多了，事儿都得有人干，分配给我的工作，就是我的阵地。"就是靠着这种甘当"万金油"的精神，他在宁夏的科研工作硕果累累，获得过3次宁夏科技奖，因为对宁夏农业昆虫调查和有关研究作出了重要贡献，他与吴福桢合作获得了1978年全国科学大会奖和宁夏自治区科技进步二等奖。

生活上的苦累、工作上的困难还不是郭予元最难应付的，让他最难忍受的是由于他有4个哥哥姐姐在海外，那个年代他自然被列为控制使用和审干对象。1955年在业务场长的支持下，他报考了北京农业大学的研究生，前脚场长给报了名，后脚书记就给学校发函"此人历史未做结论不宜录取"。运动一来，挨批判是少不了的。"文革"中，他又首当其冲和妻子都成了被"专政"的对象，几次被抄家。在他的经历中曾有过一件挨斗的往事：那是一个风高月黑的夜晚，他白天刚扛过70多包稻谷，带着一身的疲倦和汗水回到家中，还没端起饭碗，就被人叫去开会了，一进会场，他大吃一惊，原来今天被批斗的主角竟是自己！口号阵阵，有人说他是毒蛇，有人说他是牛鬼蛇神，还有人狠狠地踢了他两脚……无奈之下他也只好跟着喊起口号，可直到批斗会结束，他也没搞清楚自己到底有什么问题，错在哪。像这样的荒诞闹剧在那个年代是经常发生的，他已经是见怪不怪了。他相信"人祸"长不了，党和国家正遭受的劫难是暂时的。他不管多么乱，都是该干什么干什么，偷偷看文献，偷偷搞翻译，搞田间调查，为科普小报写稿，什么都干。"绝不能让光阴白白浪费掉。国家要我们向科学进军的春天一定会再来！"这就是郭予元的心声，这就是一个正直的农学家在那个年代仍坚定不移的信念。

射手的美名是由于他的目标

几番风雨、几度春秋，一转眼，时光到了1982年。

入冬的11月，在北京刺骨的寒风中，从火车站走出了已担任宁夏农林科学院植保所所长近4年的郭予元，身边是他相濡以沫的妻子。从1953年俩人离开北京已近30年了，此刻重返北京，他们的心情无疑是十分激动的，但同时又感到了沉甸甸的压力。是老专家吴福桢慧眼识英，把他调到了急需人才的中国农业科学院植保所。在有的人看来，从宁夏的科研所一下调到中国的权威大机构是一步登天，可在郭予元看来，却是重任在肩，他还是抱着甘当"万金油"的想法，哪里需要往哪抹。

基调室、麦虫室、棉虫室……用他自己的话讲，恰似排球场上的自由人，什么位置需要，就立即上场，干一行钻一行。从1983年起直至90年代初期，他几乎每年都有3~4个月下农村基层，他总是能结合实际提出科研思路。棉铃虫是我国棉花的最主要害虫，每次大暴发都会使全国棉花减产二三成，经济损失在百亿元左右。由于宁夏基本上不种棉，他50岁已过，才开始研究棉铃虫，凭着顽强的毅力和多年基层科研工作的经验，带领着一个课题组，几年后解决了棉铃虫防治中的重大难题，一举拿下了农业部科技进步二等奖和国家科技进步三等奖。他们的科研成果"新乡示范区控制棉铃虫猖獗危害配套关键技术"，在1992年棉铃虫特大暴发期大显神威，不但使重灾区新乡县示范区内4万多亩棉田免受棉铃虫猖獗的危害，达到平均亩产皮棉70公斤以上，成为全国在棉铃虫暴发年份成功控制其危害的防治典型，而且直接推广应用到冀、鲁、豫、陕等棉花主产区后，在700万亩棉田中成效显著。为这项技术推广应用，他和同事们还培训了数千名农技骨干，出版了多本有关棉铃虫防治的学术专著和科普读物，制作了多套科普幻灯片录像，使广大棉农从中受益。更为重要的是，通过这项研究，郭予元和他的课题组还配合农业部农作物病虫害测报处制定出《全国棉铃虫预测预报及综合防治技术规范》，从此使棉铃虫预测预报及综合防治有章可循，改变了过去只靠打药的传统防治思路，使棉铃虫防治由单一的药防变成了综合治理。

正是在这种"国家的需要就是我的阵地"的信念支撑下，到中国农业科学院后他主持研究"河南南阳小麦吸浆虫综合防治示范"，再次获得了1998年国家科技进步三等奖。他的团队承担的"我国棉铃虫地理型组成及兼性迁飞规律"获得了1999年农业部科技进步一等奖、2007年国家科技进步二等奖。"八五"国家重点科技攻关项目"农作物主要病虫害、农田草鼠害综合防治技术研究"课题，获得了突出贡献荣誉证书和1999年农业部科技进步一等奖。此外，他还把分子生物学、蛋白组学、生物化学等学科的先进理论技术应用于农业防虫研究，追踪国际先进科技前沿，取得了这一领域开拓性的进展。他总是身体力行，带领年轻人去创新，"咱也湿湿脚"是他介入新学科、新领域时的一句口头禅。

在郭予元身上，还有许多令人难忘的品格。

各种科研成果报奖，作为主要贡献者，他往往都会提出各种理由把自己往后排，凡有合作人的奖项，他多数不是第一完成人。他说："能把大家的积极性调动起来，同心协力取得成绩又推出新人，比给我几个第一都值。"

他当院士后，没有住到为院士安排的高知楼里，而是和大家一样住到了离单位有15公里之远的小区，所里考虑他年纪大了，要为他配备专车接送，可他坚持乘公交车上下班，直到所里开通了班车，他才和大家一起坐班车。

在所里，连他的学生都说他"节约"。比如，阴天下雨光线暗，为了节电，办公室里也不肯开灯；炎热的夏天，也尽量少开空调；吃穿都很简单，但他也有大方的时候，比如向灾区捐款，一出手就是万儿八千元，平时资助贫困学生和有困难的人更是难以计数。

他最爱说的一句格言是"赢得好射手的美名并非由于他的弓箭，而是由于他的目标"。他不为名利地位诱惑所动,面对压力愈挫愈强,都得益于50多年前给自己定下的全心全意为人民服务、为改变祖国农业落后面貌而奋斗的目标。

这就是郭予元,一位中国农业科学家的情怀!

●中国农业科学院植物保护研究所供稿●

【李家洋简介】

李家洋，男，1956年生，安徽肥西人，著名植物分子遗传学家。1982年毕业于安徽农学院；1984年毕业于中国科学院研究生院，获硕士学位；1991年毕业于美国布兰代斯大学，获博士学位，并到美国康乃尔大学汤普逊植物研究所从事博士后研究。1994年任中国科学院遗传研究所研究员，2001年当选中国科学院院士。曾任中国科学院遗传研究所所长、遗传与发育生物学研究所所长、中国科学院副院长、农业部副部长、中国农业科学院院长（2011—2016年），中共第十八届中央候补委员。现任中国科学院遗传与发育生物学研究所研究员，第十三届全国人大常委会委员、农业与农村委员会副主任委员。兼任国际水稻研究所（IRRI）理事。曾兼任中国作物学会副理事长，中国遗传学会理事长。2004年当选发展中国家科学院院士，2011年当选美国科学院外籍院士，2012年当选德国科学院院士，2013年当选欧洲分子生物学组织外籍会员，2014年当选国际欧亚科学院院士，2015年当选英国皇家学会外籍会员。

长期从事水稻等高等植物生长发育与代谢的分子遗传学研究。以水稻和模式植物拟南芥为材料，研究植物激素（生长素和独脚金内酯）的合成途径与作用机理，阐明高等植物株型形成的分子机理，并致力于水稻的分子品种设计，培育高产、优质、多抗、高效的水稻新品种。采用图位法克隆水稻分蘖控制基因，开拓了水稻分蘖控制与水稻理想株型分子机理研究的新领域。主持多项重大课题研究，在国内外顶尖学术期刊上发表了一系列论文并被广泛引用，成为"世界高被引用科学家"之一。1995年获国家杰出青年基金，1997年为中国科学院"百人计划"支持对象，2003年获中央组织部等部门授予的留学回国人员成就奖，2004年获全球华人生物科学家大会生命科学成就奖、何梁何利生命科学奖，2005年获国家自然科学奖二等奖、长江学者成就二等奖，2011年获美国植物生物学家学会终身会员奖，2013年获中国科学院杰出科技成就奖，2014年获汤森路透全球高被引科学家奖，2017年获国家自然科学一等奖、求是科技成就集体奖，2018年获陈嘉庚生命科学奖。

> 他谦和、务实，对同志给予春风般的温暖；他刻苦、执著，对科研的追求渗透到每一个细胞。他肩负使命，深谋远虑，为农业科学冠名"创新工程"；而他更是身先士卒，扛起分子设计育种的创新大旗，向水稻科学的前沿冲刺。他为科学而生，为人民建功。

一个在科学攀登上永不停步的大家

——记中国科学院院士李家洋

  2018年1月8日上午，国家科技奖励大会在人民大会堂隆重召开。中国科学院院士、中科院遗传与发育生物学研究所研究员、原中国农业科学院院长李家洋领衔的团队承担的"水稻高产优质性状形成的分子机理及品种设计"研究荣获2017年度国家自然科学奖一等奖。当李家洋从中共中央总书记、国家主席、中央军委主席习近平手中接过红色获奖证书时，全场响起雷鸣般的掌声。

  回忆当时获奖的情形，李家洋面带微笑地说："获得国家自然科学领域的最高奖固然令人欣喜，但作为科学家，要始终把'人民对美好生活的需要'放在首位，保障国家粮食安全，让人民吃得好吃得安全才是我们的初心使命。"

● 李家洋在三亚南繁基地田间察看

挑战前沿　取得水稻分子育种重大突破

近半个多世纪以来，伴随农业科技的不断进步，我国水稻生产水平不断跨上新台阶。如 20 世纪 50 年代矮秆水稻品种的选育推广和 70 年代杂交水稻技术的建立，使我国的水稻单产取得两次大的飞跃，这些优良品种的应用和科学的栽培技术为保障我国粮食安全作出巨大贡献，也成为国际农业"绿色革命"的代表成就。

李家洋团队此番获奖项目"水稻高产优质性状形成的分子机理及品种设计"被项目推荐人、2006 年度国家最高科学技术奖获得者李振声院士高度评价为："一次新的绿色革命的开端"。用通俗的语言来解释这个获奖项目，就是要知道水稻的产量和味道是由什么基因决定的，再进一步设计培育出既高产又好吃的水稻品种来。据《现代中国水稻》一书记载，1949—2002 年，我国水稻在播种面积增加 9.7% 的情况下，总产量增加了 2.6 倍，在诸多因素的贡献中，优良品种起到了至关重要的作用。

培育高产优质水稻新品种，让消费者在吃饱的同时，吃好、吃得安全，是农业科学家一直的追求和梦想。但传统的杂交育种方式周期长，育成一个新品种往往需要 10 年以上时间，而且面临着品种间遗传多样性狭窄、效率低等问题。对此，科学家们一直在努力探索。如何才能突破传统育种方法的瓶颈，在相对短的时间内培育出一个好的水稻品种，如何才能破除好吃不高产、高产不好吃的育种"魔咒"，培育出既高产又好吃的水稻？能不能找到水稻基因和性状的对应关系，按照需求的不同，设计出不同的水稻新品种？李家洋一直在思索，在探究。

经过十多年的努力，李家洋领衔的团队发掘出多个决定水稻品质和产量的关键基因。最令李家洋感到骄傲的是 IPA1 基因的发掘。IPA1 是英文 Ideal Plant Architecture 1 的缩写，意思是理想株型，李家洋发现这是一个决定水稻株型的关键基因，与水稻的分蘖角度、秸秆的粗细、稻穗的大小等重要性状密切相关并且决定水稻的产量。将该基因导入水稻主栽品种中，可以重塑水稻株型性状，成为株高适中、穗大粒多的新品种，并使产量显著提高。在提高水稻产量的同时，科研人员依据水稻胶稠度、直链淀粉含量和糊化温度这 3 个影响蒸煮品质的理化指标来衡量水稻是否好吃。李家洋团队通过基因关联研究，确定了多个水稻淀粉合成途径的关键基因，这些关键基因决定了水稻的味道。

在对关键基因有了深入了解的基础上，李家洋团队将其研究成果应用到水稻品种的培育中。他们以超高产但综合品质差的品种如"特青"作为受体，以蒸煮品质优良的品种"日本晴"和外观品质优异的品种如"93-11"为供体，对涉及水稻产量、稻米外观品质、蒸煮食味品质和生态适应性的 28 个目标基因进行优化组合。利用杂交、回交与分子标记定向选择等技术，成功将优质目标基因聚合到受体材料，并充分保留了"特青"的高产特性。

"分子设计育种"较之于传统育种，具有"知其然，也知其所以然"的优点。因为知道想要的性状是由哪个基因决定的，所以在育种过程中，并不需要等到水稻成熟，而是在幼苗阶段就可通过基因检测来确定一株水稻是不是含有相关基因，并基于此筛选目的植株，因此大大节约了人力和土地。"这就像搭积木，我们有针对性地选择需要的积木，更快更好地搭建出需要的建筑。"李家洋说。

李家洋团队通过"品种设计"培育出来的"嘉优中科"系列水稻新品种，稻米的外观品质、蒸煮食味品质、口感和风味等方面均有显著改良，其中嘉优中科 1 号连续两年万亩示范平均产量比当地主栽品种增产 20% 以上，并且适合机械化或直播等栽培方式，成功实现了"籼稻的产量，粳稻的品质"的理想目标。不仅如此，他们还向国内水稻育种单位发放了 2 000 余份次理想株型种质。在研究过程中，李家洋和团队首创了全新的基因分型算法，构建出高密度的水稻单倍体型图谱，并把取得的基础研究成果应用于水稻高产优质分子育种上，率先提出并建立了高效精准的分子设计育种体系，示范了高产优质为基础的设计育种,为解决水稻产量与品质互相制约的难题提供了有效策略,为培育出具有丰产性、抗病性、优质性、广适性的水稻"超级品种"打下了基础。同时,阐明了水稻的起源及驯化过程,构建出水稻全基因组遗传变异的精细图谱,为南北方水稻育种、栽培的差异化提供了科学依据。

"分子设计育种未使用基因编辑技术,也没有引入外来基因,而是从水稻天然基因里进行筛选。利用现代信息和生物技术,通过杂交、分子标记选择和对遗传机理的了解,能实现从传统'经验育种'到定向、高效'精准育种'的飞跃。"李家洋强调说,水稻育种创新是水稻科技创新的核心,对提升我国水稻产业水平具有重要的意义。

据统计,这个项目的研究成果已在国际权威学术刊物上发表论文120多篇,被《科学引文索引》(SCI)引用8 000余次。评论称,它为水稻及其他作物分子设计育种提供了重要指导与示范作用。

负笈远行　学成归来报效祖国

1956年7月,李家洋出生在安徽肥西县的一个农村。乡村的美丽景色和艰苦的生活环境,令他至今难忘。懵懂记事时,他曾感受过农业科技的力量。"很小的时候,水稻将近一人高,很容易倒伏。我七八岁时开始换品种,稻株变矮,不易倒伏了,产量也提高了。"能多打粮食是欣喜之事,不过他当时并不知道这些改变究竟来自哪里,也没对农业发生更多兴趣。"那时我的理想是当物理学家或数学家。"李家洋笑谈道。

自幼聪明好学的李家洋,读小学时已经把哥哥姐姐的中学语文课本看完了,上中学时,课本上的内容已经不能满足他对知识的渴求,老师被他的求知热情所打动,特意到图书馆借一些书籍来让他阅读。

高中毕业时,按照当时政策,城镇户口的毕业生可以去兵团参加建设,农村户口的李家洋则只能回乡。他当过农民、做过民办教师,后来又在建筑工程队招工时当上了建筑工人。

岁月流逝,前路茫茫,学习成为李家洋的精神寄托,即使在建筑工地当学徒的日子里,他也从未停止过自学。白天在工地搬砖、挖地基、抬水泥,晚上就在灯光昏暗、人声嘈杂的大工棚里默默看书,除了看文学作品,还有大量的自然科学书籍,甚至外语。

机会总是留给有准备的人。1977年,国家恢复高考,李家洋顺利地成为恢复高考后首批大学生中的一员。怀揣着安徽农学院(现安徽农业大学)林学系的录取通知书,李家洋开始了他的求学之路。

当一名科学家是他自小就埋藏在心底的愿望，学习成了他的"最爱"。在认真读了很多生态学和遗传学著作之后，他带着对我国著名生物学家童第周先生的崇拜，开始聚焦于分子遗传学研究，并决定去读遗传学的研究生。他知道，要读遗传学就应该去中国科学院遗传研究所，因为那里是中国最高的遗传学研究机构。

目标明确后，李家洋开始了具体的学习计划。既要把林学专业的各项学习任务完成好，又要系统学习与遗传学专业相关的课程，相当于同时学习两个专业的课程。学如负重爬坡，他却甘之如饴。李家洋立志献身科学，付诸刻苦学习，政治上、思想上也迅速成熟起来，1981年12月，在即将大学毕业之际，他在安徽农学院光荣地加入了中国共产党。

天道酬勤。1982年，李家洋考进中国科学院遗传研究所攻读硕士研究生，从此与生命科学和农业科学结下不解之缘。

3年的研究生学习，李家洋不仅阅读了遗传所内大量的专业书籍，还把书本上的很多知识在实验中验证并应用，在完成研究课题的同时，也让他的视野更开阔，在求学和科研道路上有了更高的追求。1985年他留学美国，1991年获布兰代斯大学生物学博士，同年进入康奈尔大学汤普逊植物研究所开展博士后研究。他以遗传发育的重要模式植物拟南芥为研究对象，取得了一系列重要研究成果。未及不惑，李家洋已经凭借优异成绩在美国专业领域立足。

在求学的过程中，李家洋一直坚持在植物相关领域工作，尽管转向动物或与人类疾病相关的研究可能会有更多的机会和个人收入，但是他都不为所动，因为在他心中，中国是一个农业大国，也是一个人口大国，他始终把与农业相关的植物科学作为他的目标。1994年8月，在美国康奈尔大学做完博士后研究的李家洋回国了。

"我一直都做着回国的打算，在发达的美国，自己最多不过是锦上添花罢了，但对当时的祖国，就有可能是雪中送炭了。"近十年的美国学习生活丝毫没有改变他的报国之心，他毅然舍弃了美国优越的科研和生活条件，带着全家踏上归途。在他看来，在祖国最需要的时候回来，应该是无条件的。

心系农业　聚焦水稻功能基因研究

20世纪90年代刚刚走上市场经济征途的中国，经济实力有限，百废待兴之际，国家很难拿出足够的资金支持科研，更不用说资助作为基础学科的植物分子遗传学研究了。

回国后的李家洋，在中国科学院遗传研究所提供的 30 多平方米的旧实验室里，白手起家，依靠研究所支持的 2 万元启动经费，开始建立自己的实验室。

"当时我心里并没有那种很失望的感觉，因为既然下决心回来了，就做好了各种准备。况且即使在欧美，也要花 3~5 年时间才能建好一个实验室。"在李家洋看来，任何事情都要有一个过程，"拿到经费我高兴，拿不到也不必怨天尤人，反正我已经做好了长期艰苦奋斗的准备了。"

那时，不但工作、生活条件艰苦，李家洋的研究领域拟南芥也不被大多数人理解，甚至有些人不相信他能在国内扎下根来。1994 年年底，国家自然科学基金委员会首度推出"国家杰出青年"科研基金，李家洋参加了答辩。尽管当时表现比较出色，但却没有申请成功。他回顾说："第二次申请时，就顺利通过了。我个人认为，第一次的答辩状态比第二次好，但当时别人不了解你。了解和信任需要一个过程，可能很慢，但你必须适应。只要安心科研，终究会得到理解和支持。"

怀着对科学事业的执著追求，李家洋潜心科研，带领团队克服各种困难，在国内率先建立了植物图位克隆技术体系，利用自己构建的突变体库作出了原创性的重要成果。2001 年，年仅 45 岁的李家洋凭借在拟南芥分子遗传学研究方面的卓越贡献，当选中国科学院院士。

而就在李家洋回国的同一时间，在大洋彼岸，一篇长达 141 页的报告《谁来养活中国》在全球范围内引起轩然大波。这篇副标题为"来自一个小行星的醒世报告"发表在 1994 年 9 月美国《世界观察》杂志上。报告指出：中国在因人口增长而导致粮食需求急剧增长的同时，粮食生产却不能同步增加，而耕地又在逐年减少，因而中国不可避免地面临"粮荒"。到 2030 年，假如人均粮食消费水平以 400 千克计，中国的粮食进口量将达到 3.78 亿吨，而那时整个世界的粮食出口总量也不过 2 亿多吨，所以，不仅中国养活不了自己，整个世界也养活不了中国。

这篇报告的作者、时任美国世界观察研究所所长的莱斯特·布朗不无忧虑地指出："事实上没有一个国家，或者没有一组国家可增加其出口潜力去更多地填补中国潜在粮食短缺的一小部分""食品的短缺伴随着经济的不稳定，其对安全的威胁远比军事入侵大得多"。《纽约时报》则发表评论称：假如中国人不能养活自己，那么整个世界都将挨饿。

莱斯特·布朗的这一报告"搅动"了全世界，但在大洋彼岸，中国科学家却"淡定"如常。以"南袁北李"（"袁""李"分别指袁隆平、李振声）为代表的中国科学家们，为解决人民的主粮问题，正心无旁骛、夜以继日地攻关。他们要用事实告诉世界：中国能自己养活自己！

"'五谷者，万民之命，国之重宝。'在中国搞农业科学，应该主要考虑粮食作物，毕竟民以食为天。"李家洋说。

水稻是世界上最重要的粮食作物之一，全球一半以上的人口以稻米为主食，它也是我国最主要的栽培作物之一。水稻研究是世界农业科研领域的重点，许多国家的优秀科学家都致力于此，我国也有众多科研人员从事水稻研究，可以想见攻关之难、竞争之烈。可以说，"稻"是生存之道，也是发展之道。

面对中国的国情，经过慎重分析，归国不久的李家洋决定放下做得顺风顺水的拟南芥分子遗传学研究，转向水稻研究。两者虽存在相通的基础原理，但因水稻是单子叶植物，拟南芥是双子叶植物，发育上有很多不同之处，差别相当大。但他决定以己所长闯出一片天地。

李家洋解释道："水稻等禾本科植物，在发育过程中，有一种特殊的现象叫分蘖，它直接决定水稻的穗数，是影响水稻产量的主要因素。要想提高产量，分蘖数不能太多，也不能太少。影响分蘖数的因素很多，基因是根本。如果能找出控制水稻分蘖形成和发育的主控基因，那么就有可能最终应用于高产水稻的培育，提高产量。"

为了能尽快找出主控基因，培育出高产水稻良种，溽热盛夏，李家洋挽着裤腿在浙江富阳的水稻基地一株株查看植株长势，衬衫被汗水浸湿又晒干，泛起白花花的盐渍；初春海南，在依然炙烤的阳光下，他在南繁基地的田间观察记录正在扬花抽穗的水稻穗数，忘我投入。多少假日周末，他坚守实验室，全身心进行科学研究……

"至少有3次，我们的课题组已经得出基本结论，正在撰写论文，却有同行快我们一步，抢先发表了最新成果。在水稻分子遗传学界，如果没有新发现，实验就没有价值了，我们只能从头再来。当时我们都难过得吃不下饭，但是平静一下心情，大家相互鼓励之后，还要继续坚持，努力走得更快些。"李家洋说。

经过多年的艰辛探索，2003年，李家洋和中国水稻研究所钱前研究员合作，以水稻单秆突变体为研究材料，不仅发现了控制水稻分蘖的关键基因 $MOC1$，而且采用图位法成功分离和克隆了这一基因，开拓了水稻分蘖形成的分子机理研究新领域，在揭示水稻高产的分子奥秘上迈出重要一步。2003年，Nature（《自然》）杂志发表了这一研究成果，在国际上引起强烈反响。此后，他们又相继发现了水稻茎秆机械强度的关键基因 $BC1$、水稻分蘖角度的关键基因 $LA1$、水稻穗大小的重要基因 $SP1$、水稻理想株型基因 $IPA1$ 等一系列水稻重要农艺性状基因，奠定了我国水稻功能研究的重要基础，引领了我国水稻功能基因组学研究。

时光荏苒，斗转星移。李家洋先后被委以研究所、中国科学院、中国农业科学院的管理和领导重任，行政事务越来越繁重，担子越来越重，但他从未放下科研，从未离开实验室。即使在他担任副部级领导职务的13年中，始终坚持白天处理繁忙的行政事务，晚上到实验室继续科研工作，这种对科学的执著追求和超人毅力，使周边的同事无不为之动容和报以深深的敬意！他先后在国际主流学术刊物发表论文130余篇，相关成果多次受到Nature、Nature Genetics等国际权威学术刊物的专文评述。他带领的研究团队在高等植物株型发育、稻米品质形成机理以及水稻分子育种领域取得了一系列具有国际影响力的重要研究成果，先后4次入选"中国科学十大进展""中国十大科技进展新闻"。他本人先后荣获何梁何利生命科学奖（2004）、国家自然科学二等奖（2005）、中国科学院杰出科技成就奖（2013）、汤森路透高被引科学家桂冠奖（2014）、国家自然科学一等奖（2017）、求是科技成就集体奖（2017）、陈嘉庚生命科学奖（2018）。2001年当选中国科学院院士。2004年当选发展中国家科学院院士，2011年当选美国科学院外籍院士，2012年成为德国科学院院士。2013年入选欧洲分子生物学组织（EMBO）外籍成员，2014年入选欧亚科学院院士，2015年当选英国皇家学会外籍会员。

使命所托　开拓农业科学创新新局面

2011年李家洋受命出任农业部副部长、中国农业科学院院长，成为农业领域少有的院士部长，肩负起中国农业科研国家队新领队的重任。

李家洋认为，目前世界农业的竞争已经聚焦到农业科技。在经济全球化背景下，谁能在农业科技前沿领域占据制高点，谁就更有可能掌握农业发展的主动权。从未来保证粮食和主要农产品不断增长的需求看，我国农业的根本出路在于科技进步。他说："作为农业科技工作者，我们必须牢牢把握这一重大历史机遇，增强使命感、危机感、紧迫感，紧紧瞄准面向世界农业科技发展的前沿方向，面向国家现代农业发展的重大科技需求，加快我国的农业科技创新步伐，努力抢占农业科技制高点，为推动我国现代农业建设、提升我国农业国际竞争力提供有力的科技支撑。"

在李家洋看来，作为农业科研的国家队，中国农业科学院承担着引领全国农业科技创新、带领全国农业科技整体实力率先进入世界前列的历史任务，要完成时代赋予的使命，中国农业科学院就必须对涉及国家农业和农业科技发展的重大战略问题具有前瞻性、战略性、综合性研究能力，必须在基础性、前沿性、关键性学科研究上达到国际一流水平，任重道远，时不我待。

因此，上任伊始，他就将目光投向中国农业科学院未来中长期发展上，思考在新的历史发展时期，中国农业科学院如何发挥出自身作用。

没有调查就没有发言权。上任不到半年，他就走遍了中国农业科学院京内外32个研究所和河南、海南等地多个试验基地。每到一地，他都要与一线科研人员深入交谈，倾听他们的声音和感受，详细了解研究所在学科方向、人才队伍、科研条件、平台建设、成果转化、创新文化等方面的有关情况和试验基地建设情况。他务实的作风、平和的态度，赢得了科研人员的信任和好评。

"通过此次调研，发现了问题，但也增强了信心。"

李家洋坦言，制约中国农业科学院发展的一些深层次问题，如重大原创性成果、关键核心技术突破还比较少，自主创新能力有待提高；作为农业科研国家队的优势地位还不突出，对全国农业科技的引领作用和产业发展的支撑作用还需要进一步提升；高层次领军型人才缺乏，"杰出青年基金"获得者等青年尖子人才严重不足；学科布局还需进一步优化，科技基础条件建设滞后、科技成果转化机制尚不健全，农业宏观战略研究薄弱，等等。

最让他忧虑的是，中国农业科学院的科研工作面临竞争性项目过多，缺乏自主性、稳定性的经费支持，难以着眼于未来实施长期性、基础性的科研计划。大多研究所运行经费严重不足，甚至有些研究所还停留在求生存阶段。"有钱打仗、无钱养兵"的现象普遍存在，科研人员很难安心搞科研。

而中国农业科学院是国家在新中国成立初期较早进行布局的农业科研力量，有较强的综合实力，经过半个世纪的发展和积累，尤其近10年所取得的成绩，又让他信心倍增。"总体来讲，我感觉到，经过长期建设和积累，中国农业科学院在全国及世界农业科技发展中确立了一定优势，有能力面向农业产业发展重大需求、面向世界农业科技前沿组织开展重大科技攻关，为农业科技和农业农村发展作出更大贡献。"

在2012年年初的中国农业科学院工作会议上，李家洋明确提出了未来10年中国农业科学院发展总目标，即"建设世界一流农业科研院所"。这包括：成为国家农业科技创新新思想、新理论、新技术和重大科技命题的策源地，国家农业高层次科研人才的培养基地和创新创业基地，国家"三农"问题和农业科技发展战略研究的学术重镇。

李家洋认为，在新形势、新阶段，中国农业科学院有责任、有义务也有能力为我国农业发展作出"顶天立地"的实质性贡献，担负起引领全国农业科技创新的历史重任。他解释说,所谓"顶天",就是要达到国际农业科技前沿高峰;"立地"则是要在农业科技产业化、农业生产应用过程中发挥关键作用,作出重大贡献。

"通过10年左右的不懈努力、卧薪尝胆,中国农业科学院有能力在我国农业科技发展方面起到引领作用,有能力在解决我国农业产业发展全局性、战略性、关键性技术问题上起到核心作用,有能力在国际学术界起到骨干作用,支撑我国农业农村经济社会持续发展,并带动我国农业科技整体实力率先进入世界先进行列。"对此,李家洋充满信心。

为切实提高中国农业科学院的科技创新能力,必须有一个强有力的推动力,李家洋带领院领导班子进行了顶层设计,提出实施"科技创新工程"的建议,并积极争取财政部※、农业部的支持。2013年年初,中国农业科学院正式启动实施科技创新工程。这是继中国科学院和中国社会科学院之后,由财政部作为"国家三大创新工程"之一予以重点支持的又一重大改革实践。

李家洋希望通过实施创新工程,按照"顶天立地"的总要求,加快体制机制和管理创新,最终建立起一整套系统完备、科学规范、运行高效、符合中国现代院所制度的科研管理体系,为农业科技创新保驾护航。

在李家洋殚精竭虑的领导下,经过几年的努力,创新工程取得了显著实效。至2015年科技创新工程试点期结束,中国农业科学院聚焦国际科学前沿和产业重大需求,调整再造了三级学科体系,建立起以科研创新团队为主体的科研组织模式,研究方向和目标更加明确;探索实施了分级分类绩效考评和研究所评价制度,发挥了很好的绩效导向作用;探索了"开放、竞争、流动"的用人机制,吸引和提升了一批科研骨干中坚。同时也通过创新工程,构建了长期稳定支持为特征的科研投入机制,增加了创新资金的来源和投入力度。中国农业科学院的国家公益性科研定位更加明确,发展方向更加清晰,束缚创新的体制机制逐步破除,改革创新的思想观念有了较大改变,科研人员的创新热情得到激发,科研产出呈现持续增长的良好态势。

在2018年年初召开的国家科技奖励大会上,中国农业科学院以第一完成人单位荣获7项国家科技奖励,占农业领域授奖总数的23.3%。从2013年至2017年5年间,全院发表的SCI/EI论文数量从2013年的1 557篇增长到2017年2 516篇;11项成果获2016—2017年度中华农业科技奖一等奖,占一等奖总数的27.5%;29项成果获省级一等奖;2017年全年以第一署名单位在国际高水平期刊发表论文23篇;127个作物新品种通过国家或省级审定,获得国家一类新兽药2个。中国农业科学院国家队的主体地

※ 中华人民共和国财政部,全书简称财政部。

位和引领作用已日益凸显。

　　李家洋作为一代传承者,担任了5年中国农业科学院院长,5年很短暂,而他在中国农业科学院的发展历史上留下了浓墨重彩的一笔。

●中国农业科学院办公室供稿●

农科英才

【陈宗懋简介】

陈宗懋，男，1933年生，浙江海盐人，著名茶学家、茶树植保学家。1954年毕业于沈阳农学院植保系。2003年当选为中国工程院院士。曾任中国农业科学院茶叶研究所所长，中国茶叶学会理事长，第五、第六届全国人民代表大会代表。现任中国农业科学院茶叶研究所研究员，中国茶叶学会名誉理事长，中国国际茶文化研究会名誉会长，国家食品安全风险评估专家委员会成员。

作为茶学家、茶树植保专家、中国茶叶农药残留研究的开拓者和奠基人，早期从事茶树害虫防治研究，提出中国茶树病虫区系演替规律，创造茶树长白蚧玻管预测技术。20世纪60年代初，开创茶叶中农药残留研究领域，研究和起草多项国家标准，对降低中国茶叶农药残留作出重大贡献，获国家科技进步二等奖1项、三等奖4项。他主编的《中国茶经》是茶界最畅销书籍之一，1998年获国家科技进步三等奖。他主编的《中国茶叶大辞典》是最具权威性的茶叶工具书，2002年获国家辞书一等奖和国家图书奖提名。2007年被授予中华农业英才奖。2009年被授予新中国成立60周年"三农"模范人物荣誉称号。

> 他治学严谨，潜心钻研，多项研究填补了茶界空白；他求真务实，情系茶农，热忱为茶产业发展奔走呼吁；他为人师表，平易近人，是科研人员的良师益友；他崇高的事业追求，务实的工作作风，无私的奉献精神，堪称茶界楷模。

硕果累累　茶界楷模

——记中国工程院院士陈宗懋

古有茶博士，今有茶院士。"柴米油盐酱醋茶"，茶对于平常百姓来说，是开门七件事之一。作为一种大众饮品，茶叶的质量安全直接影响到茶产业的发展和百姓的生活。陈宗懋在国内外率先开创了茶叶农药残留和茶园化学生态防治研究两个领域，为我国茶叶事业作出了卓越的贡献。

技术创新来源于生产实践

"科研必须与生产相结合"，这是陈宗懋半个多世纪以来始终奉行的信念。自1960年到茶叶研究所后，他先后主持过"茶树病虫种类调查""茶树病虫害大面积综合防治研究""茶树地衣苔藓防治研究""茶云纹叶枯病流行规律和防治研究""新农药对茶树病虫害的药效鉴定"等多项茶树植保课题，几乎所有课题都与茶叶生产密切相关。他研究的一个鲜明特点是先从查阅国内外文献开始，工作中既重视基础研究内容又重视和生产实际相结合，解决生产中的实际问题。

早在20世纪70年代，他就归纳提出了中国茶树害虫区系演替的规律，并根据这些演替变化，提出了茶树病虫防治新策略：对茶树病虫危害检查，不仅看丛面，也要查叶背比较隐蔽的部位，否则就了解不到真实的虫情，影响防治效果；由于病虫发生代数、繁殖率的变化，这就要求在防治策略上作出调整。由于害虫取食方式发生变化，过去一些胃毒有效的农药，对吸汁型害虫不再有用。而导致茶树害虫演替的原因，陈宗懋认为主要是化学农药的不合理使用和栽培技术措施的变革（由丛栽变条栽）两大人为因素的干扰所致。茶园生态系统中病虫区系的稳定性和演替是交替发生的，稳定是相对的，演替变化是绝对的。在这种情况下，只采用单一措施就难以取得较好防治效果。为了达到茶树病虫有效防治的目的，他想到了与生产部门相结合的点子，在浙江省农业厅的支持下，70年代初，他在浙江茶区组建起茶树植保联系点，发动点上植保人员，查虫情、发预报，对照当地实际情况，贯彻茶园病虫害综合防治措施。这种联系点的茶树病虫测报与防治网络，到80年代中期，在浙江茶区建有74个省级点、415个县级点。测报点的建立，使茶树综合防治水平和效果大大提高，在此期间，浙江省的茶叶产量提高近4倍。

"科研必须大胆创新"，这是陈宗懋从事科研工作的座右铭。70年代，茶园中长白蚧害虫十分流行，这种背着白色蜡壳的小虫，由于整个身体外面包着一层严密的蜡质，农药进不去，很难杀死，唯一办法是待小虫孵化爬出蜡壳时一举歼灭，掌握时机是防治关键。他到长白蚧害虫高发区蹲点，通过细致观察和研究，提出了一个极为简易的方法：取一小枚玻璃试管，把附有蜡质长白蚧的茶树枝条装入其中，上面用棉花絮塞住，每天观察棉塞上的虫数，就可掌握住孵化的正确日期。他的这个办法推广后，大大提高了对长白蚧的防治效果，后来，他的这种方法成了浙江许多茶区消灭长白蚧的有力武器。

依靠科学控制农药残留

从20世纪60年代开始，由于茶园中使用高残留农药带来茶叶中的农药残留，直接影响到我国茶叶的出口。当时我国对茶叶农药残留的分析还是空白，陈宗懋主动开展此项研究，他以坚强的毅力和刻苦的钻研精神，边学习边工作，开创了我国茶叶中农药研究之先河。40多年来，他先后进行了60余种农药在茶树上残留、降解动态的研究，提出20余种农药在茶树上的安全使用标准，其中有18项作为国家标准颁布实施，另有5项作为部颁标准，从而使茶叶成为全国各种作物中最早提出农药安全使用标准的作物。

通过大量研究数据，他得出两个结论：一是农药的蒸气压是决定农药在田间或加工时挥发的主要因素。根据农药的蒸气压就可以判断该农药在茶树上残留时间的长短，是否适合于茶叶生产中使用。二是农药的水溶解度是决定茶叶饮用安全性的重要参数。

茶在冲泡后，饮用的是茶汤而不是直接食用茶叶，因此只根据在茶叶中的残留水平来确定茶叶的农药残留是不科学的，应同时考虑其在茶汤中的浸出率，茶叶中农药残留应以测定茶汤中的农药残留含量才是正确的做法。他的这一建议，后来得到联合国粮农组织（FAO）的认可，也为 FAO 所采用。

六六六和 DDT 这两种农药由于它的高残留和高毒性，早在 70 年代初就已停止在茶园中使用，但在 70 年代末茶叶检测中仍有残留。为了弄清其长期徘徊不降的原因，陈宗懋开始了对这两种农药污染的调查研究。在研究中，他首次明确提出 DDT 和六六六的污染不是来源于土壤和水源，而是空气中漂移的论点。茶叶生产中虽然不用它，但其他作物使用时通过空气漂移而降落于茶园内，造成茶叶污染，所以只有在所有作物禁用时，残留才会消除。在农药研究中，他还提出按照农药常用参数和主要生态条件进行茶叶中农药残留水平的预测研究。这种只采用简单参数和公式，对一种作物进行分析就可预测不同类型农药使用后的残留水平，在国际上尚属首次。他的这些研究成果经鉴定达到国际先进水平，连获国家科技进步奖 3 项，省部级科技进步奖 2 项，申请专利 1 项。

推动制定科学安全标准

从 70 年代起，陈宗懋多次向农业部、中国茶叶进出口公司和浙江省农业厅提出茶叶生产中禁用高残留和剧毒农药，选用低毒、高效、低残留农药的建议，后被农业部采纳并向全国茶区转发，对解决我国茶叶的农药残留起到了积极推动作用。1996 年和 1999 年，针对一些国家在农药残留标准上的严格化，他分别向农业部提出在茶叶生产中禁用高残留的农药品种三氯杀螨醇和氰戊菊酯的建议，得到农业部、化工部※、商业部、卫生部※※专家的认可和采纳，并于 1997 年 6 月和 1999 年 11 月颁布实施。在他的积极参与下，我国茶叶农药残留水平已从 1999 年的 80% 超标降至 2007 年的 18%。可以预期，依靠科学管理必将能实现茶叶达到理想的农药残留控制目标。

90 年代，国际上大幅度提高进口茶叶的农药残留标准，中国茶叶出口遭受严重打击，许多茶叶无法出口。为此，他积极与欧洲茶叶委员会联系，出示了数百页的实验资料，以科学数据为依据，据理力争。经过长达数年的交涉，他的这些建议终于被欧

※ 中华人民共和国化学工业部（1956—1998），全书简称化工部。
※※ 中华人民共和国卫生部（1988—2013），全书简称卫生部。

● 陈宗懋（右二）担任2008年国际食品法典委员会的农药残留委员会（CCPR）会议主席

洲茶叶委员会接受。1998年，欧洲议会通过并正式颁布了包括11种农药修改后的第一批新标准，比原标准放宽了5～100倍，这对我国茶叶出口十分有利。同时，他的实验室还被欧盟认证为我国唯一有资格进行向欧盟出口茶叶中农药残留分析的实验室，每年承担8 000～10 000只出口茶样的分析任务。在2008年联合国粮农组织召开的政府间茶叶会议（IGG）上，成立了茶汤中农药残留工作组，由中国任组长。近年来，我国茶叶污染物方面又有新的问题，蒽醌、高铝酸盐等污染物严重影响我国茶叶的出口，陈宗懋在农业部和浙江省的支持下，组织人员攻关，在上述污染物的来源以及应对方法方面进行了研究探索，取得了良好的结果。

陈宗懋的系统研究和不懈努力，对解决中国茶叶中农药残留问题作出了重要贡献，1992年农业部授予他全国农业环保先进工作者称号。2008年，联合国粮农组织（FAO）下属食品法典委员会（CAC）的农药残留委员会（CCPR）主席国由荷兰改为中国，陈宗懋被农业部任命为CCPR会议的主席。

陈宗懋除了他自己熟悉的植保专业外，对茶叶其他相关业务也积极钻研。他熟悉世界茶叶科技和茶业动态，对茶叶生产发展宏观决策提供建议，多次撰文提出宏观决策的参考意见。为此，他17次参加国际学术会议，在会上作有关茶叶宏观决策的报告。

由于他在国内外茶叶科研、生产、贸易上作出贡献,从1995年起连续5次被农业部派遣,代表中国政府参加联合国粮农组织(FAO)第十一、第十二、第十三、第十五、第十六届政府间茶叶会议。在第十二届世界茶叶大会上,他还就英国提出的茶叶标准问题阐述了我国的立场和意见,捍卫了国家的利益。

开拓茶园化学生态研究新领域

陈宗懋具有活跃的学术思想,在研究中经常能注入世界科技的新思想,他灵活地运用农药的几个物理化学参数和生态环境参数,成功地建立了农药在茶树和茶叶中降解的预测模型与技术,这种对一种作物上多种农药的预测技术在国内外都是首创,该成果在1997年获国家科技进步三等奖。

20世纪90年代,陈宗懋根据国际上化学生态的新热点,开创了茶树害虫化学生态研究新领域。他认为,害虫危害茶树而天敌又吃害虫,这三者以营养食物链的形式串在一起是一种自然现象。那么在这浩瀚的自然界,是什么原因使得害虫正确无误找到茶树,而天敌又如何能在如此浩大的空间寻觅到它的营养源——害虫?这种奥秘似乎是受某些特定的化合物所控制的,如能剖析自然界的这种化学生态联系机制,就可找到新的茶园害虫防治途径,提高茶园害虫天敌的生防效率。这一全新的学术思想极富创新意义,因而先后获得了4项国家自然科学基金和浙江省自然科学基金的支持,同时也由于这种需要,他在国内较早地招收了昆虫化学生态学博士生。

90年代以来,陈宗懋带领他的科研团队开展了茶树上的茶尺蠖、茶蚜、假眼小绿叶蝉等3个主要害虫及其天敌之间三重营养机制的研究。他认为:在复杂的茶园生态系中,无论是同一营养层内还是不同营养层间都由一些信息物质得以保持种内和种间的通信联系。至于不同营养层间也主要是通过化学通讯机制调节种间的相互行为,以获得食料而生存。这类化合物既有利于寄主植物茶树,也有利于天敌,所以称为互利素。就寄主植物茶树而言,这种机制也是茶树植株的一种间接的抗性机制。这些化学生态学的研究结果对茶树害虫的综合治理具有理论指导意义,挥发性互利素的研究,启发人们可以通过这种机制使得害虫无法找到寄主茶树,使天敌能高效率地寻觅到寄主害虫,从而提高生物防治的效率。这些研究成果虽然尚未完全应用于生产,但已指出一条全新的防治害虫希望之路。茶叶是一种特殊饮品,在化学农药受到限制使用的今天,其意义尤为重大。2010年以来,陈宗懋带领团队又在茶树害虫的性信息素研究方面取得可喜成果,通过对灰茶尺蠖性信息素鉴定,在此基础上研发出灰茶尺蠖性信息素诱芯。全国茶区多地进行的对比试验显示，中国农业科学院茶叶研究所研制的灰茶尺蠖性信息素诱芯效果是市面上 3 种类似性信息素产品的 4 倍至上百倍。陈宗懋团队还在研发优化茶尺蠖、茶银尺蠖、茶毛虫、茶小卷叶蛾、茶细蛾和斜纹夜蛾等茶树害虫的性信息素诱芯。目前，性信息素防治技术已经在我国茶区大面积推广使用，在茶树害虫的绿色防控中发挥重要作用。

除了茶树害虫化学生态领域外，陈宗懋带领团队还积极研发茶树害虫新型物理防治技术。系统研究了茶园中主要害虫和优势天敌昆虫的趋色和趋光特征，以此为基础研发出针对茶园主要害虫的天敌友好型色板和天敌友好型 LED 诱虫灯，相关科技产品也在我国茶区得到广泛应用。

致力弘扬茶的国饮品质

茶作为饮料，在中国已有几千年的历史，但它的药用价值，特别是应用于临床实验的研究，却是现代科学研究的内容。陈宗懋早在 20 世纪 80 年代就关注茶与人体健康的研究。他所收集发表茶与人体健康的论文达 15 篇之多，包括国外医学研究现状、世界茶叶抗癌防癌生物化学基础等研究论文。他还受台湾食品协会的邀请，专程去台湾，在第三届中国饮食文化学术研讨会上作"茶对人体健康功能"的学术报告。有一次，联合国一位官员问他："人们都说茶叶有抗癌防癌的功效，为什么西方国家所作的茶叶抗癌流行性病学调查结果不明显，这是什么原因？"陈宗懋想了一下，对他说："我觉得您在布置试验的时候犯了一个错误，您所选择的调查对象是西方人，而东西方人在喝茶习惯上是大不相同的。西方人有茶歇（Tea time），上午 10 点钟、下午 4 点钟。而中国人不是这样的，几乎从早到晚都要喝茶，很多中国人出差也常带着茶杯，坐在火车上也要喝茶，甚至有的人出门时间稍长，也随身带着茶杯，这就说明有个连续性和间歇性的问题。中国人喝茶是连续的行为，西方人是间断性的。茶叶之所以能抗癌，主要是靠人血液中的儿茶素含量，这个结论是经过科学证明了的，间歇性喝茶的人，刚开始喝的时候，血液中儿茶素的浓度比较高，1 小时前后其峰值最高；但到 2~3 小时以后，儿茶素就随小便等液体排泄出去了，浓度也随之降低。因此，西方人血液中儿茶素含量一般有 2 个峰值：早上九十点钟，下午四五点钟，它的曲线是一个双峰形；而中国人则不同，从早晨开始，峰值由小变大，然后一直维持在高峰，是一个馒头形的曲线。哪个效果好？当然是一目了然。要想通过喝茶起到保健作用，每天喝 6~10 克茶，摄入茶多酚 300 毫克对身体健康就有好处了。"

有人问陈宗懋："您为什么这样致力于茶与人体健康的研究？"他十分坚定地说："因为我觉得茶有益于人体健康，茶可以陶冶情操，强身健体，比喝酒、喝饮料要好。茶要成为国饮，要有很多人乐于饮用才行。老百姓喝茶，首先要让他们知道茶的好处，才会主动去喝，所以大家要广泛地宣传。"

陈宗懋主持编著的140万字的《中国茶经》于1992年出版，是一部茶叶百科全书，对茶历史、茶科技、茶生产、茶文化等作了全面阐述，受到读者广泛欢迎。至今已重印21次，销售超过7万册。他主编的《中国茶叶大辞典》，收录辞条10 000条，共300万字，是最具权威性的茶叶工具书。

陈宗懋常说，茶产业好像是在天空中翱翔的一架飞机，它的两个翅膀：一是茶科技，二是茶文化。这两个抓好了，才能带动茶产业的发展。这些年看下来，觉得茶文化就好比是一个平台，通过茶文化可以促进茶贸易、茶产业发展。文化与科技就像孪生兄弟一样，相辅相成。也许是职业习惯，陈宗懋每到一个地方，总要到茶馆看看，他说，茶馆发展起来，可以促进茶的消费，茶文化对茶产业有很大的促进作用。

陈宗懋从1954年大学毕业至今，已连续奋斗了近60个春秋。在达到人生"知天命"的岁月时，他终于实现了自己矢志不移的追求，于1984年光荣地加入了中国共产党。他数十年如一日，踏踏实实地工作在科研第一线，为茶叶科研、茶产业、茶文化发展作出了杰出的贡献。陈宗懋的科研成果获国家科技进步二等奖1项、三等奖4项，省部级科技进步一等奖1项、二等奖3项、三等奖2项。主编出版《中国茶经》和《中国茶叶大辞典》，撰写专著6部。在国内外学术刊物和国际会议论文集上发表论文200余篇，译文100万字以上。获授权发明专利5项。陈宗懋的成就和贡献获得国内外广泛的肯定和赞誉，他于1984—1993年任第五、第六届全国人大代表，1997年中国科学技术协会授予全国优秀科技工作者，1998年获中华农业科教贡献奖，1997年和2001年两次获浙江省农业科技先进个人称号，2003年被遴选为中国工程院院士；2007年获中华农业英才奖，2009年被农业部授予新中国建国60周年"三农"模范人物荣誉称号；2013年世界茶人大会上获世界杰出茶人贡献奖，2015年获中国茶叶学会终身成就奖，2016年获中国工程院光华奖。此外，他还曾兼任国家农药风险评估专业委员会和第一届国家农药残留标准评审委员会副主任委员、卫生部第六届食品卫生标准专业委员会和国家食品安全风险评估委员会副主任委员；曾任第五届、第六届中国茶叶学会理事长，现在担任中国国际茶文化研究会名誉会长、中国茶叶学会名誉理事长。

●中国农业科学院茶叶研究所供稿●

【刘旭简介】

刘旭，男，1953年生，河北定县（今定州市）人，著名植物种质资源学家。1979年毕业于河北农业大学农学系，1983年、1997年在中国农业科学院研究生院作物遗传育种专业分别获硕士学位、博士学位。2009年当选为中国工程院院士。曾任中国农业科学院作物品种资源研究所所长，中国农业科学院副院长、研究员，中国工程院副院长。兼任中国农学会遗传资源分会理事长、中国农业生物技术学会理事长、中国野生植物保护协会副会长。第十三届全国政协委员、常委。

长期从事作物种质资源的研究工作。参与及主持了中国农作物种质资源收集保存评价与利用研究，形成了作物种质资源共享利用的种质与技术基础，完善了我国作物种质资源保护与利用的研究体系，推动了种质资源深入研究，促进了种质资源学科发展；主持了中国农作物种质资源本底多样性和技术指标体系研究，该研究查清了我国作物种质资源本底，建立了作物种质资源技术规范体系，完善了资源信息系统，显著提高了资源利用效率和效益；多年来较系统地开展了小麦及其近缘属分析、基因研究及克隆等研究，为小麦的起源和抗源研究奠定了基础；长期以来重视农业和农村经济发展问题，对生物多样性、农业科技革命和农业可持续发展有较深入的研究。获国家科技进步一等奖、二等奖各1项，省部级一等奖2项，组织与主持出版《中国作物及其野生近缘植物》系列专著，《中国农作物种质资源技术规范》系列110册。2015年获中华农业英才奖。

> 他常念师长知遇之恩，珍视同事手足之情，给予青年父兄之爱。"但责己、不责人"是其座右铭。他情系"三农"大业，潜心种质资源研究，用自己全部心血和力量，创造种质资源新的伟业——搭建一座基因利用的"通天塔"。

开创作物种质资源利用的新伟业
——记中国工程院院士刘旭

　　刘旭是中国改革开放以后成长起来的植物种质资源学家,他完善了粮食与农业植物种质资源的概念,丰富了种质资源的内涵和外延,开拓了种质资源的新领域;他重视农业和农村经济发展问题,对生物多样性、农业科学革命和农业可持续发展有较深入的研究;他通过自己不懈的努力,推动和促进了作物种质资源学科的发展,成为我国继董玉琛院士之后的又一代作物种质资源的学科带头人,为作物种质资源学科建设和事业发展作出了突出贡献。

刻苦攻读 奠定深厚专业基础

1982年1月25日，正值壬戌年春节。中国农业科学院的温室中，一位75岁的长者——中国著名的细胞遗传学家戴松恩院士正在指导两位年轻人为研究中国特有小麦而做杂交，其中一位是不足30岁的硕士研究生刘旭，这是他第一次离家在实验温室中度过一个最难忘的春节。老师的谆谆教诲、自己的求知欲望开启了他痴情农科、日夜求索的种质资源科学之门。

刘旭1976—1979年就读于河北农业大学农学系，在农村长大的他，深知农业离不开科技，学校老师的教育，使他进一步确立了为中国农业发展和农民致富而奋斗的抱负。于是他不仅更加刻苦，更加努力，而且在心中逐渐树立起一个信念，要加入中国共产党，为中国的农业和农村经济发展奋斗终生。辛勤耕耘，终得收获，1979年在他以优异成绩毕业的同时，光荣地成为一名中国共产党党员，并留校任教。当时改革开放的春风已在中国大地吹起，3年的大学生活使这个出生于农村的孩子进一步加深了对农业科学的痴情，但也深深地感到知识的不足，1980年他考取了中国农业科学院研究生院作物遗传育种专业的硕士研究生，师从于戴松恩、董玉琛研究员。第一年在南京农业大学学习基础课，他克服了没有正规学习过外语和高等数学的困难，以惊人的毅力取得了优异成绩；第二年开始在导师的指导下，进行中国特有小麦——新疆小麦的研究工作，提出了新疆小麦在长期的系统发育中有波兰小麦部分血统参与的新观点，于1983年顺利毕业并获得硕士学位。

刘旭1983年进入中国农业科学院作物品种资源研究所工作，一直从事资源研究。1989年春开始成为所领导成员，之后随着肩上担子的加重，他再次感到了知识的不足，1994年他以副所长、副研究员的身份再次进入研究生院，在董玉琛指导下在职攻读博士学位。一边是研究所的行政业务工作，一边是研究生的学习重担，还有正在读博的夫人和读小学的儿子，困难是可想而知的。在最紧张的1995年5月，为了赶上高大山羊草凌晨两点开花，他每天工作学习到晚上10点后回家，又在凌晨一点半起床到地里做杂交授粉工作。1996—1997年他赴美以访问学者身份完成博士论文，一年半的工作量，导师希望他一年完成，而他硬是又提前了100天圆满地完成了全部实验，并顺利获得博士学位。

汗水没有白流，勤奋必有结果。日夜求索给他打下了深厚的专业基础，使他在日

● 刘旭在查阅资料

后的种质资源研究工作中如鱼得水，走出了一连串坚实的足迹，取得了令人瞩目的成绩。

奋力攻关　完善种质资源保存体系

从"六五"开始，作物品种资源所组织全国 400 多个单位的 2 400 多名科技人员，历时 20 年协作攻关。刘旭及其课题组参加了"六五""七五"攻关项目的作物种质资源收集、保存和性状初步鉴定，在此基础上，经反复征求老专家意见，并经论证提出了"八五""九五"应"加快进行资源的可利用性综合评价，积极进行种质创新，实现入库（圃）种质全部数据信息化，力争数据采集与图像采集同步进行，建成完整的种质保存技术体系"的思路，形成了作物种质资源共享利用的技术基础；并参与组织全国种质资源的收集保存，开展优异种质利用性评价和种质创新工作，建设了中期保存库和复份库，建成了仅次于美国的种质资源信息系统，形成了资源充分利用的种质与技术基础，取得了显著的社会经济效益。在此基础上对20年攻关结果进行归纳与提升，组织申报国家科技进步奖。

刘旭于2002年主持了中国作物种质资源多样性研究，组织专家查清了我国粮食与农业植物物种有9 631个种（不包括林木和药用植物），隶属293科、2 155属，其中作物及其野生近缘植物有3 269个物种（分属528种作物）。建立了主要农作物变种、变型、生态型和基因型相结合的遗传多样性研究方法，研究了110种作物的987个变种、978个变型、1 223个农艺性状特异类型，阐明了中国110种作物地方品种本底的遗传多样性。

刘旭及其课题组通过对中国已收集保存的35万份种质资源的归纳分析，提出了山西及周边地区是我国杂粮作物种质资源富集中心和粟类作物起源中心的新论点。研究阐明了中国是禾谷类作物糯性、裸粒、矮秆及育性基因的起源中心和起源地之一。

统一规范　创造科学利用条件

刘旭在参与组织我国种质资源协作攻关时，较早地关注到种质资源研究中的技术规程与技术指标问题，从20世纪90年代就组织专家在主要农作物上进行了预研究，随后组织全国1 000多名科技人员，针对粮食作物、经济作物、蔬菜、果树、牧草绿肥五大类110种作物，从技术指标、技术规范、规范体系3个层次开展了跨部门、跨地区、多作物、多学科的综合研究，取得了重大突破与创新。

研究提出了利用作物种质资源质量控制规范保证描述规范和数据规范的可靠性、可比性和有效性的创新技术思路；统一了实验设计、样本数、取样方法、计量单位、精度和允许误差、等级划分方法等10大类全国农作物种质资源的度量指标；研究提出了3 824个作物种质资源技术指标，系统集成了1 793个技术指标，统一规范了9 436个技术指标，总共实现了15 053个技术指标的系统规范；系统研制了110种作物种质资源质量控制规范、描述规范和数据规范，其中110种质量控制规范、38种描述规范为首次研究提出，创建了作物种质资源科学分类、统一编目、统一描述的技术规范体系。

提出了以规范化和数字化带动作物种质资源共享和利用的思路、方法和途径，完成了110种作物20万份种质资源的标准化整理、规范化评价、数字化表达、网络化共享和专业化服务，从中筛选出一批优异种质，并在育种和生产中得到有效利用，显著提高了资源利用效率和效益。

完善学科　促进基因研究发展

作物种质资源是一个年轻的学科，在国际上也仅有百年历程，在我国自董玉琛院士从苏联回国提出"品种资源"概念的1960年算起，只有50多年的历史。刘旭在长期从事种质资源研究的工作中，在以董玉琛为代表的老一辈科学家的指导与支持下，十分重视资源学科的完善与发展，重视推动种质资源的深入研究，为形成完善的种质资源学科体系作出了突出贡献。

他在综合多方面研究工作的基础上，较早提出了粮食与农业植物种质资源的概念与范畴，经研究论证提出了由作物及其野生近缘植物、采集及放牧植物、杂草与有毒植物3个相对独立又相互依存的部分组成，从而丰富与完善了作物种质资源的研究对象、方向和领域。

2003年，国家科技基础条件平台开始建设。刘旭被聘为国家自然科技资源共享平台专家组组长兼首席技术专家，组织协调了该领域的规划与实施，制定了《国家自然科技资源平台建设实施方案》。该方案论述了国家自然科技资源平台的定义，阐述了自然科技资源共享的历史必然性和紧迫性；提出了自然科技资源平台结构、功能规划与基本构想；明确了国家自然科技资源平台建设的指导方针与实施原则、建设目标与重点任务以及支撑条件与保障措施。

根据作物种质资源深入研究的需要，中国农业科学院在"九五"中后期组织申报"国家农作物基因资源与基因改良重大科学工程"，为基因型研究搭建平台。刘旭先后组织专家论证概念与思路，确定科学目标与意义，并亲自承担三轮论证、七次重大修改1/3的撰写任务，于2000年2月28日获得立项批复。

他组织开展核心种质构建探索性研究，推动核心种质、骨干亲本的"973"立项。根据作物种质资源学科发展趋势，于1994年率先在国内开展了核心种质构建的探索性研究，提出基础核心种质资源与应用核心种质的概念与范畴；随后积极组织专家推动在国家"973"计划中设立了核心种质、骨干亲本的2个项目立项与实施，促进了种质资源的深入研究与育种的进一步结合。

关注"三农" 提升创新研究领域

长期以来，特别是刘旭任中国农业科学院副院长以来，十分重视农业和农村经济问题，对生物多样性、农业科技革命和农业可持续发展有较深入的研究。

他对中国农业发展进行了认真研究，提出了新中国农业发展60多年三个阶段的论点。第一阶段为1949—1978年的29年，为粮食农业，其目标是解决中国人民吃饱的问题，采用了"以粮为纲，全面发展"的方针，以集体化为手段，提出各省粮食自给，将粮食看作战略物资，不计成本，多生产粮食，来保障全国人民都有饭吃，可称作"米袋子"阶段。第二个阶段为1979—1998年的20年，为食物农业，其目标是解决中国人民吃好的问题，采用建立商品粮、商品棉、商品畜等基地县的方式，以联产承包为手段，以"因地制宜、适当集中"为方针，保障全国人民吃好，可称作"菜篮子"阶段。第三个阶段为1999年以来的10多年，为食品农业，其目标是让人民吃优（即科学、健康、方便），以免税补贴承包制为手段，利用优质农产品布局规划为突破口，以延长农业产业链为关键，达到统筹城乡、以工补农的和谐社会，可称为"钱夹子"阶段。他还高度关注农民收入问题和农村环境问题，对此他和课题组做了大量实地调查与研究，发表了一些很有见地的科学论文。

长期以来，刘旭将种质资源的价值评估与产权保护作为一个重要领域，以此明确种质资源在科研、教学和农业生产中的作用，并推动资源创新和支撑农业产业的持续发展。他开创性地进行了生物种质资源价值评估与产权保护工作，详细分析了我国作物、畜禽、微生物、水产种质资源在农业新品种选育中及农林牧渔生产中的作用，利用我国著名科学家庄巧生院士提出的骨干亲本的概念，突破了评估生物种质资源价值的难关，推导出计算公式，初步计算在1980—2002年我国小麦种质资源在育种的作用大约占45.79%，首次在世界上实现了对种质资源价值的经济量化评估。并发表了《我国小麦种质资源价值分析》《我国粮食安全框架下的种质资源价值评估的初探》等价值评估的科学论文。

刘旭大学毕业30多年来，一直在中国农业科学院学习、研究和工作，系统深入地从事作物种质资源保护与利用工作，同时是全国植物种质资源协作的组织者和协调者

之一。他还高度关注"三农"问题研究。目前,他已成为新时期新一代的植物种质资源学家和农业宏观研究专家,孜孜不倦、兢兢业业,为中国的种质资源和农业农村经济发展而不懈地努力奋斗着。

●中国农业科学院办公室供稿●

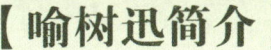

【喻树迅简介】

　　喻树迅，男，1953年生，湖北麻城人，著名棉花遗传育种家。1979年毕业于华中农业大学，2003年获西北农林科技大学农学博士学位。2011年当选为中国工程院院士。曾任中国农业科学院棉花研究所所长、研究员，棉花生物学国家重点实验室主任、中国棉花学会理事长。

　　长期从事棉花短季棉遗传育种研究。研究提出了我国短季棉区划和短季棉育种目标，主持或参加育成短季棉品种19个，缓解了我国粮棉争地矛盾；研究转基因技术，培育系列具有自主知识产权的转基因抗虫棉品种，基本控制了棉铃虫的暴发为害；主持开展棉纤维发育基础理论研究，成功将海岛棉优质基因片段转移到陆地棉中，大幅提高了陆地棉纤维品质；发起棉花基因组中美联合测序，为棉花功能基因组学研究和分子改良奠定了基础。获国家科技进步一等奖1项、二等奖3项，省部级奖8项。发表论文100余篇，出版著作6部。先后被授予国家百千万人才工程人选、国家有突出贡献的中青年专家。2005年获首届中华农业英才奖。

　　　　思念人民温饱，胸怀科学重任；带领科研团队，刻苦攻关前行。不断攻克棉花早熟、高产、抗病三大堡垒，加速培育转基因抗虫棉占领国内棉区。用自己全部青春力量，为祖国建立卓著功勋。

把一切献给棉花育种事业
——记中国工程院院士喻树迅

  他出生于湖北农家，怀着让农民富起来的朴素愿望，在棉花研究领域一干就是30多年；他潜心科研，先后主持培育了19个短季棉新品种，创新了国产抗虫棉自主品牌；他立足长远，开展棉纤维发育基础理论研究，为优质棉育种奠定基础。在追求科学的路上，他的脚步从来不曾停歇。他就是我国著名的棉花育种专家、中国工程院院士、中国农业科学院棉花研究所研究员喻树迅。

  喻树迅常说："作为农业科研工作者，就是要做农业先进生产力的代表，就是要为广大农民的最根本利益服务，培育优良的作物品种就是实现这两个目标的一条途径。"他是这样说的，也是这样做的。在长达30多年的棉花育种科研生涯中，他一直坚守这样的信念，奋斗并履行着这份责任。

喻树迅从小参加生产队棉花生产，对棉花生产的繁重劳动深有感受。他曾想，难道不能研究出更好的棉花品种来减轻农民的劳动、增加农民的收入吗？为此，他进入大学学习就将棉花育种选定为自己的奋斗目标。事实上，一生要为人民做贡献的信念在他中学时期就逐渐形成了，他通过学习党的基础知识，逐渐认识到中国共产党正是这样一个为全体人民谋福利的政党，1972年4月，年仅19岁的喻树迅光荣地加入了中国共产党。1979年他从华中农业大学农学系遗传育种专业毕业后，分配到中国农业科学院棉花研究所从事棉花遗传育种工作，如鱼得水，进入了广阔的科研天地。

划分短季棉生态区　奠定区域发展基础

喻树迅全身心投入棉花科研中，致力于培育棉花新品种。20世纪80年代，他根据中国不同棉区气候特点、生产水平、种植习惯，和同事们一起到辽宁、新疆、甘肃、山西等特早熟棉区实地考察，收集国内外种质资源，经常是晴天一身汗，雨天一身泥，不辞辛苦，潜心研究。经过5年努力，首次提出我国短季棉生态区的划分，将我国短季棉品种划分为3种主要生态类型：北部特早熟生态型、黄河流域生态型、长江流域生态型。短季棉种植的区域性划分，为我国短季棉区域合理种植和耕作制度改革打下了坚实的基础。至今这一理论还指导着棉花生产。

培育短季棉新品种　解决粮棉争地矛盾

80年代初，黄河流域棉区不仅是棉花主产区，同时也是粮食主产区，由于棉花生长时间长，中国北方只能种一季棉花，加上人多地少，粮棉争地矛盾日益突出，棉农盼望一季春棉变棉麦两熟。针对当时主栽品种黑山棉1号生育期长、不抗病等重大问题，在刁光中先生的带领下，喻树迅和大家一起进行短季棉育种攻关。他认真观察、仔细研究短季棉的早熟特性，总结出短季棉早熟指示性状，发现蕾期脱落率低、果枝始生节位低、遗传力高的品种早熟性状好，为短季棉新品种选育找到了路径，选育出早熟性好、生育期110天左右的早熟新品种中棉所10号和中棉所14，比原春棉品种早熟30天，适合麦棉两熟，成为黄河流域和长江流域棉区麦（油）棉两熟栽培的主要短季棉品种，累计推广7 000多万亩。短季棉的选育成功，缓解了粮棉争地矛盾，推动了黄河流域麦棉两熟新耕作制度改革的高潮。

但是生产中也发现中棉所 10 号存在早衰、不抗病等缺点，棉田枯萎病、黄萎病严重发生，针对这一问题，喻树迅和课题组进一步开展攻关。棉花抗病性与早熟、高产呈遗传负相关，国内外一直未突破此遗传障碍，喻树迅通过数量性状遗传分析，明确了早熟性状受主效基因控制，以第一果枝始节和脱落率作为指示性状，参照荧光、酶活性的方法选种，提高了抗病育种的准确性和效率，很快育成了高产、优质、抗病的优良短季棉新品种中棉所 16，先后通过了国家和冀鲁豫 3 省的审定，累计推广面积达 8 500 多万亩。1995 年这一成果获国家科技进步一等奖，使我国短季棉抗病育种达到国际领先水平。

喻树迅具有很强的创新意识，他在研究中善于抓住机遇，开辟新的思路。中棉所 10 号等经过推广发现，早熟棉往往早衰，导致减产、质量差。如何才能解决这一难题？他一直苦苦思索。这时，他得知北京大学人体研究所正在研究人体衰老问题，他想，棉花是否和人体衰老的道理一样？他特地到北京大学学习人类抗衰老研究。那时，他白天上课，中午还要去实验室做实验，晚上再去中国科学院植物所进行棉花衰老机理研究。从北京回到地处农村的研究所后，由于条件差、助手少、气候和农业上的变数太多，他已记不清做了多少次实验。

天道酬勤。在研究棉花衰老机理中，最终实验证明了喻树迅的大胆设想：植物和人体的衰老原理是相似的。通过对短季棉品种抗氧化系统酶活性研究发现，早熟早衰品种的 SOD 等抗氧化系统酶类活性低，叶片叶绿素和蛋白质降解快。于是，他提出了从亲本到后代的生化标记辅助选择育种技术，有效地缓解了早熟早衰的遗传负相关，选育出中棉所 24、中棉所 27、中棉所 36 这 3 个早熟不早衰、青枝绿叶吐白絮的新品种。生育期为 110 天，霜前花率 90% 以上。实现了短季棉在早熟性、丰产性、抗病性方面的三大突破，累计推广 3 000 多万亩，2004 年获得国家科技进步二等奖。

随着农业机械化迅速发展，提出进一步提高棉花早熟性的要求。喻树迅和课题组通过对特早熟不早衰种质资源挖掘利用，育成特早熟品种中棉所 74，生育期 99 天，10 月 15 日前收获皮棉比对照鲁棉研 19 增产 32%，2009 年通过国家审定，在华北地区示范种植。该品种适于小麦机收后直播种植，省工节能，应用前景广阔。

培育低酚棉品种　实现棉蛋白综合利用

棉株全身是宝，陆地棉的棉仁中含有 40% 左右的蛋白质和 35% 以上的脂肪，但一般棉花种仁中含有较高的棉酚及其衍生物，人及一些动物食用后，便会产生中毒的现

● 喻树迅在田间选种

象。棉籽油脱毒精炼后可食用，但榨油后的棉籽饼只能作肥料，棉籽蛋白不能综合利用。只有棉酚含量低于 0.04% 的品种，其棉秆、棉籽才可作饲料，但棉酚受 6 对隐性基因控制，难于纯合，容易通过昆虫、风媒串粉，造成混杂退化。当时全国已选育出的 20 多个低酚棉品种均存在低酚性状纯度差的弊端，难以在生产上应用，一直未能大面积推广。为了攻克早熟低酚这一难题，喻树迅和课题组知难而上，他们放弃节假日，实干苦干，不断钻研，采用多代自交方法与选择雌蕊柱头短、雄蕊长且早散粉的生物性状相结合，对后代进行选择，使两对主效隐性纯合基因稳定遗传，先后培育成功中棉所 18 和中棉所 20 两个品种，其纯度可达 99%，棉酚含量低于 0.004%（远低于 0.04% 的国际标准），生育期 110 天，既适于黄淮棉区作麦棉两熟，也适于西北内陆棉区作一熟春棉，累计推广 1 500 万亩，成为我国低酚棉历史上推广面积最大的品种，该品种具有较高的综合利用价值，是低酚棉育种的一大突破，1999 年获国家科技进步二等奖。

开展转基因育种研究　创新抗虫棉自主品牌

20世纪90年代，我国棉区棉铃虫大暴发，棉铃虫繁殖能力极强，棉农用药防治，打药遍数越来越多，浓度越来越高，造成不少棉农中毒，但棉铃虫仍难以防治。致使大部分棉田减产50%以上，部分棉田甚至绝收，全国棉花种植面积从最高年份1亿亩左右减少到6 000万亩以下，每年造成国家和棉农的经济损失100亿元以上。能把人毒死的农药却毒不死虫子，难道真的就束手无策吗？

此时，美国转 Bt 基因抗虫棉乘势而入，一度占领我国抗虫棉市场。喻树迅作为中国棉花育种专家，看在眼里，急在心上，率领棉花所的研究团队立即上马。他说："谁先抢占棉花生物技术科技制高点，谁就在未来的棉花市场中占据主导地位。虽然在这场没有硝烟的转基因棉花大战中，我们已落后一步，但不管道路多么坎坷，一定要研制出更先进的国产转基因抗虫棉。"

于是，他主持了棉花转基因品种专项，建立上中下游合作机制，利用合作单位抗虫基因，研发出作为模式化转化受体的中棉所24，大大提高了转化效率，为形成年产转基因棉株8 000株的能力发挥了重要作用。"棉花规模化转基因技术体系平台建设及其应用"2005年获国家科技进步二等奖。采用转基因技术、生化辅助育种技术与常规育种结合，主持培育出中早熟抗虫棉中棉所45，该品种生育期128天，被定为国家麦套棉区试对照品种。"麦棉套种的高产、优质、多抗新品种中棉所45、中棉所35选育"获河南省科技进步一等奖，累计推广6 000多万亩。近年来又主持培育短季转基因抗虫棉品种6个。其中2005年育成双价转基因抗虫短季棉中棉所50，霜前皮棉比对照增产29.4%，为河南省早熟区试对照品种，目前已成为冀鲁豫短季棉主推品种。之后又育成中棉所58，生育期105天，比对照增产20%左右。这一系列品种的育成和应用，对促进我国自主培育的抗虫棉发展起到了巨大作用，国产抗虫棉快速成长，目前已占领国内抗虫棉市场的95%以上，在与国外转基因抗虫棉的竞争中取得了全面胜利。

主持科技攻关计划　强化棉花基础研究

喻树迅先后主持了两项国家"973"计划项目，他根据中国棉花产业对优质纤维的需要，组织协调北京大学、清华大学等单位，开展棉花纤维品质基础研究工作。该项目中期评估和结题验收均为优秀，并进入"973"计划"十一五"重大成果展。该课题将海岛棉优质基因片段转移到陆地棉中，提高了陆地棉纤维品质。获得高比强优质材料 10 份，纤维长度达 33 毫米以上，比强度高达 44cN/tex，比推广品种分别提高 4 个和 14 个单位。后继续主持第二轮有关棉花纤维品质产量研究的"973"计划项目，力争获得更大的突破。

2007 年，在他的带领下首次启动了我国棉花基因组测序计划，与美国农业部南方平原研究中心合作，已完成第 12 号和第 26 号染色体测序，预测到纤维发育、开花和色素以及抗性等 2 061 个基因，并组织完成了亚洲棉 A 基因组和雷蒙德氏棉 D 基因组的测序组装工作，为棉花功能基因组学研究和分子改良奠定了基础。

三十余载无私奉献　科学攀登未有穷期

喻树迅是一所之长，十分注意节俭，经常出差到北京，就住在中国农业科学院的普通招待所，而在另一些方面却很"大方"。2006 年，喻树迅获得首届"中华农业英才奖"，得奖金 20 万元，他将其连同以往获得的其他奖励，捐献 40 万元设立"冯泽芳棉花基金"，奖励青年科研人员的创新研究。2010 年，他获得了何梁何利基金科学与技术进步奖，他又将 20 万元港币奖金全部捐给了冯泽芳科技创新基金。他说："冯先生生前为棉花育种事业殚精竭虑，我们用这样的方式来继承他的遗志，壮大中国棉花科研的实力，是十分必要和有意义的。"

喻树迅把事业看得比生命还重要，几乎把全部的心血都倾注到了作物育种工作上，为育种他可以牺牲个人的一切。他自己留给妻子、子女的时间太少太少了，儿子出生那天，作为丈夫和父亲就没能守候在妻子和孩子身边。由于工作繁忙，从事棉花研究 30 多年来，喻树迅回老家探亲的次数屈指可数，就连父亲和母亲去世时他也未能在床前尽孝。

喻树迅靠着执著、勤奋，终于收获了累累硕果。30 多年来他先后主持 18 个重大项目，主持或参加育成棉花新品种 19 个，累计种植约 2.6 亿亩，社会经济效益显著。获奖成果 12 项，其中国家科技进步一等奖 1 项、二等奖 3 项，省部级奖 8 项。出版著作 6 部，发表论文 137 篇。

因工作成绩突出，他领导的课题组 1998 年被授予全国五一劳动奖状，他本人被评为国家有突出贡献的中青年专家、农业部有突出贡献的中青年专家，入选新世纪百千万人才工程，获得全国优秀农业科技工作者荣誉称号、河南省五一劳动奖章。2005 年获农业部首届中华农业英才奖，2010 年获何梁何利基金科学与技术进步奖。2011 年当选为中国工程院院士。

科学的攀登需要有创新的精神、开放的思维和博大的胸怀,喻树迅就是一位具有这样品质的科学家,在艰苦奋斗、甘于奉献、勤于实践、勇于创新信念的指引下,他必将在棉花科研事业的道路上发出更大的光和热。

●中国农业科学院棉花研究所供稿●

【吴孔明简介】

吴孔明,男,1964年生,河南固始人,著名农业昆虫学家。1984年毕业于河南农业大学植物保护系,1987年获浙江农业大学硕士学位;1994年毕业于中国农业科学院研究生院,获博士学位。2011年当选为中国工程院院士。曾任中国农业科学院植物保护研究所所长、植物病虫害生物学国家重点实验室主任,中国植物保护学会理事长。现任中国农业科学院副院长、研究员。国家农业转基因生物安全委员会主任委员,第九届中国科协常委。

长期从事农业害虫生物学、监测预警与控制技术、转基因植物的生态安全与风险管理技术的研究工作,在棉铃虫等重大农业害虫的迁飞规律与区域性监测预警技术研究、Bt作物害虫地位演化机制及害虫抗性治理策略研究、农业害虫可持续控制的理论、方法与技术研究等领域作出了突出成绩。先后主持科技部、农业部和国家自然科学基金等10余项科研课题,获得国家科技进步二等奖2项和国家科技进步三等奖1项;以责任作者发表研究论文200多篇,其中发表于Science、Nature、Biotechnology等SCI刊物论文100余篇,任《植物保护》主编。先后获农业部有突出贡献中青年专家、国家杰出青年基金资助、第九届中国青年科技奖、新世纪百千万人才工程国家级人选、全国优秀科技工作者、何梁何利科学与技术进步奖、中华农业英才奖。领衔的科研团队获农业部中华农业科技奖优秀创新团队。

> 对农业害虫的防治有着超强的执著和执迷,对我国农业科研赶超世界一流具有坚定的信念和信心。在植保界前辈的眼中,他是一个敢于创新并值得托付的好后生;在年轻同事的眼中,他是一个在勇攀科技高峰路上值得信赖的领头人。

为中国植保科研永攀高峰

——记中国工程院院士吴孔明

每到昆虫迁飞的季节，吴孔明与他的科研团队都会准时出现在中国农业科学院植保所位于山东烟台长岛县渤海中央的北隍城岛试验站里，认真观测昆虫的迁飞规律。从 1984 年大学毕业至今，他已经与农业害虫打了 30 多年的交道。"红蜘蛛、蚜虫、棉铃虫、盲椿象、红铃虫、地老虎，各种各样的昆虫，几乎都是我的老对手。也正是这些老对手，成就了我的追求和事业。"吴孔明笑着说。

他是农业生产的"安全卫士"，为农作物丰产丰收保驾护航；他是科研创新的领军人物，引领中国植保科研不断登上更为广阔的舞台。他用执著的奋斗精神、严谨的科研态度、一心为农的无私情怀，书写下中国植保事业的瑰丽篇章。

投身农业　　首战棉田害虫

位于豫皖交界的河南省信阳市固始县,自古物产丰饶,是传统的农业大县。1964年7月,吴孔明就出生在这里。父母对吴孔明寄予了厚望,希望他能用知识改变命运,为家乡和国家做贡献。

吴孔明没有辜负父母的期望。1980年,年仅16岁的他顺利考入河南农业大学植保系。在河南农大求学的4年,他热爱学习,认真刻苦,对待科研更是一丝不苟,而这,奠定了他一生奋斗的基础。

1984年,吴孔明考取了植保专业硕士研究生。1987年,他顺利获得浙江农业大学授予的农学硕士学位,之后便来到了河南省农业科学院植保所工作。从1984年起,吴孔明开始与棉田害虫打上交道,他后来说:"我们学植物保护,学的是病虫害防治,昆虫种类繁多,只是我当时没想到,自己居然与棉花害虫死磕上了。"

与其他农作物相比,棉花的生长期长、蛋白质和脂肪含量都很高,很多昆虫都喜欢吃,因此,棉花生产最大的威胁便也来自虫害。据统计,我国有记载的棉花害虫共有300多种,其中的罪魁祸首是棉铃虫,它能在几天内把棉桃啃噬干净,致使棉花绝产。

20世纪70年代末80年代初,因为菊酯类农药的大量使用,棉田里的多数害虫几乎都已被清理干净。菊酯类农药对棉铃虫的防治效果很好,但是它在杀死棉铃虫的同时也把一些天敌杀死了,最后,棉田里的能看到的害虫就只剩下红蜘蛛了。当时的导师指导他研究红蜘蛛,也由此将他领上了棉田害虫的研究之路。

伴随着农业生产的变化,棉田害虫也在随时发生着变化。80年代末期,之前被菊酯类农药杀死的蚜虫,由于产生了抗药性,又开始大规模出现。1988—1990年,吴孔明在河南省东部的太康县种植棉花,一边种一边研究棉花蚜虫。导师刘芹轩的一句话让他至今记忆犹新:"我们农业科学院就是要解决生产上的问题。"他开始体会到,只有到了村里,到了田间地头,才能真正了解农业农村农民,才能知道科研到底应该解决什么问题。

1992年,黄河流域暴发了前所未有的特大棉铃虫灾害,原本只需要打3次药就能杀死的棉铃虫,农民打药20多次都不管用,棉花大幅减产,农民含泪弃种,损失达上百亿元。除了棉铃虫,棉蚜虫、红蜘蛛和棉盲椿象等害虫一起作孽,棉花生产告急!

眼看着农民损失惨重,作为农业科研人员的吴孔明,心里比农民更急。虫害就是军令,棉田就是战场!为早日帮助农民解决棉铃虫害,吴孔明常常蹲在田间地头对虫害进行监测观察,没日没夜地在实验室做试验写配方,他对红蜘蛛发生规律和控制、棉蚜再猖獗机制等重大科研难题开展深入研究，同时以抗性棉铃虫作为突破口，对近百种化学农药开展试验和进行了大量的复配研究，最终研制成功复配农药40%灭抗铃乳油。这款复配农药一经问世，立刻成为河南棉花主产区防治棉铃虫的当家农药品种之一，深受广大农户的欢迎。在阻击棉花虫害的战役中，吴孔明首战告捷。

1993年，吴孔明作为主创科技人员完成的"棉花红蜘蛛系列研究及河南棉虫综合治理示范"项目获国家科技进步三等奖；由他为主完成的"高效新农药40%灭抗铃乳油的研制与应用"项目，1994年获河南省星火科技一等奖。

追踪千里　揭示棉铃虫迁飞规律

面对此起彼伏暴发的棉花虫害，吴孔明意识到，使用复配农药，虽然效果很好，但并不能从根源上解决虫害问题，防治棉虫害不是头疼医头脚疼医脚、打几种药就能奏效的，这是一个从科研理论到实践都急迫要解决的系统工程问题，必须从根源上进行攻克。

1992年，正当他研制的复配农药在河南市场上大为畅销的时候，吴孔明放弃了很多人看好的"商机"，怀揣着科研梦想，考入中国农业科学院研究生院，师从我国著名农业昆虫学家郭予元先生攻读博士学位。

长期以来，对于棉铃虫是不是迁飞昆虫，学界一直没有定论，而它的迁飞规律更是不明。"某个地方并没有棉铃虫，但是突然几天就会出现一批，我们当时猜测，是不是棉铃虫能够迁飞，但是没有相关科学的数据记录。"然而，研究明确害虫兼性迁飞行为是掌握控制这个区域性灾变的重要生物学基础，如果能早日弄清楚棉铃虫迁飞规律，这对于从根源上防治棉铃虫非常重要。1992年，在导师的指导下，吴孔明在棉铃虫的迁飞领域开始了一系列原创性工作。

为了证实棉铃虫迁飞的假说，吴孔明奔走在全国各地的棉田里，调查棉铃虫成虫的发生情况，观察田间棉铃成虫的起飞行为，还乘轮船到海上观察棉铃虫在渤海湾的迁飞与降落，常常几十天不分昼夜地工作。经过十多年的系统深入的观察和研究，他和科研团队提出将我国棉铃虫划分为热带型、亚热带型、温带型和新疆型4个地理型，并科学确定了各地理型分布的生态区域。同时研究证明，棉铃虫在我国为兼性迁飞昆虫，成虫种群密度过大和羽化后所处的不良环境是引起迁飞的主要原因，进而明确了我国棉铃虫的迁飞时空和路线。这一系列的原创性研究澄清了我国5个棉花生态

● 吴孔明（右二）指导研究生工作

区棉铃虫的虫源关系，为我国棉铃虫异地预测和区域性治理提供了新的科学理论依据。1999年，这项科研项目获得了农业部科技进步一等奖。

摸清了迁飞规律后，1994—1998年，吴孔明开始运用昆虫雷达、信息学、生态学、遗传学和分子生物学等相结合的技术手段，开展预防和解决办法的研究。2000年，他通过昆虫雷达监测技术应用于棉铃虫的迁飞的研究，探明了大气环流与降水等气象因素对棉铃虫种群起飞、空中迁移、降落过程的影响，从而研究构建了棉铃虫区域性种群动态预测模型。后来，以此为基础建立的棉铃虫监测预警技术体系，在全国14个省（区、市）推广应用，对准确有效监控棉铃虫的突发危害发挥出重要作用。2007年，这项成果"棉铃虫区域性迁飞规律与监测预警技术的研究与应用"获得国家科技进步二等奖。

再攀高峰　引领生物技术防治走向世界前列

1997年，我国开始大面积商业化种植转 Bt 基因抗虫棉花。这项棉铃虫防治的新技术让吴孔明眼前一亮，同时他也产生了新的思考：Bt 棉花虽然现在防治棉铃虫效果很好，但以后它会不会重复菊酯类农药的历史，一开始控制得很好，之后很快就产生了抗性？吴孔明的担忧不无道理，Bt 棉花对棉铃虫有高效的控制作用，但棉铃虫也可能通过自身遗传变异对 Bt 棉花产生抗性。对此，美国和澳大利亚等国家采用在大面积抗虫棉周围种植一定比例的非转基因棉花来吸引棉铃虫的策略，减低棉铃虫产生抗性的风险。中国是产棉大国，棉花种植又以小农户分散种植为主，因此在这个问题上必须未雨绸缪，尽快建立起棉铃虫抗性预防治理技术体系。

吴孔明立足国情，谋虑长远，勇敢担当起中国 Bt 棉花抗性预防治理策略科学研究的重任。他带领研究团队全面评估了我国农业生态系统条件下棉铃虫对 Bt 棉花的抗性风险，通过系统研究我国多作物生态系统中不同作物的天然庇护功能，创造性地提出利用玉米、大豆、花生等棉铃虫寄主作物作为天然庇护所来治理抗性的技术策略，提出以严禁种植生长中后期杀虫蛋白低表达的 Bt 棉花品种等为核心的抗性预防性治理技术体系。

从 2001 年起，农业部将这项技术成果广泛推广应用于我国 Bt 棉花安全性评价，在大面积种植抗虫棉 10 余年后，我国 Bt 棉花对棉铃虫的抗性效率没有降低。这一成果开创了小农分散种植模式下，Bt 作物抗性治理靶标害虫的新方法和新途径，成为国际上 Bt 作物靶标害虫抗性治理的典型成功案例之一。这项成果获得 2010 年国家科技进步二等奖。

"所有的高新技术都是辩证的，都具有两面性。转基因棉花也一样。"多年阻击棉花害虫的经历让吴孔明深刻地意识到，所有的技术在解决问题上都不能一劳永逸，对于一项新的技术，科学家们必须加强研究，弄清原理，同时具备防范意识，让新技术充分发挥优势。

吴孔明在研究抗虫棉抗性的同时，又瞄准了转基因棉花的环境影响。他意识到，棉田里的虫子很多，抗虫棉只对其中的几种靶标害虫有控制作用，抗虫棉种植后可能会导致一些害虫失去优势种的竞争，生态系统中的物种关系就会发生演变。

为了明确我国大面积种植 Bt 棉花后带来的生态效应以及害虫地位演替变化机理，从 1997 年开始，吴孔明率领团队对 Bt 棉花害虫与天敌发生规律进行系统监测研究。十年磨一剑，科研团队经过深入系统的研究探索，终于明确了 Bt 棉花商业化种植对我国华北地区靶标害虫棉铃虫种群动态演替的调控机理。2008 年，这项前沿的科学进展被国际著名的 Science 杂志以封面论文发表，这也是中国农业科学院首次以第一单位在 Science 杂志上发表论文。2012 年 6 月，国际著名的 Nature 杂志又发表了吴孔明团队对天敌昆虫的研究论文。

吴孔明及其科研团队的工作在国际上产生了积极的影响。国际同行给出极高评价，认为这一系列理论成果对全球新兴的 Bt 植物对有害生物综合管理及指导新一代转基因抗虫作物的研发推广，具有领先的时代科学价值和生产实践意义。

如今，由吴孔明率领的科研团队所创建的基于生物技术发展的农业害虫与转基因抗虫植物互作关系研究平台、基于信息技术发展的昆虫雷达监测预警技术研究平台，已成为农业昆虫学交流与合作的国际研究中心，对促进国内外新兴交叉学科发展和害虫防治科技创新，为我国重大农业害虫的持续控制和植保工程建设提供了先进可靠的科学支撑。基于他对农业害虫防治理论与技术研究的科学贡献，2005 年 Annual Review of Entomology 编委会特邀他撰文综述棉花害虫生物学、控制理论与技术的研究进展，这是我国科学家首次在该刊物发表论文。中国的植物保护科学思想、观念、理论、方法开始走向世界。目前，我国棉花害虫的研究处于国际领先地位，而在转基因抗虫棉的害虫控制研究上，中国的研究最深入最系统。

领跑前沿　聚焦农业昆虫迁飞行为研究

在研究棉铃虫迁飞规律的过程中，吴孔明逐渐发现，具迁飞习性的昆虫种类多且数量庞大，而针对这些昆虫的研究在国内尚属空白。他决定跳出棉花害虫的领域，将目标聚焦到重大迁飞害虫的研究上。

为此，2002 年他在渤海湾的长岛建立了第一个昆虫迁飞监测点，10 余年来，为了追踪昆虫迁飞的脚步，研究它们的迁飞规律，吴孔明又率领团队先后在河南省新乡市、海南省三沙市永兴岛、云南省普洱市澜沧县建立监测观察点。吴孔明说："这几个监测点的选择，基本吻合我国昆虫的迁飞路线，昆虫迁飞，年年发生，只要农业存在，这条路线就一直存在。这些监测点的建立，有利于全局性研究的开展。"

对于这项针对迁飞昆虫的研究的意义，吴孔明说："这项研究是独一无二的，也是全局性的。"之前国内外对于昆虫迁飞的研究，基本都只是针对某个害虫做的局部的片段的研究，而这项研究从渤海到南海，从中原到边境，覆盖农作物重大迁性昆虫，同时进行全国性的布防和控制。迁飞习性的昆虫的远距离迁飞会导致虫害异地突然暴发和植物病害大流行，制约农业稳定发展。因此，加强对它们系统研究，明确其迁飞规律和监测预警技术，对制定合理的防治措施、减少农业损失具有重大的意义。

事实上，从2002年至今，吴孔明的这项新研究已经积累了很多重要数据，陆续产生了令人关注的阶段性成果。但吴孔明认为：这是我们需要努力攀登的另一座高峰。这个研究至少需要30年时间的积累，一旦研究完成，那就相当于为国家构建了一个迁飞害虫的防控体系，从根本上来保障我国重大迁飞害虫的有效管控，它的战略意义非常大。

勇担重任　为植保国家队培养更多领军人才

吴孔明经常说，一项科学研究，排除其他不明确因素，如果只做5年，最多只能把研究的问题弄明白；如果做10年，基本可以达到国内先进水平；如果做15年，那就能达到国内顶尖；如果能够做到20年以上，那这项研究产生的成果一定可以达到国际领先水平。做开拓性的研究，必须要付出长时期的努力，不能有半点松懈偷懒。

他是这样说，也是这样做的。投身农业科研几十年，吴孔明踏实严谨、坚守付出的科研精神一直为人们所称道。提及他所取得的成就，他谦虚地表示，自己只做了四件事：一是棉铃虫的迁飞规律与监测，二是盲椿象的绿色防治，三是转基因抗虫棉的可持续利用，四是农业昆虫的区域性迁飞行为研究。而谁能想象，被他轻描淡写的这四件事，每一件他几乎都耗费了10年以上的心血，才有如此巨大的成就。

与其他有海外求学经历的科学家不同，吴孔明是一名地地道道的"国产科学家"。对于这样的身份标签，他一直引以为豪："海归科学家有海归科学家的优势，国产科学家有国产科学家的优势。农业科研要接地气，科研问题必须来自产业、服务于产业并支撑产业发展。我们的文章在Science、Nature上发表，其实都是来自生产。科学问题的研究，要面向国家需要，最终要回到生产，不能抛开生产。我愿意扎根本土，为中国农业做贡献。"

1998年3月吴孔明在中国农业科学院植物保护研究所加入中国共产党。他具有强烈的爱国心和责任感，始终坚守着共产党员的信念与责任。他把迎难而上、攻坚克难当成习惯，他把默默耕耘、无私奉献当作信条。他常常说："国之所需，我之所向。只要国家需要我,我就要第一时间站出来!"

2003年,吴孔明被任命为中国农业科学院植保所主持工作的副所长,2006年被任命为所长。为了植保所的发展,他殚精竭虑,积极承担国家科研项目,建设高水平的植物生物学病虫害国家重点实验室,与地方科研单位紧密合作,让科研人员不再为经费发愁;同时他想尽办法解决所里住房问题,还通过农技推广、农药厂、招待所等面向市场的项目,使所里获得相应的收益,来解决科研人员的奖励、福利等方面的实际困难。这一切都为植保所留住人才提供了经济保障,解决了科研人员的后顾之忧。而在工作中,吴孔明公平公正,在评职称、分配科研经费时,从不给自己的课题组"吃偏饭",特别是对一些科研力量相对弱一些的实验室,他更是关爱有加,让全所的科研人员都有奔头。2012年,吴孔明被任命为中国农业科学院副院长,他身上的责任更重,压力更大,每天要处理的事务更多,还要经常代表中国农业科学院出席重大的国际会议。尽管工作繁忙,但吴孔明认为:"无论在哪个岗位,都是为农业科研做事。服务'三农',是我永远的追求。"

在科研学术领域,吴孔明勇担科研重任,他是国家级学术创新带头人;而在教学管理上,吴孔明同样勇担人才培养的重任,他是同事和下属眼里有胆识有魄力的好领导,也是学生眼里的好老师。他不仅给青年人上课做指导,还给他们搭建各种成长的平台,甚至为他们的发展腾位置。2018年"中国青年五四奖章"获得者陆宴辉正是吴孔明的学生,这位1980年出生的研究员,因对棉花害虫的深入研究而获得国际同行的认可,成为我国该领域青年一辈的"实力担当"。吴孔明还培养了很多年轻优秀的植保人才,他们中的多数已经成为我国植保领域的新生力量。现在,吴孔明每年还带着10余名研究生,不管多忙多累,他都会经常给学生打电话询问科研进展,关心他们的生活,亲自到试验站进行指导。吴孔明深有感触地说:"科研是一代一代人的延续和传承的过程,每一代人都是在前人的基础上成长起来的,如果没有前代人的指引,我们不可能走得更远。现在,愿意去田间地头做研究的年轻人并不多,植保是辛苦的专业,我作为前代人,自然也要支持下一代青年人才的发展,将我之前的研究重点交给他们,给他们腾出位置,给他们更多施展的平台和发展的空间,让我国的植保科事业后继有人。"

回顾30多年的科研经历,吴孔明笑称自己是"一个一直在追踪昆虫的人"。他用"漫长""认真""精细"三个词对自己的科研工作做概括。在农业科研这一条道路上,他经历过风风雨雨,却始终不后悔付出的汗水和辛劳。他说:"我是一名农业科研工作

者,我的本职就是要把研究的问题做透做精细做全面。若要追求一点所谓的价值,我希望自己的研究能在国际上处于领先地位,能帮助中国的植保事业抢占科技制高点,帮助中国在国际上争取更多的话语权。科研的追求是无止境的,我愿意为中国的植保事业不断攀登新的高峰!"

●中国农业科学院植物保护研究所供稿●

【唐华俊简介】

唐华俊,男,1960年生,四川阆中人,著名农业土地资源遥感学家。1982年毕业于西南农业大学,1991年毕业于比利时根特大学土地资源专业,获博士学位。2015年当选为中国工程院院士。历任中国农业科学院农业自然资源和农业区划研究所所长、中国农业科学院农业资源与农业区划研究所所长、中国农业科学院副院长、党组副书记。曾任中国农业资源与区划学会理事长、中国土地学会副理事长。现任农业部党组成员、中国农业科学院院长、研究员,中国农业科学院学术委员会主任。兼任国务院扶贫领导小组专家咨询委员会副主任委员、国家智慧农业产业科技创新联盟理事长、中国农业技术经济学会理事长,比利时皇家科学院(海外)通讯院士。当选为中国共产党第十九届中央候补委员。

长期从事基于遥感技术的农业土地资源合理利用、农作物种植面积空间分布和结构变化研究,从传统耕地资源研究拓展到耕地内部的农作物空间格局研究。建立了农作物面积空间分布和结构变化研究的技术体系和新方法,发展和完善了适合我国复杂土地类型和种植结构的农作物遥感监测的理论方法和技术体系,创建了国内首个长期稳定运行的农作物遥感监测工程化运行系统,系统解析农业旱涝灾害对我国粮食生产系统脆弱性的影响,定量评估未来粮食安全状况和农作物增产潜力。发表论文240余篇,出版著作10部。获国家科技进步二等奖2项。

> 他从四川小山村走来,钟情于土地资源研究;他以刻苦的努力一飞冲天,用巡天遥感的高科技给农业生产和防灾救灾导航;他脚踏实地聚焦现代农业科技需求,放眼未来创新智慧农业走向世界科学前沿。

建设中国农业生产的"天眼"工程

——记中国工程院院士唐华俊

他在农业土地资源遥感研究领域一干就是30多年,潜心科研,开创了农作物空间格局研究的新领域,建立了全国首个长期稳定运行的农作物遥感监测工程化运行系统;他放眼未来,引领我国智慧农业核心理论、技术、装备和系统集成研究,实现科研成果的真正"落地"。"农业土地资源是粮食安全之根本,遥感技术是管好土地之重要手段",他始终秉持这样的信念,满怀激情前行在追求科学的道路上。他就是我国农业土地资源遥感学家唐华俊。

孜孜求学　立志农业科研事业

1960年10月,唐华俊出生在四川省阆中市一个小山村,从小家庭贫困,时逢三年困难时期,饱尝了缺衣少食的艰辛生活。从进入学校的那一刻起,他就刻苦学习,立志成为一个有用之才，利用知识改变农村的落后面貌和艰苦环境，让家乡的农民可以吃饱饭。虽然因家庭贫困曾几次辍学，但他从没有放弃自己的求学信念，努力把握好每一次学习机会。1978年他如愿考入西南农业大学农业经济系，1982年以优异成绩毕业，分配到中国农业科学院农业自然资源和农业区划研究所从事科研工作。

工作之初，为尽快适应科研环境，唐华俊一方面利用业余时间阅读大量专业书籍和文献资料，拓宽知识视野，提高业务水平；另一方面在研究中刻苦钻研，虚心向前辈学习、向同事学习、向实践学习。谦虚、踏实、肯干，使他很快成为研究所的科研骨干。然而，几年下来，他深刻感觉到自己的知识积累仍较欠缺，专业技能和科研能力需要进一步提升。当时欧美发达国家的农业科学技术发展迅速，遥感技术取得重大突破，推动了数字农业和精准农业的普及应用，显著改变了农业生产模式，这种新的技术革命深深吸引了他。1985年，唐华俊以优异成绩获得比利时政府提供的"阿波斯"奖学金，赴根特大学攻读硕士学位。儿时的经历和理想促使他选择了农业土地资源专业，并在两年后以"全优"成绩获硕士学位，继续攻读博士学位。1991年他以少有的"最优"（Greatest distinction）的成绩获得根特大学博士学位，继续在根特大学从事博士后研究工作。在比利时学习和工作的8年时间里，他把对信念的追求、对祖国农业科学事业的热爱转化为刻苦学习、勤奋工作的动力，严谨的学风和卓越的工作成绩赢得了导师及师生们的高度赞扬。1989年6月国内发生政治风波，面对复杂的国际环境和国内形势，唐华俊立场坚定，信念不动摇，他坚信伟大的中国共产党一定能够克服险阻，领导中国在社会主义道路上继续前进。1989年年底，在吴锋、王曙光等两位学生党员的介绍下，唐华俊在中国驻比利时大使馆光荣加入了中国共产党。

在比利时完成博士后研究工作后，导师希望他留在比利时继续从事科研工作，有同学建议他到美国等发达国家寻求一份高收入工作，甚至有人劝他移民加拿大或澳大利亚，追求美好的工作和生活环境。在这人生抉择的重要关头，他没有太多犹豫，毅然决定回国。他给时任中国农业科学院区划所的领导写信，说他将如期归国，回到从前的科研岗位工作，对工资、房子和职称等回国待遇只字未提。他说："没什么好犹豫的，作为农民的儿子，我要为中国的农民做事、为中国的农业发展做事，这个想法从来都没有变过。"就这样，他如期回国，就像大学毕业分配到农业科学院一样，做起了一名普普通通的科研人员，一切重新开始。后来有人问他，当时国内各方面条件还比较差，有没有后悔选择回国？他说，"从来没有，相反，庆幸我回来了，回到祖国，我才更自信，这里是我为之奋斗的地方。生活条件的艰苦是暂时的，事业上的机遇、挑战和战胜挑战的快乐是无穷的。"

● 唐华俊（右）在三江平原进行智慧农业天空地一体化信息采集

矢志不渝　构建农业生产的"天眼"工程

　　1993年回国后，唐华俊就一直从事农业土地资源遥感研究，围绕农业土地适应性评价、耕地承载力评估、土地利用/土地覆盖变化开展了深入研究。随着国际上土地资源学科发展到土地系统科学阶段，他在国内率先提出了农业土地系统科学的概念、框架、关键问题和技术方法，在传统的耕地资源研究基础上，开创了农作物空间格局研究的全新领域。

　　回国之初，美国和欧盟等发达国家和地区率先应用遥感技术快速获取大区域农作物信息，在农业生产管理决策与国际农产品贸易中获得了巨大效益。俄罗斯、加拿大、澳大利亚等国家也相继开展了农作物遥感监测研究。唐华俊深深意识到我国农作物遥感科学研究的薄弱，他的愿望是尽快建立适合中国国情的农作物遥感监测系统。面对当时国内农业遥感信息源稀缺的困境，他多方努力，牵头建立了农业领域首套国内气象卫星接收系统，为农作物遥感科研发展提供了稳定的信息源。之后，他组织国内10多家农业遥感研究优势单位开展了持续攻关，经过多年的潜心研究，建立了适合我国复杂种植条件的农作物遥感监测技术体系，突破了多源遥感作物信息获取、农作物和农田环境参数遥感反演等关键技术，创建了国内首个适用于国家及区域尺度的国家级农作物遥感监测工程化运行系统，为国家农业主管部门每年及时客观掌握全国粮食生产状况、指导粮食生产发挥了重要作用。同时，该系统被国际地球观测组织（GEO）列为向全球推广的主要农业遥感监测系统之一。2012年"主要农作物遥感监测关键技术研究及业务化应用"获得国家科学技术进步二等奖。

我国是一个农业自然灾害发生频繁的国家，年均农业受灾面积达6.27亿亩，其中干旱和洪涝灾害造成的受灾面积占全国总受灾面积的73.7%，造成严重的直接经济损失。及时、准确获取多尺度农业旱涝灾害信息成为农业主管部门的迫切需求。他深感这是作为一名农业土地资源遥感科学家义不容辞的责任和义务。在多年的研究里，他把业余休息时间几乎都用在了办公室，以"理论创新—技术突破—应用服务"为主线，带领团队开展了持续的系统研究，突破了"旱涝灾害信息快速获取""灾情动态解析"和"灾损定量评估"三大关键技术瓶颈，创建了国内首个精度高、尺度大和周期短的国家农业旱涝灾害遥感监测系统，总体技术水平达到国际先进，地表蒸散发遥感估算和洪涝水体遥感监测技术达到国际领先水平。系统应用于国家相关部门的农业防灾减灾工作，在多次重（特）大农业旱涝灾害监测中发挥了重要作用；先后在黑龙江等15个省进行推广应用。2014年"农业旱涝灾害遥感监测技术"获得国家科学技术进步二等奖。

放眼未来　开创智慧农业研究新局面

唐华俊在中国农业科学院工作的30多年里，领导和组织农业遥感科学研究取得了突出成绩，科技创新能力和影响力显著增强。先后建成了国家遥感中心农业应用部、农业部遥感研究中心研究部和农业部农业遥感重点实验室，科研基础条件和平台大为改善；人才队伍不断壮大，培养和集聚了欧洲科学院院士、国家"千人计划"人选、农业科研杰出人才、科技部遥感青年科技人才、中国农业科学院青年英才等一大批骨干人才，人才结构得到优化。同时，团队与比利时、荷兰、美国和多个国际组织建立了长期的科技合作关系，建立了中国—比利时全球变化与粮食安全联合实验室，成为国内外农业遥感基础和应用研究的主力军，显著提高了我国在国际农业遥感科学领域的影响力和话语权。

当前，我国正处于传统农业向现代农业转变的关键时期。农业发展面临农产品价格"天花板"封顶、生产成本"地板"抬升、竞争力不强等新挑战，农业资源环境制约、农业生产结构失衡和农业发展质量效益不高等新问题日益突出，迫切需要加快转变农业发展方式，从粗放发展模式向精细管理、科学决策的发展模式转变，走产出高效、产品安全、资源节约和绿色发展的农业现代化道路。信息技术代表着当今先进生产力的发展方向，农业信息化成为引领我国现代农业发展、创新农业管理服务和破解农业发展难题的必然选择。面对新形势和新要求，唐华俊聚焦国家现代农业发展的战略需求和农业信息技术学科的国际前沿，提出要加快推进智慧农业科学技术研究。2016年，他集聚全院研究力量和科技资源，组建了中国农业科学院智慧农业科学技术中心，联合国内有关优势单位成立了国家智慧农业产业科技创新联盟。他坚持在科研一线，带领自己的研究团队，瞄准我国智慧农业发展的战略需求，凝练重大科技命题，开展了智慧农业重大理论和关键技术问题的协同创新和联合攻关。目前，在天空地一体化的农业智能感知与控制、智能监测与诊断、智能决策与服务等方面取得了重要研究进展，初步构建了我国智慧农业的核心理论、技术、装备和集成系统，并实现了智慧农业科研成果的转化和示范应用，引领和推动了我国智慧农业产业化发展，将更好地服务于国家粮食安全与农业可持续发展。

●中国农业科学院农业资源与农业区划研究所供稿●

【万建民简介】

　　万建民，男，1960 年生，江苏泰兴人，著名水稻分子遗传与育种学家。1982 年毕业于南京农业大学农学专业，1985 年获南京农业大学作物遗传育种硕士学位，1995 年获日本京都大学农学博士学位。2015 年当选为中国工程院院士。曾任日本京都大学农学部特别研究员、日本农林水产省农业研究中心研究员。1999 年被教育部聘为首批"长江学者奖励计划"特聘教授。2001 年回国工作，历任南京农业大学生命科学与技术学院院长和农学院院长、中国农业科学院作物科学研究所所长。现任中国农业科学院副院长、教授。兼任中国作物学会副理事长、中国农业生物技术学会理事长、国家转基因生物新品种培育科技重大专项技术总师、国家发改委生物技术产业咨询委员会副秘书长。第十二届全国政协委员，第十三届全国政协委员、常委。

　　长期从事水稻优异基因挖掘和分子育种研究，在国内较早提出和初步实践了作物分子设计育种。先后主持国家"863 计划"、国家自然科学基金等多项重大课题。在水稻籼粳交杂种优势利用基础研究、品质优异基因挖掘、抗病虫新基因挖掘和优质高产多抗粳稻新品种选育等方面取得重要进展。克隆水稻重要新基因 30 个，培育新品种 13 个，获新品种权 16 项、发明专利 36 项。在 Nature、Science、Developmental Cell、PNAS、Plant Cell 等 SCI 刊物发表论文近 200 篇，出版专著 3 部。以第一完成人的研究成果 2010 年获国家科技进步一等奖、2014 年获国家技术发明二等奖、教育部 2014 年度高校十大科技进展。2006 年入选新世纪百千万人才工程国家级人选，2012 年入选国家万人计划和科技部创新团队，2012 年获何梁何利基金科学与技术进步奖。

> 　　他倾注心力，在充满奥妙的水稻分子世界里遨游，为水稻基因和品种家族增添新成员。他砥砺开拓，在攻克水稻高产、优质、抗病上全力出击，为赶超国际和造福国民而不懈奋斗。

解分子密码　让稻花更香
——记中国工程院院士万建民

分子很微小，但却构成了人间万物，也决定着世间万物的纷繁与枯荣。当200年前，分子被意大利化学家阿伏伽德罗提出后，无数的科学家便开始了在神奇的分子世界中寻觅着它的奥妙，找寻和开启着一个个可以让人类生活因此而变得绚烂和丰硕的密码。而在中国水稻分子遗传与育种领域，正活跃着一位颇有建树的科学家，他就是中国工程院院士万建民。

学海行舟　倾心水稻育种事业

1960年6月，万建民出生于江苏省泰州市一个普通的农民家庭。农村的贫困，农业的落后和农民的艰辛，都给他留下了深刻的记忆。

1978年他以优异成绩考入南京农业大学农学系，1982年毕业后师从水稻遗传育种专家朱立宏先生，继续攻读作物遗传育种专业硕士学位，从此就再也没有离开过稻田。

1990年万建民留学日本千叶大学，两年后到日本京都大学攻读农学博士学位。1995年取得博士学位后，他又在京都大学做了一年博士后，从1996年起任职于日本农林水产省农业研究中心。

在日本留学和工作期间，他时刻关注祖国的发展，多次自费或应邀回国到华中农业大学、安徽省农业科学院、云南省农业科学院、湖南国家杂交水稻工程中心、中国水稻研究所、四川省农业科学院、南京农业大学以及中国农业科学院等多所农业院校和科研单位进行讲学和学术交流。在介绍国际上水稻研究的新进展、新技术的同时，他还积极为国内引进国际合作研究与开发资金，先后促成了日本烟草公司与南京农业大学杂交水稻育种合作研究项目、日本东棉公司与南京农业大学合作的优质稻米开发项目、日本石丸公司与苏州市农业局合作的农产品国际市场开发项目等。此外，他还多次积极组织中国留学生支持"希望工程"和向灾区人民捐款捐物等活动。

在受聘担任日本农林水产省农业研究中心的研究员期间，他曾主持"日本农林水产省21世纪水稻研究计划"中的"水稻耐直播性状遗传分析"等项目，参加该计划中的"水稻耐储藏特性的遗传和育种研究"课题；主持"日本农林水产省水稻基因组计划"中"水稻广亲和基因定位"与"水稻广亲和基因$S5n$的克隆"两个课题的研究工作。当1999年4月万建民被教育部※聘为首批"长江学者奖励计划"特聘教授后，他毅然放弃了日本优厚的工作条件，带着一批宝贵的水稻遗传研究资料回到了祖国。

作为南京农业大学首位"长江学者奖励计划"特聘教授，他清楚地意识到，一个人的力量，相对于整个国家的水稻分子遗传育种事业而言是十分微小的，而造就一批批、一代代的优秀人才，才是事业永续发展的根本。怀着这样一个中国科技工作者的心迹，他迅速地启动了育人工程和水稻遗传育种工作。

他一手紧抓实验室的建设，另一手紧抓新品种选育与引种的关键——育种基地的筹建。从基地的选址到系统管理，他每每都要亲自做出详细的规划。没过多久，就在南京土桥建起了占地200多亩的水稻育种基地，在海南陵水建立了水稻南繁基地，从而保障了水稻种质资源鉴定、新品种选育、栽培示范等科研工作的展开。为了使育种和实验材料在从播种直至整个生长期田间管理都能准确无误地按试验要求操作到位，从2000年至今的每个夏季，万建民都会脚穿水靴、头戴草帽、顶着炎炎烈日，穿梭于田间地头，一边做着必要的指导，一边和大家一起运秧、排秧、栽秧，从晨曦破晓一直忙到夕阳落下。伴着华灯初上，他又走进实验室，在灯光的映衬下，修改起学生们

※ 中华人民共和国教育部，全书简称教育部。

的研究工作报告，直到深夜。

2003年7月，万建民走上了中国农业科学院作物科学研究所所长岗位。尽管主持一个刚刚整合成立的新研究所，已经让他百事缠身、异常繁忙，但他更笃信"科研比天大"。很快就在作科所建立起了他的研究团队，稍有空闲就会走进实验室，去看看试验的进展，点拨指导年轻科研人员和学生。十多年来，每逢周末和节假日，他都会风尘仆仆地赶到南京农业大学，在实验室或水稻育种的秧田里，察看育种材料，指导学生，进行科研，从未间断。他就是这样北京、南京双城往返，两地奔波。

他曾先后主持过国家"863"计划、"973"课题、国家科技支撑计划、国家自然科学基金重点项目、农业部超级稻专项和国际合作项目等多项重大课题，组织和协调全国南方粳稻的分子育种与推广工作。他带领团队建立了相关研究体系，并在水稻产量、品质及抗性形成的分子机理研究上取得重要进展，在国内外著名刊物上相继发表具有影响的论文，同时，在国内较早提出和实践作物分子设计育种的概念，构建了水稻分子育种技术体系，促进和推动了中国作物分子育种的发展。

砥砺开拓　创新成果不断涌现

作为水稻分子遗传育种专家，万建民在广泛收集水稻种质资源的同时，以扎实的理论知识，严谨的科学态度，开阔的思维方法，认真观察、选择和挖掘形成水稻高产、优质的关键基因，在水稻遗传育种研究的最前沿开展创新性的研究工作。

由于气候条件的差异，我国水稻产区呈现"北粳南籼"的分布态势，研究表明，相比"粳粳型"或"籼籼型"亚种内杂种，水稻籼粳亚种间杂种具有强大的杂种优势，亩增产可达15%～30%。但籼粳杂种存在育性差、结实率低、植株偏高、易倒伏等问题，限制了籼粳杂种优势的有效利用。万建民带领团队围绕这些问题，经过20多年的攻关，攻克了一个个难题，相继发掘出17个不育位点及广亲和基因，并开发相应分子标记，聚合广亲和基因，创制广亲和恢复系和粳型亲籼不育系，组配的籼粳交组合解决了籼粳杂种半不育难题。在此基础上，他敢于面对杂种优势利用的科学难题，挑战经典，首次用"自私基因"模型揭示了水稻的杂种不育现象，阐明了自私基因在维持植物基因组的稳定性、促进新物种的形成中的分子机制；研究结果在 *Science* 上发表。

水稻的分蘖是决定水稻株型并影响水稻产量的一个重要因子，是植物发育生物学中植物株型建成的一个热点课题，也是高产水稻育种的重要内容之一。在过去十几年，他的课题组通过各种途径，收集构建了水稻的一系列株型相关突变体材料，发掘显性

● 万建民（右）在试验田工作

矮秆及株型关键基因 *TE*，明确其作用机理，克隆半显性矮秆基因 D53，首次在遗传和生化层面上证实了 D53 蛋白作为独脚金内酯信号途径的抑制子，参与水稻分蘖、株高的调控，从而影响水稻的植株形态，进而影响产量，研究结果在 *Nature* 上发表，并入选 2014 年度中国科学十大进展和教育部 2014 年度中国高等学校十大科技进展。这些结果不仅为水稻株型改良提供重要理论基础，也为籼粳交杂种优势利用提供有用的基因和材料，并为籼粳交杂种优势在生产上的有效利用提供了应用前景。

他还指导研究生通过设置长、短日照、高温、低温 4 种环境，分析了来自我国各稻区的 83 份粳稻和 51 份籼稻主栽品种的抽穗期感光性、感温性及其基本营养生长性，并利用一套抽穗期近等基因系，对这 134 份品种抽穗期基因型进行了分析，明确了我国各稻区或各种类型水稻抽穗期主基因的基因型分布特点。同时还发掘抽穗期相关基因 *DTH8*、*DTH2*、*EHD4*、*DTH7* 等，进而提出在籼粳亲本选配中利用光钝感基因、感光性基因型相同、感光性基因型非互补的分子设计育种方法，设计目标基因型和最佳育种方案，获得理想熟期的籼粳交新组合，解决了籼粳杂种超亲晚熟问题。他指导其团队利用分子标记和辅助选择的方法，培育出广适强优恢复系 W107，使培育的籼粳交新组合结实率稳定在 85% 以上，组配的协优 107 和 II 优 107 分别通过国家和省级审定。2006 年协优 107 在云南省永胜县亩产达 1 287 公斤，刷新了世界水稻亩产最高纪录。而利用籼粳育性位点等位基因定点置换的方法，创制了与籼型亲和力强的粳型不育系 509S，在与籼稻配制杂交组合后，选育出南农优 102 新品种，在 2010 年和 2011 年南方晚籼杂交稻区试中排名第一，现该不育系已供给 11 家育种单位利用。同时通过创新分子标记聚合育种技术体系，从籼粳杂交后代中选育出粳稻品种 3 个，其中宁粳 3 号和宁粳 4 号分别被农业部评为超级稻新品种和超级稻主导品种。在全国的推广面积已累计超过 2 000 万亩。研究成果"水稻籼粳杂种优势利用相关基因挖掘与新品种培育"获得 2014 年国家技术发明奖二等奖。

稻米胚乳中积累着大量的储藏蛋白质，占籽粒干重的 8%～10%，其中谷蛋白占 70%～80%，醇溶蛋白占 18%～20%，而任何对谷蛋白含量和组成的改变都会引起稻米品质的变化。例如，提高水稻谷蛋白含量并降低其醇溶蛋白含量将使稻米的营养价值增加，但谷蛋白增加却对肾脏病和糖尿病患者不利。对此，万建民强烈地认识到，深入研究水稻储藏蛋白合成与积累的分子机制，对培育满足不同人群蛋白含量需求的水稻品种具有重要意义。

他指导研究生大规模地鉴定和筛选国内外种质资源的突变体材料，从 14 000 多份材料中，筛选获得了包含 3 种类型的 17 份蛋白突变体，并发现其中的 8 份低谷蛋白突变体，可以作为培育适合肾脏病人和糖尿病人食用的低谷蛋白水稻品种。另 7 份谷蛋白前体增加突变体，则可用以克隆谷蛋白转运、沉积途径中的关键基因。而 2 份球蛋白缺失突变体，则有助于培育可溶性蛋白含量更低的水稻品种。

万建民与其团队经过对一个谷蛋白前体巨增、相应谷蛋白成熟亚基减少的水稻谷蛋白天然突变体进行遗传分析和基因定位，并图位克隆了突变基因后发现，利用这些突变体及其基因标记可为低谷蛋白水稻品种选育提供材料和分子育种的基础。利用低谷蛋白基因 lgc-1 培育出的适合肾脏病人食用的新品种 W3660、W1721 和 W0868，均获植物新品种权，其中 W0868 产量已与主栽品种相当，而其谷蛋白平均含量仅普通稻米的一半，为 2.63%，将 W0868 这一低谷蛋白大米替代普通大米作为主食，可减轻慢性肾脏病患者肾脏负担，延缓病程，提高生存质量。该品种已转让福建东泽医疗器械有限公司，其推广应用将造福全国乃至全球数以亿万计的慢性肾脏病人。

他带领团队利用与水稻产量、品质等性状形成的关键基因及其紧密连锁的分子标记或功能标记，构建出品质改良分子育种技术体系，在优质高产粳稻育种中取得了重要突破，已培育出宁粳 1 号、宁粳 2 号、宁粳 3 号、宁粳 4 号、宁粳 5 号、宁粳 6 号、宁粳 7 号、宁粳 8 号、中稻 1 号、中作稻 2 号、中作稻 3 号和京粳 1 号等优质粳稻新品种。这些品种经国家、省级审定，已在南方粳稻区大面积应用，为我国南方粳稻的安全生产提供了品种支撑。

协同攻关　抗击水稻病虫害

1999 年万建民从日本留学回到母校任教不久，在南京农业大学实验基地的试验田里发现了发病的水稻，他敏锐地判断为水稻条纹叶枯病，并且认为这是至关我国水稻生产的天大的事，不容小觑，刻不容缓。为了得到最终的科学认定，他旋即邀请江苏省农业科学院植保所专家进行鉴定，其结果证实了他的最初判断。于是他们即刻到苏北进行大范围调研，调研结果让他们倍感问题的严峻。

由于当时大面积应用的品种均不具有抗性，加之冬季气温持续偏高，病毒传播介体灰飞虱发生量大以及耕作制度多样化等综合原因，导致该病害成为南方粳稻区历史上罕见的重大暴发性病害。2004 年仅江苏省发病面积就达 2 300 多万亩，其中绝收 7.8 万亩，稻谷减收 25 亿公斤。然而由于当时尚没有可以有效防治该病害的农药，人们对这一病害的防治可谓束手无策。

在充分调研和科学分析的基础上，他会同范永坚和周益军研究员立刻向江苏省农林厅做了汇报，并在 2000 年由江苏省农林厅、南京农业大学和江苏省农业科学院联合向省政府提出水稻条纹叶枯病危害的严重性和加强联合攻关的报告。省主管领导立即做出批示，增列经费。2001 年设立了"江苏省重大暴发性病害水稻条纹叶枯病控制技术研究与推广"重大研究项目计划，万建民受命担任该计划的水稻育种首席执行专家，负责水稻育种攻关。

这是一次全局性和整体性的多学科、多部门的科技攻关大协作，也是长线作战和短期突破相结合的成功之举。面对紧迫的形势，先是由江苏省种子管理站组织对现有主栽水稻品种进行了抗性筛选，筛选出可用的现有品种，以解燃眉之急。而为了长远解决这一问题，万建民组织全省主要育种单位的众多育种专家同心协力进行抗水稻条纹叶枯病品种的选育工作。在科技部、农业部以及江苏省农林厅、江苏省科技厅、江苏省财政厅等部门的大力支持下，先后完成国家"863"项目、"948"项目、跨越计划、科技支撑计划以及江苏省科技厅高技术项目、省三项工程项目等课题。在这个过程中，他带领团队摸索出了条纹叶枯病抗性鉴定方法，建立了规模化抗病鉴定技术体系，对

10 977 份种质资源进行了抗性鉴定，筛选出高抗种质 212 份；并从高抗种质中挖掘抗条纹叶枯病基因 QTL 24 个，占国内外已报道的 71%；精细定位主效抗病基因 $Stv-bi$；创建了抗条纹叶枯病高产优质水稻分子标记聚合育种技术体系，创制抗条纹叶枯病优质新种质 16 份。他所领衔的协作攻关组打破了以往水稻品种选育各单位各自为政的做法，通过种质、基因、技术和信息的共享，构建了南方粳稻品种选育与应用的综合平台展开联合攻关。各协作单位根据不同生态区的育种目标，利用常规育种与现代分子育种相结合的方法，利用自主创新形成的抗病新种质、规模化抗病鉴定技术，在短短的几年间，快速选育出适应不同生态区的早中晚熟系列抗条纹叶枯病高产优质新品种 10 个，并迅速得到大面积的推广应用。同时，该项目还研制了新品种栽培的定量化实用指标，制定栽培技术规程 13 个。2007—2009 年新品种推广 8 314 万亩，2009 年推广面积占南方粳稻区种植面积的 78%，累计推广 13 634 万亩。

万建民作为"抗条纹叶枯病高产优质粳稻新品种选育及应用"项目研究第一完成人，2010 年获国家科技进步一等奖。该成果在短时间内，有效解决了南方粳稻区受条纹叶枯病流行危害的难题，极大地促进了水稻生产的发展，对保障我国粮食安全、农民增收和农业可持续发展作出了重要贡献。该成果所建立的一系列水稻抗病优质高产新品种选育与应用的新技术、新方法和新平台，也为我国水稻生产提供了强有力的科技保障。围绕水稻抗性基因研究，团队的科研攻关脚步并未停歇。2014 年，团队成功克隆出第一个水稻抗条纹叶枯病基因 STV11，并阐述了该基因的功能，成果在国际权威刊物 Nature Communication（《自然通讯》）出版。

万建民团队在水稻抗褐飞虱方面的研究也取得了重要进展。中国每年褐飞虱危害面积达 3 亿亩以上。万建民带领团队通过筛选高抗材料，定位了 12 个抗褐飞虱基因/QTL。精细定位了广谱高抗基因 Bph27；克隆的广谱高抗基因 Bph3 为编码 3 个植物凝集素类受体激酶的基因簇，对褐飞虱的抗性具有累加作用，研究成果 2015 年发表在 Nature Biotechnology。将 Bph3 和 Bph27 导入籼稻品种 9311 和粳稻品种宁粳 3 号，创制出优质抗虫新品系，并成功应用于水稻育种。如抗褐飞虱的籼稻品种已成功转让国内著名种业企业隆平高科，为抗飞虱水稻育种提供了材料基础。

学养行德　建设过硬科研团队

1999 年 5 月，回到南京农业大学的万建民，再次站上三尺讲台，承担起作物育种学、高级遗传学、作物遗传改良原理与方法和作物学进展等本科生及硕士、博士生课程的教学工作，将长期积淀的深厚的作物育种理论知识和盘传授给同学们。在他的课堂上，那些深涩而枯燥的理论被他讲得浅显易懂，趣味横生。时至今日，许多聆听过他授课的学生们依然对往日课堂上的情景记忆犹新，也从中受益颇丰。

即便是担任了中国农业科学院作科所所长乃至中国农业科学院副院长后，他仍然经常为学生们做学术报告，向他们讲授国内外作物遗传育种的基础知识和研究进展，带领他们进入水稻分子生物学实验室和水稻育种基地，讲解水稻重要性状形成的分子机制，水稻育种原理、方法以及实验室主要开展的研究工作，增加学生们的感性认识，培养他们对作物遗传育种的学习兴趣。

在科研中，万建民推崇操行、学问和素质，他在自我践行的同时，把这种做人做事的"三要求"传授给年轻人。他说，操行就是要有献身和协作精神，不仅要"己欲利而利人，己欲达而达人"，而且还要"己所不欲，勿施于人"。他放弃节假日，常年来往于北京与南京，几乎每天都要工作到子夜时分。即便是春节，只要一过正月初三，他的身影就会出现在办公室，也会行走在海南岛的南繁基地。他经常说"理论研究要有创新，技术探索要有突破，研究结果要真实可靠"，在工作中一定要"全力以赴、实事求是"。他不仅严格要求研究生掌握熟练的实验操作技能，更注重培养他们的科研创新意识、勤于思考和单独开展科学研究的能力。他非常重视研究生和青年人才的培养，他要求每一个研究生紧跟科学前沿，把握学术动脉，创新实验思路。鼓励学生敢想、敢说、敢干。他从操行、学问和素质3个方面严格要求自己和研究生，身体力行，以身作则，他以"知其然，知其所以然"要求自己和研究生。他提出科研人员要具备"说、写、组织能力、循序渐进"四要素。每次研讨会他都要求自己和研究生一样，必须在30分钟内讲完，而且要讲清楚，会前必须要演练多次，不要大致想一想就上场，要准备到每一句话。写就是要把论文、报告和信件写清楚，要由近及远，由浅入深，还要触类旁通。他要求博士生参与课题申请书的撰写，懂得在有限的申请书内既要抓住重点，写清楚重要的关键点，又要能说服人。从课题酝酿、撰写、打印和呈交，整个过程都要清楚熟悉。组织能力和循序渐进就是要求研究生参与导师的各项课题，从小事做起，增强自身的组织能力和交往能力，为独立开展科研工作打下良好的基础。他已培养毕业的博士生56名，其中，3名获全国优秀学位论文提名奖，5名获得江苏省优秀博士学位论文奖，35人已晋升正高级职称，3人获国家自然科学优秀青年基金，6人入选国家百千万人才工程。他带领的作物分子育种创新团队获中组部"优秀领军人才团队"。

为时刻与国外同行保持密切的合作，开阔科研人员的视野和学识，万建民还经常举办学术交流活动。多年来，他先后邀请或促成日本、美国、中国香港等国家和地区数十名知名学者、教授来到中国大陆进行学术访问和交流。其中有的专家甚至自愿来到中国进行合作研究，并长期无偿协助研究生培养工作。为紧跟国际研究前沿和加强国际交流，每年他都会应邀到国外的知名学府访问、考察和协商合作，并多次前往菲律宾国际水稻所出席国际水稻遗传学大会。

30多年，能够执著而专致于一项自己钟情的事业，并将其纵贯人生，乐在其中。他就是这样一个爱国敬业、勤勤恳恳、心系水稻、乐在探索、团结协作、勇于创新、教书育人、乐于奉献的值得我们尊敬的人。

●中国农业科学院作物科学研究所供稿●

农科英才

【陈化兰简介】

陈化兰，女，1969年生，甘肃白银人，著名动物传染病及预防兽医学家。1991年毕业于甘肃农业大学，1997年毕业于中国农业科学院研究生院，获博士学位。1999年到美国疾病控制中心（CDC）进行博士后研究，2002年回到中国农业科学院哈尔滨兽医研究所。2017年当选为中国科学院院士。现任国家暨世界动物卫生组织（OIE）禽流感参考实验室主任、研究员，联合国粮农组织（FAO）动物流感参考中心主任，OIE生物标准委员会副主席。第十二、第十三届全国政协委员。

主持国家禽流感参考实验室在动物流感尤其是禽流感的流行病学、诊断技术、新型疫苗研制、分子演变及分子致病机制等方面取得了一系列重大进展和创造性研究成果，研制成功了具有国际先进水平的H5亚型禽流感灭活疫苗和禽流感新城疫重组二联活疫苗，推广应用后极大地提高了我国乃至世界防控禽流感的能力，具有十分重要的社会经济及公共卫生意义。获国家科技进步一等奖1项，国家技术发明二等奖1项，国家自然科学二等奖1项，黑龙江省自然科学一等奖1项，黑龙江省科技进步一等奖3项。先后获中国青年女科学家奖、中国青年五四奖章、中国青年科技奖、求是青年创新奖、何梁何利科学与技术创新奖、国家杰出青年科学基金、黑龙江省五一劳动奖章等。2005年获首届中华农业英才奖，2007年被授予全国五一劳动奖章。2009年被授予全国三八红旗手、新中国成立60周年"三农"模范人物荣誉称号。2016年获全国杰出科技人才奖，获联合国教科文组织世界杰出女科学家成就奖。

> 在严谨淡定的科研领域里忘我工作，在万众瞩目的"领跑"位置上毫不懈息。她用无私奉献和科学智慧，把肆虐全国的禽流感恶魔制伏。一位年轻科学家的崇高信念和执著精神，让平凡的生命闪烁出非凡的光华。

一位科学家的国家使命

——记中国科学院院士陈化兰

"命运之神"将她送入兽医学研究的行列,可贵的是,她二十几年如一日战斗在与禽流感病毒对决的第一线,她的优秀科学品格、她对科学事业的执著和不断创新精神为她的科研事业插上了翅膀,也为她搭起了攀登科学高峰的阶梯,走向一个个成功。她的研究成果,早已跳出了传统兽医科学研究领地和认知范畴,在中国乃至世界多国狙击禽流感的战役中作出了卓越贡献,对维护动物健康和公共卫生安全产生了持续影响。

● 陈化兰（右二）在实验室工作

无心插柳　与兽医科学"缘定终身"

1969年，陈化兰出生在黄河岸边的甘肃省白银市靖远县北湾乡北湾村。1984年她考入靖远县第一中学，1987年考入了甘肃农业大学兽医系，从此与兽医科学"缘定终身"。当时她并不了解兽医学，曾彷徨、犹豫，反复考虑是否复读一年，来年再考一次，上个"好一点"的专业。正当她犹豫不决时，学校的一位语文老师对她说："傻孩子，甘肃农业大学的兽医系非常强，你大学毕业后可以再考硕士、念博士呀！"她的母亲也劝她"一切都是命中注定，别惦记再考一次"。于是，陈化兰走进了甘肃农大。谁也没想到，她这一步迈进去，开启了她壮丽的人生。

1991年，陈化兰考取了甘肃农业大学的硕士研究生。

1994年6月，陈化兰不负众望考取了卢景良研究员的博士研究生，从祖国的大西北来到大东北，从此与禽流感结下了不解之缘。由于健康原因，卢景良研究员委托同在哈尔滨兽医研究所（简称哈兽研）工作的于康震研究员指导陈化兰做禽流感病毒的新型疫苗研究，她于1997年毕业获博士学位。1999年，陈化兰前往美国疾病控制中心（CDC）进行博士后研究。

美国疾病控制中心的流感研究中心是世界卫生组织（WHO）的流感合作中心，拥有世界一流的实验设施和科技人才。在美国疾病控制中心工作的3年时间里，陈化兰不仅掌握了系统的专业知识和领先的科学技术，也对自己的未来定位做了很多思考。与当时周边多数想在美国发展的年轻人不同，陈化兰毅然选择了学成回国。

"当时考虑一是国内流感防制研究方面迫切需要人才，自己适合这份工作，回国发展更能学有所用；二是农业部、农业科学院的领导信任我，哈兽研也为我提供了广阔的发展空间，在实验条件方面给了很大的支持。"陈化兰说，"更重要的是，在国外尽管条件优厚，觉得只是干一份工作而已；在国内，因为自己的贡献，能使国家在某一个方面变得更好，觉得很有成就感。"

陈化兰说她回国前有一段时间睡眠不好，一躺到床上，就开始琢磨自己将来的工作怎么做，实验室将来怎么分工？这个工作适合哪种性格的人干？那个工作适合什么性格的人干？她说，"当时对科研有满脑子的想法，就想有个自己的团队，赶快安排人分头去做。"

2002年年底，陈化兰告别了当时也在美国做博士后的丈夫，带着4岁的儿子回到哈尔滨，一头扎进了禽流感实验室。她从来没有在个人待遇方面提过任何要求。她总是告诉自己的助手和学生，"先埋头苦干，干出成绩，该有的都会有。没干出业绩就和人谈条件，和乞讨没两样""你只管勤奋，上天自有安排"。带着这样一个信念，陈化兰羽翼渐渐丰满，积攒下了遨游科海的本领和底气。

初试锋芒　迎头狙击禽流感

回国后，陈化兰如愿以偿组建了自己专业的实验室。她的实验室不久后被农业部指定为"国家禽流感参考实验室"，负责我国高致病性禽流感的疫情诊断。

禽流感是一种毁灭性疾病，属A类传染病。A类传染病是由哺乳动物和鸟类都会感染的病毒导致，能够实现持续变异，容易导致大范围疫病流行。联合国粮农组织和世界卫生组织频频发出警告：一旦病毒发生变异，在人间传播，将会危及全球千百万人的生命。从世界各国看，通行的办法是一发现有禽流感疫情，就将疫区一定范围内的家禽全部扑杀。陈化兰与研究所的专家们经过认真研究，根据我国的具体国情，决定用免疫防控的技术路线来阻击禽流感，逐渐减少以至不用对家禽不得已的扑杀。因此，研发新型高效的疫苗，成为抗击禽流感疫情的重中之重。

在陈化兰主持下，国家禽流感参考实验室全面开展了我国禽流感的预警、诊断、防治的研究。建立完善了血清学、免疫学、病毒学及分子生物学诊断技术方法，研制、改进了一系列禽流感诊断试剂；针对 H5 亚型高致病性禽流感病毒流行风险，开展全方位的禽流感疫苗研究。不久，我国第一个禽流感疫苗 H5N2 禽流感灭活疫苗研制成功，紧接着又研制出新型 H5N1 禽流感灭活疫苗，突破了 H5 高致病性禽流感灭活疫苗研制的重大技术瓶颈，并证明可对禽类形成有效的免疫保护。

2004 年，东南亚暴发了禽流感，越南、泰国、印度尼西亚等国都有人员感染和死亡。疫情蔓延到我国，从 1 月 27 日广西隆安县丁当镇的禽只被确诊死于 H5N1 亚型高致病性禽流感开始，全国共有 16 个省份出现疫情，900 万只鸡被扑杀，直接经济损失达 100 亿元。

在农业部的部署下，陈化兰带领国家禽流感参考实验室科研人员投入了这场对禽流感的阻击战。陈化兰对禽流感的前瞻性研究成果发挥了重要作用。短时间内，实验室先后接收来自全国 16 个省、市的疑似样品 500 余份，及时、准确地确诊 H5N1 高致病性禽流感 50 余起。哈兽研向各地紧急提供了大量、充足的各种诊断试剂；向全国 9 个兽药制品企业转让了我国当时唯一可预防 H5 亚型禽流感并获得农业部新兽药证书的 H5N2 灭活疫苗生产种毒和全套技术，紧急生产了 12 亿羽份疫苗供疫区强制免疫使用。为控制疫情发挥了关键性的作用。

随着候鸟的迁飞，2005 年在欧洲，罗马尼亚、土耳其、希腊、俄罗斯等国家出现了 H5N1 禽流感疫情，英国、克罗地亚、瑞典等国也首次拉响禽流感警报。2005 年 8 月，亚洲和我国部分地区也再次发生疫情。正在这时，从哈兽研传来了令人振奋的消息：一个新疫苗——H5 亚型禽流感重组新城疫病毒活载体双价疫苗完成了实验室阶段的研究。农业部领导立即召见时任哈兽研所长孔宪刚和主持此项研究的陈化兰，认真地听取了他们的汇报。

2005 年 10 月 2 日，国务院副总理回良玉对新型疫苗的研制成功做出批示；第二天，温家宝总理也亲自作出批示，向科研人员表示祝贺和慰问，并指示加快疫苗的科研成果转化。国庆节刚过，时任国家首席兽医师、农业部兽医局局长贾幼陵来到哈兽研，传达了国务院领导的批示，并进一步了解和部署了疫苗的研制工作。新疫苗很快投入生产和应用，受到广大养殖户的欢迎，为抗击新一轮禽流感疫情发挥了重要作用。

陈化兰及其团队研制出了一系列具国际领先水平的禽流感疫苗，取得了多项研究成果。通过建立反向遗传技术等先进技术平台，开展了新型、高效防控疫苗的研究。先后研制成功 H5N1 反向遗传技术灭活疫苗、重组禽流感新城疫二联活疫苗等多种具有国际先进技术水平的禽流感疫苗，并及时转让技术给有关兽药生物制品企业投产，不仅应用于我国禽流感防控的实际，而且大量出口东南亚及非洲国家，并提供人员培训和技术援助。截至2016年年底，生产疫苗累计超过2 000亿余份，保护家禽累计超过1 000亿只，为有效防控高致病性禽流感发挥了重要作用，创造了巨大社会经济效益。

回顾2004年和2005年两次疫情阻击战，如果没有陈化兰及其团队的技术储备、没有哈兽研及时提供的疫苗，我国对禽流感的侵袭很难防御，后果将不堪设想。

陈化兰带领的实验室研究水平快速提升，很快成为具有重要国际影响力的研究团队。她的实验室于2008年被世界动物卫生组织（OIE）指定为OIE禽流感参考实验室，2012年被国际粮农组织（FAO）遴选为FAO动物流感协作中心。

利剑出鞘　用科技"绝杀"禽流感

在进行疫情诊断、疫苗研究基础上，陈化兰带领团队加强了我国禽流感流行病学主动监测，并开展了系统的病毒基础生物学研究。实验室建立了系统、完整的中国（未包括台湾省）禽流感病毒毒株资源库及其流行病学信息数据库，阐明了我国禽流感病毒的分子遗传演化和抗原变异规律，揭示了多个与致病力和传播能力相关的分子标记，为禽流感疫情的预警预报、诊断试剂及疫苗研制与使用等，提供了科学依据。

2009年5月1日，国家禽流感参考实验室宣布研制出一种新型人用禽流感冷适应致弱活疫苗，有望对人类感染H5N1亚型禽流感病毒实现完全保护。当时，正值墨西哥和美国暴发新型H1N1亚型流感病毒，因其较强的人与人之间水平传播能力，引起了新的公共卫生恐慌和对相关防控手段的关注。主持这项研究的陈化兰表示，在H5N1活疫苗研究的基础上，我们有能力针对其他新出现的流感疫情快速研发出新的疫苗。"禽流感可以控制，可以预防，人类具备这个能力。"陈化兰说。

2013年3月，当新出现的H7N9禽流感病毒感染国人、引起公众极度恐慌之时，陈化兰团队临危受命，迅速开展H7N9禽流感病毒的疫源调查，就病毒从哪里来、病毒存在于哪些动物宿主、人为何被感染致病和致死、是否会引起人流感大流行等一系列科学问题探寻答案。

整个实验室争分夺秒与病毒赛跑。在H7N9感染人病例公布后不到48小时，陈化兰团队研究人员就从上海活禽市场采集的样品中分离到类似病毒，连夜将序列分析数据提交到农业部，并建议立刻关闭感染地区的家禽市场。根据陈化兰团队建议，政府有关部门迅速关闭了有人感染H7N9禽流感城市的活禽交易市场，并取得了立竿见影的效果，新增感染病例迅速减少。

陈化兰及其团队研究发现，禽和人 H7N9 病毒都获得了结合人呼吸道上皮细胞受体的能力，这是其感染人的生物学基础；禽源病毒对鸡、鸭和小鼠均无致病力，而人源病毒可引起小鼠严重发病和死亡；禽源病毒在感染人体后快速发生关键的基因突变，导致人源病毒对哺乳动物致病力显著增强，并使部分毒株获得在雪貂经呼吸道飞沫传播的能力，具有人传人的极大风险，死亡率甚至可超过 30%。H7N9 病毒这一感染人特性，造成社会恐慌，使家禽及禽产品滞销，据家禽协会统计，一年给我国养禽业造成 600 亿～800 亿元的直接经济损失。

陈化兰及其团队对 H7N9 病毒的溯源及生物学特性系统研究的诸多发现，在《科学》等杂志发表了一系列重要论文，为 H7N9 禽流感的防控提供了重要科学依据，被公共媒体评为中国 2013 年十大科技进展之一。鉴于在禽流感研究和防控方面的贡献，她被《自然》杂志评为 2013 年"全球十大科学人物"。

敢于担当　来自科学家的国家使命

在一次接受采访时，陈化兰被问道："您在科研之路上最大的动力是什么？"她简洁而坚定地回答："最大动力就是国家使命，是使命驱动和责任心驱动。"

走在宁静的中国农业科学院哈尔滨兽医研究所，似乎感受不到发生在这里的惊心动魄的"病毒攻防对决"。然而，陈化兰告诉大家："流感病毒天天在变异，新情况就会带来新风险，我们就是流动的防疫兵。"她和团队一起，不放过病毒的任何蛛丝马迹。

2013 年新出现的 H7N9 流感病毒对家禽无致病力，但在人体内复制后获得新的突变，可引起人严重发病。2016 年冬季和 2017 年春季，发生了 H7N9 第五波疫情，全国共有 758 人感染，288 人死亡。通过实验分析发现，病毒在进化过程中发生新的突变，对鸡呈高致病力，对人的风险也进一步增高，形势危急。陈化兰根据自己多年对禽流感病毒的研究以及在禽流感免疫方面的经验，力排异议，建议政府采取全面免疫措施防控 H7N9 禽流感。2017 年 9 月份开始在全国范围内实施了家禽 H7N9 疫苗免疫接种，极大地降低了家禽中 H7N9 病毒的复制和传播，更在阻断病毒由禽向人传播方面产生了立竿见影的效果，与上年同期 758 人感染 H7N9 病毒相比，2017 年 10 月以来的冬春季，只有 3 个人感染 H7N9 病例。

这奇迹般的防控效果，得益于农业部的正确决策和领导，也是和陈化兰及其团队

在病毒研究及疫苗研发方面的杰出贡献密不可分。陈化兰说:"实施H7N9免疫之后,我天天在关注H7N9病毒感染人的情况,与去年同期对比,然后计算我们的工作今年救了多少人的命!外国科学家打电话问我,中国做了什么?为什么人的H7N9病例没有了?我淡定地告诉他们,我们对家禽进行了疫苗免疫。"

对决禽流感,一直在路上。陈化兰攻防流感病毒的脚步从未停歇。她说,实验室现在是三大研究并驾齐驱,即实时监测新病毒,评估其对人类和动物健康的风险;同时探究病毒究竟发生了什么变化,及其相应的生物学特性;此外还要为国家对流感疫情防控、人流感预警提供科学依据,确保疫苗的研发和更新。陈化兰及其团队在禽流感基础研究和应用研究方面都取得出色的成绩,科研成果先后获得国家科技进步一等奖(2005年)、国家技术发明二等奖(2007年)和国家自然科学二等奖(2013年)。

陈化兰是一个对科学执著的人,经常被熟悉的人称为"一根筋"。"我对很多事情不关心,但对我认为重要的事情,我都一定要把它做好。"陈化兰说,"做科研需要精力高度集中,所以不能兴趣太广泛。"

近年来,陈化兰主持承担了20多项国家和国际合作项目。在禽流感疫苗研制、禽流感病毒基础研究等方面取得了突出的业绩,研究结果先后在《科学》(*Science*)、《美国科学院院刊》(*PNAS*)等学术刊物发表SCI论文100多篇,是汤森路透集团公布的2015年、2016年微生物领域"全球高被引科学家";带动我国动物流感整体研究达到国际先进水平,国家禽流感实验室成为在国际上具有重要学术地位及影响力的禽流感研究实验室,与欧、美、日本等国际著名流感实验室开展了广泛和深入的合作研究和学术交流。

鉴于在禽流感病毒生物学研究方面的杰出贡献和在禽流感疫苗研发和应用方面的重要影响,陈化兰获得国内外高度赞誉和一系列褒奖,2016年又获联合国教科文组织颁发的"世界杰出女科学家奖";获中国科协首届"全国杰出科技人才奖";2017年获中国科学院院士这一最高学术称号。

"掌握疫情,准确诊断,为政府决策提供科学依据,研究出更好的防制方法和疫苗,是我们最重要的任务。"陈化兰说。

●中国农业科学院哈尔滨兽医研究所供稿●

农科英才

【王汉中简介】

王汉中,男,1963年生,湖南涟源人,著名油菜遗传育种学家。毕业于华中农业大学遗传育种专业,1987年获硕士学位,1990年获博士学位。2017年当选为中国工程院院士。曾任中国农业科学院油料所所长。现任中国农业科学院副院长、研究员,兼任国家油菜产业技术体系首席科学家、农业部油料指导专家组组长、农业部科学技术委员会委员、国家农作物种质资源委员会委员、国际油菜咨询委员会(GCIRC)理事。

长期从事油菜遗传育种研究,主持"973"项目等20多项国家重点研究项目(课题)。攻克了我国油菜"双低不抗"和含油量偏低的难题,实现了油菜双低品种多抗、高油和高产三次跨越。提出了我国油菜产业发展的"双全战略",引领了新时代我国油菜产业的发展方向。育成双低新品种17个,新品种累计推广1亿亩以上。在国内外权威刊物发表论文123篇,被引4 673次,其中最高单篇被引1 023次。获国家发明专利15项、中国专利优秀奖1项、欧洲发明专利1项。以第一完成人获国家技术发明二等奖1项、国家科技进步二等奖1项,省部级科技成果奖7项。获全国杰出专业技术人才、中国科协求是杰出青年成果转化奖、国家"九五"重点科技攻关先进个人等荣誉。带领的团队入选农业部首批优秀创新团队。

> 油菜,原为一种普通的农作物,如今却由于菜籽油的清香和油菜花开的美景,出落得格外壮美动人。而他,创造了我国油菜品种历史性跨越和高含油量世界纪录,从一个普通的科研者成长为油菜科学界杰出的接棒人。他将自己融入油菜花盛开的大地之中,立志为人民奉上更好的高价值健康产业。

独恋菜花　引领风骚

——记中国工程院院士王汉中

王汉中是我国油菜科研领域年轻一代学科带头人，近30年来潜心油菜科研，以国家油菜产业需求和人民消费需要为导向，带领团队开展从理论、技术、产品到成果转化的系列创新，先后实现了双低油菜品种的多抗、高油和高产三次跨越，为提高我国油菜抗性、含油量、产量和品质水平作出了突出贡献。

脚踏实地　扎根油菜试验田

1980年，王汉中以优异成绩考入华中农学院，从此与油菜花结了缘，他1984—1990年在华中农业大学师从我国著名农学家、中国油菜学科奠基人刘后利教授，攻读硕士和博士学位，甘于寂寞，连续苦读十年。在刘先生的指导下，王汉中在油菜科研上崭露锋芒，他首次研究提出了甘蓝型油菜种皮色泽遗传不稳定性是由转座因子调控的，该结论被20多年后的分子生物学研究所证实，他参与的相关研究获得了国家教委科技进步一等奖。

1990年，学有所成的王汉中被分配到中国农业科学院油料研究所。作为当时稀缺的高学历人才，他面临很多发展机遇，而他一头扎进油菜试验田，从双低（低芥酸，低硫甙）品种的繁种和示范推广起步。他深入到偏远山村和田间地头，足迹遍布湖北、江西等多省油菜主产区，从而对油菜和双低品种有了更深刻的认识，对产业需求有了更深入的了解，为油料研究所双低品种的繁种、示范和推广作出了较大贡献，所参与的项目中双 4 号获得了农业部科技进步二等奖。由于工作踏实，敢于担当，能力和业绩突出，1996 年王汉中评上了研究员，1998 年起担任国家油料作物改良中心主任和博士生导师，逐渐成长为油菜学科年轻一代的带头人，踏上了油菜科研的广阔舞台。

潜心研究　破解"双低不抗"难题

我国于 20 世纪 70 年代后期开始双低油菜育种工作，直到 90 年代双低油菜育种资源仍显不足，而且存在菌核病抗性和抗倒伏性差的问题，制约了双低品种的推广应用，王汉中决心要解决这些问题。他深入观察、拓展思路、潜心研究，在大量育种材料抗性鉴定、多点多年田间鉴定和仔细观察的基础上，他创新技术路线，把油菜茎秆的木质化程度作为抗菌核病和抗倒伏性的共同指示性状，在油菜收获时亲自到田间逐株验证，创建了简便、快速、可靠的菌核病抗性和抗倒性鉴定技术，大大提高了抗性鉴定的效率。

在系统研究的基础上，他带领团队探明了油菜菌核病抗性和抗倒性都与茎秆木质素含量显著正相关。通过利用特异表达启动子 C4H 驱动木质素合成相关基因 4CL 过量表达，使油菜茎秆木质素含量提高了 10% 以上，为改良油菜菌核病抗性和抗倒性开辟了新的途径。该技术获得欧洲发明专利，并实现了跨国转让。

由于理论和技术上的突破，王汉中克服了双低油菜品种普遍存在的抗菌核病和抗倒伏性差的难题，育成了中双 9 号等抗菌核病和抗倒伏性突出的双低油菜新品种 10 个，累计推广 8 600 多万亩。其中，中双 9 号于 2002 年通过品种审定，其菌核病和病毒病发病率比当时推广面积最大、抗性较好的双高品种中油 821 分别低 28% 和 69%；抗倒性与国内外 130 个主栽品种比，居于首位；区试含油量达到 41.97%，亩产量和产油量为 165.5 公斤和 69.5 公斤，比对照分别增加 15.3% 和 21.7%。2003 年，中双 9 号被列入国家重大科技成果推广计划，自 2006 年以来一直是我国推广面积最大的常规双低品种。中双 9 号还被国内同行作为优质多抗育种亲本育成 15 个双低新品种推广 1 800 多万亩。2006 年，中双 9 号及其重要性状分子基础研究被授予国家科技进步二等奖。上述双低多抗新品种的推广应用，为我国油菜双低化率由 2002 年的 28.1% 提高到 2016 年的 62.2%、亩产由 98.5 公斤提高到 128.7 公斤作出了突出贡献。

勇于攻关　创造油菜含油量世界纪录

我国油菜品种含油量曾一直徘徊在41%左右，比世界油菜籽最大出口国加拿大低5个百分点左右。据测算，含油量每提高一个百分点相当于产量增加2.5个百分点。含油量偏低的问题长期制约着我国油菜产业的竞争力。

在国家"973"计划的支持下，王汉中大胆创新，巧妙设计了油菜含油量研究多条技术路线，带领团队首次揭示了油菜种子含油量主要是由母体基因型调控的，率先探明了角果皮光合作用、种皮糖转运、植株抗热性和细胞质效应等含油量母体调控新途径，为高油育种奠定了较系统的理论基础。

他带领团队鉴定出12个新的控制高含油量的基因位点，其中2个对含油量贡献值超过3.5个百分点，含油量贡献值居于国际前5位。建立了高油分子标记辅助选择聚合育种技术，获得6项国家发明专利和1项中国专利优秀奖。通过聚合育种创制出含油量达60%以上的特高油新材料5个，其中"YN171"高达64.8%，是世界上已报道的油菜含油量最高值。

他育成了中双11号等4个高油、多抗双低新品种，累计推广3 500多万亩。中双11号于2008年通过品种审定，是我国首个含油量超49%的油菜品种，区试亩产167.2公斤，含油量49.04%，亩产油量82公斤。作为常规品种，其亩产油量比杂交种对照秦优7号还要高6.3%。而且，中双11号的菌核病抗性和抗倒性均居区试首位，抗裂角性强，适合机收。中双11号从2010年至今连续7年被农业部选为国家主导品种，还被国内同行作为高油优异亲本培育出7个高油新品种并推广400多万亩。2014年，他领衔的"油菜高含油量聚合育种技术及应用"获国家技术发明二等奖。上述高油、多抗双低新品种的推广应用，为我国油菜含油量由2008年前三年平均40.9%提高到2017年近三年平均的43.0%作出了突出贡献。

不断创新　实现高油高产同步改良

加工企业对高油油菜非常钟情，但油农却有可能因高油品种产量相对较低，致使总体效益不够高而不愿种植。面对这一潜在的问题，王汉中带领团队在科研的道路上继续攀登，鉴定出51个油菜产量性状的新QTL，揭示了粒重等重要产量性状调控的分子机理，分离出粒重调控基因 *BnARF*18，这是国际上通过遗传作图方式克隆的多倍体作物首个产量构成性状调控基因。他推动了油菜及其祖先种的全基因组测序，发掘

● 王汉中在实验田工作

出全球最多的覆盖半冬性油菜的 17 万个单核苷酸变异位点（SNP），合作开发出的首张油菜全基因组 SNP 芯片被国际油菜界广泛利用。他创建了 SNP 芯片高通量基因分型及遗传距离预测技术，明确了杂种分枝数等重要性状与亲本遗传距离的关系，为高产杂交种的选育奠定了理论和技术基础。相关研究成果发表于《自然·遗传》（Nature Genetics）、《美国科学院院刊》（PNAS）等国际权威刊物，油菜高产相关技术获国家发明专利 5 项。

王汉中育成的高产、高油、多抗双低油菜杂交新品种中油杂 200、中油杂 19 和中油 115 等，区试亩产都在 195 公斤以上，含油量超过 45%，已累计推广 500 多万亩。其中中油杂 19 于 2013 年通过国家品种审定，区试亩产 195.4 公斤，含油量 50.0%，是目前我国冬油菜含油量最高，且抗菌核病、抗倒、抗裂角适合机收的品种。中油杂 200 于 2016 年通过审定，实现了高产、高油、多抗、优质、适于机收等优异性状的聚合，区试亩产 212.2 公斤，含油量 48.4%，亩产油量 102.9 公斤，亩产量和产油量分别比对照增加 7% 和 21.6%，成为我国油菜主产区长江流域首个区试亩产油量超 100 公斤的油菜品种。

登高望远　站在油菜科研新起点

王汉中始终胸怀全局，认真履行国家油菜产业技术体系首席科学家职责，已连续8年被体系考核为优秀。作为首席科学家主持的国家973项目在2016年中期评估中获得优秀，促进了油菜领域协同创新。他注重宏观战略研究，发表与油菜发展战略相关的论文20余篇，其中《我国油菜产需形势分析及产业发展对策》入选"中国顶尖学术论文TOP5000"，被国内外广泛引用。2015年，他在加拿大有900多名代表出席的国际油菜大会上作了学术报告，是大会5个特邀报告之一。

2017年11月，王汉中当选为中国工程院院士。面对激烈的国际竞争和广大消费者、油菜生产者对油菜产业新的需求和期盼，王汉中和我国油菜产业站在了新的起点上。今后的路该如何走？王汉中提出了未来油菜产业和科技创新的"双全战略"，即对油菜各生育期的全价值链发掘和对各价值点的全产业链开发战略。他带领团队正在为实施该战略努力拼搏。

"全价值链发掘"包括油菜芽的菜用价值，油菜苗的菜用、饲用、肥用价值，油菜薹的高端功能型蔬菜用价值，油菜花的旅游观光价值，菜花蜜的蜜源价值，双低菜籽油的营养健康价值，双低菜籽饼的优质高蛋白饲用价值，以及油菜轮作的培肥抑病价值等。"全产业链开发"则是针对上述每一个价值点进行绿色化、规模化、机械化、标准化、品牌化开发，将每一个价值点都打造成一个产业，开发形成油菜的产品链和品牌链。

"双全战略"的实施，对推动油菜产业供给侧结构性改革、满足人民对油菜产品多元化的需求、提升油菜产业整体效益和增加农民收入都具有重要意义。王汉中不仅是一个科学家，也是一个共产党员，2000年6月他在油料所加入中国共产党，为党为三农矢志奋斗的信念更给他带来源源不竭的工作动力，我们期待着王汉中及其团队为促进我国油菜科技进步和油菜产业发展、为满足人民群众对油菜产品新的多元化的需求作出更大的贡献。

●中国农业科学院油料研究所供稿●

【王连铮简介】

王连铮，男，1930年生，辽宁海城人，大豆遗传育种专家。1954年毕业于东北农学院。1957—1960年在黑龙江农科所从事马铃薯育种研究，1960年赴莫斯科农学院从事遗传育种研究，获博士学位。曾任黑龙江省农业科学院副院长、院长，黑龙江省副省长、党组副书记。1987—1994年任中国农业科学院院长，期间还任农业部常务副部长、党组副书记。曾任中国农业科学院学术委员会名誉主任、中国农学会副会长、中国作物学会及大豆专业委员会理事长、中国种子协会理事长、中国科协副主席、国务院学位委员会植物遗传育种栽培学科评议组召集人、农业部科技委副主任、国际农业生物科学中心理事、国际农发基金会理事、粮农组织亚太区农业科研理事会常务理事、中国欧共体农业技术中心顾问委员会中方主席，第八届全国政协委员，第九届全国人民代表大会代表、农业与农村委员会委员。被选为苏联农业科学院院士、俄罗斯农业科学院院士、印度农业科学院院士。

长期从事大豆遗传育种研究，主持选育大豆品种34个，包括国审品种10个，累计推广面积1.5亿亩。主持选育的中黄13是迄今为止跨纬度最大、适应范围最广的大豆品种，连续6年种植面积居全国首位，是自1995年以来唯一一年种植面积超千万亩的大豆品种，累计推广面积7 000多万亩；育成的超高产品种中黄35连续3年创造亩产超400公斤的全国大豆高产纪录。在国内核心期刊发表论文170余篇，主编、合编专著8部，发起创办《大豆科学》杂志。曾获全国科学大会奖1项、国家发明二等奖2项、省部级科技进步奖8项，2012年获国家科技进步一等奖。2010年获作物学会科学技术成就奖，2012年获何梁何利科学与技术进步奖。

> 他务农学农爱农，从事大豆科研50余载，老骥伏枥，创新不已，为我国大豆事业倾注了毕生心血。他为民为学为政，为中国农业发展竭尽全力，奋斗不息，是创新之典范，实践之楷模。

根植黑土地　香飘黄淮海

——记中国农业科学院前院长王连铮

近年来,一个振奋人心的消息传来,广适高产优质大豆新品种中黄13选育成功,连续5年实现全国大豆品种种植面积最大,它的选育者是我国著名的大豆遗传育种学家王连铮,他从事大豆科学研究50余载,辛勤耕耘,硕果累累,2012年获国家科技进步一等奖。他老骥伏枥,情系"三农",足迹遍布华夏大地,为我国大豆科技和生产事业奉献了青春和智慧。

志存高远　立志学农报国

1930年,王连铮出生于辽宁省海城县腾鳌堡镇福安村,他的幼年时光是在日伪的铁蹄下度过的,他目睹日本人残害中国老百姓,从小以"非学无以广才,非志无以成学"为座右铭,努力学习文化,立志报效国家。

1945年8月日本投降，由于日伪学校解散，王连铮回到了乡下，此时局势动荡，在东北民主联军的影响下他第一次听到"没有共产党，就没有新中国"这气势轩昂的歌曲，思想为之一振。1948年11月沈阳解放，12月他由于务农爱农考入沈阳农学院，1949年1月转入哈尔滨东北农学院（即东北农业大学前身）学习农学专业。由于学校是公费，吃穿用不愁，他感觉政府十分重视学生，因此学习无任何顾虑，并且学校加强思想引导，对共产党逐渐有了认识，感觉国家有了希望，个人有了前途，政治觉悟也逐渐提高，同年9月，他加入中国新民主主义青年团。入团以后，他通过听党课、学党章，了解中国共产党的历史、任务，逐步认识到中国共产党是全心全意为人民服务的革命队伍。1953年4月，他加入了中国共产党，成为工人阶级先锋队的一员。

1949年7月，响应毛主席在《论人民民主专政》中提出要向苏联"一边倒"，向苏联学习，走十月革命道路的号召，王连铮参加了学校组织的俄文学习班，由俄文老师讲课，学习俄语两年，期间还学习部分植物学、动物学的知识，通过阅读大量的俄文教材，丰富了专业知识。

"民以食为天"，农是国之基础。他在东北农学院学习期间从理论和实践两个方面，全面提高了专业素质和思想文化水平。清华大学梅贻琦校长曾说"所谓大学者，非有大楼之谓也，有大师之谓也"。当时的东北农学院院长刘成栋重视聘请国内的名流专家，像留美博士、著名畜牧专家许振英教授、著名农业机械专家余友泰教授、著名大豆专家王金陵教授、著名兽医专家黄祝封教授、著名林学家杨衔晋教授、阳含熙教授、邵均教授、著名植物分类专家刘慎锷教授及苏联植物学家斯克沃尔绰夫等。王连铮正是在这些大师的教导下，在知识的海洋中畅游，打下了坚实的农学理论基础，积累了丰富的实践经验，使其受益终生。

初出茅庐　开发大兴安岭

1954年5月，王连铮从东北农学院毕业后，被分配到中央人民政府林业部调查设计局工作，参与大兴安岭的调查开发设计工作。他作为俄文翻译陪同苏联经济专家塔拉辛克和斯米尔诺夫到内蒙古海拉尔野外考察，调查当地的经济状况、开发情况，铁路和桥梁的建设情况等，然后再结合航测，汇总研究提出大兴安岭整体的开发方案。当时条件十分艰苦，林区蚊虫肆虐，没有蔬菜，只能采集野菜、蘑菇充饥。虽然条件艰苦，但为国家事业他从不抱怨。通过4个多月的调查，他足迹遍布大兴安岭，深深感受到中国幅员辽阔、资源丰富、景观壮丽，并为祖国的大好河山而自豪。

为了更好地开发利用大兴安岭，1956—1957年他随同中央人民政府林业部的专家组到苏联学习林业调查设计。一行5人，由林业部调查设计局赵百武处长带队去莫斯科学习。在莫斯科首先参观考察了第七森林经理调查设计大队，随后到郊区的谢尔普霍夫禁猎区参观欧洲野牛的保护和饲养繁殖，该林场是专门划出的禁猎区，严禁开发，以保护欧洲野牛的生长。在苏联考察期间，学习了先进的林木管理经验。

年轻的王连铮第一次出国，在异国他乡感觉十分新鲜，尤其对苏联的文学艺术十分着迷。那个时候中苏友好，苏联人民十分热情。1956年5月1日和十月革命节，他受苏方邀请登上了红场观礼台观礼，看苏联红军部队和莫斯科市民的盛大游行，场面相当壮观。他也很喜欢苏联的芭蕾舞和歌剧，如《叶夫根尼·欧涅金》《伊万·苏萨宁》《天鹅湖》等。另外，他还参观了列宁博物馆、苏军博物馆、克里姆林宫、高尔基文化公园等文化设施，受到苏联俄罗斯等民族深厚文化艺术的熏陶。

1956年毛主席提出"向科学进军"的号召，他听到后跃跃欲试。在苏联学习期间，他对苏联森林的开发设计工作有了比较全面的了解，自己的俄文水平也有很大的进步，同时对苏联人的文化生活也有了深入了解。回国后却总觉得单搞翻译和所学专业结合不够，甚至有些脱节，他毅然决然放弃翻译工作，专心投身农业科学。

赴苏深造　收获真知而归

1957年5月，王连铮怀着对农业科研的满腔热情，来到哈尔滨黑龙江省农业科学研究所（1960年改为黑龙江省农业科学院），开始了自己在农业科技战线上的探索。他被分配到作物育种系，师从沙锡敏先生开展小麦育种研究。1957年底被调到马铃薯组，参加马铃薯的品种观察、杂交、温室管理和田间选种等工作，1958—1960年他参加了克新1号的选育工作。该品种产量高，受到农民的普遍欢迎，累计推广1.49亿亩，连续10年推广面积居全国第一。1987年获国家技术发明二等奖。

在三年困难时期，他深刻感悟到"民以食为天"这个颠扑不破的真理的内涵。为了提高农业科研水平，1959年他通过努力考取了留苏研究生，1960年10月，赴苏联莫斯科季米里亚捷夫农学院的农学系植物遗传育种教研室攻读农学专业，他希望通过学习国外先进育种知识提高我国粮食作物的产量，以解决我国人民的温饱问题。他在国外留学期间，满怀报国热情，不负众望，勤奋努力、谦虚好学，完成了作物育种学、植物学、生物生理学和生物化学等专业课程。他深知实践出真知，搞科研工作，需要站

●王连铮考察大豆生产

在前人的肩膀上攀登,继承人类千百年来积累的成果和经验,特别是前辈大师们的宝贵经验。在学余期间,他遍访名师,刻苦钻研,收获了丰富的科研第一手资料和实践经验,为回国后的科研工作打下了坚实的理论和实践基础。

潜心大豆科研　奉献累累成果

1963年王连铮从苏联回国后,到黑龙江省农业科学院大豆研究所和育种研究所,主要从事大豆遗传育种和栽培生理研究。1963—1966年,他主要参与开展大豆营养生理研究。为了提高大豆亩产,他从矿质营养入手,对不同土壤如何提高肥力,进而提高大豆产量问题进行了专题研究,提出了低产土壤施氮肥效果优于施磷钾肥,高肥力土壤施磷钾肥优于施氮肥的论点。1967—1969年,他与王培英合作开展大豆辐射育种研究,探讨不同辐射源如热中子、钴60、X射线和理化因子对大豆诱变的作用。利用X线处理中国大豆品种——满仓金,育成了黑农4号、黑农6号、黑农8号、哈钴

1669 等大豆品种，其含油量都比原有品种提高 1%～2%。

1970 年 2 月，王连铮回到黑龙江省农业科学院作物育种所工作，他接手王彬如的大豆育种材料，将其放在不同肥力条件下进行鉴定，培育出黑农 26 大豆品种，含油量达 21.6%，累计推广 3 000 多万亩，1984 年获国家技术发明二等奖。1970—1978 年他与王彬如、胡立成共同主持育成大豆品种 12 个，其中黑农 35 获黑龙江科技进步二等奖，黑农 16 获全国科学大会奖，还育成黑农 10、黑农 11、黑农 34 等大豆品种，累计推广 7 500 多万亩，增产 7 亿多公斤。

他创新大豆育种理论，改进育种方法。在开展大豆品种选育的同时，对大豆产量性状及抗病性等性状的遗传规律进行了系统研究，对大豆育种方法进行了探索。1980 年他提出在育种上降低大豆株高的 4 种途径：即利用有限结荚习性品种与无限结荚品种杂交、有限结荚品种间杂交、辐射育种以及从地方品种筛选矮秆材料，对大豆高产育种具有较大指导意义。利用这一理论育成两个大豆品种，较好解决了高产与高蛋白的矛盾，同时育成了在生育期和蛋白质含量上均超双亲的大豆品种。在研究大豆品种性状演变规律的过程中，他发现单株粒重与群体产量极显著正相关，并用于育种实践。他重视在不同肥水条件下对杂交后代进行鉴定，并采用南繁北育、温室加代、适当缩短株行距、加大优良组合株行数和优良株系早期繁殖等行之有效的方法，加快育种进程，同时提出利用不同纬度、地理远缘、遗传背景差异大的材料进行杂交，结合异地鉴定，选育广适应性大豆品种。

王连铮在野生大豆考察、研究与利用方面取得显著成绩。1979—1982 年他主持黑龙江省野生大豆考察研究，采集野生大豆 576 份，蛋白质含量在 52% 以上的 4 份，发现抗病材料。认为野生大豆具有蛋白质含量高、含油量低、油酸含量低、亚麻酸含量高等特点，可作为进化程度高低的评价标准；提出了野生和半野生大豆变种和变型分类新体系，认为 *Glycine gracilis* 不宜作为独立种。

他率先开展大豆基因型致瘤反应及基因工程研究。1980—1985 年，他与邵启全研究员主持开展大豆对农杆菌致瘤反应的研究，选出易致瘤品种 94 个，并获无菌愈伤组织，愈伤组织含有胭脂碱，证明 Ti 质粒可作载体将胭脂碱基因转入大豆基因组并得到整合和表达，建立了大豆基因工程载体和受体系统及大豆体细胞培养实验系统。

王连铮还积极组织黑龙江省及全国大豆科研协作，推动大豆生产发展。1981—1989 年，他任联合国开发计划署资助的"加强黑龙江大豆科研促进生产发展"项目主任，项目实施后大豆总产增加了 83%，单产提高了 29.3%，向上级提出多份发展大豆科研和生产的建议。

老骥伏枥　谱写大豆辉煌

1987年12月，王连铮调任中国农业科学院院长，组织大豆联合攻关。1995年从行政岗位退下后，全身心投入大豆科研生产中，共主持育成大豆新品种22个，累计推广7 500多万亩，取得了突出成绩。他选育的中黄13大豆品种，通过了国家及9个省市审定。适宜区域在北纬29°~42°，跨三个生态区13个纬度，是迄今为止我国纬度跨度最大，适应最广的大豆品种。该品种光周期钝感，蓝光受体基因（$GmCRY1a$）研究揭示了适应性广的分子机理；该品种在黄淮区域创亩产312.4公斤，安徽区试亩产202.73公斤，增产16.0%，全部区试点增产，列首位；蛋白质含量45.8%，百粒重23~26克。连续8年被农业部列为全国主推品种，连续5年居全国大豆品种年种植面积首位，累计推广7 000多万亩，增产大豆15亿公斤，新增产值60亿元，2010年获北京市科技进步一等奖，2012年获国家科技进步一等奖。

他主持选育的中黄35连创全国高产纪录。该品种通过了黄淮北片、北方春大豆、内蒙古和吉林审定，属高产高油品种。在新疆创亩产371.8公斤，被评为2007年十大科技进展新闻之一。他通过良种良法结合创高产，利用中黄35结合滴灌施肥化控调酸等方法连续创高产，做到水肥同步，减少化肥流失，创新了栽培模式。2009年在新疆创亩产402.5公斤，实收86.83亩，亩产364.68公斤，创我国大豆大面积单产纪录。2012年在新疆再创小面积亩产421.37公斤的全国高产纪录，连续4年被农业部列为主导品种。83岁高龄的王连铮，老骥伏枥，仍然活跃在大豆科研第一线，为我国的大豆事业殚精竭虑，鞠躬尽瘁。

注重国际交流　享誉世界同仁

王连铮十分重视国际交流，多次参加世界作物科学大会，与国际农学界有广泛交往，介绍我国农业持续发展的经验。诺贝尔和平奖得主N. 布劳格给他写信认为，中国农业取得了重大成就，同意他的观点，认为L. Brown的观点不公正，后者提出谁养活中国问题，危言耸听。王连铮于1994年、1999年和2009年3次代表中国在世界大豆研究大会作大会报告。我国申办、筹备和主办第八届世界大豆研究大会时，他担任大会组委会副主席、学术委员会主席，在会议组织、经费筹措等方面发挥了重大作用。他被聘为联合国粮农组织顾问访问印度尼西亚、越南和孟加拉等国，应邀作了5次学术报告，对上述国家的大豆科研和生产提出了建议。

他的学术水平和在中外农业科技交流中的贡献得到国际同行的广泛认可。1982年他被美国密西根州立大学授予名誉校友，1988年6月当选苏联农业科学院院士，1992年当选俄罗斯农业科学院院士，1994年当选印度农业科学院院士，同年当选英国国际农业生物科学中心理事会理事，1991年当选粮农组织亚太区农业科研理事会常务理事。

重视成果转化　提升科技水平

王连铮深刻领会"实践出真知"的真谛，经常深入农村和大豆生产第一线了解存在的问题及技术需求，根据生产需要开展研究，使科研成果具有很强的针对性和实用性。他注意通过高产创建、现场观摩、集中培训、发放资料、电视宣传、企业参与等方式，加快新品种、新技术的推广力度，使优良品种的推广速度大大提高。在担任黑龙江省领导职务期间，他积极开展科技兴农，大力推广先进实用技术。在组织实施三江平原开发项目时，他提出的"挡住外水，排除内水，以稻治涝，全面发展"的策略得到省政府的采纳，通过改善三江平原的水利设施和建设人工湿地（稻田），较好解决了生态环境保护与农业生产发展的矛盾，使三江地区成为我国优质水稻的生产基地，对保障全国粮食安全发挥了重大作用。

王连铮在任中国农业科学院院长期间，十分重视科研成果的转化与应用，1987—1994年全院共获得国家级奖励52项，平均每年7.4项，其中中棉所12获国家技术发明一等奖，累计推广面积5 000多万亩，这对巩固和加强中国农业科学院作为国家农业科研的龙头地位起到了重要的作用。

●中国农业科学院办公室供稿●

农科

【吕飞杰简介】

吕飞杰，男，1943年生，福建厦门人，农产品加工学专家。1964年10月毕业于华南热带作物学院热作产品加工专业。曾任华南热带作物学院院长，1994年11月至2001年7月任中国农业科学院院长、党组书记，后任国务院扶贫开发领导小组副组长、办公室主任。当选为中国共产党第十五届中央候补委员，第十届全国政协委员。

在中国农业科学院工作期间，致力于农业科技、农业宏观管理及农业科技体制改革研究。主持完成国家计委、科技部农业科技政策宏观研究有关课题。主持、参加多项农产品加工课题研究，主要研究方向是大宗农副产品深加工及其综合利用研究、农副产品中天然有效活性成分的提取、分析测定与生物学、药理学作用研究及其功能食品的研制与开发等。获全国科技大会奖（1978），美国科学基金年度突出成果报告奖（1983），国家级有突出贡献中青年专家称号（1986），海南省高等教育一等奖（1992）。

> 他一生为农，情系天下，为农民需求奔走疾呼；他胸襟宽阔，不计名利，为农业科技事业奉献汗水和智慧；他率性平和，广纳贤才，用自己的行动和付出，诠释了一名中国农业科技工作者的职责和担当。

为了中国农业科技新的春天

——记中国农业科学院前院长吕飞杰

1994年,一纸调令,时任华南热带作物学院院长的吕飞杰来到了北京,担任中国农业科学院院长、党组书记。他说,"从此,我身上的责任更大了,肩上的担子更沉了"。

当时,中国正面临社会转型,农业结构发生调整,信息科学和生物技术正在全面兴起。作为农业科技的国家队,中国农业科学院该如何面对时代的新变化、新问题?该如何来迎接21世纪的挑战?该如何为中国的农业发展作出更大的贡献?这一切,都是新院长吕飞杰要思考的大问题。

作为中国农业科学院历史上第一个院长书记一肩挑的院长,作为农业科技国家队的掌舵者,吕飞杰深知,要做好院长,必须找准自己的定位,要具有包容的胸怀、长远的眼光。他说:"我要做的是一名合格的管理者,最重要的,就是为农业科学家们服务。"

从1994年到2001年,吕飞杰带领着中国农业科学院不断迎难而上,顺应时代发展锐意改革,历经数年努力,开启了中国农业科学院发展的新纪元,为中国农业科学院在21世纪的跨越发展奠定了坚实的基础。

紧跟新潮流新科学　使中国农业科学院直面时代发展需求

20世纪末,以信息技术和生物技术为代表的现代科学全面兴起,掀起了发展的高潮。吕飞杰认为,作为一支国家级的农业科研队伍,中国农业科学院一定要紧跟时代发展的需要,不但要实现信息化,还要加大生物技术科研力度。

那么，如何实现信息化？尽管当时的中国农业科学院拥有自己的计算机中心，但是，吕飞杰和领导班子成员认为，信息科学不能仅仅局限在计算机中心，各个研究所都要用上信息技术，一方面要建立数据库，拨发专项经费为每个研究所配备基本的计算机设备，同时配备计算机技术员；另一方面，要求每个研究所都建立自己的数据库专家系统，将专家资料信息归档入库。

不到两年的时间，中国农业科学院的各个研究所都配备了计算机，都建立了数据专家系统，基本实现了信息化，走在了全国农业科研院所的前列。

生物技术与农业发展息息相关，关于生物技术的发展，吕飞杰则主张调整学科结构，尝试在研究所之间开展合作，将常规技术与生物技术结合，全面发挥大学科大协作的作用，努力将研究成果应用到生产中。如今在全国推广应用的国产抗虫棉正是这种科研合作的成果。

20世纪90年代初，棉铃虫在我国的棉花主产区大范围大规模暴发，严重威胁着中国棉花产业的发展。由于缺乏相应的技术储备，美国的抗虫棉品种乘势而入，可以说，当时美国的抗虫棉品种几乎占据了中国95%的棉花种子市场。

为了早日培育出中国自己的抗虫棉品种，中国农业科学院率先开始了相关的研究，将常规育种和生物技术结合起来，经过几年的努力，成功研制出了具有自主知识产权的抗虫棉，进而又研制出我国独有的双价基因抗虫棉。随后，中国农业科学院的科研工作者通过将研制的双价抗虫基因转入或通过杂交后系统选育，获得一批适宜于中国主要棉区的优良棉花品种，促使国产抗虫棉产业迅速崛起。目前，国产抗虫棉种植面积已经占到全国抗虫棉面积的93%以上，以绝对优势占据了国内抗虫棉市场，不但减少了农药使用量，也帮助棉农实现了增收减支。

"当年我们的生物技术是走在全国前列的，我们的这种学科合作的尝试，也是比较超前的。而更为难得的是，我们的这项成果应用到了生产中，真正体现了农业科学院'顶天立地'的特点，真正体现了适应时代发展的需求。"说到这一段经历，吕飞杰十分感慨。

适应农业结构调整　让中国农业科学院做科技兴农排头兵

在吕飞杰看来，一支国家级的农业科技专家队伍，除了要在实验室里出成果，出成绩，更要倾听农民的心声，要把"论文写在大地上"，把成果推广到农民家。

20世纪90年代，农民增产增收的呼声强烈。"农业结构转型，我们农业科技的国

● 吕飞杰工作照

家队必须要发挥作用。"吕飞杰和领导班子认为,与地方农业科学院做技术推广相比,中国农业科学院具有综合性的优势,在社会发展的关键时期,中国农业科学院理应成为科技兴农的排头兵。

在吕飞杰的带领下,1996年,中国农业科学院与河南省的传统农业大县——唐河县开展了科技帮扶,结合唐河县当地的农业特色,组织10多个研究所的科研人员,下乡为当地长期服务,推广实用新技术。1997年,中国农业科学院与唐河县签订合作协议,唐河县成为中国农业科学院科技综合示范县。从1996—2000年,中国农业科学院的专家团队为唐河县带去了先进的品种、先进的技术、先进的理念、先进的经营模式,帮助唐河县走出了一条依靠科技进步促进农村经济发展和推进科技体制改革的新路子。2001年,唐河与中国农业科学院合作的模式和做法受到了时任国务院副总理温家宝的批示和肯定。而科技兴农的"唐河模式",也成为了科研院所与地方共同合作的一个典型范例。

同在1996年,中国农业科学院与贵州省开展合作,实施科技扶贫。当年,中国农业科学院就选派多名科研人员到贵州贫困地区的一些乡镇开展技术服务，同时，每年选派科研人员到贫困地区挂职科技副县长，通过科技副县长直接了解农民的生产需求，实现对接服务。从1996—2000年，中国农业科学院共组织数百名专家先后10次赴贵州开展科技扶贫活动，先后有50多名科研人员挂职科技副县长。

而除了科技服务，中国农业科学院还援助贵州当地的农业科学院所，为他们捐助价值1 000多万元的实验仪器和设备。1999年12月30日，仪器设备在21世纪前夕妥善送达贵州。

2000年，中国实施"西部大开发"，中国农业科学院又组织实施了"百名农业科技专家西部万里行"活动，在全国打响了中国农业科技西进的第一炮。2000年5—6月，吕飞杰亲自带队，带领中国农业科学院各个领域的院士、专家，历时整整1个月，一路西行，为当地进行科技服务。

在这一个月的时间里，专家团对内蒙古、宁夏、甘肃、新疆的13个重点农牧区进行了考察、调研，拓展了农业科技与西部农业经济结合的思路；同省、地、市、县各级政府签订17项合作协议、336份专项技术合作意向，构成了中国农业科学院投入西部大开发的服务框架；开展现场集中技术咨询活动12场、大型咨询洽谈活动4场，解答2万余名农民和基层农业干部的技术疑难问题；举行10场科技信息发布会，发布技术信息1 073项，发放技术材料6 000多份，在西部农村广泛传播了农业科技知识和实用技术。

时任农业部副部长万宝瑞认为，"百名农业科技专家西部万里行"活动为农业科技西进行动计划的实施打下了坚实的基础。半年后，中国的西部大开发也掀起了农业发展的高潮。

"这一系列的活动，我们利用中国农业科学院的人才、科技成果等优势，积极为地方开展科技服务，这也集中体现了我们的综合实力。"吕飞杰说，"国家级别的农业科技队伍如何进行农业科技推广，我想，在当时的中国，中国农业科学院为其他农业院所提供了多个样本。"

促进人才新老交替　打造跨世纪农科精英队伍

尽管拥有近万人的人才队伍，当时的中国农业科学院依然存在着两方面的突出问题：一是高级专业技术职务人员年龄老化，90%以上是60年代大学毕业生，平均年龄55岁；二是青黄不接、后继乏人，年富力强的中青年科技人员严重缺乏，具有高级职

称45岁以下的比例不到20%。"九五"期间，科技部作出新规定，50岁以上的科研工作者不能作为第一主持人来申请国家重大课题。人才的断层，严重影响了科研的进展。

面对此种困境，吕飞杰领导的中国农业科学院党组认为，培养和选拔跨世纪学科带头人是关系到中国农业科学院生存与发展的一项刻不容缓的战略任务，因此，中国农业科学院提出了"九五"期间培养造就100名跨世纪学科带头人计划。

1995年和1999年，中国农业科学院在全院范围内选拔了两批跨世纪学科带头人提名人（第一批45人，第二批42人），经过两年的悉心培养，一大批年轻的科技人员，以扎实的专业基础知识以及较高的学术造诣，在重点学科和专业领域崭露头角。1997年，中国农业科学院选拔出首批36名跨世纪学科带头人，1999年再次选拔第二批37名跨世纪学科带头人和首批18名开发推广专家人才。尽管科研经费拮据，吕飞杰还是决定从中国农业科学院的院长基金里拿出一部分，帮助和鼓励年轻学者的研究。

在这一时期，吕飞杰和领导班子成员还通过持续的专业技术职务评聘工作，扶持青年科技骨干迅速成长。对45岁以下晋升正高专业技术职务，35岁以下晋升副高技术职务采取支持脱颖而出的政策，进一步解决人才结构的问题。同时，吕飞杰还提出，每个研究所必须要配备1~2名45岁以下的管理者的要求，组织实施"所长助理"制，选拔了一批优秀的青年管理者，完成了新老队伍的交替。到1998年，中国农业科学院的管理队伍中，青年人的比例就占到了50%，实现了管理人才队伍的结构调整。

一大批具有潜力的青年科技工作者迅速地成长，挑起了我国农业科研工作的大梁。如今，中国工程院院士、曾任中国农业科学院副院长刘旭，中国工程院院士、现任中国农业科学院副院长吴孔明，都是从人才工程里脱颖而出的。

据统计，吕飞杰担任院长期间，中国农业科学院有145人成为政府特殊津贴专家；35人成为农业部"神农计划"的提名人；61人获得部级专家称号。人才队伍的优化，为中国农业科学院在新世纪全面走向国际奠定了基础，也开创了中国农业科技的又一个春天。

如今，吕飞杰已到古稀之年，可他依旧在为农业科技推广而忙碌，依旧在为科技兴农而努力。谈起自己为中国农业科学院的付出，他始终谦逊地表示"那都是些平凡的事"。他说："中国农业科学院是一支农业科技的国家队，一定要搞好，一定要'顶天''立地'，当了这个院长，就要有这份胸怀和责任，就要不计个人的得失，就要甘心付出，那是我的职责。"

●中国农业科学院办公室供稿●

【翟虎渠简介】

  翟虎渠，男，1950年生，江苏涟水人，作物遗传育种专家。1981年毕业于南京农业大学，获硕士学位，1987年获英国伯明翰大学遗传学博士学位。曾任南京农业大学校长、教授，中国科学技术协会常委，中国农学会副会长。2001年7月至2011年10月任中国农业科学院院长、党组书记（2008年后任党组副书记），兼任中国农业科学院研究生院院长，国务院学位委员会委员，国际水稻所理事。当选为中国共产党第十六、第十七届中央候补委员。第十二届全国人大农业与农村委员会委员。现任中国作物学会理事长，中国农业国际合作促进会会长。被选为印度农业科学院院士、俄罗斯农业科学院院士、罗马尼亚农业科学院院士。

  长期从事作物遗传育种研究、农业大学和科研院所的教育与管理工作。近年来，先后主持国家科技重大专项、科技支撑计划、自然科学基金和公益性行业科研专项、"863"计划、"948"计划等20多项国家科技项目，发表学术论文204篇，其中，SCI收录51篇；出版教材和专著8部；获国家科技进步一等奖1项，省部级一等奖3项、二等奖2项；获国家发明专利2项；审定新品种5个，获得新品种权12个。

  他心怀祖国，情系农民，投身"三农"无怨无悔，立志用农业科技改变农村面貌；他淡泊名利，胸襟开阔，不拘一格广纳贤才，打造中国农业科研精英团队；他雷厉风行，眼光卓越，紧追国际科技潮头，带领中国农业科学院走向世界前列。

为了农业科技国家队的光荣与梦想

——记中国农业科学院前院长翟虎渠

年逾六十的翟虎渠,有种让人说不出的威严感。他说,这种感觉,或许与自己丰富的人生经历有关。

他当过农民、军人、科技副县长、重点大学校长,也曾留过洋、读过博,是知名的作物遗传学专家。而从2001—2011年,他又担任了一个极为重要的角色——中国农业科学院院长、党组书记(2008年后任党组副书记)。这10年,既是翟虎渠人生中特别的10年,也是中国农业科学院具有特殊意义的10年。

10年来,他带领着中国农业科学院这支农业科技的国家队,一步步勾画和描绘着发展的宏伟蓝图。他们用全国8%的农业科技队伍，创造了农业26%~28%的科技成果，不仅攻克了一道道世界性农业科技难题，为中国农业科研在世界舞台上赢得了一席之地，更为中国粮食的连年丰产作出了卓越贡献。

"我希望当我从院长这个职位上退下来的时候，能为中国农业科学院留下更多的人才，搭建更多的研究平台。我能做到的也许不多，但一定会竭尽全力。"10年来，翟虎渠用自己的付出，践行着这份承诺。

打造农业科技创新体系　搭建起科研协作大平台

"中国农业科学院是农业科技的国家队，要当好这支国家队的领队，可不容易。"回忆起初任院长时的感受，翟虎渠感触良多，"与之前担任的角色不同，这个岗位需要我站在更高的角度、用更开阔的视角来看问题。"

2001年，51岁的翟虎渠从南京农业大学调任中国农业科学院院长、党组书记。21世纪之初的中国农业科学院正欲谋求新的发展，究竟该如何发展，则成为了摆在他面前的一道难题。

上任伊始，翟虎渠一方面抓紧时间深入基层搞调研，摸清各个研究所的基本情况；另一方面，他果断采取现场办公的方式，解决一些重大问题和棘手问题。他认为："有别于地方农业科学院的定位，中国农业科学院必须要把国家战略需求放在第一位，必须要塑造好农业科技的'国家队形象'。"

这个"国家队形象"究竟该如何塑造？翟虎渠意识到，"首先就是要建立良性运转的科研机制，搭建一个科研协作的大平台"。为此，他和领导班子成员一起制定了中国农业科学院科技体制改革方案，并得到了中央三部委的批准。根据方案，他首次提出了"三个中心、一个基地"的战略目标：把中国农业科学院建设成为具有国际先进水平的国家农业科技创新中心、国内一流的农业科技产业孵化中心、国际农业科技交流与合作中心和农业科技高层次人才培养基地。

有了目标，有了方向，10年来他带领中国农业科学院以学科调整为切入点，围绕国家需求，优化学科布局，形成了面向现代农业、面向未来、门类齐全、重点突出的学科发展新格局，建成了重点突出的现代农业学科体系，为中国农业科学院的科研人员提供了宽阔的舞台。

而建设全国农业科研协作网，使全国农业科技力量形成合力，则是翟虎渠经过深思熟虑和认真调研后提出来的,也一直是他的梦想。

长期以来,中央有中国农业科学院和国家级农业大学,各省和地区也有自己的农业科学院和农业大学,但由于缺乏有效的组织形式,中央和地方的农业科学院所和高校之间联系并不紧密,全国农业科技资源条块分离,并没有形成一盘棋。翟虎渠认为,"我们国家农业科学院和农业大学主要做的是基础研究和应用研究工作,地方农业科学院主要进行示范推广,省级的则主要起到承上启下的作用了。如果我们国家级、省级、地方级的农业科学院所和高校能上、中、下游结合,就可以形成一个体系,集中各自优势,又相互衔接,既省资源,又提高效率,这将对推动我国农业科技事业的发展有积极的作用。"从 2001 年起,他领导中国农业科学院联合全国各省(自治区、直辖市)农业科学院和农业大学,发起成立全国农业科研协作网,提出了"建设国家农业科技创新体系"的建议,这一建议被中央所采纳,并写入 2005 年和 2006 年中央 1 号文件。

如今,实质性的全国农业科研优势大协作正在全面开展,中央与地方、国家院与省院、实验室与试验站等多方位、多层次协作共建的局面正在形成。而中国农业科学院也与全国 31 个省级农业科研机构建立了科技合作,不仅新增了国家重点实验室、工程研究中心、国家重大科学工程、国家农业图书馆等一批重大科研平台,同时还新建廊坊、新乡、海南、黑龙江农垦等一批院级试验园区,为中国农业科学院科技创新工作提供了条件和保障。

然而在他看来,仅有国内的科研协作平台还远远不够。10 年来他还率领中国农业科学院拓展战略伙伴关系,积极展开对外技术援助,扩大国际合作研究,为科研工作者搭建起了国际农业科技合作的平台,也为把中国农业科学院的科研成果推向世界,开启了一扇新的窗口。有科研人员感慨道:"国内国际两个平台的搭建,让我们中国的农业科学家有机会能走向世界。"

既要"引进来"也要"送出去" 让每一个人才发光发热

"中国农业科学院要实现'三个中心、一个基地'的目标,必须要广纳贤才,人才和团队是核心竞争力。"作为"海归"的翟虎渠,非常看重优秀人才。2002 年中国农业科学院自筹资金 2.5 亿元启动实施"杰出人才工程",吹响了"人才强院"的号角。

2010 年度国家科技进步一等奖获得者、中国农业科学院作物科学研究所所长万建民正是翟虎渠从海外引进的杰出人才之一。当时万建民已在日本待了9年，博士毕业后成为日本农林水产省的主任研究员。翟虎渠4次邀请他回国，终于打动了他，回国开展水稻研究。

同样，在2004年禽流感疫情暴发时作出卓越贡献的陈化兰、长期从事水稻分子遗传和育种研究的黎志康等，也都是中国农业科学院近年来引进的杰出人才。近年来实施的"海外高层次人才引进工程"，更是为中国农业科学院招揽国际顶尖科学家提供了重要机遇，2008年年底中国农业科学院被确定为国家首批"海外高层次人才创新创业基地"。

翟虎渠深知，与引进人才相比，培养本土人才同样重要。10年来，中国农业科学院积极鼓励年轻科研工作者申报国家自然基金等项目，为中青年骨干提供"送出去"的机会，让他们出国进修、深造，同时鼓励他们参加各种学术会议，特别是国际会议，通过博导论坛、青年学术沙龙、青年座谈会，鼓励青年科技工作者在科技创新和服务"三农"的实践中不断成长。如今，中国农业科学院培养的一大批中青年农业科学家正在成为我国农业科技的新鲜血液和新生力量。

引进和培养人才很重要，团队的力量同样不容小觑。2007年，中国农业科学院启动实施"科技创新团队创建工程"，面向全院、面向全国、面向全球，招揽科技人才，全力打造科技创新团队，形成了具有重点学科研究方向、特色鲜明、在国内外有影响力、竞争力和发展潜力的13个院级科技创新团队，90个所级科技创新团队。

他常说："我们的科研人员和创新团队都希望能为国家做贡献，作为管理者，我们一定要为他们做好服务，帮他们排忧解难，帮他们选人、找钱、找项目；帮他们立项、申请、搞攻关。扶上马，再送一程。这样，人才才能一心一意搞科研，才能发光发热。"

留日博士李世访2000年回到了中国农业科学院植保所。此后一年多时间里，因为没有相应的科研启动经费，使他在日本已经有很好基础的研究不得不搁置下来。他给新上任的翟虎渠院长写信诉说苦衷，翟虎渠当即从不多的院长基金中批给他10万元。一年后，李世访作出了成绩，并引来了"863"项目、自然科学基金等100万元的资助。他再次给翟虎渠写信："我的科研工作走上了正轨，这和院长当初特批给我的10万元经费分不开，那是我科研工作的重要转折点。"

如今，中国农业科学院已将为不同级别的人才提供几十万元到400万元不等的科研启动经费写入了"杰出人才工程"计划，同时为了给人才营造良好的科研氛围，全面实行分配制度改革，改变过去对人才的考核指标和体系，建立起能够调动

● 翟虎渠（中）在转抗虫基因三系杂交棉现场

科研人员积极性的内部管理运行机制；为高层次科研人创造更多"送出去"学习的机会和条件。

近年来，在中国农业科学院一级、二级岗位杰出人才中，先后有4人获得国家杰出青年科学基金，3人获得人事部高层次优秀留学人员项目经费资助，18人担任国家、部委级重点实验室主任，14人次获得国家科技进步奖，4人获得中国青年科学家奖，3人获得中华农业英才奖。

推动科技成果落地生金　中国农业科学院力争国际第一

多年来，翟虎渠始终坚信："中国农业科学院不仅要国际一流，更要国际第一。我们不要迷信诺贝尔奖，不要跟着外国人跑，我们以后搞自己的农业奖，让外国人以得这个奖为荣。"这个信念一直支撑着他为中国农业科学院的发展谋划布局，十年如一日地艰辛付出。也正是在他的不懈努力下，中国农业科学院依托良好的科研协作平台、优秀的创新人才和团队，在科学研究和成果转化上取得了累累硕果。

10年来，中国农业科学院共承担国家及行业各类科技项目（课题）9 000余项，获奖成果700余项。其中国家级一等奖10项、二等奖75项，以主持单位获省部级奖400多项；新审定品种545个、获专利895项、新兽药证书65项，取得了超级稻、转基因三系杂交棉、禽流感疫苗、口蹄疫疫苗、蓝耳病疫苗等一批具有自主知识产权、世界领先的重大农业科技成果。

10年来，中国农业科学院累计推广农作物新品种3 335个，农业新技术1 940项，累计推广农作物20亿亩以上，畜禽新品种15亿头（只），有力促进了我国农业农村经济的发展。同时，积极探索科技兴农模式，在黑龙江、吉林、河南、安徽、江苏等省的粮食主产县开展粮食增产科技支撑行动，为保障国家粮食安全提供了强有力的科技支撑。

10年来，中国农业科学院与81个国家，33个国际组织、6个跨国公司以及盖茨基金会等建立了合作关系，与50多个国家和17个国际组织正式签订了科技合作协议。有13个国外机构在中国农业科学院设立了驻华办事处。共组织申请各类合作项目共计1 458项，争取国际合作总经费超过6.5亿元。杂交水稻和杂交玉米生产、动物疫病防控技术与疫苗生产、设施园艺等领域开始走出国门。

这一组组数据，承载着中国农业科学院10年的发展厚度；也承载着翟虎渠多年的心血和付出；更承载着无数农业科研工作者的自豪与梦想。

如今，越来越多的国际农业会议选择在中国召开，越来越多的国际农业组织选择与中国农业科学院合作，越来越多的中国农业科学家在国际上发出属于中国的声音。中国农业科学院在国际农业科技合作与交流中逐渐居于主导地位。翟虎渠不无自豪地说："以前，我们中国科学家在国际上缺少'话语权'，现在随着科研水平的提升，我们的国际影响力越来越高。以国际禽流感大会为例，如果我们的陈化兰不参加、不到会，这个会议就不好开。"

现在，尽管已经不再担任院长职位，翟虎渠依然关心着中国农业科学院的发展，依然为中国农业科学院的未来出谋划策，依然还在为研究生们上课。对于为中国农业科学院作出的贡献，面对无数赞誉和荣耀，他只是笑笑说："我跟农业打了一辈子交道，在中国农业科学院院长的位置上，我有两点体会：一是中国农业的发展支撑了中国经济的发展；二是中国农业科技的发展，支撑了中国农业的发展。我觉得，能成为一名农业科研工作者，本身就是一种幸运和幸福，我们要始终心怀祖国、心怀农民，具有使命感。这10年，我只是怀着一种朴素的情感在做我该做的事。"

正是怀着这份朴素的情感，翟虎渠用 10 年的时间，践行着自己的诺言，也成就着一个农业科技国家队的光荣和梦想。

●中国农业科学院办公室供稿●

【袁庆志简介】

袁庆志（1921—1988），男，辽宁辽阳人，动物传染病学及预防兽医专家。1941年毕业于奉天兽医养成所兽医本科。1947年参与筹建东北行政委员会农林处家畜防疫所（中国农业科学院哈尔滨兽医研究所的前身），历任技术科长、计划科长、病毒系副主任、研究室主任、副所长、所长、研究员及顾问等职。曾任黑龙江省第三、第四、第五、第六届政协委员，农牧渔业部科学技术委员会委员，中国兽药典委员会委员，中国畜牧兽医学会常务理事，黑龙江省畜牧兽医学会副理事长，黑龙江省科协第二届委员会常委、第三届委员会特聘顾问，哈尔滨市科协第二届委员会副主席、第三届委员会特聘顾问。

先后主持并研制成功牛瘟、猪瘟、羊痘、猪丹毒和伪狂犬病等疫苗，其中"牛瘟绵羊化山羊化兔化弱毒疫苗的研制和应用"获中国科学院奖三等奖，为全国扑灭牛瘟作出重大贡献。"猪瘟兔化弱毒疫苗"1983年获国家技术发明一等奖；"用牛生产猪瘟兔化弱毒牛体反应苗"及"伪狂犬病弱毒冻干苗"分别于1984年和1986年获农牧渔业部科技进步二等奖；"羊痘鸡胚化弱毒疫苗"及"猪丹毒弱毒苗"1978年获全国科学大会奖。曾14次获全国、黑龙江省和哈尔滨市的劳动模范和先进生产者称号，1957年被授予全国农业劳动模范荣誉称号，1958年出席全国劳模大会，受到毛泽东主席等党和国家领导人接见。

> 深入实际，勤于思考，严谨治学，对每一次科学实验精益求精，要求每一个数据资料准确无误。他的优秀品行和严谨作风，是哈尔滨兽医研究所宝贵的精神财富，他至今仍是这个团队每一位后来者的楷模。

为新中国动物防疫建奇功

——记全国农业劳动模范袁庆志

新中国兽医科技事业前行的每一个脚印,都浸透着无数科技工作者的智慧和心血,中国农业科学院哈尔滨兽医研究所前所长袁庆志就是其中的一员。把个人的奋斗与民族的兴衰紧密相连,鞠躬尽瘁,死而后已,袁庆志留下的不只是无数科研成果,更有一种精神一脉相承。

满腔热血　科技报国

袁庆志求学和刚刚毕业之时,正是日本帝国主义侵占中国的年代,作为一名热血青年,袁庆志目睹了同胞惨遭杀害、奴役和蹂躏。屈辱与仇恨促使他暗自下定决心、勤奋努力,力争尽快地把技术学到手,一俟日本侵略者被赶走后,建立起自己的兽医研究机构时,就为祖国畜牧兽医事业作出贡献。1945年8月15日,日本宣布投降,日日夜夜盼望家乡光复的时刻终于到来了,袁庆志高兴得彻夜难眠。

1947年,东北大部分地区已经解放,为了恢复和发展农业生产,支援全国解放战争,东北行政委员会于1947年冬委派陈凌风筹建家畜防疫所,袁庆志即应聘参加筹建工作,接收了缺门少窗及水电装置破坏殆尽的原伪满哈尔滨家畜防疫所。经过大家齐心努力,艰苦奋斗,克服种种困难,终于在1948年6月1日正式成立了东北行政委员会农林处家畜防疫所(中国农业科学院哈尔滨兽医研究所的前身)。在成立之日,陈凌风率领全体技术人员到解剖场,并责成袁庆志开第一刀,放了一头猪的血,宣告家畜防疫所开始启动。

家畜防疫所建立后,袁庆志将满腔的热情化作力量,全身心投入兽医科技事业的发展上来。

那时的华夏大地,各种动物疫病泛滥,由于急需恢复生产,需要大量的耕牛。而因为牛瘟,每年死亡的耕牛达几十万头。当时使用牛瘟脏器苗是预防牛瘟的唯一有效措施,但是制造这种灭活苗,不仅需要大量牛只,成本高昂,而且免疫期只有半年。应用这种方法来大规模防治牛瘟,显然是极其困难的。

从1949年开始,袁庆志和他的同伴对牛瘟疫苗进行了多次改进和研究,终于研制成功了牛瘟兔化弱毒疫苗、牛瘟绵羊化山羊化兔化弱毒疫苗。在牛瘟绵羊化山羊化兔化弱毒疫苗经实验室试验成功以后,为了尽快解决某些易感性大牛种的免疫,袁庆志立即率领课题组同事,以保温瓶携带毒种深入西北地区进行区域试验,获得极大成功,深受广大农牧民欢迎。在1952年召开的第二次牛瘟防制会议上专题研究了消灭青藏高原牛瘟问题,会上决定对牦牛犏牛等全部采用这种安全有效的牛瘟绵羊化山羊化兔化弱毒疫苗。经农业部有关领导组织兽医人员,在青藏高原支起帐篷,现地制苗,直接进行牛只的预防接种。这样从一个牧区到另一个牧区地推广应用,至1956年完成了全国消灭牛瘟的任务。从此以后,国内未再发现牛瘟发生的迹象。在我国牛瘟的消灭过程中,袁庆志所创制的牛瘟绵羊化山羊化兔化弱毒疫苗起到了关键作用。

孜孜不倦　屡建奇功

在研制牛瘟疫苗的同时,袁庆志还承担了多项疫苗的研制工作。

攻克猪瘟。猪瘟是猪的一种毁灭性传染病,病死率高达80%～90%。被世界动物卫生组织(OIE)列为A类法定传染病之一。到20世纪50年代,世界各国多采用猪瘟结晶紫疫苗预防猪瘟。这种疫苗的生产成本高,免疫力只有70%左右。

1954年,袁庆志将毒力较强的兔化弱毒,又通过兔体进行快速继代,传到50代后,毒力明显减弱。通过现地大量试验证明,对预防猪瘟安全有效。后由农业部畜牧兽医局指示,将此弱毒移交中国兽医生物药品监察所继续进行试验研究。猪瘟兔化弱毒苗从1956年已开始推广应用。但当时利用大兔制苗的产量低,一只大兔仅能生产300头剂疫苗,而且有的地区兔源缺乏,难以满足猪瘟防疫的需要。为适应我国养猪业的大发展,迅速控制消灭猪瘟,迫切需要一种能大量生产弱毒疫苗的方法。

● 袁庆志在工作中

    他于 1957 年开始利用猪瘟兔化毒对牛进行人工感染试验，以它增殖病毒来试制牛体反应疫苗，取得了满意的效果。这种牛体反应疫苗的安全性和免疫效力与猪瘟兔化毒本身完全一致，大小猪均可应用，注苗后第四天产生免疫力，免疫持续期可达 19 个月。由于它产生免疫力快，可用于疫区的紧急接种，来扑灭猪瘟的流行。应用这种方法可制湿苗和冻干苗，而且产量高，一头 2 岁犊牛可生产约 10 万剂疫苗，成本低，方法简易，节省人力物力，是一种极其优越的制苗方法。

    这项成果不仅在生产上具有重大价值，而且在学术上还证明了猪瘟兔化弱毒可在牛体内增殖，感染的牛只不产生任何临床症状，呈隐性感染状态，从而为利用隐性感染动物制造反应疫苗创出了一条新途径,也为研制牛源细胞苗提供了启示。

遏制羊痘。1953年袁庆志承担了羊痘弱毒苗的研究,为尽快研制出成本低、产量高和免疫原性好的羊痘弱毒疫苗,袁庆志首先仿照印度学者用鸡胚传代方法,将病毒接种于鸡胚的绒毛尿膜上,使其生长增殖,一连做了5次试验,都与印度学者所得的结果一样,无法成功。袁庆志详细分析了试验数据,认为病毒从羊体转到鸡胚,生存条件发生了急剧的变化,病毒不能适应可能是鸡胚传代失败的原因。因此,他设计出缓慢适应办法,以利于病毒传代。课题组按照这一设想,以羊体→鸡胚→羊体→鸡胚→鸡胚的方式反复试验,病毒终于在鸡胚传代下去,获得了成功。在此基础上,为了适应各地不同的生产条件,先后研制出"羊痘鸡胚化弱毒通过绵羊反应毒湿苗""羊痘弱毒蛋白筋胶苗"及"羊痘弱毒冻干苗"等系列疫苗。他所培育成功的羊痘鸡胚化弱毒疫苗比国外通过其他途径培育出的羊痘弱毒疫苗早10年左右,而迄今尚未见到国外通过鸡胚培育出羊痘弱毒疫苗的报道。

除上述几项大的疫苗外,袁庆志还相继研制成功了猪丹毒FⅡ系弱毒苗、猪伪狂犬病冻干苗,为上述疫情的防制作出了突出贡献,推动了我国畜牧业的健康发展。

学界大家　做人楷模

袁庆志从事兽医免疫学研究工作40余年,主持研究牛瘟、猪瘟、羊痘、猪丹毒和伪狂犬病等多种疫苗,都获得了成功。其所以能够取得丰硕成果的主要原因在于治学严谨。"科学研究必须有严谨的思想和严肃的态度",这是他常常挂在嘴边,并和同事共同严格遵守的人生格言,凡是了解袁庆志的人,对他的严谨精神没有不表示钦佩的。

他经常和同事们一起去牧区和农区调研,在浙江、四川、江西、江苏、山东、河北和吉林等地都留下了他的足迹。为取得第一手可靠的试验数据,凡是力所能及的他都要亲自动手,不管畜舍有多少粪尿泥水,他都经常进去观察实验动物;不管实验动物多么脏,在必要时,他都亲自动手测温。体温反应是判断试验感染程度和病毒分离的重要依据。对于实验动物的测温,他始终一丝不苟,一旦发现测温人员不负责任,他不仅严厉批评而且要重新测定。对那些严肃认真的工作人员,他则倍加赞扬。

在猪丹毒弱毒进行区域试验时,袁庆志带着课题组同事到浙江搞试点。一次要做上万头猪的试验,试点很分散,必须依靠当地兽医和防疫人员密切配合。他自己抓了一个试验点,认真地和防疫员一起给每头猪注上了苗,每天还要逐户登门检查注苗猪的反应。老百姓曾赞扬说:"你们对猪真关心啊,每天都要看一遍。"他去各户进行注苗猪检查时，总是要随身携带一些青霉素，一旦遇到潜伏猪丹毒的猪只发病时，立即予以抢救，不使老百姓受到损失。

在袁庆志主持的猪丹毒弱毒苗刚刚进行扩大区域试验时，"文革"开始了。他被定为"走资本主义道路的当权派""反动学术权威"看管起来。他主持的研究工作被接管了。1969年4月他被通知立即去南京。当时南京兽医生物制品厂正在利用FⅡ系菌种生产疫苗，同行者事先告诉他，南京厂生产的丹毒苗在春防中出现了不安全问题。袁庆志经过周密思考后，决定带上"文革"前他自己选好的FⅡ系菌种去南京。在南京兽医生物制品厂，他认真地查找不安全的原因，从选择菌种到生产疫苗的各个环节，一项不漏地进行检查。最后终于查明，是由于在哈尔滨兽医研究所选送的菌种中，混进了毒性大的细菌，增强了毒性，南京厂又没有把握好认真选种这一环节，因而出现了问题。袁庆志拿出自己带去的FⅡ系菌种，蹲在厂里监视生产了十几批疫苗。这些疫苗供给江苏、上海和山东等地的1969年秋防使用，没有发生任何不安全问题。后来，他与南京厂和中国兽医药品监察所的同志组成工作小组，到上海和苏北地区在春防中发生使用疫苗不安全的地方，进行了大规模的试验，证明FⅡ系疫苗安全有效，从而扩大了它的使用范围。

遵循科学实验的规律而敢于坚持真理，这就是他获得成功的秘诀，也是他留给后人最宝贵的精神财富。

●中国农业科学院哈尔滨兽医研究所供稿●

【李炳坦简介】

李炳坦(1919—2004),男,山西寿阳人,畜牧兽医专家。山西省铭贤学院毕业,中国农业科学院北京畜牧兽医研究所研究员。

主持完成国家"六五""七五""八五"攻关项目"商品瘦肉猪杂交组合和配套技术""商品瘦肉猪综合技术研究""中国瘦肉猪新品系的选育研究";带领畜牧研究所的科技人员,在国内首先研究成功"母猪扣栏网上产子和仔猪网上培养新技术",解决了发展规模化养猪的技术关键;主持的"集体饲养肉猪快速育肥技术"1978年获全国科学大会奖;主持完成的"商品瘦肉猪大×长·北杂交组合及其配套生产技术的研究"获农牧渔业部技术改进一等奖;参加完成的《中国畜禽品种志》获国家科技进步二等奖及农牧渔业部科技进步一等奖;参加的"黄淮海平原农业开发实验"研究,受到国务院的表彰和奖励。1990年被授予全国农业劳动模范荣誉称号,1991年获国家级有特殊贡献的专家。

> 他是一名高级知识分子,却像一个"猪倌"。他的实验室就建在农村,猪舍就是他发挥才智的舞台。他以中国农民的朴实、中国知识分子的使命感,为我国从养猪大国迈向养猪强国立下汗马功劳。

养猪科学殿堂里的"老猪倌"
——记全国农业劳动模范李炳坦

李炳坦扎根农村，蹲点30年，致力于将科研成果推广服务于生产实践；他积极探索，大胆构想，努力推广规模化养猪振兴地方经济；他认真钻研，不辞劳苦，组织实施国家攻关课题，主持完成多项研究项目。他是一名优秀的共产党员，是一位中国规模化养猪技术的卓越先驱，更是农民心中的"大恩人"！

扎根农村的高级知识分子

李炳坦1919年3月出生于山西省寿阳县。读中学时，他就勤奋好学，聪明过人，数学、物理、化学、语文、英文门门功课成绩优秀，深得中学老师段先生的喜爱和赏识。中学毕业后，他不愿在家乡谋业继产，于是不顾家人反对，考取了山西省铭贤学院（今山西农业大学），立志为中国畜牧业奉献自己的聪明才智。毕业后，得到时任中央畜牧试验所技正、从美国留学归国的我国著名畜牧学家许振英教授的赏识，在四川省成都、内江、荣昌等地跟随许先生开展中国猪科特征的饲养试验和"内江猪""荣昌猪"的培育工作。当时正值抗战时期，生活十分困难。为了做好养猪试验，他亲自喂猪，每天总是头一个到猪舍，最后一个离开。他吃苦耐劳，做事认真，经常得到许先生的表扬。抗战胜利后，许先生带领李炳坦等一批年轻畜牧科学家回到北平，怀着振兴中国畜牧业的报国之志，为当时的畜牧业研究和引进试验作出了卓越的贡献。

新中国成立后，他继续致力于养猪研究。20世纪60年代，中国农村养猪十分落后，他没有只在研究所的实验室中搞科研，而是下到北京郊区顺义县木林镇陈各庄蹲点搞试验，且一蹲就是30年。起初养猪出栏率只有20%左右，猪的死亡率非常高。他带领蹲点的科技人员与广大农民一起，采取边实验、边示范、边培训、边推广的办法，左提右挈。两年后陈各庄人均出栏商品猪1.08头，养猪出栏率提高到98%以上，由此陈各庄养猪生产跨入全国先进行列，以至于养猪界当时有"南学金山（上海），北学顺义"的说法。他虽然是高级知识分子，养猪专家，但丝毫没有专家的架子，每天与农民一起啃窝头、一起睡火炕、住陋室，与农民交朋友，一起搞试验，一起做示范，村里每一个人都认识他，被当地农民称为"大恩人"。当时农村养猪缺乏起码的知识，每次出现问题时他都亲自解决，治好猪病，深受农民爱戴。

他提出"生产提课题，试验摸规律，基点树样板，就地搞普及"的口号。立足生产，通过试验和示范，将科技成果在当地推广，让科技成果很快转化为生产力。针对当地农民缺乏养猪科学知识的问题，他亲自编写教材并讲授养猪知识，饲养员、大队干部、甚至县长都来听课，有时多达千人。由于人多，学习班往往设在操场上、树林里，挂上黑板就开讲，嗓子常常直喊到嘶哑。通过讲课，也包括手把手地教，他为顺义县乃至全国养猪业培养了一大批有知识、懂技术、有实际经验的养猪专业人才。

1995年11月6日，国家主席江泽民到北京市顺义区陈各庄视察养猪生产工作，当听完时任陈各庄党支部书记丁万荣的汇报后，江泽民同志对于李炳坦这样的知识分子给予了高度评价。江泽民同志说："一个知识分子，特别是高级知识分子，在农村蹲点几十年，不容易，难能可贵，这位专家是立了功的"。李炳坦几十年如一日地扎根农村，与农民紧密结合，理论联系实际，将科研成果推广服务于生产。他求真务实，平易近人，成为当地农民的良师益友，被称为没有架子的科学家，媒体颂之为"科学殿堂里的老猪倌"。他的这种精神和品德值得我们当代知识分子继承和学习。

我国规模化养猪的奠基人

20世纪70年代，我国的养猪业完全是家庭散养的模式。改革开放以后，虽然调动了农民养猪的积极性，但一家一户的养猪方式限制了养猪业的发展。农民不重视品种，也没有完整的种猪繁育体系，更缺乏高效的配套技术，已经不能适应当时广大消费者对优质猪肉不断增加的需求。1987年后，李炳坦结合北京养猪发展形势，大胆提出把原来一家一户的养猪方式转变为规模化养猪生产模式的构想。他首先争取各级领导的

支持，开展试验和示范。许多技术从无到有，反复试验，结合中国实际情况，探索适合中国国情的规模化养猪技术。他带领畜牧研究所的养猪科技人员，经过多次试验，在国内首先研究成功"母猪扣栏网上产子和仔猪网上培养新技术"，解决了规模化养猪的技术关键，为我国后来规模化养猪的发展奠定了技术基础。他采取边试验、边示范、边推广的方式，迅速将规模化养猪配套技术推广到全县，再从顺义推广到了全国。他敏锐地意识到，中国的猪肉消费将从"挑肥捡瘦"变为以消费瘦肉为主，及时组织科技人员培养中国的瘦肉型猪配套品系，利用北京当地的猪品种"北京黑猪"，成功地培育出"大×长·北"瘦肉型商品猪，满足了当时北京消费者对瘦肉的需求。同时，他带领科技人员开展瘦肉猪饲料配方技术研究，在规模化猪场推广全价饲料；在规模化猪场的饲养、管理技术方面推广"全进全出"等先进配套技术；推广综合防疫体系。这为规模化养猪的顺利推广和我国养猪业整体水平的提高作出了巨大贡献。他作为当时我国规模化养猪的领头人，精心指导顺义的规模化猪场工作成为全国规模化养猪的试验、示范点，规模化养猪的成果从这里推广到全国。他为我国的规模化养猪事业奉献了全部心血，为我国从养猪大国迈向养猪强国立下汗马功劳。

由于他对我国养猪业的突出贡献，1988年他受到李鹏总理的接见；1992年北京顺义县木林镇党委鉴于他多年指导农民科学养猪取得的突出贡献，奖励他一辆桑塔纳轿车和2万元奖金；他的事迹还多次被新闻媒体报道。

全国养猪科研协作的统帅

"文革"期间，李炳坦被下放到黑龙江农村接受再教育。但在"文革"后期，畜牧所尚未恢复，他就返回顺义县陈各庄，收拾原来集体的猪圈，开展肉猪快速育肥试验研究，取得突出成果，1978年获全国科学大会奖。畜牧所恢复以后，成立了养猪研究室，他出任研究室主任。改革开放后，养猪形势发展迅速，市场对猪肉要求开始发生改变，瘦肉型猪开始受到一些消费者的追捧。他组织全国科研院所、大专院校和生产一线的科技人员近百人，开始实施国家科委和农业部的"六五""七五"和"八五"攻关课题。成立攻关课题协作组后，他一直是协作组和课题组的总主持人，组织了北京、上海、湖北、江苏、浙江、黑龙江的养猪界精兵强将，发挥各自的优势，开展联合攻关。在他的主持下，课题协作组制定了《统一试验设计和若干技术问题的规定》，严格规范了小型试验、中间试验和示范推广的要求和规模，为后来圆满完成攻关课题任务打下了坚实基础。

● 李炳坦（右二）在陈各庄猪场指导养猪工作

在此期间，他除了抓好畜牧所承担的攻关任务外，将很大的精力投入全国协作单位的指导、检查、总结验收工作。尽管已经六七十岁的高龄，他仍然不辞劳苦，乘火车奔赴全国各试验点指导研究工作，甚至常常由于买不到火车卧铺票而坐硬座。他高超的组织才能，雷厉风行的工作作风，深入实践的调查研究，乐观幽默的干事风格，给协作组的同志留下了难忘的回忆。在他的统率下，协作组圆满完成了"六五""七五"和"八五"攻关课题"商品瘦肉猪杂交组合和配套技术""商品瘦肉猪综合技术研究""中国瘦肉猪新品系的选育研究"等多项研究项目，取得了多项国家级研究成果。

坚定理想为追求完美人生

李炳坦一生爱国、爱党、爱人民，坚决维护和贯彻党的方针、路线和政策。半个多世纪以来，他接受党的教育，坚定全心全意为人民服务的思想；他深入农村，与农民群众打成一片；他积极进取，在65岁时加入一生景仰的中国共产党；他坚定理想信念，追求完美人生；他严格要求自己，努力完成党交给的各项任务；他顾全大局，团结全国协作单位的同志共同工作，圆满完成攻关任务；他不计较名利，汇报成果时，主动让年轻的同志排到前面；他求真务实，实事求是，反对弄虚作假；他工作踏实，坚持科研为生产服务的指导思想；他坚持"实践第一"的观点，坚持技术工作自己干，获得第一手资料；他严肃认真，治学严谨，一丝不苟；他走群众路线，集中群众智慧，认为群众是真正英雄；他天生乐观，无论在任何艰苦工作环境中，都十分幽默，笑话不断，缓解大家的疲劳和紧张。他有坚强的毅力，在繁忙的工作中，他习惯于用吸烟来提神，这个习惯持续了50年，即使在非常困难的时期，他用树叶代替烟叶也未放弃嗜好，但在一次出差中，同一包间的教授请他出去吸烟，并告诫吸烟的危害后，他下定决心并成功戒烟，毅力令人钦佩。

他遵循两句名言，一句是：知识分子如果不和工农民众相结合，则将一事无成（毛泽东）；一句是：在科学上没有平坦的大道，只有不畏艰险沿着陡峭山路攀登的人，才有希望达到光辉的顶点（马克思）。他以自己的人生奉献，践行了这两句名言。

李炳坦在耄耋之年仍不断学习，关心中国的养猪科研和养猪生产发展，关心年轻一代养猪科学家的成长，他为农民朋友解答问题，为政府养猪决策提供咨询，为推动我国养猪科学发展不断发光发热，直到2004年生命终止。在他去世后，北京市顺义区人民政府在他工作过的猪场前为他塑造了铜像，以供后人瞻仰。

●中国农业科学院北京畜牧兽医研究所供稿●

【王耀林简介】

  王耀林，男，1937年生，河北承德人，园艺栽培专家。1964年毕业于河北农业大学园艺系，同年到中国农业科学院蔬菜研究所工作。为蔬菜花卉研究所研究员。

  致力于我国地膜覆盖栽培技术的研究与应用，对地膜覆盖技术在全国农作物生产的推广应用和蔬菜栽培技术的提高作出了重要贡献。主要著作有《地膜覆盖栽培技术大全》等10余册，发表论文《大棚番茄生长发育规律与环境调节的研究》等40余篇。1984年，日本塑料薄膜地面覆盖研究会会长户刈义次先生授予王耀林"显彰"奖状，这是该研究会自1965年成立后首次给予外国专家的奖励。先后获国家科技进步一等奖、农牧渔业部技术改进二等奖、农业部科技进步三等奖，1990年被授予全国农业劳动模范荣誉称号，获农业部有突出贡献中青年专家、国家农业引进国外智力先进工作者、全国优秀科技工作者等称号。

  一块塑料薄膜，带来了一次作物栽培技术的革命。他以"第一个敢吃螃蟹"的精神，为我国的地膜覆盖栽培技术作出了不可磨灭的贡献。他的卓越成就，帮助无数农民摆脱了贫困、饥饿并走上致富道路。

中国农业"白色革命"先行者

——记全国农业劳动模范王耀林

地膜覆盖栽培技术在今天已是一个非常普及的实用技术,但在 30 多年前,却是一个十分新奇的技术。地膜覆盖栽培技术堪称农业的一次技术革命。

与地膜覆盖栽培技术结良缘

历史将永远记住这一天:1978 年 10 月 21 日,在北京 12 国农机展览会上,王耀林作为专家组主要代表,与北京、黑龙江、甘肃、山西、江苏、吉林等省、直辖市科研单位的 11 位专家教授一起,与日本千叶县米可多化工株式会社石本正一社长等首次就地膜覆盖栽培技术专项进行正式技术交流,从而揭开了中国塑料薄膜地面覆盖栽培技术应用的序幕。

他确信,该项技术对我国低温、干旱、无霜期短、土壤贫瘠的地区有很强的针对性和适用性,将对我国北方蔬菜栽培获取早熟高产产生重要影响。会后,王耀林迅速向农林部提交了《开展塑料薄膜地面覆盖栽培试验研究》的报告，引起高度重视。

1979—1985年，王耀林作为主持人，组织实施了全国13个院校科研单位参加的以蔬菜为主的"塑料薄膜地膜覆盖早熟、高产机理与实用技术研究"课题，通过全国多区域、多部门、多学科的联合试验攻关，在多种作物上大面积试验示范，圆满完成项目规定任务，取得了一批成果，使地膜覆盖栽培技术在花生、棉花、玉米、水稻、烟草、果树、西甜瓜等数十种作物上试验示范获得成功。

地膜推广启动了，但地膜的老化又成为技术推广的拦路虎。他相继牵头主持进行了"中日合作耐老化易清除地膜田间应用效果试验"和"中日合作研究开发特殊农用地膜"两个国际合作项目的田间试验，取得了一系列成果，积累了大量科学数据，为提高地膜耐老化质量、增加可清除性、防治残留污染、制定地膜国家标准提供了重要基础数据。

在进行繁重试验研究的同时，王耀林还在宣传、推广上狠下功夫。在地膜发展初期，他先后到15个省、直辖市、自治区，40余次深入农村第一线，为各地培养技术骨干达3 000多人。

为了加速技术推广，他加班参加编写了《塑料薄膜地膜覆盖栽培》及《塑料薄膜地面覆盖栽培技术》两本早期技术普及读物；担任顾问拍摄的《地膜覆盖》彩色科教片，拷贝达2 000部，是新中国成立以来科教片拷贝最多的一部，获得了电影百花奖和中国科协优秀科教片奖。

在王耀林的推动下，地膜覆盖栽培技术在中国获得巨大成功，产生了极为显著的经济效益与社会效益。自1978年从日本引进，到1983年地膜覆盖面积就猛增至950万亩，超过日本，居世界首位，并在应用作物种类及高产机理与应用技术研究的深度和广度上居世界领先水平。

1983—1994年，全国地膜覆盖累计推广达3.8亿亩，共增产粮食2 107.4万吨，新增纯效益488.15亿元。相当于扩大了1.28亿亩耕地。2002—2007年，地膜覆盖面积稳定在2亿亩以上。

地膜覆盖还成功地支撑起"温饱工程"。1989—1991年，我国16个省、自治区共种植地膜覆盖玉米3 500万亩，总增产粮食50亿公斤，使453个贫困县、3 251.9万人跨越温饱线，为我国"温饱工程"作出了重要贡献。

地膜覆盖栽培技术以其投资少、见效快、可操作性强、效益高、适应地域广、应用作物种类多、可持续增产增收效果显著的特点，为广大农民接受和广为应用，成为抗御旱涝、低温冷害、盐碱危害，延长有效生育期，实现稳产、优质、高产的重要措

施,成为农作物栽培流程中不可替代的关键技术环节,使全国 1/8 的农民在应用地膜覆盖技术中得到了实实在在的收益。1985 年该项技术获国家科技进步一等奖。

潜心研究蔬菜设施栽培技术

他不但在地膜覆盖方面取得了显著成绩,而且在蔬菜设施栽培方面进行了大量的研究和应用推广工作。例如,他提出的塑料大棚蔬菜高产技术措施,使大棚番茄和黄瓜亩产最高分别达到 1.5 万公斤和 2 万公斤以上,分别获得了农业部技术改进三等奖,农牧渔业部技术改进二等奖。

他还担任日本设施园艺设备及其配套技术的引进、消化与推广项目的技术负责人,从日本配套引进大中小棚园艺设施和设备、农膜、NFT 水耕装置以及高产优质蔬菜品种,电热快速育苗技术,嫁接技术,节水灌溉技术,多层覆盖保温节能技术,产品包装商品化技术,并结合我国传统蔬菜栽培特点进行了改进和创新,推广应用面积达 11.8 万亩,直接经济效益达到 8 000 万元以上,对我国现代设施农业的发展和提高起到了重要的推动作用。

十年如一日辛勤奉献在基层

塑料大棚对作物的生长极其有利,但人进了大棚却像蒸桑拿一样难耐。王耀林克服长期不回家和严重的胃病等诸多困难,蹲点 14 年,深入农业第一线,积极向农民传授科学知识,引进优良品种和先进生产技术,协助当地政府制定生产和科技发展规划,对当地的经济发展作出了重要奉献。

王耀林情系农民,4 次进藏的故事不仅被传为佳话,也成为他服务基层的真实缩写。

1982 年他应邀去西藏自治区,连续 2 个多月为藏族农牧民和当地驻军举办技术培训班,他克服高山缺氧反应,边讲课、边操作、边整理,临走时留下了 5 万多字的讲义,为西藏地区发展蔬菜地膜覆盖和设施栽培打下了良好的基础。

1991 年他第二次深入西藏拉萨、羊八井、山南等地区,把内地近年设施栽培所取得的新成果新技术向广大藏民、驻藏部队广为传授,推动了西藏塑料大棚和温室的发展。

1997 年王耀林退休后,又分别于 2000 年及 2003 年两进西藏,为进一步推进西藏

● 王耀林在查看番茄病害发生情况

高原蔬菜设施园艺技术发展而尽心尽力。

他时刻挂念着基层农民,从 2004 年起,在科技部※等有关部委组织的科技列车老区行、西部行、龙江行、井冈行和延安行活动中,始终能见到王耀林活跃的身影。

在"科技列车井冈行"活动中,65 岁的王耀林是年龄最大的专家,但他依然深入南昌市扬子洲乡一些农民的番茄田里,仔细检查着有问题的枝苗。"来我这看看吧",拉王耀林帮忙的农民络绎不绝,他索性当场给农民进行了培训。天色渐渐暗了下去,大部分专家已经上了车,准备回宾馆的时候,却不见他的踪影。大伙正着急的时候,忽见他拿着绿色的枝苗像孩子一样快速地在田埂飞跑,"没耽误吧,我准备把这有问题的枝苗拿回去好好研究一下",他满怀歉意地对大家笑道。

在这次活动中,王耀林为数以万计的农民进行了蔬菜种植技术的培训和现场指导。他认为,江西的蔬菜种植技术有一定的基础,水平较高,但目前还需要进一步加强与发达地区的技术交流,多引进新品种和新设施。针对江西省高温、闷湿、光照不足而

※ 中华人民共和国科学技术部,全书简称科技部。

导致病虫害较多的情况，王耀林建议专门立项重点研究这个问题，另外还要强化农民的食品安全意识。

在"科技列车龙江行"活动中，他深入绥化的广大农村，在为当地农民讲了一堂关于《节能型日光温室创新增效及可持续发展途径》课后，便径直来到蔬菜种植大户刘明高的大棚中，对他现场指导黄瓜和蔬菜种植。农民听完后都伸出大拇指，连夸王研究员讲得实用，听着解渴。

据不完全统计，2001—2007年，从黑龙江到西沙群岛，他深入14个省、直辖市、自治区的29个县（旗），举办各种培训班41次，现场技术咨询25次，培训农民、基层技术员和解放军战士3 410人次。

王耀林40多年如一日，一直埋头工作，积极奉献，在平凡的科研与新技术示范推广的岗位上，为蔬菜事业发展和农民增收致富作出了重要的贡献。

●中国农业科学院蔬菜花卉研究所供稿●

【柳纪省简介】

柳纪省，男，1955年生，陕西合阳人，动物传染病及预防兽医学专家。1982年毕业于甘肃农业大学兽医系，2000年毕业于中国农业科学院研究生院，获博士学位。现任中国农业科学院兰州兽医研究所家畜传染病研究室主任，农业部草食动物疫病重点开放实验室主任，研究员。兼任甘肃省免疫学会副理事长，人畜共患病委员会副主任委员。

先后主持并完成"十五"国家"863"计划《口蹄疫基因工程疫苗研究》、"十一五"国家"863"计划《口蹄疫系列化基因工程疫苗研究》、"十一五"国家"863"计划子项目《狂犬病分子疫苗研制》、重大基础研究（973）前期研究专项、国家社会公益专项、国家农业成果转化基金及省部级科技攻关等项目10余项。经过20多年的刻苦研究，先后在口蹄疫基因工程疫苗和免疫治疗双功能疫苗两项研究中获得突破性进展。在国内外学术期刊上发表论文100余篇；主持编写著作1部，参编著作2部。获授权国家发明专利7项、国际发明专利1项（美国）。获省部级科技奖7项，2009年被授予全国五一劳动奖章、甘肃省科技领军人才第一层次人选，2010年被评为全国劳动模范，获兰州市科技功臣提名奖。

> 他几十年如一日，潜心科学研究。他紧追世界科技源头，攻克基因工程堡垒。肆虐的动物疫病在他的面前低头，"踏实用心做事，诚实本分做人"在他的形象中闪光。

在基因工程疫苗"王国"里遨游的人

——记全国劳动模范柳纪省

马克思说过这样一段话:"科学绝不是一种自私自利的享乐。有幸能够致力于科学研究的人,首先应该拿自己的学识为人类服务。"柳纪省以自己的实际行动诠释着这段话的深刻含义,他以诚信、诚实的态度对待科学研究的行为,感染了周围的人,他带领着同伴们为了祖国的兽医科技事业辛勤地工作着,默默地奉献着⋯⋯

创造基因工程疫苗新成就

2001年,柳纪省带领的团队获得"十五"国家"863"项目的资助,致力于口蹄疫基因工程疫苗的研究。为了研究出安全、高效的口蹄疫基因工程疫苗,他查阅了大量的文献资料,分析总结了现有基因工程疫苗效果不佳的原因:一方面,传统疫苗免疫效果较好,其原因在于以灭活完整的病毒为免疫原,保留了全部的抗原表位,而过去20余年基因工程疫苗,多数研究工作都是围绕单一免疫基因进行不同途径的探索,一些能增强免疫作用的基因未被发现和利用;另一方面,未开发出高效的表达载体,致使表达量偏低,基因工程疫苗的有效抗原含量不足,免疫效果不佳,难以推广应用。鉴于上述原因,柳纪省主动与他的同事商量,在充分听取各方面意见和建议后,他决定从以上两方面着手,解决技术难点,采用从口蹄疫病毒全基因组水平筛选免疫效果良好的免疫组合基因,结合选用高效表达载体的方案进行攻关。他亲手制定了技术路线,反复筛选优化了实验方法,从起草方案、开始实验到实验结果的分析等各个环节他都事必躬亲，从而保证了实验的顺利进行。

近几年来，中国重大动物疫病频繁暴发流行，如2004年以来的高致病性禽流感、2005年的亚洲1型口蹄疫及猪链球菌病、2006年发生的猪高致病性蓝耳病等，不但对畜牧业生产造成巨大的经济损失，而且其中一些人兽共患病还给人民健康带来巨大威胁，成为严重的社会和公共卫生问题。如何有效地预防和控制重大传染病的发生和流行，是一项事关国家经济发展、社会稳定和人民生命安全的大事。由于柳纪省长期以来一直从事这方面的研究工作，所以他深感自己责任的重大。他以严谨的工作作风和高度的社会责任感，把国家的需求和百姓的利益与自己的研究方向、目标紧密地结合起来，带领一班人专心致志地从事基因工程疫苗的研究工作，他们在实验条件比较简陋的情况下，积极开展分子生物学领域的研究，不断地总结前期研究的经验教训，大胆地探索创新。在国家"十五""十一五"两个"863"项目的资助下，经团队成员的通力合作和多年的潜心研究，他终于在口蹄疫空衣壳基因工程疫苗和其他动物重大疫病的防治技术研究上取得了重大突破，为我国重大动物疫病的预防和控制作出了突出的贡献。

目前，国内外利用基因工程方面表达的抗原量均低于传统方法生产的抗原量，而柳纪省研究成功的口蹄疫空衣壳基因工程疫苗，其表达的抗原量是传统方法生产抗原量的100～300倍；至今研发的动物基因工程疫苗的免疫效力均低于传统疫苗，即使传统的口蹄疫疫苗，也需把抗原进行8～10倍浓缩才能达到国际标准（PD50=3.0），而口蹄疫空衣壳基因工程疫苗表达的抗原在进行数十倍稀释后，制备的数批疫苗均达到国际紧急用苗的标准（PD50=6.0）。该研究的前期成果已在美国《公共科学图书馆·综合》《PLOS ONE》杂志上发表。在2008年意大利Erice举行的国际口蹄疫会议上，该研究成果获得与会专家的高度认可，认为其处于国际领先水平，并荣获疫苗方面的唯一优秀论文奖。在2008年的"863"项目汇报会上，口蹄疫空衣壳疫苗研究得到了"863"专家组的认可。目前，口蹄疫O型、亚洲1型空衣壳复合型二价疫苗已获得临时生产证书并开始批量生产，该疫苗是全球第一个用于防治动物病毒性疫病的空衣壳基因工程疫苗，对动物基因工程疫苗学科的学术进步和发展具有重大的影响和推动作用。

探索疫苗既防又治新技术

说到疫苗，世人都会说它只能用于预防，而不能用于治疗。换句话说，就是疫苗

● 柳纪省（左二）在实验室指导实验研究工作

只能用于预防动物和人体感染病毒和病菌，只能在动物和人感染病毒、病菌之前接种疫苗，使动物和人体产生抗体，从而起到免疫作用，达到防病的目的；当动物和人体一旦被病毒和病菌感染而发病，疫苗不能用来治病。

鉴于疫苗只能预防而不能治疗的现状，柳纪省大胆设想，在国内外首次提出具有基因治疗和基因免疫功效的双功能疫苗的理念和技术路线，并带领其团队义无反顾地展开了双功能疫苗研究。他们从 O 型口蹄疫病毒入手，夜以继日地进行反复试验，试验充分证实了它的可行性，而且获得非常理想的结果，研究终获成功，并很快就得到了国内外同行的认可。该项研究的前期成果已在 2008 年 10 月《疫苗》(Vaccine) 杂志上发表。双功能疫苗研究的初步成功，为新型基因工程疫苗的研究，提供了一种可供参考的技术路线。从而破解了注苗初期因无抗体及抗体较低可能造成病原微生物入侵，引起疫病流行及隐性感染，动物免疫后可引起较大副作用甚至死亡的科技难题。

近年来，柳纪省主持完成了 5 种动物重大传染病病原 8 个病毒株的全基因组序列测定和分子特征分析，现已获得 7 个 GenBank 登录号，其中 TGEV 和 PEDV 全基因组序列属我国首次登录。这些研究工作，为动物重大疫病病原的反向遗传操作奠定了坚实的物质基础。目前，柳纪省正带领他的团队在对这些重大疫病病原进行感染性 cDNA 克隆的构建工作，力争从全基因水平进行病原大分子功能的研究并取得新的突破。

一丝不苟团结协作屡建功

作为国家"863"项目的主持人，柳纪省表现出良好的团队精神，他不仅率先垂范，而且善于团结同事，调动和发挥各方面的积极性和主观能动性，在工作中形成合力，取得最大的工作效率。他既是中国农业科学院优秀科技创新团队——口蹄疫研究创新团队中的普通一员，又是这个团队的中坚力量，也是动物基因工程疫苗研究领域的领军人。

多年来，柳纪省在狂犬病基因工程疫苗的研究上也倾注了很多心血，他非常关心国内狂犬病的研究现状，经常请教国内有关专家，探讨动物用狂犬病基因工程疫苗研究的方向。在他的指导和团队的努力下，动物用狂犬病基因工程疫苗的研究也取得了令人振奋的成果。该项研究采用重组家蚕杆状病毒表达体系，所表达的抗原用武汉病毒所提供的狂犬病疫苗效力试剂盒检测，与中国生物制品检定所提供的人用狂犬病参考疫苗比较，可达 8.12 国际单位（IU），大大超出了国际上兽用狂犬病疫苗的最高效价 2.0 国际单位的要求，2008 年该疫苗获得农业部转基因办公室颁发的转基因安全证书，荣获 2009 年度甘肃省科技进步一等奖。

柳纪省在担任兰州兽医研究所家畜传染病研究室主任的同时，还身兼《中国农业科学》和《中国兽医科技》杂志编委、中国微生物学会兽医微生物委员会委员、中国畜牧兽医学会动物传染病分会理事、人畜共患病委员会副主任委员、甘肃省免疫学会副理事长等职务。虽然身兼多职，但他并没有因此而放松所主持的科研项目的研究。平常除了必须参加的学术交流、研究生答辩、项目评审等活动外，他一心扑在课题上，和同事们一同寻求解决研究难点的途径，一同制定最佳实验方案，一同开展实验研究，以达到最佳实验结果。他这种一丝不苟的严谨学风和吃苦耐劳的实干精神，令大家钦佩。

踏实做事诚实做人树典范

与柳纪省接触过的人，深知他的脾气。他的助手殷向平、李志勇深有感触地说："柳主任平时待我们很好，方方面面地关心着我们。"当问起柳主任是否有发脾气的时候，两个助手都笑了，齐声说："有！""当然，那是有人在工作中偷懒，或者是固执又做错事的时候。"即便是这样，他对同事、对部下、对学生，皆善见儒，总是以谦逊的态度循循善诱。柳纪省常常对助手们说："科学来不得半点虚假，否则科学将失去本身的价值。"他是这样说的，也是这样做的。这种言传身教、身体力行的表率作用，深深地影响和感染着他的学生及同伴们。

尽管柳纪省在工作上成就斐然，然而面对成绩、荣誉和来自各方的赞赏，他心静如水，反而更加谦虚谨慎。他常说："我只是做了自己的分内工作，没有什么成绩。千万不要报道我。"2009年、2010年期间，在先后获得全国五一劳动奖章、全国劳动模范荣誉后，一些媒体记者纷纷来访，力求挖出他"背后细腻的故事"，找到"闪光点"，但最终都被他婉言谢绝了，他说自己并没有作出什么大的成绩，成绩是大伙努力的结果，荣誉是上级部门和领导给的，作为一名科研人员要踏实做事，不求虚名。他总是反复叮嘱助手："一定要实事求是，千万不能夸大事实。"

"踏实用心做事、诚实本分做人、甘于奉献、淡泊名利"，这或许就是真实的柳纪省。

● 中国农业科学院兰州兽医研究所供稿 ●

农科

【李子云简介】

　　李子云,男,1936年生,辽宁兴城人,植物育种专家。1954年毕业于辽宁省兴城中学,后被分配到中国农业科学院兴城果树研究所,1963年调到中国农业科学院郑州果树研究所,现为郑州果树研究所副研究员。

　　潜心致力于西瓜育种工作,培育的郑州3号是大面积种植的最甜的西瓜品种。1982年获农牧渔业部技术改进二等奖,1986年获农牧渔业部科技进步二等奖,1987年获国家科技进步三等奖。1991年被农业部授予有突出贡献的中青年专家称号,1989年被授予全国先进工作者、河南省劳动模范荣誉称号。

> 　　他50年做了一件事——培育并推广西瓜新品种郑州3号。为了研究出优质西瓜,他奉献了自己美好年华中的一切:知识、汗水、灵感、心血。他脚踏实地,勤勤恳恳,务求实效,诠释了一个科技工作者的人格品质。

为优质西瓜执著追求五十年
——记全国先进工作者李子云

李子云,一个一辈子从事西瓜研究的农业科技人员,一副学者模样:儒雅斯文;却又总是农夫打扮:戴草帽,穿布鞋,挽着裤腿,扛着锄头。有一句话,被京、冀、豫、晋、吉5省市的瓜农们说了20多年,"种西瓜找李子云。"

50多年来,李子云既是学者,又是农业技术推广者。他让千家万户享用了最甜美的西瓜。

让人们吃上优质西瓜

当初中毕业的李子云暗暗立志在育种行业做出点成绩时,他发现掌握育种技术并不容易,面对一大串专业术语,他找来高中课本,补上基础知识课,然后他开始自学育种、栽培原理的大学课程。为了提升西瓜遗传育种的理论与技术,他不仅向专家虚心求教,还在实践中细心摸索……他抛开一切聒噪,一头扎进书本,贪婪地吮吸着知识的乳汁。

当时,市场上基本没有饮料,缺少水果,他便义无反顾地深入优质西瓜的研究之中,将"让人们吃上优质西瓜"奉为终生的追求。

20世纪60年代,我国西瓜生产中的老品种品质不佳、产量低、抗性差,为解决这些问题,郑州果树研究所经过认真研究,明确了培育优质西瓜品种的目标:综合性状优良、优质高糖(含糖量11%以上),亩产2 500~3 000公斤,抗性强、适应范围广,同时决定,由李子云主持开展选育研究。

育种是一项艰苦的连续性工作,其前期准备首先就是收集地方品种,然后从中找到两个合适的作父本和母本。为此，他用了多年时间，顶着烈日、冒着严寒，踏遍了全国各地，筛选了 100 多个材料，只要听说哪里有好品种，无论多远，他都要亲自去看一看。通过对大量原始材料进行系统分析和严格选择，最终，产量高、抗性强、肉色红、成熟早的郑州 2 号成为母本，高糖、质脆的兴城红被选作父本。

1972 年，李子云将这两个亲本进行了有性杂交。1978 年，他培育的西瓜，各种指标已基本达到预定目标：遗传性稳定、形状一致、含糖量高、瓜瓤鲜红、肉质脆沙、汁多、风味可口、抗性强。经过小区试验和生产试种，到 1983 年，郑州 3 号正式通过鉴定。

郑州 3 号的育种基地在人烟稀少的偏远地区，没有电灯，只能用煤油灯或点蜡烛；没有桌凳，只能在床上整理资料。夏天炎热，蚊虫多且毒，生活条件极其艰苦。培育一个品种需要十几年，每年的 3 月至 8 月，他都是在田间度过的，每个月仅回家一两天。为了呵护试验成果，保证数据准确，他常常疲倦地趴在田间地头就睡着了。

1978 年，李子云在海南省乐东黎族自治县搞加代试验，住的地方离试验田有 7.5 公里，中间还有一条小河，每天要往返 4 趟，长期的远距离行走，他的脚骨节都走大了。

在武汉试验时，李子云得了肝炎，全身浮肿，他一边吃药，一边工作，却始终没有离开瓜田。

这样巨大的付出，在他几十年的育种研究生涯中俯拾皆是。无论是科研道路上的挫折，还是工作条件上的恶劣，所有的磨难都曾经跳出来考验他，但李子云始终百折不挠、坚韧不拔。

他把农民当作自己人

郑州 3 号开始大面积推广了。

李子云是个经世致用的知识分子，不是坐而论道的空想家。他清楚，要改变农村的面貌，建设现代农业，就一定要把自己的新技术"点对点"地传授给农民。

1983 年刚开始在北京市大兴县推广郑州 3 号时，郑州 3 号售价比其他品种的西瓜高 2 分钱，虽然农民喜欢种，但县有关部门却不愿意大面积推广，心急如焚的李子云只好来到顺义县，在他的说服动员下，顺义县领导、县农业局、县果品公司非常重视，农民也积极配合，郑州 3 号开始大面积种植。

李子云也搬到了农民家里，整日在瓜地里转，生怕有一点儿闪失。功夫不负有心

● 李子云在河北省白洋淀考察

人,郑州 3 号一次试种成功。当时,大兴县瓜农从顺义县那里发现郑州 3 号不但抗病能力强,而且吃起来还真甜,于是也开始种植郑州 3 号。这消息传到了李子云的耳朵里,1983 年他给北京带来了原种,帮助他们繁育栽培。

1986 年,北京的街头路边到处都是成堆的西瓜,北京人最爱吃的是郑州 3 号,因为它皮薄瓤沙、甜度高、汁水多。

于是,河北、山西、山东、吉林和河南的农民都开始种植郑州 3 号了。

郑州 3 号以其独有的优良品质表现出极大的竞争力和生命力。在郑州 3 号培育成功后,李子云又开始思考农业技术推广的新路子。从那时起,郑州果树研究所决定建立科技示范园,使技术一步到位,让农户看得见,发挥更大的带动效应。

说干就干。他赴北京、河北、河南、山西和山东等地蹲点,举办培训班,编写栽培技术手册,印发栽培技术资料,到田间地头为农民传授栽培技术,培养了大批栽培技术骨干。据统计,1983 年郑州 3 号的种植面积仅为 1 200 亩,到了 1987 年,种植面积达到了近 150 万亩,在北京、河北、山西、山东、吉林及河南形成了多个优质高产郑州 3 号西瓜产业区。

瓜农们见到李子云就像见到了老朋友,他往往也二话不说就跟着瓜农进瓜地。常常是气温接近 40℃,10 多分钟李子云的衣裤就全被汗水湿透了,汗水顺着脸颊一滴一滴往下流，他一边讲解一边从双肩包里掏出毛巾擦汗，这对他来说已是家常便饭。

一位瓜农道出了农民的心里话："老李把农民当自己人，农民把老李当家里人。他吃的是百家饭，干的是百家活。在他的带动下，以前不敢想的事，现在农民也自觉干了！"

几十年来，凡有种植郑州3号的地方，李子云几乎走遍了，一年中有2/3时间奔波在乡村，经过他培训的农民有多少，他记不得了，给农民上了多少培训课，他记不清了，但从未收取讲课费、辛苦费。直到现在，他也没有接受一家企业的聘用，李子云觉得这很自然："有很多老板请我当顾问，可我没有精力，我要帮农民做事。农民这样尊重你，比金钱宝贵得多。"

据统计，郑州3号投入生产后，立刻显示出巨大的经济效益。到1987年，全国已推广近150万亩，总收入9亿多元，给农民带来净收益2.25亿元。

做了自己该做的事情

一个人，50年做着一件事，理由是什么？李子云的回答比任何人都简单："我真的认为自己只是做了自己该做的事情。"

李子云感慨地说："很多事情我都已经忘了，真没想到农民还都一一记在了心里。有一次回到果树研究所，一位老人拦住我，说找我很久了，但我对他却一点印象也没有。他说20年前的一个夏天，是我给他西瓜种子，教他育苗、整枝。"讲起这些故事，李子云的语调更慢了："农民真好，你只要为他做一件好事，他就会记住不忘。"也许，就是为了这一句"农民真好"，李子云无怨无悔地付出了自己全部心血。

"他身体不好，我们都劝他歇歇吧，可是他还是天天往农村跑。既然他喜欢，那么就让他做自己喜欢的事吧！"在李子云家里，老伴笑着说。

他的家干净简朴，普通的沙发椅、茶几、电视机，没有高档家电，也几乎没有装饰。有人说，李子云是农业财富的创造者，凭他的技术、项目和管理"入股"，可以轻松赚大钱。然而，李子云仍守着自己的承诺，守着清贫。

他的同行们多次心服口服地说：李子云是实干的科技人员。他不仅是郑州3号杂交西瓜的培育者，让中国的杂交西瓜研究达到了世界先进水平，而且是农业技术的传播者，使数以万计的瓜农增收致富。

多少人梦寐以求的荣耀、名利，似乎丝毫也没有使李子云产生任何改变。从播种到收获，他依然风尘仆仆地骑着自行车去试验田；从春夏到秋冬，他依然追赶着阳光从北到南察看郑州3号。

年轻时,李子云的生活、事业甚至梦里,全是西瓜……他做过一个好梦:经过培育的郑州3号新品种长满了广阔大地,几个朋友就坐在瓜地旁边乘凉。

如今,耄耋之年的李子云,年轻时五彩缤纷的梦想已成为往事,但那种淳美甘甜的境界却依依相随,如幻如真。

●中国农业科学院郑州果树研究所供稿●

【贾继增简介】

贾继增，男，1945年生，河南偃师人，作物遗传育种专家。1970年毕业于北京农业大学农学系，1982年毕业于中国农业科学院研究生院，获硕士学位，毕业后分配到中国农业科学院作物品种资源研究所工作。曾任农业部重点实验室主任，现为中国农业科学院作物科学研究所研究员。

自1979年起，一直从事作物种质资源研究，主持完成了国家"973"项目"农作物核心种质构建、重要新基因发掘与有效利用研究""主要农作物核心种质重要功能基因多样性及其应用价值研究"。开拓了基于基因组学的种质资源研究领域，建立了发掘新基因的技术体系，发现和创造了抗小麦白粉病等一大批优异新种质。曾获国家科技进步一等奖集体奖，国家科技进步三等奖，农业部科技进步二等奖。在国内外学术刊物上发表论文100余篇。获全国优秀科技工作者、全国先进农业科技工作者称号，2003年被授予全国五一劳动奖章，2005年被授予全国先进工作者荣誉称号。

> 源于对祖国深深的爱，他以"钉子"般的执著钻劲，带领着充满朝气与力量的团队，在世界小麦基因的"星球大战"中力拔头筹；出自对农民浓浓的情，他以"根植"的超然境界，行走于滚滚麦浪之中，为我国的农业科研捧出春华秋实。

在世界小麦"基因大战"中力拔头筹

——记全国先进工作者贾继增

自基因技术诞生以来,世界各国的生物科学家们便对其趋之若鹜,农作物上的基因大战,也向来紧张激烈,而能够在这场世界"基因大战"中有所建树的,往往是那些笃信勤奋而又执著前行的人。中国农业科学院作物科学研究所研究员贾继增,正是众多这样的中国农业科学家的典型代表。

我的心在中国

1945年8月,贾继增出生于河南省偃师县的一个农民家庭。中国农业劳动的艰苦、农村经济的落后、农民生活的艰辛,在他幼小的心灵里留下了刻骨铭心的记忆。

1965年,贾继增在3张高考志愿表上填写的全部是农业院校。是年,他果真如愿以偿地考进了北京农业大学农学系。1970年，贾继增毕业后被分配到偏僻的陕西商洛当教师。他一边教书育人，一边凭着对农业科研的兴趣与爱好，在那个信息闭塞的年代，利用业余时间进行小麦杂交育种和栽培的研究。

1976年他加入了中国共产党。1979年他以高分考入中国农业科学院研究生院攻读硕士学位，毕业分配到中国农业科学院原作物品种资源研究所工作。自此，他担当起开拓优质作物基因，为作物育种提供资源材料的农业科技自主创新的重任。

1986年一个偶然的机会，他被派到墨西哥国际小麦玉米中心进修3个月。没到3个月，他就结束了进修。当时正值5月初，恰是北京小麦做杂交的季节，他惦记着家里的实验，提前一个月就回国了。回到所里，领导见到他感到很是意外，得知情况后，领导高兴地说："派你这样的人出国真让人放心！"

1990年，贾继增在《生物技术》（*Biotechnology*）杂志上看到了一位美国康奈尔大学学者发表的介绍分子标记技术的文章，他敏锐地意识到这项技术将对未来的作物种质资源与作物遗传育种研究产生深远影响。这时研究所有一个美国洛氏基金会资助的出国进修名额，所里准备派他去美国，但他考虑到自己是搞小麦种质资源的，而当时英国剑桥实验室在小麦分子标记技术方面的研究处于世界领先地位，因此他提出要么去该实验室进修，要么就放弃出国。后来他如愿到了剑桥实验室进修。在那里，贾继增发奋工作，除了完成一个规定项目外，还完成了抗白粉病基因的分子标记及从国内带去的小麦外缘染色体鉴定两项科研项目，工作量比两个人正常的工作量还多。

1992年，一年多的进修结束了。当时他有3种选择：回国、转读博士学位、应聘到国外其他机构工作。那时分子标记在国际上正热，招聘此类人才的广告随处可见。凭借英国剑桥实验室的工作经历和该实验室主任的推荐信，他既可以继续读博士，也可以很容易在世界任何地方找到一份待遇优厚的工作。但贾继增毫不犹豫地选择了回国，面对英国朋友不解的目光，贾继增告诉他们，"我的心在中国，我的同事、我的项目正等待着我。"

之后他又多次出国，每次回国他都带回大批的试剂、药品，甚至仪器。其中有些是国外赠送的，也有国外一次性使用过，但他认为还可重复使用的用品，这些试验用品总价值超过十几万元。

美国哈佛大学草坪上矗立着一座具有中国特色的鼋龙纪念碑，是1936年中国留学生在回国前捐赠的。贾继增在参观时怀着对先辈崇敬的心情在碑前留影，并不无感慨地说："1936年正是抗日战争爆发前夕，是留在世界最高水平的学府，还是走向随时都有

● 贾继增在小麦试验田工作

可能失去生命的战场,对个人来讲,是一个有多大差别的选择啊?我想他们中的许多人早已为中华民族的生存与解放献出了宝贵的生命,与他们相比,我们所做的又算得了什么呢?报效祖国是我国知识分子的优良传统,而我只是做了自己最应该做的事情。"

正是这颗拳拳报国心,使贾继增在30余年的农业科研上始终不渝、执著追求。他以严谨的科学品质、务实的科研精神和勤奋的工作作风,承担和完成了多项重要科技攻关任务。无论在烈日炎炎的田间地头,还是在紧张有序的实验室里,他总是埋头苦干、兢兢业业,持之以恒地投身于农业科研事业,在作物基因资源研究领域作出了突出贡献。

让"基因银行"富惠于民

随着现代生物科学技术水平的不断提高,围绕农作物基因的争夺,在全球范围内也愈演愈烈。如何从现有的种质资源中发掘优异基因并提供利用,就成了摆在中国农业科学家面前的艰巨任务。

在中国农业科学院有一个收藏着比黄金珠宝更具价值的宝库——作物种质资源库，加上种质资源圃的活体保存，保存量达到 39 万份。然而，这些由无数科研工作者辛苦积累起来的国宝，随着全球化趋势的增强正在逐渐流失。按照目前的国际惯例，只有通过对某个基因进行标记或克隆，才有知识产权。世界上一些发达国家和大的跨国公司，依靠雄厚的实力与先进的技术，不断从世界各国，特别是从发展中国家的种质资源中鉴定与克隆基因，并将其转变为他们手中的专利，再反手高价卖给发展中国家，甚至以此来卡发展中国家的脖子。

我国是大豆的原产地。20 世纪 90 年代末，国际上一个著名的生物技术跨国公司从中国的一份野生大豆中发现了一个与大豆高产相关的基因，并在国际上许多国家申请专利。一旦专利申请成功，我国的大豆生产与发展就将受制于人，甚至发生"种中国豆，侵外国权"的咄咄怪事。小麦赤霉病是小麦的最重要病害之一，每年给小麦造成的损失高达 20 亿美元。中国的抗病品种苏麦 3 号是世界上首选的赤霉病抗源，目前美国正加紧苏麦 3 号抗病基因的克隆，一旦克隆成功，该基因的专利就将属于美国。

面对这一切，有着强烈责任感和紧迫感的贾继增说："如果继续听任中国种质资源中的基因被外国所克隆，那么我们将不得不花重金，一代一代地去买外国人从中国种质资源中开发的基因。那样，我们积累起来的种质资源就会白白为他人作嫁衣。"

为了在作物种质资源领域应对这场"基因大战"，他和老师、同事、同行先后承担并完成了国家"973""863""小麦功能基因组"等国家重点科研项目。

经过 5 年的努力，贾继增和张启发院士任首席科学家的国家重点基础研究发展规划项目（973）"农作物核心种质构建、重要新基因发掘与有效利用研究"，比国外提前 5 年构建了水稻、小麦和大豆三大作物的核心种质，初步发现了我国三大作物种质资源遗传多样性的分布规律，对于三大作物的遗传育种具有重要的指导意义。他开拓出的基于基因组学的种质资源研究新领域，得到了国际同行的认可；建立了高效发掘新基因的技术体系，发现了一批重要的新基因；提出了高效的种质创新技术路线，创造出一大批优异新种质。而他培育的抗白粉病优异新种质可在较长的时间解决我国小麦白粉病抗源缺乏的问题，使小麦产量提高 5%～30%。他所开发出的一批小麦新型分子标记，结束了我国小麦分子标记依靠国外的被动局面；获得了万余条小麦全长 cDNA，使中国成为目前世界上获得小麦全长 cDNA 最多的国家。

熟悉贾继增的人说，他是严谨的科学家，也是率真的性情中人，常会做出令人意外的事情。而在实际工作中，他的率真和执著正是他取得卓越成就的原动力之一。

早在 1985 年国家"七五"计划开始的时候，他搞的"优异种质资源"研究不在国家科技攻关之列。当时贾继增硕士刚毕业，血气正旺，就写了立项建议书，找所长、院长"理论"，院里说这是农业部定的，他就到农业部与相关工作人员理直气壮地"理论"，反复强调立项的意义和重要性，但并没有得到满意的说法。贾继增觉得委屈，一个七尺男儿，竟在领导面前哭了起来。他这是为农业科研而哭。"科研人员今天干的，就是为了'三农'，具体到我们，就是要用优异的种质资源，培育出更好更多的品种为农民服务。"后来这个项目得到了资助。有人说，是贾继增的率真和执著，打动了人心。

2004年5月的一天，他到四川调查小麦生长情况，下午两点多又从四川赶到河南洛阳，不顾天气炎热，立即下地调查。第二天一早，同事们却惊奇地在北京的试验地里看到了他忙碌的身影。20多年来，他办公室的灯光总会到半夜十一二点才熄灭。

白粉病是一种危害重、流行广的小麦病，一旦发病，会导致小麦大面积减产。治疗这种病最经济、有效的办法就是找到能与之抗衡的基因品种。而鉴定一种作物基因需要1～3年，提取出来则要更久，这是一项枯燥、烦琐又必须一丝不苟进行的工作，贾继增带领研究人员，一干就是十几年。如今，这些抗白粉病优异新种质已经成功地运用到育种上。不难想象，我国种有3亿多亩小麦，避免因白粉病造成的30%的减产该是多大的收获。

贾继增说，一个农业科学家的使命就是开发出更多的优异新基因，培育出更多的优异新品种，使农民种粮可以少投入、多产出、促进健康、保护环境，这是中国农业科学家用科学成果富国惠民的天职与责任。

上善若水品自高

在同事和学生的眼中，贾继增做科研时严谨认真、不苟言笑，而在生活中他则是一位慈善的良师益友，以上善若水的心境做人做事。

生物学实验不可避免地要接触同位素，同位素能够放射出射线。如果实验中操作不当，人体就会受到伤害。针对学生中出现的"同位素恐惧症"，在此类实验的开始阶段，他常常会亲自动手进行演示，并仔细讲解每一步骤的操作规范和注意事项。在一次清理同位素实验的废弃物时发生了意外泄漏，贾继增感到确实有危险，他不让别人动手，一定要自己清理。这种身先士卒的垂范，让在场的所有学生无不感到动容和钦佩。

2003年4月底，"非典"开始在北京蔓延，当时有不少同学人心惶惶，有的想回家，有的害怕得手足无措。但那时正值小麦开始进行田间杂交的季节，为了便于管理和有效地开展工作，贾继增对学生们说，试验田里空气新鲜，到麦田做小麦杂交是预防"非典"的好方法。正当一切工作按部就班、有序展开的时候，他的一个学生突然发烧了，他立即向所里汇报，当院门诊部诊断不能排除"非典"，决定立即送医院的发烧门诊，并需要派一个人随发烧者上车同去医院时，贾继增毫不犹豫地说："这是我的学生，我应该去。"在当时的情况下，如果学生被确诊，他将可能被感染，即使不被感染，也要被隔离。同事与同学们都很紧张，不让他随车前往，但他坚持要去。到了发烧门诊，经详细检查排除了"非典"疑似，当他带着学生平安归来时，全体实验室人员把他紧紧围在中间雀跃欢呼。此时他感到了一种莫大的幸福。当农业部部长杜青林了解到贾继增的事迹后，动情地表示：他是平时看得出、关键时站得出、危难时冲得出的优秀共产党员。

作为重点实验室主任，贾继增既带领团队攻基因难关，又营造人文环境。每当同事生日，他都要送上包括全体人员签名的生日卡和一小盆鲜花作为生日礼物。他还通过组织学术报告、体育比赛等活动，增加实验室各课题组之间的学术交流，增强团队的凝聚力，促进成员之间的协作。几年来，贾继增共为国家培养了50多名博士后、博士生和硕士生。如今这些毕业生有不少已成为我国作物基因资源或分子育种研究领域的骨干。

他说："要想从39万份种质资源中找到想要的东西，就如大海捞针，它好比是全世界农业科学家开奥运会，比的是谁更快、更高、更强。我们要付出几代人的努力，建立一个核心种质，把基因富集、浓缩起来，像搞地质探矿一样，找到宝贝藏在什么地方。对此，不仅我一个人的能力是有限的，而且一两代人的奋斗还不够，我们要有甘为人梯的精神，像愚公那样干到底。"

有人说，贾继增是把父爱给了他的学生们，却经常忽略了应该给予自己孩子父爱。有一年的圣诞节前夕，他的女儿制作了圣诞树，买了一只漂亮的花靴子挂在墙上，并告诉父亲晚上一定要把给她的圣诞礼物放在圣诞树下，放在靴子里。但等贾继增从实验室回家时，已经是晚上十一点多了，商店早已关门。想着女儿企盼的目光，他真的感到内心有些愧疚。回到家里，他只好怀着复杂的心境给女儿写了一封短信，放在靴子里。信上祝愿她身体健康，学习进步，未来生活幸福，事业有成。这些词语固然能够表达一个父亲的爱和祝福，但对于女儿那并不过分的具体渴求来说，此时却显得那样的单薄和无奈……他的女儿从此再不愿给这个"工作狂"一般的父亲提出任何浪漫的要求了。

贾继增在一次报告会上动情地说,这么多年来自己欠下的情分太多了,欠父母的、亲戚的、同学的、同事的、朋友的。这些他都记在心里,有些他已无法偿还,有些等退休后还有机会偿还,对祖国和亲人,更多的只有以工作来偿还。

"作为中国农业科研领域的国家队成员,我们必须在世界农业科技领域占有与综合国力相称的一席之地。我们的目标是,在不长的时间内,将我国的种质库建成世界上最大的基因库,使其成为我国农业发展与农民致富的'基因银行',推动我国农业科技水平尽快走到世界前列。"这就是贾继增要在农业"基因大战"中力拔头筹的动力与使命,也是他要为中国农业丰收和农民致富捧出春华秋实的境界与未来!

●中国农业科学院作物科学研究所供稿●

【吴威简介】

吴威，男，1957年生，吉林人，预防兽医学专家。1982年毕业于吉林农业大学畜牧兽医系，1988年赴美国NIH落基山研究室做访问学者。1990年回到中国农业科学院特产研究所，曾任经济动物疫病研究室主任、经济动物生物制品中试车间主任，中国农学会特产学会理事和专业委员会主任，吉林市第十二、第十三届政协委员和吉林市第十三届人大常委。现为特产研究所研究员。

长期从事毛皮动物传染性疫病研究，在野生动物传染病的流行病学、诊断技术、新型疫苗研制以及病原分子流行病学等方面取得了重大进展和创造性研究成果。主持多项国家级、省部级科研任务。在国内首次应用单克隆抗体对我国流行的水貂肠炎细小病毒分型，筛选出高免疫原性制造毒株，成功研制了高效肠炎细小病毒灭活疫苗。研制出高效、方便、安全可靠的水貂犬瘟热、病毒性肠炎和肉毒梭菌中毒三联疫苗，处于国际领先地位。推广应用后，有力保障了我国毛皮动物产业的发展，具有重要的经济效益和社会效益。组织建设了国内唯一的野生经济动物生物制品GMP车间，科技创收近10亿元。获国家科技进步二等奖1项，吉林省科技进步一等奖2项，吉林省科技进步二等奖2项，吉林省科技进步三等奖2项。先后发表论文47篇、译文12篇，出版著作2部。获吉林市劳动模范、吉林省特等劳动模范称号，2005年被授予全国先进工作者荣誉称号。

> 虽不见隆隆炮火，却有生与死的博弈；虽不见黄叶漫天，却有累累硕果的收获。为了不枉农民期望之情，为了不负特研人使命之托，他把激情化作创新不竭的动力，用辛劳铸就动物防疫的坚盾。

特种经济动物的"保护神"

——记全国先进工作者吴威

吴威扎根农村，投身科学，是中国野生动物传染病研究的学科带头人；他热爱科学，更爱祖国，毅然放弃了国外优厚待遇，报效祖国；他公而忘私，潜心钻研，矢志不渝坚守科研事业，被誉为毛皮动物的"保护神"；他关注农村，心系农民，立志实现农业科技成果向生产力的转化；他爱才如渴，甘于奉献，将满腔的热情献给青年一代。

扎根农村　投身科学

1982年吴威大学毕业，被分配到吉林农业大学从事科技情报工作。由于对专业的敏感与工作的便利，吴威了解到裘皮产品是我国改革开放后在经济条件比较落后的国情下一项出口换汇的重要产品，但我国毛皮动物研究还很原始，产业始终处于低迷状态，主要原因是养殖户缺少专业的养殖技术，更缺少疫病的防治手段。吴威萌发了想用自己的专业知识和努力来改变这种状况的激情，他找到当时位于吉林市左家山区的中国农业科学院毛皮动物研究所（1986年更名为中国农业科学院特产研究所），开始了他的野生经济动物传染病研究和生物制品开发工作，一干就是28年。

疫苗的发现可谓是人类发展史上一件具有里程碑意义的事件。因为从某种意义上来说，人类繁衍生息的历史就是人类不断同疾病和自然灾害作斗争的历史，控制传染性疾病最主要的手段就是预防，而接种疫苗被认为是最行之有效的措施。吴威和他的团队就是藏在这深山里的铸盾之人。

水貂病毒性肠炎是水貂养殖场常见的一种烈性传染病，疫病一旦暴发，对饲养场将是毁灭性的打击。吴威一来到左家就参加了国家"七五"重点项目"水貂病毒性肠炎的研究"课题组，负责诊断方法和疫苗研制，成功研制出同源组织灭活疫苗。经过几年的推广应用，取得良好效果。金杯、银杯，不如老百姓的口碑，"左家苗"在养殖户中逐渐建立起声誉，水貂肠炎疫苗的科技创收收入也达到了每年 500 多万元，该项成果于 1985 年获国家科技进步二等奖。

情牵祖国　痴心科研

1988 年经过严格选拔，吴威被派往美国 NIH 落基山研究室学习，他高兴和兴奋的同时，又感到肩头的使命重大。在学习工作中，他亲身感受了西方国家的科研优势以及很高的工作效率，使他更为珍惜在国外的分分秒秒，刻苦钻研，不仅提高了专业知识水平，也深得国外同仁的认可。两年的学习到期了，国外同仁劝他留下来，但祖国的养育之恩铸就了他报效祖国的信念和对祖国发展前景的坚定信心。风华正茂、才华横溢的他毅然放弃国外优厚的待遇，丢掉所有行装，携带两大箱试验材料和书籍踏上了归国之路。

回到了交通不便、偏僻的左家山区，吴威每天披星戴月，不辞辛苦，夜以继日地进行研究工作。凡是试验，他都亲自操作，亲自观察，亲自获取数据。此期间，他主持国家自然科学基金项目"水貂阿留申病病毒结构多肽免疫原性分析"、农业部"水貂三联疫苗研制"项目和吉林省农业厅项目"水貂阿留申病 CIEP 抗原新方法的研究"，分别获得"吉林省科技进步三等奖"和"吉林省农业厅技术改进科技一等奖"。水貂阿留申病是世界一大难题，也是水貂三大传染病之一，他主持的研究，在国内外首先证明阿留申病不能免疫原理，并应用单克隆抗体和分子生物技术，证明产生中和抗体的基因片段。该成果不仅对控制水貂阿留申病提供了措施，而且对同类病毒的研究提供了理论基础。由于目前不能免疫预防控制该病，只能应用淘汰阳性水貂控制本病的流行，因此，制备 CIEP 抗原势在必行。针对以往制备 CIEP 抗原操作复杂、成本高，难以推广等缺点，他率领团队，开展制备 CIEP 抗原新方法的研究。经过几百次试验，探索出了简便易行高效的方法，所制备的水貂阿留申病 CIEP 抗原，经现场应用效果良好。

水貂犬瘟热以往多采用单苗免疫，成本高，因而不易控制该病暴发流行。吴威和他的团队潜心研究，以科学理论为基础，运用现代科学方法和手段，研制出了高效方便、安全可靠的水貂犬瘟热、病毒性肠炎和肉毒梭菌中毒三联疫苗，该产品打破国外该种产品不能长期混合的研制方法，技术参数超过了国外同类产品，处于国际领先地位，推广应用取得良好效果。在"狐狸脑炎病的研究"项目中，吴威主要负责疫苗的

研制和推广,研制了高效狐狸脑炎弱毒疫苗,并推广到全国的养狐场,有效控制了该传染病在我国的蔓延和流行。

公而忘私　潜心钻研

吴威为野生动物人兽共患病的科研事业呕心沥血,取得了很大的成功,获得了多项荣誉和奖章。但常人不知,在成功背后,他付出了多少血泪与辛酸。1995年4月,年仅10岁的独生女儿患白血病住进了省人民医院,而此时他主持的"水貂肠炎细小病毒分型及高免疫原性毒株选育"项目也正处在攻坚阶段。从左家到省城有3个多小时的路程,吴威很难抽出时间去陪病重女儿,每次女儿做化疗,恶心、呕吐、疼痛难忍呼喊爸爸的时候,他还在实验室夜以继日地工作。仅有几次,他和衣而卧,疲惫地睡倒在女儿的病床上,算是陪了女儿,而天一亮就又匆匆地赶回到了实验室……当课题成功鉴定时,女儿却离他而去了。女儿带走了吴威深深的父爱和难言的愧疚。

生活遇到的不幸,加之繁重的工作,使他常年超负荷工作,患上了严重的高血压、心脏病,医生让他住院治疗,他执意不肯,他将对女儿的愧疚化作前进的动力,坚持完成他的科研事业。"水貂肠炎细小病毒分型及高免疫原性毒株选育"成果获吉林省科技进步二等奖,项目在国内外首先研制8株抗水貂细小病毒单克隆抗体,在国内首次应用单克隆抗体对我国流行的肠炎细小病毒分型,确定主要流行型为B型,在此基础研究上,筛选出高免疫原性制造毒株,研制出高效肠炎细小病毒灭活疫苗。此后,他又参加"狐貉犬瘟热、细小病毒性肠炎和脑炎三种综合防制研究"吉林省重点研究项目。从流行病学、诊断疫苗及综合防制措施等方面开展了全面研究,经过多年努力,圆满完成课题研究任务,并把该技术推向市场,取得较大的经济效益和社会效益。1999年再次获吉林省科技进步二等奖。

促成果转化　创丰厚效益

在担任野生经济动物疫病研究室主任期间,吴威把科学研究和科技开发有机地结合在一起,所研究的项目既重视学术性又重视实用性,成功地把多项科研成果推向市场,迅速转化为现实的生产力。

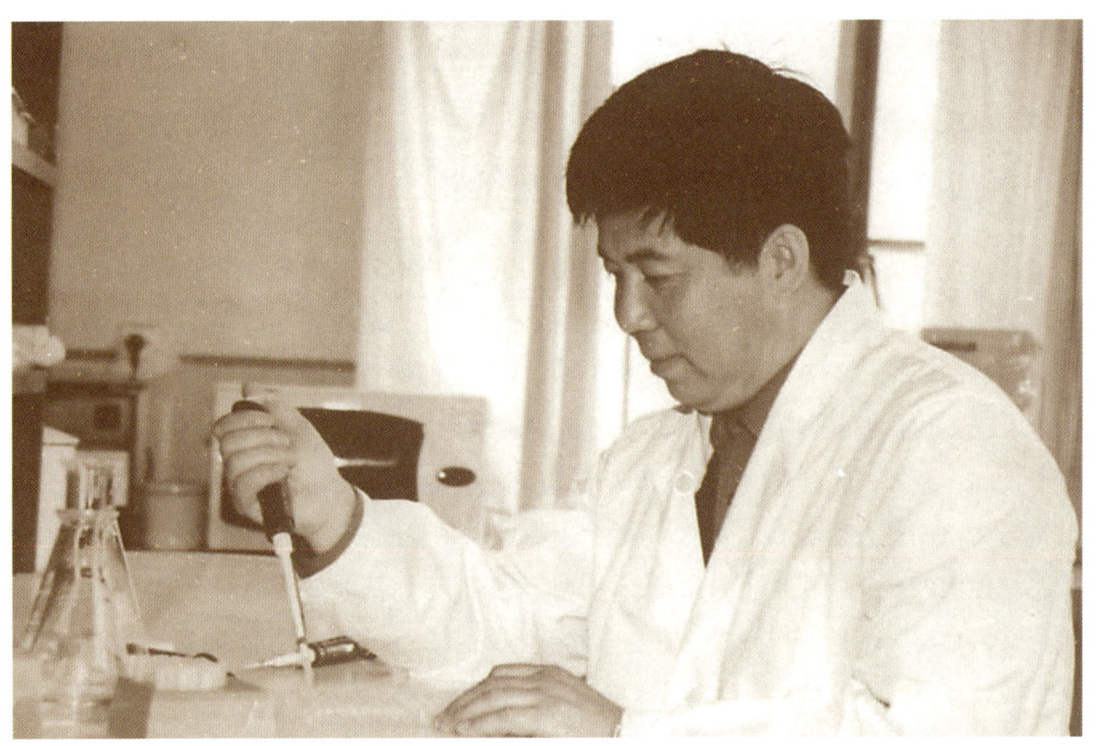

● 吴威在实验室工作

他勇于创新,锐意进取。为尽快满足市场的需求,组织建设了国内唯一的野生经济动物生物制品 GMP 车间。总面积达 2 万平方米,同时采用先进技术,引进现代生产设备。以"质量第一,信誉至上"为宗旨,定期对员工进行业务培训,使每个员工都能掌握先进生产技术,通过这些有效方法,保证了疫苗的质量,解决了产品供不应求的问题。并根据新兽药管理法律法规,提出新的举措和要求。他始终坚持科研成果最终要服务于经济建设的方针,所研究的项目既重视学术性,又重视实用性,把取得的科研成果推向市场,服务于社会。他把一个研究小组发展为具有一定规模的现代化企业,科技产品遍布 20 余个省、自治区、直辖市,产品国内市场占有率超过 70%,年产值 4 000 多万元。在他的带动下,特产研究所科技创收逐年呈上升趋势,有效地缓解了特产研究所的经济困难。他领导的生物制品 GMP 车间,为发展我国特种经济动物饲养业作出了突出贡献。

企业发展需要先进文化做基础,缺少先进文化,即便富有,也可能是昙花一现。吴威认为,先进文化包涵思想道德和科学技术两大方面,他鼓励职工要努力钻研业务,要具备发现问题和解决问题的能力,工作生活中,还要做到谦恭礼让,团结互助。他是企业的核心,他关心职工疾苦,还常鼓励自己的员工要学会快乐地工作,并在工作中寻找快乐。通

过企业文化建设，既使每一位职工都严格要求自己，又让企业充满乐观向上精神。

落红不是无情物　化作春泥更护花

吴威十分关心青年一代科技工作者的成长，努力培养一批又一批预防兽医学方面的科技人才，他认为，年轻人是祖国未来的希望所在，培养经济动物疫病防治专业人才是自己的职责，他愿意将自己的知识和经验毫无保留地留给青年一代。他常常教诲学生，无论做试验还是写论文，都要对科研和学术问题具有实事求是的态度和精神，在求知和传授知识的过程中，要做到严密谨慎、严格细致。为了鼓励青年人攻克难关，他亲自为他们选一些具有重要学术意义的课题，凡是取得科研成果和发表论文时，吴威总把他们的名字放在重要的位置，使他们增强信心，同时鼓励他们在国际刊物上发表论文，参与国际竞争。有人说他这样做很傻，他却说："小成功靠自己，大成功靠团队，成绩是应该属于大家的，现在这样不是很好吗？"

他几十年如一日，把全部精力献给了野生动物传染病的科学事业，作出了重大贡献，多次受到党和政府的表彰，1995 年被评为中国农业科学院优秀青年；1998 年被评为首批中国农业科学院跨世纪科技开发带头人；1998 年、2000 年在吉林市举办的万名市民评选活动中，被吉林市委、市政府评为文明市民；1997 年获政府特殊津贴；1999 年经农业部批准为有突出贡献的中青年专家；1999 年在吉林市"主人翁兴企创业"活动中成绩显著，荣获二等功；2001 年获吉林市各界人士建功立业科技贡献奖；2002 年获吉林市劳动模范称号，被评为吉林省第二批省管优秀专家；2003 年获吉林省特等劳动模范称号；2005 年被授予全国先进工作者荣誉称号。

吴威有着自己独特的领导艺术和风格，能够用强烈的事业心和敬业精神感染人，用善于理解和协调凝聚人，用身先士卒、严于律己影响人。他常说"作为领导，要营造一个团结友爱、和谐向上的工作氛围，才能使事业稳定发展"。这也许就是他朴实无华、忠厚豁达的人生写照吧。

●中国农业科学院特产研究所供稿●

【郭三堆简介】

郭三堆,男,1950年生,山西泽州人,作物分子遗传育种专家。1975年毕业于北京大学生物化学专业,1975—1984年在中国科学院微生物研究所工作,1986—1988年赴法国巴斯德研究所从事合作研究。曾任中国农业科学院生物技术研究所作物分子育种研究中心主任、作物分子育种创新团队首席科学家,现为生物技术研究所研究员。

多年来从事的分子生物学研究和基因工程技术研究,在抗虫棉研究中取得重大成果。首次在国内合成杀虫蛋白基因,培育成功单价基因抗虫棉、双价基因抗虫棉、三系杂交抗虫棉,为国产抗虫棉占领95%以上国内市场奠定了基础,作出了突出贡献。作为第一发明人,先后获得国家发明专利授权21项,其中3项分获国家专利金奖1项和优秀奖2项;获国家技术发明二等奖1项,国家科技进步二等奖4项,省部级科技进步一等奖2项、二等奖6项、三等奖1项;获中国农业科学院科技进步特等奖1项、一等奖2项;发表学术论文100余篇,合著和主编专著4部。1997年被评为国家级有突出贡献中青年专家,入选国家级百千万人才工程,2005年被评为全国优秀科技工作者,2007年获何梁何利基金科学与技术创新奖、2009年被授予全国五一劳动奖章,2010年被授予全国先进工作者荣誉称号。

> 他像一个朴实的农民,他说:"和农民在一起,我感到舒服,常常能给我工作的动力和研究的灵感。"他是一位杰出的农业科学家,不畏艰难潜心科研,摘取了世界一流的科技成果。

成果播在大地上　受益农民千万家
——记全国先进工作者郭三堆

他的面孔曾出现在颁奖典礼、访谈节目中，他的名字为电视、报纸等多种媒体所熟知，他的成就为众人瞩目和钦佩，然而他的足迹却总是出现在棉田和试验台前。他就是中国农业科学院生物技术研究所研究员郭三堆。

贫且益坚　不坠青云之志

1950年7月15日，山西省泽州县巴公镇渠头村一个祖祖辈辈在土里刨食的郭姓家庭又添了一名男丁，因其排行第三，爷爷遂为他取名"郭三堆"。20世纪60年代初，我国连续三年遭受自然灾害，原本十分贫寒的郭家更是雪上加霜。小学刚毕业，父亲便决计让郭三堆休学，准备从小把他培养成一个种田好手，好增添养家糊口的劳力。幸亏晋城三中的中学教师李同兴慧眼识英，才使这位后来成就卓著的科学家没被埋没。

"天将降大任于斯人也，必先苦其心志，劳其筋骨。"波折锤炼了郭三堆学高弥专、勤奋向上的意志。初中毕业后，他又以优异的成绩考入高中。在巴公中学读高中时，因饭量大增且花销日涨，他经常利用课余或节假日漫山遍野挖药材筹集学资。李同兴老师深爱这个敦厚、好学的孩子，他又多方联系，让郭三堆到镇上的冶铁厂勤工俭学，这才为他解了急困。在李老师的影响下，其他课任教师也格外钟爱这棵好苗子，人人倾其所能，悉心栽培，从而为郭三堆开启了一扇扇智慧之门。

"贫且益坚，不坠青云之志。"1972年，讷言敏学的郭三堆进入北京大学生物系学习。从太行山坳辗转来到首都北京，生活环境发生了巨大变化，但他仍一如既往地像老农般埋头耕耘，他万分珍惜来之不易的学习机会，发愤努力，刻苦钻研。1975年他从北京大学毕业，被遴选入中国科学院微生物研究所从事科研工作，经过导师的指点培养，他在微生物领域取得了一些突破性成果。1984年，郭三堆随范云六院士调入中国农业科学院，从事当时最前沿的分子生物学研究。没有现成的实验室，他们就借土肥所常年放仪器的一间仓库，整理打扫干净，他设计电源线路，选购实验仪器，买不到现成的就找来材料，又是焊又是锯，自己鼓捣出来。分子生物研究室的成立，标志着我国的农业生物技术研究正式开始了。

我的祖国需要我　我应该回去

1986年3月，当我国"863"计划将全面启动时，郭三堆荣幸地被推荐为中法科技合作的青年专家，赴法国久负盛名的巴斯德研究所深造。能进入这所多位诺贝尔奖得主曾先后学习和工作过的研究所从事研究和学习，是他梦寐以求的机会。远涉重洋抵达法国后，他无暇顾及风光旖旎的丽都和流金淌银的塞纳河，一头扎进巴斯德研究所，埋头从事苏云金芽孢杆菌杀虫基因的结构和功能研究。

很快，他在"杀虫基因的结构与功能研究"中取得重要进展，法国一家杂志介绍了他的研究成果，引起世界许多科研机构的高度关注。虽然他已有在法国攻读博士学位的想法，但是当国家有关部门负责人通知他回国主持"863"的一些科研项目时，郭三堆义无反顾积极响应。临行前，他用自己在法工作最后一个月的薪水购买了国内紧缺的实验用品。当法国同行再次挽留他时，他说："我是个科研工作者，虽然科技是没有国界的，但哪个国家先研究出一种先进技术和高科技成果，肯定哪个国家最有利和最受益。我是从中国的农村出来的，我深知农民的辛苦和负担。我的祖国需要我，我应该回去。"

郭三堆很欣赏那句话："不要问你的祖国为你做了什么，而应当问自己，你究竟为你的祖国贡献了什么？"在他看来，转基因工程是新兴生物工程，通过高科技手段，可以按照不同要求进行基因转移，从而有针对性地提高动植物的产量和品质。一个基因就是一项产业，这关系国家的命脉，是无法用金钱来衡量的，在这一领域的任何一点突破，于国于民都大有裨益。为此，他把自己全部的精力都扑在转基因工程上。

十年一剑 挺进"抗虫棉"应用前沿

1988年郭三堆归国后,把主攻方向定位在"抗虫棉"的培育上。虽然那时国家下拨的数百万元研究经费,无法与国外同类公司近亿元的研究经费相提并论,但郭三堆和他的同事们立志用最快的速度,从第一大农业经济作物棉花着手,利用基因工程培育抗虫棉。据统计,当时我国每年施用于棉花生长的农药总价值达50亿~70亿元,每年因喷施农药而中毒的事件屡屡发生。一次,他到河南棉区做调查,遇到一位70多岁的老人正带着小孙子给棉花打药,闻听研究抗虫棉的人来了,老人走到他的跟前说:"是中央派你们来救我们了?!"随后就两眼含泪,哽咽难语。经过仔细询问方知:两年前,老人的儿子和儿媳都因在种植棉花喷施农药时不慎中毒死亡。刹那间,郭三堆的心被深深地刺痛了。他想,自己身为一个农业科研人员,不能为农民减轻痛苦,实在是无地自容。一股为国分忧、为民解难的责任感倏然从他的心底里涌起,再次激发起他为国争光的勇气和力量。

经过一年零八个月的埋头攻关,郭三堆领导的研究小组首次在国内合成了杀虫蛋白基因。虽然此时美国的"抗虫棉"已研制成功,国内也有人主张直接花钱从美国引进技术,但作为抗虫棉项目负责人,他坚决反对半途而废。他说,拼命也要搞成功,这样做,一是可以为国家节约大量资金;二是可以获得自主的知识产权;三是可以培养我国的科研队伍。

此后,他和几个伙伴顶住压力,在两年的攻关阶段,带着行军床,24小时待在实验室。困了就轮流在行军床上打个盹。天道酬勤,1993年年底,他们利用我国科学家独创的花粉管通道法,培育出转基因棉花植株;1994年通过中国农业科学院植保所的鉴定;1995年获得国家专利。但国内外有人怀疑他们使用了外国的材料,为了证明这项技术是自己搞出来的,郭三堆又与国内的同行们开始了双价基因的研究。不久,双价基因抗虫棉研制成功。自1997年起,双价基因抗虫棉先后在河北、河南、山西、山东、新疆等9省区得到推广,广大棉农在减少农药、用工的同时,亩均增收节支230元,陕西农民董振华种植了5亩抗虫棉,亩产籽棉高达250公斤。郭三堆作为第一完成人的单价和双价棉花抗虫基因以及抗虫棉的研制,2002年获国家技术发明二等奖。

为了将科研成果尽快转化为现实生产力,郭三堆等人在深圳发起成立了创世纪转基因技术有限公司,并担任了该公司的首席科学家,先后在东南亚与多个国家开展了国际合作。他们将研制的双价抗虫基因迅速转入或通过杂交后系统选育,获得一批优良棉花品种,适宜于中国整个棉区,占领了我国棉花种植市场。

自1999年起,他率领的课题组在国家有关部委的大力支持下,又开展了转抗虫基

● 郭三堆在观察转基因抗虫棉田间表现

因三系杂交棉分子育种研究。历经8年的脱胎换骨、化蛹成蝶，终于取得了棉花育种史上的又一重大突破，转抗虫基因三系杂交棉培育成功，整体技术居世界领先水平。专家组成员说，该项目如推广4 000万亩后，每年可新增皮棉80万～100万吨，增收100亿～120亿元，相当于再造一个长江流域棉区。

郭三堆作为我国基因工程领域颇有建树的科学家，在他眼中，世上的花儿千千万，棉花是最美丽的。自从事"抗虫棉"研究以来，他为我国基因工程的研究培养了大批后备人才。他本人也因成绩卓著，多次受到党和国家领导人的亲切接见。

如今，全国棉花育种单位利用他所研制的抗虫基因棉花种质资源材料，联合培育出审定的抗虫棉花品种200多个。经过他20多年的努力，与企业共同开发推广研究成果，使国产抗虫棉产业化迅速崛起。目前，国产抗虫棉种植面积已经占到全国抗虫棉面积的98%以上，以绝对优势占据了国内抗虫棉市场。全国累计种植面积超过6.4亿亩，受益农户累计超过6 000万户，累计减少农药用量1 000多万公斤，为棉农增收节支超过1 100亿元。抗虫棉这项技术不仅降低了农药污染，保护了生态环境，还改造和创新了一个产业。

在这非凡的成就背后，郭三堆付出了怎样艰辛的努力？他常常告诫学生：在科学研究方面，一要坚定信念，二要有吃苦精神，三要有奉献的品质。从1975年至今，他仅在1999年回过故乡一次。这在一般人眼中看似无情的举动，恰恰印证了这位赤子的壮怀。没有假期，无所谓节日，现在，虽然步入知天命之年并已成就卓著，但他又带领课题组开始着手解决抗虫棉后期抗虫性下降及杂种优势利用研究等难题。郭三堆依然还在工作、工作、拼命工作，那份执著坚毅，令人折服。

老骥伏枥　开创棉花育种新篇章

科学研究永无止境。老骥伏枥，志在千里，年逾花甲的郭三堆没有在荣誉中沉醉。在解决了棉花生产的棉铃虫危害问题后，草害等随之成为推高棉花种植成本的主要问题。在郭三堆看来，农业科学研究一定要超前为农民解决生产中出现的问题。他又将全部精力投入到抗虫抗草甘膦除草剂转基因棉花分子育种的研究上来。经过5年的联合攻关，成功研制新型双价抗除草剂棉花 GGK-2。和国外广泛种植 CP4 EPSPS 抗除草剂棉花相比，GGK-2 不仅具有5倍以上强除草剂抗性，而且草甘膦残留10天内快速降低到1.0毫克/千克，远低于美国环保署对食用草甘膦残留限量3.0毫克/千克的标准，有效解决了转基因植物体内农药残留的难题。

国务院副总理汪洋和刘延东分别在2014年和2015年考察了郭三堆的实验室，对转基因抗虫和抗除草剂双功能棉花培育予以充分的肯定。在中央领导同志的鼓励下，郭三堆努力加快新型抗除草剂棉花的推广和产业化，一方面加快抗除草剂草甘膦棉花安全性评价，另一方面与我国三大棉区的6个研究所、4个院校、4家企业等14家育种实力强的单位签订了"利用抗除草剂转基因棉花新种质培育棉花新品种协议"，并要求按照转基因安全评价的法规和程序进行安全评价。目前已培育转基因抗虫、抗草甘膦棉花新品系40多个。

20多年来，郭三堆承担和完成国家重大项目16项，取得了一批具有国内外影响的重大成果，特别是他带领的团队研制的单双价抗虫棉和抗虫三系杂交棉的成果，不仅提高了产量，减轻了虫害，改善了生态环境，而且提升了我国农业高新技术的国际竞争力，为促进我国棉花产业和相关产业的发展作出了巨大贡献。因此，他受到了千万棉农的好评和爱戴，并多次受到中央领导的亲切接见。尽管成就卓越，他依然朴实得像个农民，不讲究衣着，却潜心科研。他是典型的农业科学家，一直在用实际行动践行着自己的理想：成果播在大地上，受益农民千万家。

● 中国农业科学院生物技术研究所供稿 ●

【李云昌简介】

  李云昌，男，1955年生，湖北崇阳人，作物遗传育种专家。1984年毕业于华中农业大学，获硕士学位。现任中国农业科学院油料作物研究所研究员，油菜遗传育种研究室主任、国家油料作物改良中心常务副主任、中国作物学会油料专业委员会常务理事，油菜学组组长。

  长期从事油菜遗传育种研究，先后主持"八五""九五"国家油菜科技攻关、国家"863""948"和国际合作等项目30余项，培育出高产、优质、广适应性杂交油菜新品种16个，累计推广1亿亩以上。作为第一完成人，获国家科技进步二等奖2项，省科技进步奖3项；作为主要完成人，获省部级奖2项。发表论文60余篇。2004年被授予湖北省劳动模范，2007年被授予全国五一劳动奖章，2010年被授予全国先进工作者荣誉称号。

> 他与试验田里生长的油菜形影相随，他育成的新品种遍及长江上中下游，他"大地盛开油菜花"的梦想成为现实，他的精神为科技工作者树立榜样。

为大地盛开油菜花

——记全国先进工作者李云昌

阳春三月至四月,在长江流域的大地上,到处是一望无际的油菜花,金黄色的油菜花为保证我国食用油安全起到了重要的作用。然而,你是否知道中国农业科学院油料作物研究所李云昌研究员,近30年致力于油菜品种遗传改良,为大地盛开油菜花所作出的贡献。

痛心的"油票"

李云昌1955年出生于湖北省崇阳县的一个小山村,父母都是农民,家里兄弟姐妹7人,他排行老二。20世纪70年代初期,李云昌高中毕业后成为回乡知青,在鄂东南山区务农,也是在李云昌回乡务农的1973年,家里才从"超支户"变成为略有结余的"余粮户"。一个春夏之交,他和村里的农民一起收割油菜,本指望能收获较多菜籽换油吃,可最后打出的菜籽亩产不到50公斤,吃油成了全村人的奢望。1978年春季他来到华中农业大学上学,眼看着城里人也跟农村人一样,每月二两油票,这吃油难的日子深深地印在李云昌的脑海里,他立志要为改变吃油难作出努力。刚刚恢复研究生考试的第二年,他考上了研究生,师从我国油菜遗传育种先驱刘后利教授和我国杂交油菜育种泰斗傅廷栋院士，他在为自己的理想而努力。

国际合作寻经费

1984年研究生毕业后，他被分配到中国农业科学院油料作物研究所从事杂交油菜的遗传育种研究。

1991年，通过激烈的竞争，李云昌和他的小组获得了国家"八五"科技攻关项目的子专题，李云昌做主持人，课题具有前沿性，技术具有挑战性，研究具有开创性，一切都是那么诱人，然而研究经费每年只有区区1.5万元。如何完成国家攻关下达的目标任务？如何实现自己的理想？显然仅靠每年1.5万元的国家经费难以满足大量研究工作之需。怎么办？经苦苦思索，一个大胆的想法在他脑海中形成，何不利用自己多次出国进修和参加国际会议获得的信息，积极申请国际合作项目。功夫不负有心人，1991年他申请获得国际原子能机构基金项目1.5万美元，1995年申请获得国际原子能机构技术合作项目13万美元，该项目经费是以仪器设备的形式提供的，由此李云昌课题组实验室条件得到了改善。1996年他又申请获得欧盟合作项目20万欧元的经费支持，这下李云昌如虎添翼，较为充足的科研经费，较好的试验条件，使他在科研道路上迈出了坚实的步伐。

超级杂交油菜的诞生

如何在一个油菜品种中实现产量、品质和抗性的统一，培育出高产、稳产、优质、抗（耐）病的油菜新品种，是李云昌梦寐以求的目标。经过查阅大量文献资料和苦苦思索，他确定了利用核诱变技术改良波里马保持系和相应不育系，通过利用油菜的杂种优势来达到产量、品质和抗性三者统一的技术路线。

20世纪80年代，他从陕西省农垦科教中心引进了细胞质雄性不育三系，并用大量优质材料与不育系测交，对表现生长势强，不育性较好，但有个别性状需要改良的材料进行核诱变处理，选育优良不育系及相应保持系，同时用优质材料与恢复系杂交，培育优质恢复系。对育种工作的每个环节，包括整地、播种、间苗、定苗、选株、杂交、收获等，他都会亲自到场，身体力行；特别是每年油菜花期，李云昌整天在试验地里对油菜进行观察记载、选株、挂牌、套袋，对重点的杂交组合亲自取花粉进行授粉。每年

● 李云昌在工作

五一假期，他都在试验地忙于油菜收获。遇油菜开花早的年份从正月初二他就开始在田间工作。经过多年的努力，终于培育出不育系 8908A、保持系 8908B 和恢复系 R2。

2000 年，利用 8908A 和 R2 配制的杂交种"7789"诞生了，品种审定时正式定名为中油杂 2 号。中油杂 2 号在湖北省区试中，平均亩产 195.10 公斤，比对照中油 821 增产 19.73%，国家（长江中游）区试平均亩产 154.55 公斤，比对照中油 821 增产 13.91%，均居参试品种首位，同时，湖北省和国家区试共计 47 个点次全部增产，是湖北省和国家（长江中游）区试有史以来第一个所有试验点都增产的杂交油菜新品种。被农业界认为是超级杂交油菜。该品种连续 8 年被湖北省列为油菜主导品种，目前仍是湖北省、湖南省、江西省和国家区试（长江中游）的对照品种。累计推广应用 4 000 多万亩，2003 年获中国农业科学院科技进步一等奖和湖北省科技进步一等奖，2004 年获国家科技进步二等奖。

大地盛开油菜花

第一个杂交油菜新品种育成后，李云昌一发不可收，先后又育成了中油杂 8 号、中油杂 11 等 16 个油菜新品种，这些审定品种包括长江上游贵州省审定品种中油 6303 和长江下游上海市审定品种希望 528，实现了长江流域从上游到下游审定品种全覆盖。中油杂 8 号是湖北省和国家（长江中游）区试中第一个在气候适宜年份含油量超过 45% 的品种，2006 年获湖北省科技进步二等奖。

特别值得一提的是国家审定品种中油杂 11。该品种湖北省区试平均单产 190.2 公斤，比对照增产 11.34%，居第一位；国家区试 2003—2004 年长江上中下游区试均居第一位，分别比照增产 20.35%、25.71% 和 11.97%。湖北省及国家区试 3 年共计 79 个试验点，增产点次 72 个，占 90% 以上。2005 年同时通过国家长江上中下游三大生态区审定，是到目前为止唯一同年通过国家长江流域三大生态区审定的品种。

中油杂 11 从 2006 年至 2011 年连续 6 年列入湖北省主推品种，2006—2008 年和 2010—2012 年被农业部确定为唯一没有变化的整个长江流域主导品种，累计推广应用面积 3 000 多万亩，2008 年获中国农业科学院科技成果一等奖和武汉市科技进步一等奖；2009 年获湖北省科技进步一等奖；2010 年获农业部丰收奖一等奖。2011 年获国家科技进步二等奖。

为了尽快将成果转化成生产力，李云昌按照油料作物研究所改革的精神，于 2000 年成立了武汉中油大地希望种业有限公司，出任董事长。由此他走上了育、繁、推一体化的道路。针对波里马不育系在低温条件下，开花初期有微量花粉从而影响制种杂种一代（F_1）种子纯度的问题，2000 年他首次提出了波里马不育系制种的 4 条主要措施：第一，制种地点选择，在冬季制种的制种地区应选择在湖北省襄阳市及襄阳市以北的地区；第二，适时播种，制种田的播期比大田油菜生产的播期晚播一星期，一般应在 10 月上旬播种；第三，强父本和实行小母行制种，父母本行比 2∶2，即两行母本，两行父本，增加父本花粉量；第四，母本打薹，在油菜蕾薹期，当薹长到约 5 厘米时，对母本实行打薹，尽量减少低温对不育系育性的影响。现在全国波里马不育系制种基本上都在采用他提出的这 4 条主要措施。通过这些措施的落实，大大提高了波里马不育系制种的安全性,从而推动了杂交油菜的大面积应用。

  针对不同品种的生育特性和适应区域,李云昌在湖北、湖南、江西、安徽、四川等省兴办高产示范田、样板田,研究高产栽培技术措施。在每年的4月下旬到5月上旬召开农业主管部门、农技推广人员、企业和种田大户参加的高产现场观摩会,发放品种特征和相应的栽培技术宣传资料,普及推广实用栽培技术。

  李云昌不断创新的精神和卓越的科研成果得到了国家和人民的高度肯定和赞誉,他被中国农业科学院评为2002年度科技开发与产业发展先进个人,2006年被国家南繁工作领导小组授予全国南繁工作先进个人称号。2004年被授予湖北省劳动模范,2007年被授予全国五一劳动奖章,2010年被授予全国先进工作者光荣称号。他一年之中有将近一半左右的时间是在试验田、繁殖制种田和高产示范田中度过的,实践着他把成果"推广到农村、落实到农田、惠及到农民"和"大地盛开油菜花"的梦想。

● 中国农业科学院油料作物研究所供稿 ●

【朱兴全简介】

朱兴全，男，1963年生，四川什邡人，动物寄生虫病学专家。1983年毕业于四川畜牧兽医学院（今西南大学荣昌校区），1988年毕业于中国农业科学院研究生院，获硕士学位；1999年毕业于澳大利亚墨尔本大学兽医学院，获博士学位。1999年3月至2002年2月在澳大利亚墨尔本大学兽医学院从事博士后研究，2002年2月底，作为学科带头人回国到华南农业大学工作。2010年3月，调入中国农业科学院兰州兽医研究所工作，现任家畜寄生虫病研究室主任、研究员。兼任国际科学基金委员会（IFS）科学顾问，担任中国动物学会寄生虫学专业委员会副主任委员等职。

先后主持国家杰出青年基金项目、国家"973"计划、"973"计划前期研究专项、国家公益性行业（农业）科研专项、国家自然科学基金项目等重要研究课题20多项。在人兽共患寄生虫的功能基因组学、线粒体基因组学、分子分类学、分子检测及防控技术等方面的研究取得了创新性成果。发表SCI收录论文220多篇，在国内核心期刊发表论文120多篇。主持编写著作3部，参编著作2部。获授权发明专利3项。获省部级科技奖20多项，2008年被授予全国五一劳动奖章。

"为人、为学，首先要为国家、为民族振兴而奋斗"，他怀着赤子之心学成报效祖国。教书、科研，潜心致力于人兽共患寄生虫病研究，他为我国畜牧业发展作出卓越贡献。

精心育人　潜心科研的带头人
——记全国五一劳动奖章获得者朱兴全

曾经有人问登过珠穆朗玛峰的人"你为什么要登上去？""因为它就在那里"。朱兴全凭着他那坚持执著、勇于登攀、敢于超越的精神，严谨求实、勤奋创新，立足岗位，无私奉献。春风化雨、润物无声地培养学生成长成才；在追求理想的道路上，将自己的人生凝聚在畜牧兽医科技事业中，以自己的不懈努力谱写了华丽的乐章。

教书育人　严谨求实

朱兴全不仅是一位杰出的学者，也是一名优秀的教师。2002年，作为华南农业大学引进的学科带头人，他放弃了国外舒适的生活环境和优越的工作条件，怀着赤子之心回到祖国，到学校任教。从学者到教授，面对角色的突变，他谦虚地向具有丰富教学经验的前辈请教，经常去旁听他们讲课和学术报告，经过不断地学习和总结，他逐渐悟出了自己独特的教学方式：以作报告的形式上课。

他认为，作为一名教育工作者，教学时必须端正自己的态度，一切以学生为本，以学生为中心，一切为了学生。每次在确定报告主题之前，他总是先向学生了解意见，通过交流，从学生的意见中确定报告的内容。对于自己准备的课件，在时间许可的情况下，一般都会让他们事先了解、分析课件内容是否完善，并及时进行修改和补充。通过和学生们的教、学互动，言传身教，他在传授学业之时，也将严谨、求实的作风贯穿于学生心中。他的教改论文发表于寄生虫学学术方面的国际 SCI 期刊，还主编了我国第一部《小动物寄生虫病学》教材，主编了《兽医专业英语》教材，产生了广泛的影响。

由于他学术水平高、知识面广，英语流畅，教学方法新颖得当，讲课富有激情及感染力，他所讲授的课程深受广大学生的欢迎与好评。朱兴全的教学风格很有特色，在教学过程中，他总能变换一种适合学生学习的教学方式，为学生创造一个宽松、互动和谐的学习环境，每一个幽默风趣的话语及丰富的肢体语言都能够调动起学生的积极性，使课堂的气氛活跃起来。他会经常与学生进行互动，力求让每一位学生在课堂上有所收获。

从教以来，他先后培养博士后、留学生、博士生、硕士生 60 多人。亲自带他们做实验，为研究生们答疑解惑，和他们一起吃食堂，一起唱歌、打球。学生们评价他是他们遇到的最好的老师。他所指导的博士生、硕士生有多人分别荣获国际科学基金（IFS）、全国优秀博士学位论文提名奖、广东省"南粤优秀研究生""广州市青年科技创新奖"、华南农业大学优秀博士、硕士学位论文、华南农业大学优秀研究生奖等荣誉；研究生毕业后都找到了较满意的工作。

潜心科研　硕果累累

1985 年 9 月，从四川畜牧兽医学院兽医专业毕业的朱兴全，放弃了留校任教的机会，以优异的成绩考取了中国农业科学院研究生院的硕士研究生。在这里，他的学习理想得到了升华，他决心要在兽医界干出一番事业。毕业后，他主动选择位于兰州的中国农业科学院兰州兽医研究所，要求留在祖国的大西北工作。1995 年 5 月，受国家教委派遣，朱兴全以"高级访问学者"的身份赴澳大利亚新英格兰大学进修，随后，他选择了澳大利亚名校墨尔本大学攻读分子寄生虫学的博士学位。

他身上有一种执著追求科学真理的精神，他勤于思考、善于钻研、工作努力，科研业务能力出类拔萃、脱颖而出。硕士研究生毕业时，年仅 25 岁的他接替退休的导师主持课题组的工作，领导比自己年龄大一倍的两位同事以及与自己同龄的几位年轻人。朱兴全事事以身作则，严格要求自己。他一丝不苟的工作精神，任劳任怨、大公无私的品格和很强的业务能力得到了同事们的肯定，很快就赢得了大家的拥护，使课题组的研究工作进展迅速，也使他在兽医寄生虫学研究中取得了突出的成绩。

辛勤的耕耘，刻苦的研究，朱兴全在 20 多年时间里取得了丰硕的科研成果。近年

● 朱兴全在工作之余

来，他主持承担国家杰出青年基金项目、国家"973"计划、"973"计划前期研究专项、国家公益性行业（农业）科研专项、国家自然科学基金项目等重要研究课题20多项。建立了弓形虫病、广州管圆线虫病、异尖线虫病、华支睾吸虫病、血吸虫病、片形吸虫病等人兽共患病的特异PCR、LAMP、ELISA、金标试纸条等诊断、检测方法，申报了8项国家发明专利。首次测定了犬弓蛔虫、猫弓蛔虫、马来西亚弓首蛔虫等6种线虫及带形带绦虫等3种绦虫的线粒体基因组全序列，研究了其基因组结构，重构了它们之间的进化关系。

在国际上首次筛选鉴定出与猪蛔虫性别发育及感染性相关的基因，进行了生物信息学分析，并用RNAi技术研究了其中代表性基因的功能。首次对淡色库蚊及嗜人按蚊雌蚊特异及差异表达的基因进行了研究，筛选鉴定出与性别发育相关的基因。

在国际上首次报道人和动物20多种重要寄生虫的核rDNA内转录间隔区（ITS）序列；发现ITS序列可作为人和动物寄生虫的遗传标志。应用ITS标志首次在国际上建立区分10多种不同种属寄生虫的分子生物学新方法；首次证实在我国存在"中间型片形吸虫"；应用分子生物学方法在猫体内发现一种新的弓首线虫——马来西亚弓首线虫。首次发现人蛔虫和猪蛔虫之间在 rDNAITS-1 序列存在差异。在国际上首次成功地将序列相关扩增多态性（SRAP）技术用于研究寄生虫的遗传变异。

他在人兽共患寄生虫的功能基因组学、线粒体基因组学、分子分类学、分子检测及防控技术等方面的研究取得了创新性成果，达到国际先进水平。研究成果推动了行业发展，为振兴我国畜牧业作出了重要贡献，成为我国著名分子寄生虫学家，在国际上具有较大影响。

曾多次荣获教育部高等学校科学研究优秀成果奖（科学技术）自然科学一等奖、农业部科技进步三等奖（3项）、神农中华农业科技奖、第二届振兴中国畜牧贡献奖、中国畜牧兽医学会奖等各种奖励及荣誉。

他先后获中国青年科技奖、国家杰出青年科学基金、政府特殊津贴、广东省"珠江学者"、教育部"长江学者"、新世纪百千万人才工程国家级人选、国务院学位委员会第六届学科评议组兽医学组成员、首批全国农业科研杰出人才，广东省五一劳动奖章。

由于他所取得的学术成绩及社会影响，目前，朱兴全还兼任着国家自然科学基金委员会第十一、第十四届生命科学部学科专家评审组成员；国际科学基金会（IFS）项目评审专家；寄生虫学领域著名国际SCI期刊 *Trends in Parasitology*（IF5.1）、*Parasites and Vectors*（IF2.9）及 *Parasitology Research*（IF2.1）编委，12份国际专业SCI期刊审稿专家；国家科技部、教育部项目评审专家；中国动物学会寄生虫学专业委员会副主任委员、中国畜牧兽医学会家畜寄生虫学分会常务理事、中华预防医学会医学寄生虫分会第四届委员会委员；《动物学报》《寄生虫学与医学昆虫学报》《畜牧兽医学报》等杂志编委；家畜疫病病原生物学国家重点实验室学术委员会委员、广东省动物源性人兽共患病防控重点实验室学术委员会副主任、农业部动物疫病病原学与免疫控制重点开放实验室学术委员会委员、福建省发育与神经生物学重点实验室学术委员会委员等20多个学术兼职。

建言献策　回馈社会

面对自己所取得的成绩和得到的荣誉，朱兴全认为，作为一位科学家，要有一颗充满感恩的心、充满爱的心。感恩一切有恩于自己的人和事！

在和同事们、学生们工作学习中，他总是会将自己的心得体会毫无保留地传授给大家。在他回国后的10年里，他先后应邀到中国农业大学、四川大学、扬州大学、广西大学和广东医学院等高等院校及研究所作专题报告及励志报告约80多场。他的报告经常是听众爆满,走廊上、门口都站满听众,会场掌声连连,气氛高涨,反响热烈。

充分发挥专业优势,为社会公益事业建言献策,回馈社会。近年来,无论在城市还是乡村,居民豢养狗猫等宠物现象比较普遍,作为一名人兽共患寄生虫专家,他深深地为群众的身体健康和人兽共患病的防控而担忧。作为第十届广州市政协常委,朱兴全在广州"两会"上提交了相关提案,建议降低城市养犬的管理费用,加强动物源性人兽共患病防控。提案提交后不久,广州市公安局等部门派专人详细听取了他的意见,并联合工商、农业和环卫等部门多次召开了专题研究会,提案收到了良好的效果。

从一个普通的科研工作者,到中国青年科技奖获得者、全国五一劳动奖章获得者、长江学者,朱兴全坚持"如果可以做好,那么一定要做到更好"。回顾成长历程,他道出了自己成功的"秘密":第一,为人、为学首先要树立为国家、为民族振兴而奋斗的远大志向;第二,要有坚韧不拔、不怕困难的坚强意志,勤奋刻苦的顽强毅力;第三,要具有不怕吃亏、任劳任怨的奉献精神及团结协作精神。这些朴实的语言正是朱兴全工作和生活的真实写照!

●中国农业科学院兰州兽医研究所供稿●

【胡志超简介】

胡志超，男，1963年生，陕西蓝田人，农业机械专家。1984年毕业于西北农学院（今西北农林科技大学），2011年毕业于南京农业大学，获博士学位。现任农业部南京农业机械化研究所党委书记、副所长、研究员，中国农业科学院土下果实收获机械创新团队首席科学家、国家花生产业技术体系机械化研究室主任、农业部南方种子加工工程技术中心主任。

长期从事农业工程技术设备研究与开发工作，主要研究方向为农产品收获与产后加工技术与装备研发，先后负责完成国家和省部级重大科研项目20余项，获国家级与省部级科技奖励10多项，其中2项成果整体技术水平处于国际领先，1项达到国际先进。以第一完成人获国家技术发明二等奖1项、省部级科技进步一等奖3项、二等奖7项（5项排名第一、2项排名第二）。获国家发明专利56件；出版专著2部，发表论文246篇。获江苏省中青年首席科学家、江苏省有突出贡献中青年专家，2011年获全国五一劳动奖章；所带创新团队先后获全国工人先锋号称号和中华农业科技奖优秀创新团队奖。

> 靠坚定的理想信念和"三农"情怀，靠执著的科学精神和实干精神，靠数十年如一日的艰苦奋斗和无私奉献，他从普通科技人员成长为享誉业内的农业机械专家。他用实际行动践行着自己这样的信念：你脚下沾有多少泥，你对老百姓的情就有多深！

甘为农机科研事业奉献一辈子

——记全国五一劳动奖章获得者胡志超

接触过胡志超的人都会连说几个"想不到":想不到这个科研有为、声名在外的大牌专家,对人竟是如此平和;想不到他手下的科研团队40岁以下的青年人竟占了80%以上,先后在种子加工、农产品加工、农作物收获等技术领域研发出了20多种先进实用的农业技术装备,并获得了巨大的经济效益和社会效益;想不到他对年轻同志呵护有加,从思想上和行动上都予以充分的尊重。他说:"长江后浪推前浪,农机科研工作的希望就在他们身上。"

坚定信念 对农机科研矢志不渝

中国的农业机械化发展在新中国成立后60多年里,经历了起起落落的发展过程。胡志超考大学时选学了农机专业,当时农机行业非常热门,考入农业大学这个专业要比其他专业高出几十分。但待他大学毕业走上工作岗位后,农机行业就进入了一个较长的发展相对低谷期。

在行业发展低谷期,科研经费少、科研条件差、工资待遇低,单位人心涣散,处境非常艰难。他在做种子加工流水线交钥匙工程项目时,为了节约开支,自带铺盖,五六个研究员、高工挤在一间房里;在做盐城种子加工流水线项目时,也是自带铺盖,没有经费雇人,深更半夜叫上爱人一起帮忙卸货,将3岁的孩子丢在家里。在这种情况下,单位的许多同龄人都跑了,有出国的,有进国家机关从政的,有进大学当教授的，也有改行从商的。胡志超当然也有不少机会可以放弃自己学习和从事的专业，另择他门、另谋高就。但是他没有，他坚信民以食为天，没有农业机械化就没有农业现代化，没有农业现代化就没有国家现代化。因此，他爱所学，矢志不移。无论行业形势如何变化，无论工作多么艰难，无论待遇多么低下，他服务"三农"之心不改，振兴农机之志不移，始终潜心科研，团结和带领科研团队奋发图强、艰苦奋斗、不懈努力，攻克了一个又一个技术难题，研发了一个又一个先进实用的农业技术装备，赢得了全所职工的敬重，也赢得行业内外的广泛赞誉。

刻苦攻关　新农机研发赶超国际

1998年以来，针对我国种子加工设备长期存在的低水平重复、大量依赖进口问题，胡志超带领创新团队，通过研产用结合、优势互补，高新技术与常规技术嫁接，结构设计与工艺设计互动，研究开发与组装集成并重，吸纳先进技术和自主创新并举，成功地主持研究开发了双风系自平衡式风筛选、精细化自平衡式比重选、窝眼精选机、智能化包衣机、包衣后烘干机、圆筒分级设备和智能化丸粒化等技术性能达到国际先进水平的种子加工关键技术设备，为提高我国种子和粮食加工整体技术水平，实现进口替代，奠定了坚实基础。上述科研成果已成为我国种子加工设备市场的主体和主导产品，国内市场覆盖面达40%左右，并出口到澳大利亚、法国、新西兰、以色列、泰国、巴基斯坦、朝鲜、多米尼加等国。近10年来，加工种子总量达100多亿公斤，直接经济效益已达数亿元。

2002年以来，胡志超主持完成了"盐城市种子公司5吨/小时种子加工流水线""中国农业科学院甜菜所1吨/小时甜菜种子加工流水线""江苏洪泽湖农场3吨/小时水稻种子加工线"设计与建造等交钥匙工程项目，其整体技术水平接近国际先进水平，但总体造价仅为进口设备流水线的1/3~1/2，具有较大的示范与引导作用，对提高我国种子加工成套技术水平发挥了重要作用。在种子加工技术领域先后获3项省部级科技进步二等奖。

2005年至今，为了破解制约我国花生产业发展的机械化收获问题，他带领团队先后研发出了4HLB-2型挖拔组合半喂入式花生联合收获机和4H-1500型和4H-800型两种分段收获模式下的花生收获机及4HZB-2型半喂入花生摘果机，达到国际先进水平，在豫、鲁、冀、苏、皖、鄂等多个省份得到良好推广应用，为促成我国花生收获技术进步和跨越发展作出了重大贡献，同时也为甘薯、大蒜、洋葱、胡萝卜等土下果实作物机械化收获技术发展与装备开发奠定了良好基础，该成果获2015年国家技术发

● 胡志超（右）在工作

明二等奖。近年来，他又带领团队持续创新、拓展研发，在突破半喂入多垄秧蔓规则有序顺畅交接、全喂入串联组配低损摘果、高效清选和智能化控制技术等基础上，创制出世界首台4HLB-4型半喂入四行花生联合收获机和国内首台4HLJ-8型全喂入八行花生捡拾联合收获机，为实现花生规模化生产提供了装备支撑，进一步巩固和提升了我国花生机械化收获技术国际领先地位。

2009年以来，针对秸秆焚烧屡禁不止问题，为破解传统免耕播种设备在全量秸秆地作业时，因秸秆阻滞阻隔，造成作业部件挂秸壅堵和架种、晾种等技术难题，他带领团队创新思路，发明了适于全量秸秆地的"整体消除秸秆障碍与碎秸均匀撒覆"等免耕机播关键技术，创制出一次完成"秸秆粉碎、拾起输送、破茬浅旋、施肥播种、均匀抛撒"作业的全量秸秆地免耕播种多功能一体化技术装备，实现全量秸秆地高质顺畅免耕机播，为秸秆禁烧、就地还田肥料化利用提供了有力技术支撑。该成果相关技术产品已在冀、鲁、豫、苏、皖、鄂、津、辽、黑等地推广应用，经济、社会与生态效益显著，获2017年农业部神农中华农业科技奖一等奖和中国农业科学院杰出科技创新奖。

在学科建设方面，他遵循基础研究、关键部件创制及装备研发三位一体的创新理念,以农业部农业机械重点开放实验室等为科技创新平台,开展基础研究和关键部件创制;以与协作企业共同组建的土下果实收获机械中试基地、种业装备研发中心、耕种机械产学研基地等为装备研发和技术转化平台,通过实施各种科研项目和与企业合作开发,使其所负责"农产品收获与产后加工工程技术"学科得到了不断提升和拓展,不仅使"土下果实机械化生产"和"农产品产后加工"的优势地位得到不断提升与巩固,而且使"数控干燥""食品微波冻干""果蔬产地加工处理""有机肥工厂化生产"等技术与设备研发也得到了快速发展。在此基础上,还紧扣需求热点,开辟了"果蔬超声波与臭氧组合清洗技术设备研发""生物质能源化利用""丘陵山地轻简型稻麦联合收获"等新领域。

科研与开发的丰硕成果在给胡志超个人带来荣誉的同时,也使得南京农机化所成为国内公认的花生等主要农作物机械化生产设备研发权威机构。胡志超亦被聘为农业部农机化科技创新收获机械化专业组组长、农业部主要农作物生产全程机械化推进行动专家指导组花生组组长、中国种子协会种业机械化分会副会长、中国农业机械学会耕作机械分会副主任委员、中国农业机械化协会信息化分会副会长和江苏省发明协会副会长等,为行业顶层设计、战略咨询、促进发展作出了突出贡献。

以德为先 传承为科学献身精神

搞科研,尤其是搞农业科研,一定要深入生产实践、深入田间地头。胡志超每年都有2个多月在田间,为做一条流水线,有时在基地一待就是70多天。熟悉他的人,都戏称胡志超是"拼命三郎""工作狂"。他每天都要工作10多个小时,节假日也很少休息,每天晚上11点才离开办公室,只要在南京过春节,正月初一也会在办公室忙工作。

他的精力和心思全部在工作上,很少顾及料理家务、照顾老人和教育孩子,对家人的亏欠实在太多。2004年冬天,他爱人胃大出血,住院10多天,出院第二天,他为了抓紧做好在黑龙江的科研项目,把爱人托付给邻居就出差去了。

在领导和同事眼里,胡志超是一个不折不扣的好同志和好领导。他具有良好的职业道德和无私奉献精神,待人诚实、做事踏实、认真负责、讲究信誉;工作、学习和生活中都能坚持苦在之先、干在之前、以身作则;在完成国家项目和对外协作研发中,始终坚持诚实守信,恪守职业道德,高质量完成好合同约定的各项任务,受到了上级主管部门和协作单位的广泛好评。他连续多次被评为省、院、所优秀共产党员、优秀科技工作者、优秀干部和文明职工，2011年荣获全国五一劳动奖章。

在人才培养和团队创新能力建设方面，他注重老中青优势互补、互动互进，提高学历与提高能力并举，为大家创造各种学习、实践、交流和研讨的机会，锻炼和提高大家的学识和技能，逐渐地造就了一支凝聚力强、创新优势显著、能打硬仗的创新团队。2010年他领导的科研团队获江苏省工人先锋号荣誉称号，2011年创新团队荣获"全国工人先锋号"称号和"中华农业科技奖优秀创新团队奖"。

在取得如此丰硕的成果和众多的荣誉后，胡志超谦虚地说，在20多年的农机科研生涯中，只是尽己所能，做了一些应该做的分内事，的确没有什么"突出贡献"和"感人事迹"。上级把这么多荣誉授予他，这是对"三农"工作和农机科研的高度重视，更是党和政府对广大科技工作者的极大鼓励和鞭策。在科学研究的大道上，胡志超珍惜荣誉、不负众望、不辱使命、甘愿为农机科研事业奋斗一辈子，用更多、更好的科研成果回报社会。

●农业部南京农业机械化研究所供稿●

【董红敏简介】

董红敏，女，1964年生，河北新乐人，农业环境科学与工程专家。1989年毕业于北京农业工程大学（今中国农业大学）农业建筑和环境工程专业，获博士学位。现任中国农业科学院农业环境与可持续发展研究所副所长，研究员，畜牧环境科学与工程创新团队首席科学家，科技部"创新人才推进计划重点领域创新团队——农业生物环境科学与工程"首席科学家。

在国内率先开启了畜禽养殖环境科学与工程学科的研究，在畜禽养殖污染源及其减排效果的定量评价、养殖业废弃物处理及资源化利用技术等方面取得重要成果，对农业温室气体减排和建立清洁发展机制的方法学和技术开发作出了基础性贡献。先后主持国家科技支撑、"863""973"行业科技等重点科技项目和课题，以及联合国开发署、全球环境基金、世界银行等国际合作项目。发表学术论文120余篇，出版主编著作4部，获国家科技进步二等奖1项（第一完成人），国家科技进步三等奖1项，省部级科技成果一等奖2项（第一完成人），二等奖1项。作为中国政府气候谈判成员参加了哥本哈根、巴黎气候大会并受到表彰，是2007年诺贝尔和平奖获得者——政府间气候变化专家委员会（IPCC）集体奖团队重要成员。2000年获全国三八红旗手，2004年入选新世纪百千万人才工程国家级人选、农业部有突出贡献的中青年专家，2012年获全国优秀科技工作者，2013年获全国五一劳动奖章。2016年入选国家高层次人才特殊支持计划（万人计划）领军人才。

> 她选择了最脏最臭的畜禽粪污作为攻坚的堡垒，身临畜场，含辛茹苦，为人民换来最净最美的生态环境。她开创了养殖业废弃物处理与资源化利用的技术模式，刻苦钻研，打牢基础，成为全球农业温室气体减排的尖兵。

投身农业绿色发展事业的逐梦人

——记全国五一劳动奖章获得者董红敏

志存高远　倾心农业环境事业

董红敏是 1980 年考的大学，报考志愿填写的是北京农业机械化学院（1989 年改名为北京农业工程大学；1995 年与北京农业大学合并，组建中国农业大学）农业建筑和环境工程专业。当初是因为高中生物老师说北农机是个好学校，她就报了，当时也没有很清晰的目标，但内心有一条很坚定，不管学什么都要学好，不管干什么都要努力。

董红敏是本科、硕士、博士一口气读下来的。本科快毕业时，她陪着同学复习考研，结果自己竟考上了，又因她读硕士学习成绩优秀被学校推荐读博士。本来，导师给她选的学科方向是植物环境方面的，是一本书让她改变了初衷。她导师的同学，美国农业工程协会的理事长，是搞养殖环境研究的，来京访问时由她陪同，使她对美国的这方面研究有了一些了解，临走理事长又送了她一本书，她读了又读。当时，养殖环境的研究在国内还没开展，她却敏锐地意识到了这是将来的发展方向。于是，她将自己专业的方向转向了养殖环境研究。不久，农业部畜牧业司组织专家研究解决东北和南方地区由于气温过低或过高造成的"一年养猪半年长"的问题，得知读博士的她正在做这方面的研究准备，就将她吸收进来，一起搞起太阳能温室养猪的项目。可以说，她的畜禽环境研究实践就是从这里起步的。

董红敏说自己是幸运的，科研成果的取得得益于我国现代农业、现代养殖业的发展。当初，她选择这个方向时，养殖环境还没受到应有重视。她取得博士学位后分配到中国农业科学院工作时，院里还没有这方面的课题。她一而再再而三地到相关部门提出申请，工作人员与她熟悉了，开玩笑地说，人的生存环境问题还没解决呢，哪顾得上猪呀鸡的？可是，她不折不挠的努力终于获得了科研的立项——"畜禽养殖环境调控技术研究"。她作为课题组长，组织几家院校的专家教授搞研究，她年龄最小，资历最浅，是组里唯一的女性，但她热情最高，要求最严。5年后课题取得成果，得到了农业部等管理部门、同行专家和企业的高度认可。

回忆起这些，董红敏很感慨，从解决畜禽生长环境问题到研究畜禽养殖对当地环境影响，再到畜禽养殖产生的温室气体对全球气候影响，畜禽养殖环境研究能取得一系列成果，有赖于主产区规模化养殖发展的机遇，靠的是团队成员的团结努力，更得益于全国同行专家的互相支持与协作。将成功归结于机遇和同行支持，这是她的谦逊，其实，成功离不开她对事业的热情和执著，抢抓机遇和忘我的付出。

出国学习　瞄准前沿收获真知

董红敏经常对学生说，博士毕业时你对所研究领域应当是最清楚的，必须达到这样的高度和自信。要全面了解掌握一个学科领域，找准最前沿的问题，研究其中的解决之道，谈何容易？她读博士和最初参加工作时，还没有互联网，甚至电脑应用都还没有普及，她收集资料、了解信息靠的是翻阅纸质资料和用笔手抄，她做的摘要卡片装满了几大纸箱子。

追踪国际前沿的科学研究，光靠自己摸索是远远不够的，董红敏积极争取机会到先进国家去学习。她于1999年赴美国艾奥瓦州立大学农业工程系做合作研究，到那里的第一件事，就是将教授和研究人员列了一个表格，一一地去拜访，了解他们正在做的项目，请求他们做实验时带上她。她一边帮着做事情，一边进行了解和学习。记忆中深刻的是因为帮一位老师采水样，在太阳下暴晒一天，致使脖颈处都溃烂了。在与日本国立环境研究所做合作项目时，她也是这样，一方面专注于项目研究，另一方面兼顾整个领域，凡与专业相关的研究机构她都跑了个遍，每个单位都要留下蹲几天，详细地了解在研项目的进展情况和科研水平。荷兰是农业和养殖业相当发达的国家，做养殖环境研究，这样的典型国家是绝对不能"漏掉"的。于是，她与荷兰农业环境与技术研究所联系，到那里进行了为期半年的学习考察。机遇难得，时间有限，她不

● 董红敏在福建猪场污水处理工程现场调研实际运行效果情况

容自己错过一次机会漏掉一个环节,去养殖场、到废弃物处理中心,她会全程跟着送畜禽粪便的车。她随身携带着记录本,将养殖规模、环境情况、废弃物处理工艺、奶牛的饲料成分等都一一记录下来,相关的法律条文她也尽可能收集整理。

跑了3个国家,使她对美洲、欧洲、亚洲有代表性的国家开展的养殖环境的研究有了较全面的了解,掌握了该领域的前沿动态。先进的管理理念和处理技术让她大长见识,提升了她推动国内该学科发展的信心和勇气。

砥砺开拓　科研创新硕果累累

20世纪90年代,董红敏在国内率先开始了畜禽养殖环境技术的研究。从申请研究项目,到建立环境工程研究室,到成为主要畜禽低碳养殖环境与节能减排行业专项首席专家,她一心扑在事业上,可谓呕心沥血。她带领团队针对养殖业的发展变化和需求,持续创新不断。

在80年代,养殖业尚满足不了肉类的市场需求,她参与"节能高效太阳能猪舍环境控制技术"课题,研究开发太阳能暖棚猪舍,在舍外气温-20℃左右时,使舍内温度达到9~15℃,大大缩短了生猪的养殖期。后来,畜禽养殖给产地环境造成的污染引起了社会关注,她主持开展"规模化猪鸡场环境调控关键技术与设备的研制"课题,提出了组合式猪场高浓度污水处理技术和空气净化技术，解决了达标排放问题，并降低20%投资，在全国11个省市得到应用。之后，她又组织全国56个单位，在对210个点开展监测基础上，建立了我国第一套畜禽养殖业产污系数和排污系数，为摸清我国畜禽养殖业污染源底数、污染防治战略制定和防治工程设计提供数据基础，是国务院第一次污染源普查中畜牧业源污染测算的主要科学依据，她因此荣获国务院第一次全国污染源普查先进个人。

作为首席专家，她组织国内优势科研单位和力量，研究开发了低碳养殖工艺和配套设施设备；提出我国畜禽养殖业节能减排核算方法，畜禽粪污土地承载力测算技术指南；形成了适合不同生态区域养殖场和养殖密集区污水减控和粪便处理利用技术模式，成果写入《国务院办公厅关于加快推进畜禽养殖废弃物资源化利用的意见》等国家政策文件，为我国畜禽养殖废弃物处理与资源化利用提供了强有力的科技支撑。她主持的"畜禽粪便环境污染核算方法和处理利用关键技术研发与应用"成果，获得2017年中华农业科技一等奖。

近些年来，温室效应成为全球关注的问题，联合国倡导建立清洁发展机制，董红敏瞄上了"碳交易"，率先开展了我国农业温室气体排放的研究，主持的"畜禽粪便沼气处理清洁发展机制项目开发与示范"课题，建立了全球第一个户用沼气CDM方法学，被联合国清洁发展机制专家委员会批准为"农户/小规模农场农业活动甲烷回收方法学"，成为定量评价和监测沼气温室气体减排效果的国际通用方法。紧接着，她又成功开发了我国农业领域第一个户用沼气CDM项目和第一个大型养殖场沼气清洁发展机制项目，为农业环境国际补偿机制的应用提供了技术和方法，开创了我国农业领域环保公益项目获得国际环境补偿的成功范例，带来巨大的生态效益和经济效益。有了这样的技术和方法，养殖场建沼气池不仅能获得作为能源的收益，还因为减少了温室气体排放而得到国际补偿，于是，养殖企业的积极性被调动起来。她作为"畜禽粪便沼气处理清洁发展机制方法学和技术开发与应用"项目第一完成人，2011年获中华农业科技一等奖，2012年获国家科技进步二等奖。

不辱使命　履职尽责建功立业

作为国际知名的专家，董红敏参加了联合国粮农组织（FAO）《畜牧业环境生命周期评价指南》和联合国环境署（UNEP）《农业减排技术手册》的编写；作为中国政府气候变化谈判代表团成员，参加了巴黎气候大会等《联合国气候变化框架公约》的谈

判，先后负责温室气体清单编制指南、气候变化国家信息通报评审指南、农业减排等议题的谈判。她以高度的责任感和使命感、依靠坚实的专业知识，圆满完成了历次谈判任务，出色地维护了国家权益，树立了中国形象。她作为国际专家协调人，组织美、英、荷兰等多国专家编写了政府间气候变化专业委员（IPCC）《2006 IPCC 温室气体排放清单指南》畜牧业一章，该指南成为全球所有国家编写畜牧业温室气体报告必须遵循的文件；作为主要作者参加了具有广泛影响的 IPCC 第五次评估报告，对 IPCC 温室气体清单编制方法和评估报告作出了突出的贡献，成为 2007 年诺贝尔和平奖 IPCC 集体奖的团队成员。

2008 年，董红敏作为中组部※和共青团中央向新疆选派的第九批"博士服务团"成员，赴任新疆畜牧科学院副院长，支持西部边疆建设。在疆期间，不仅帮助所在单位规划学科、争取课题，还深入基层和 20 多个县乡调研，合作出版了《视角新疆——中组部、团中央第九批（赴疆第五批）博士服务团调研文集》，为新疆农业可持续发展建言献策，受到上级和当地表彰。为了帮助年轻同志申请国家重点研发项目，她不仅帮着出主意、提思路，在组织队伍、课题分解、申请书编写以及答辩各环节都倾心指导、编写修改，她的科研功底和学术品德赢得地方同行及合作单位广泛的赞赏和尊重。走到哪、家在哪、就在哪拼搏奉献，是大家对她的一致评价。

2009 年，董红敏开始担任副所长。从那时起，她就更繁忙了，搞科研项目、做行政管理、指导硕士生和博士生，使她几乎每个晚上都加班，没有节假日。"这个领域如此之宽，前景如此之好，只恨自己没有三头六臂呢！"她的话语和笑容，充满了干劲和激情。她不仅在科研岗位以拼搏奉献的精神取得累累硕果，赢得广泛赞誉，作为分管科研和国际合作的副所长，她积极配合所领导班子谋划研究所的学科建设与发展，梳理科研思路，探索开展国内外合作与交流的新方式，加快建设"特色鲜明，国际一流"的研究所。

这就是真实的她，是一位清白做人、勤恳做事、不畏艰苦、勇于创新、为农业绿色发展事业无私奉献的杰出女科学家。

●中国农业科学院农业环境与可持续发展研究所供稿●

※ 中国共产党中央委员会组织部，全书简称中组部。

【陈万权简介】

陈万权，男，1962年生，重庆丰都人，植物病理专家。1983年毕业于西南农业大学植物保护系。曾任中国农业科学院植物保护研究所副所长。现任中国农业科学院麻类研究所所长、研究员，农业部麻类生物学与加工重点实验室主任、农业部植物保护专家指导组副组长。兼任中国植物保护学会理事长、全国植物保护学科首席科学传播专家、国家小麦产业技术体系病虫草功能研究室主任、全国小麦锈病和白粉病研究协作组组长，中国科学技术协会第九届全国委员会委员，欧洲和地中海禾谷类锈病基金会执委。

长期从事小麦病害流行规律和综合防治研究，先后主持完成国家科技攻关（支撑）计划、国家"863"计划、国家"973"计划、公益性行业科研专项、国家自然科学基金及国际合作等20多项重大科研课题。在小麦锈病特别是条锈病的流行规律和综合防治研究方面成绩显著。发表科技论文210多篇（其中SCI期刊论文50多篇），主编/副主编著作和论文集19部。任《植物保护》主编。获国家授权发明专利19件。主持制定的《小麦抗病虫性评价技术规范》8项行业标准（NY/T 1443—2007）于2007年农业部正式颁布实施。主持完成的"中国小麦条锈病菌源基地综合治理技术体系的构建与应用"2012年获国家科技进步一等奖。主持完成的"小麦条锈病菌源基地生态治理技术研究与应用"2011年获中华农业科技奖一等奖。参加完成获国家科技进步一等奖、二等奖各1项。曾获全国农业科研杰出人才、全国优秀科技工作者、全国农业先进个人、全国粮食生产突出贡献科技人员等奖励，2014年被授予全国五一劳动奖章，2015年获中华农业英才奖。

> 他不畏艰难，刻苦攻关，接过前辈接力棒，实现几代科学家制伏小麦锈病恶魔的夙愿。他以身作则，团结协作，传承科研好传统，不断夺取为农业生产保驾护航的新成就。

小麦锈病的克星
——记全国五一劳动奖章获得者陈万权

见到陈万权,初看上去他中等身材,人瘦瘦的,貌不惊人,质朴、温和,典型的南方人的模样。可能是由于过于忙碌,脸上带着几分疲倦,但一双眼睛透着神采。光看外表,很难让人把眼前这个像农村基层干部的人和一个足迹遍及中国和世界很多地方、见多识广的知名科学家联系在一起。但与他一交谈,谈起他年轻时立志学农的往事,谈起对小麦锈病的研究和治理,谈起他的科研团队,谈起他下一步要搞的项目……很快,一个对事业和理想始终不懈追求,孜孜不倦、刻苦攻关、成就斐然的农业科学家的形象就出现在人们眼前。

走出山区求学　又进深山奋战

1962年9月,陈万权出生于重庆市丰都县贫困山区的一个普通农民家庭。一生务农的父亲对他的期望是能够当上个农村医生,给缺医少药的乡亲们看看病,要不然,就搞搞农业机械,学点儿农业技术,将来能开上拖拉机。父亲的影响使中学时代的陈万权对农村有着深深的眷恋;长江沿岸,山川秀美的家乡又使他对大自然的千变万化产生了浓厚的兴趣。他高中毕业后，1979年考入了原西南农业大学植物保护系，虽说没有按父亲的期望学医或学习农业机械，但面向农村的植保专业也符合他的意愿。从此他与农业植保结下了不解之缘。在著名农业科学家侯光炯、蒋书楠、李隆术的影响下，他学习刻苦，成绩优秀。1983年夏天，他大学毕业后被分配到北京中国农业科学院植物保护研究所，开始了小麦病害的研究工作，他在这个领域一干就是30年。

刚到所里不久，陈万权就被派往四川阿坝※和甘肃陇南研究基点负责小麦条锈病的观察和试验工作，一待就是三四年。

小麦条锈病俗称麦疸病、黄疸病，是一种随高空气流远距离传播的流行性病害，是我国小麦生产上的大敌。在绝大部分种植小麦的地区都有发生，特别是在我国西北、西南的贫困山区发生为害最为严重。病害流行起来可使小麦减产40%以上，甚至造成绝产。据统计，新中国成立后，1950年、1964年、1990年和2002年4次全国性病害流行就使小麦分别减产60亿公斤、32亿公斤、26.5亿公斤和14亿公斤。特别是1950年的全国病害大流行，损失的小麦占小麦总产量的41.4%，超过当年全国夏季征粮的总数。显然，攻克小麦条锈病的问题对于我国小麦生产和粮食安全意义重大，而四川阿坝和甘肃陇南地区正是小麦条锈病的发源地。

当时，对于刚出校门的陈万权来说，虽然他来自重庆，也是四川人，但阿坝地区的生活环境与重庆地区、学校生活的环境截然不同，阿坝的饮食、住宿、交通条件都比较差。由于观察小麦锈病越夏越冬的调查点分布在不同海拔高度地区，很多的地方偏远，根本无法行车。陈万权经常靠两条腿步行几十里山路，去远离城镇的藏族寨子开展调查和试验工作，而且由于时间紧张还经常吃不上饭，只能啃几口自带的干粮充饥。为了掌握第一手锈病发生资料，有时天晚了，就住在藏民的帐篷里过夜，时间久了，他的身上经常生疮，又痒又痛，难以入睡。但这一切都难不住陈万权，他依然坚持干下去。他不怕苦、不叫累，反而为自己能一出校门就有机会到科研一线，在老同志的指导下，深入田间地头独立地进行农业科研考察，培养自己的科研能力和工作作风，感到十分高兴和自豪。

"'阿坝蹲点'对我的影响太大了，虽然辛苦，但收获很多，搞农业科技就是要下农田，与农民交朋友。"在回忆起当年的情景时，他笑着讲了个小插曲，那就是他带着一身病疮返回北京时，买不到卧铺票，只能坐硬座，可臀部的病疮，痛痒难熬，无法坐下，只能侧躺。他灵机一动，学着一些民工，干脆侧躺到了硬座椅下，把列车地板当作卧铺，熬了一天两夜终于到了北京，随即到海淀医院做了手术。由于他工作中的

※ 阿坝藏族羌族自治州，全书简称阿坝。

出色表现，1985年被评为中国农业科学院的先进工作者；1986年又被评为中国农业科学院的优秀共青团员。随后，他又到小麦锈病的菌源区甘肃甘谷等地蹲点观察，试验基点位于甘谷县芦家山旁的五甲庄村，当时细粮和大米都很少，缺油少肉，他与当地群众一样吃着玉米、土豆、红薯等粗粮，坚持从事着艰苦的科研工作。而且还必须在黄土高坡上频繁奔波，调查病害的发生规律与动态。条件艰苦不说，还意外横生，在1986年的冬季，有一次他去陇南调查锈病，在拥挤的人群中，购买从成县去康县的长途汽车票时遇上了一伙盗贼，旅行包被盗，身无半文，一筹莫展，只好依靠当地公安部门帮助安排了食宿，留下来等待单位的汇款救急，继续坚持完成了调查任务。这一时期的艰苦调查实践，为他以后的科研成就打下了坚实的基础。

传承前辈精神　力克锈病恶魔

小麦条锈病在中国发生范围广、危害损失大，而且具有长期性、复杂性、流行性和变异性等特点，锈病治理的难题一直困扰着我国的科学家们。新中国成立后，国家对小麦锈病的研究和治理工作十分重视，周恩来总理为此作了专门的指示，投入了大量的人力物力开展科学研究。老一代的植物病理学家陈善铭、汪可宁、李振岐、刘汉文、曾士迈等人经过几十年努力，在20世纪80年代末完成了"中国小麦条锈病流行体系"研究，查明了条锈病的越夏越冬区域和大区流行规律，对指导小麦锈病的研究和防治发挥了重要作用。这些成果于1987年获得了国家自然科学二等奖，在国内外产生了很大的影响。虽然陈万权也参与其中，作出了自己的贡献，但他想得更多的是，如何在老一辈科学家取得的基础研究成果上更进一步，握好接力棒，将小麦锈病的研究继续深入下去，实现病害的持久控制，保障小麦的生产安全。这也是摆在陈万权等新一代植物保护科技工作者面前的一道难题。

从1991年起，中国农业科学院植物保护研究所就与西北农林科技大学、中国农业大学、甘肃农业科学院植保所、四川农业科学院植保所、全国农业技术推广服务中心等10多个单位开展大协作，继续对小麦条锈病菌源地综合治理技术进行科技攻关。陈万权一开始就是这一科研项目的参加者、推动者，经过科研实践的考验，他逐步成为最主要的研究者、主导者。对农业科研热爱的他，经常深入一线调查研究，坚持不懈地刻苦工作，科研成果很快就脱颖而出，最终成了新一代"解难题"的带头人。1989年，27岁的他担任了麦类病害研究室副主任，1993年还被破格晋升为副研究员。随后，又先后去美国、墨西哥、荷兰、澳大利亚等国家做访问学者和开展合作研究，国内外

● 陈万权（中）在工作

的科研经历极大地丰富了他的知识，开拓了他的视野，提高了他的科研能力和水平。2001 年年底他担任了植物病害系主任，研究员，2003 年又担任了植物保护研究所副所长，接过前辈的接力棒，对小麦条锈病重大科研负起了全责。在取得前期成果的基础上，陈万权所在的麦类病害创新课题组又确定了以下几项科研重任。

一是要查明小麦条锈病春季和秋季菌源地的精确范围，找到病害源头与治理重点区域；二是要系统揭示小麦条锈菌致病性变异和品种抗病性变异规律与原因，建立品种抗锈性鉴定评价与病菌变异监测平台；三是要进一步与生产实际相结合，研发出病害监测与防控关键技术，创建小麦条锈病菌源地综合治理技术体系。最终的目标是要将这些研究成果广泛应用于农业生产中，为小麦增收服务，为国家粮食安全服务，真正做到科研面向农业生产主战场。

目标既定，陈万权带领他的创新团队开始了艰苦卓绝的科研攻关活动。

——在陇南、川西北等小麦条锈病越夏菌源地密切观察菌源的变化，不断探查病害发生的规律，研究菌源数量、当地气候和栽培条件对条锈病发生的影响。

——大力研发抗锈良种、药剂拌种、停麦改种、适时晚种以及带药侦察、打点保面和实时监测、统防统治等多种防病关键技术，构建综合治理技术体系，减轻小麦锈病的流行危害。

——培训一线防治人员，编写有关的教材和书籍，在基层普及病害防治知识，为农民提供实实在在的服务。

——向主管部门和地方政府部门及时介绍病害动态和科研进展，为国家制定相关政策提供决策咨询和科技支撑，推动科研成果的及时应用和转化。

——广泛开展国内外学术交流，学习和运用国内外先进的技术手段，从基因水平探索条锈菌变异机制和途径，以及小麦品种抗病性"丧失"规律与原因。

通过项目组同事们的共同努力出版了学术著作8部，发表了近330篇论文，其中SCI期刊论文50多篇。制定了国家、行业和地方标准3项，获得国家专利5项和其他知识产权6项，培养了研究生150多名，其中博士研究生30多名。更让他们感到欣慰的是，据农业部有关司局统计，2009—2012年这一成果累计推广应用了3亿多亩，实现了我国小麦条锈病的"有病无灾"和持续控制，全国小麦条锈病的发生面积从前的6 000多万亩降低到2 000万～3 000万亩，每年可减少小麦损失20亿公斤以上，增收节支总额达到120多亿元，为国家粮食增产和农民增收作出了突出贡献。

功夫不负苦心人，"解题人"不负众望。2012年年底，一个让整个农科界振奋的好消息传来，陈万权作为主持人的"中国小麦条锈病菌源基地综合治理技术体系的构建与应用"项目，分别在2010年、2011年连获中国植物保护学会科技奖一等奖和中华农业科技奖一等奖之后，2012年又获得了国家科技进步一等奖，这是我国植保界近30年来唯一的一项国家级一等奖！

凝聚团队力量　协同科技攻关

在这丰硕的成果中，从课题的总体设计到组织实施；从实地调查研究到技术培训和决策咨询；从对条锈病的菌源地勘界、发生规律研究到病害监测预警和关键防治技术研发；从病害综合治理技术体系构建到农业技术人才的培养……作为组织者和第一完成人的陈万权，30多年来凝聚了多少汗水和心血，又度过了多少个不眠之夜啊！但他却很少声张，只是兢兢业业、不辞辛劳、做好每一件事。课题组的同事们提起陈万权都称他性格温和、低调，甚至有的人说他"没霸气"，然而却都异口同声说他是个有凝聚力的科研管理者，和他在一起搞科研很愉快。

应该说，这些年由于种种原因，农业科研的全国协作组已经不多了。但是，由中国农业科学院植物保护研究所牵头的全国小麦锈病和白粉病研究协作组，从20世纪70

年代建立以来一直没有间断工作，无论有没有项目和经费支持，都坚持不懈地开展科研协作活动。统一设计试验方案，分工负责地进行全国小麦锈病生理小种鉴定和品种抗病性变异监测；每年都要组织2~3次病害越冬越夏考察和秋苗病情调查；每年组织召开1次协作组年会，交流研究进展，研讨防治对策；联合举办病害防治现场会和技术培训班，指导农民科学防病。全国小麦锈病和白粉病研究协作组已成为全国农业科研大协作的一个典型。那么，能凝聚全国20多家科研教学单位和技术推广部门一起成立课题组，长期协作攻关，让大家又感到愉快的陈万权究竟是怎么做的呢？

"陈老师是全国小麦锈病和白粉病研究协作组的组长，他经常亲自带领协作组的同事们进行田间病害调查。下田里搞病害调查统计时，3个人调查的面积只能和他一个人比，他弯腰低头，漫步踏查，两眼视野就是宽，标准步子就是长，一趟走下来又快又准，有多少病害和麦株真是一目了然。"一位同事这样介绍他。

"他总为协作单位着想，总说地方科研单位搞课题研究更不容易，无论经费分配还是评奖什么的，咱们作为牵头单位更应高姿态、高风格，一碗水要端平，要让大家口服心服。"一位课题组成员说。

"一个刚从国外回来的外单位农科人员有个项目急着要做，可一时申请不到经费，找到陈所长，经过考察，陈所长认为，这个项目的确很重要，虽说我们的经费也不宽裕，可还是勒紧腰带，接济他开展科研工作。"一位研究员提起了这件事情。

"陈老师一点也没有架子，见了我们总是主动打招呼，嘘寒问暖；有问题去找他，他总是给我们耐心解答，还经常带我们一起下基点开展调查研究，他经常说，我们搞农业科学研究不能只待在实验室，'既要见树木，也要见森林'。"几位学生给予了这样的评价。

称赞之余，也有人为他惋惜，"其实他完全可以在荷兰瓦赫宁根大学时拿个博士学位，他已经被该校正式录取了，但他为了所里的工作，放弃了学业，没有读完就回来了，太可惜了。"

也有人似乎有微词，"他脾气挺好的，可有一次他着急，朝我发了火，因为我不知怎么把一些实验数据在上传时搞没了。"一位研究人员不好意思地又补充了一句，"多年了，这是他唯一的一次。"

……

脚踏实地、一步一个脚印；公平公正、善于为别人着想；团结协作、始终发挥团队力量；平易近人、真诚关心学生；放弃机会，把学位看的比工作轻；为人和气、但不容忍科研疏忽失误……这就是人们眼中的陈万权。他的凝聚力就来源于他的以身作则和团结协作，来源于他对同事的善待和理解，来源于他对人的平等尊重和处事的公平公正，来源于他为了大事业舍得小利益的理想和对工作一丝不苟、严谨求实的作风。

正是在他的身体力行和亲自带领下，课题组的大协作搞得有声有色，成绩突出，得到国际同行的高度称赞和认同。2012年他带领全国协作组成员单位，互相配合、互相支持，成功承办了"第十三届国际禾谷类作物锈病和白粉病会议"和"全球锈病协作网技术研讨会"，这是首次在中国举办。

现在，面对种种荣誉，陈万权的心却早已飞向了新的目标，他说得最多的是这样几句话：大成果需要大协作，需要长期坚持。获奖只是我们的一个新起点，与小麦锈病的斗争是一场没有终点的战争。目前小麦锈病的变异问题还没有解决，气候条件和耕作制度也在不断地变化，菌源地的综合治理技术体系还需不断优化和完善，还有很多理论性和技术性的难题有待探索，还有小麦的白粉病、叶锈病、秆锈病、赤霉病、纹枯病……众多的病害有待深入研究，农业植保科研任重而道远。

面对着这样一位科学家，人们有理由期待，陈万权和他的协作伙伴们，一定能为中国麦类作物病虫害的有效防控和国家粮食稳产增产再交上一份出色的答卷。

●中国农业科学院植物保护研究所供稿●

【刘玉梅简介】

刘玉梅，女，1955年生，湖北鄂州人，蔬菜育种专家。1982年毕业于华中农业大学。任中国农业科学院蔬菜花卉研究所研究员、十字花科研究室主任，甘蓝、青花菜育种课题组副组长，中国园艺学会十字花科分会副秘书长。

长期奋斗在蔬菜遗传育种研究第一线，在甘蓝、青花菜遗传育种研究方面取得了显著成绩。先后主持和参加国家级研究项目、国家自然科学基金、省部级重要研究课题和国际合作研究项目等30余项。作为主持人或主要参加人，先后获科研成果10余项（次），其中获国家技术发明一等奖1项，国家科技进步二等奖2项，获授权国家发明专利3项。发表论文90多篇，编写专著12部。2002年被授予全国三八红旗手称号，2007年当选为中国共产党第十七次全国代表大会代表。

> 她像一棵普通的甘蓝和青花菜，任凭日晒雨打，将自己的根深深地扎进泥土。她是一个优秀的育种科学家，无论春夏秋冬，将蔬菜的绿色和沁香献给人们。从"洋白菜"到圆白菜，虽只一字之差，却凝结着她百倍艰辛的付出和努力。

为了丰富老百姓的菜篮子
——记中共十七大代表刘玉梅

如今，当人们漫步蔬菜市场，无不惊叹蔬菜品种之繁多和琳琅满目。然而你可知道中国农业科学院蔬菜花卉研究所研究员刘玉梅，为了丰富老百姓的菜篮子而不懈追求的故事？

蔬菜育种家　硕果累累挂

1955年刘玉梅出生于湖北省鄂州市长港农场一个普通农家。1974年她高中毕业后回乡务农，因为有韧劲、能吃苦，很快就当上了妇女队长和代课教师。1978年高考一恢复，她就经过刻苦努力，考进了华中农业大学园艺系蔬菜专业。1982年大学毕业后，刘玉梅被分配到中国农业科学院蔬菜研究所从事甘蓝和青花菜遗传育种研究，一干就是30多年。

甘蓝，又名洋白菜、莲花白、圆白菜、包菜，是中国大江南北普遍种植的一种主要蔬菜。青花菜又名西兰花，是一种营养丰富的高档蔬菜。为尽可能快、尽可能多地培育出优良的甘蓝、青花菜新品种，提高我国的育种水平，改变我国甘蓝和青花菜育种的落后面貌，以中国工程院方智远院士为代表的老一代科学家，自20世纪80年代初开始，就致力于甘蓝和青花菜育种的科技攻关，刘玉梅有幸成为这支科技攻关队伍的一员，并与甘蓝和青花菜遗传育种结下了不解之缘，逐步成长为甘蓝和青花菜遗传育种的科技骨干和学科带头人，她先后主持和参加完成了国家和省部级重点科技攻关项目、国家自然科学基金等重要科研项目30余项。

"六五"至"八五"期间，作为科研骨干，她参加了国家重点科技攻关课题"甘蓝抗病、丰产、优质新品种选育"和农业部重点科研项目"花椰菜、青花菜新品种选育"课题的研究。

"九五"期间，刘玉梅主持完成了国家重大科技攻关项目"甘蓝育种材料和育种方法研究"专题研究，农业部重点科研项目"花椰菜、青花菜新品种选育及配套栽培技术"专题研究，她同全国各子专题的科研人员一起，团结协作，5年间育成优良的抗病、优质、抗虫、抗热和雄性不育等新的甘蓝育种材料22个，优异的青花菜育种材料10余个。提出了甘蓝抗热、耐先期抽薹的鉴定方法和标准，青花菜耐贮性鉴定方法和标准，为提高我国甘蓝和青花菜育种水平作出了重要贡献。

"十五"期间，她主持国家"863"课题"优质、专用性蔬菜杂交育种技术研究与新品种选育"。通过组织全国9个科研和教学单位联合攻关，超额完成了课题合同规定的任务。该课题项目执行期间，获省市级成果2项，申请国家发明专利10项，获国家发明专利3项，选育和创制优良育种材料73份，育成优质、适于出口或加工的专用蔬菜新品种33个，并在蔬菜杂交育种技术、分子标记辅助育种方面取得了一些突破进展。该项目的完成，对促进我国蔬菜出口或加工产业的发展，提高蔬菜产品在国际市场的竞争力起到了重要作用。之后，她又主持国家"863"课题"结球甘蓝分子聚合育种"，国家"十一五"科技支撑计划"优质高产甘蓝育种技术研究及新品种选育"及国家基金等研究课题多项，在甘蓝和青花菜遗传育种的研究领域不断迈向新的征程。

风雨无阻隔　扎根试验田

甘蓝和青花菜育种是一项十分艰巨而辛苦的工作，从事育种工作要"扎根"在试验田，刘玉梅常常是一顶草帽、一把菜刀、一双雨靴，进行田间调查和研究，她形象地称之为"一把尺子一杆秤，一把菜刀闹革命"。刘玉梅说："我们育种人员其实就是农民，每天下地调查、给花蕾授粉、取样统计，跟这些甘蓝和青花菜都结下了感情，一天不到试验田里转转就心里发慌。"8月，一到雷雨天，别人都往屋里跑，刘玉梅和课题组人员却急着往试验田里跑。

为了圆满完成科研任务，刘玉梅与课题组的全体成员几乎没有完整的周末和节假日，一年至少有大半年的时间泡在试验田，每年授粉时间长达3个多月，春季连续2个多月、秋冬季节1个多月。授粉期间，他们每天从早到晚手拿一把小镊子，眼睛紧盯着小小的花蕾，将成千上万个花蕾一个一个小心翼翼地剥开，然后再一朵一朵地授上花粉。

甘蓝和青花菜育种季节性很强，每年的春季正值花期授粉时节，刘玉梅和大家每天都在试验田里从早到晚做杂交授粉，几乎每个五一劳动节都是在田间度过的。炎热的夏季正好是甘蓝收种子的时候，有时气温高达40℃，他们仍然顶着烈日，伴着高温，汗流浃背地在试验田里收种子。青花菜的收获、选种正值秋末冬初时节，此时早晨露水很大，秋风瑟瑟，气温很低，他们必须到约有半人高的青花菜试验地进行收获、调查，半天下来，下半身全都被露水湿透，其中的甘苦可想而知。她就是这样日复一日、年复一年地在实验室、温室、大棚和田间穿梭、忙碌，超负荷的工作使得刘玉梅还不到40岁，一双眼睛就花了。

"十年育一种"，从事田间工作是辛苦又枯燥的，刘玉梅却对这份工作有着特殊的感情。她说，每次培育一个新品种，就像看着一个孩子慢慢长大那样有成就感。

学习无止境　拼搏不懈怠

科学技术日新月异，刘玉梅深感仅凭原有的知识难以适应现代科研工作的需要。她边工作边学习，克服年龄大、任务重等困难，先后完成了硕士、博士研究生的学习，在她48岁时获得了农学博士学位。当有人问她"既要完成繁重的科研任务，还要完成学业，那么累，值吗？"刘玉梅说："选择农业科学研究是我的志向，把科研成果转化为生产力，不断丰富人们的菜篮子，提高人民的生活水平，为社会创效益，是我奋斗的目标。为了达到这个目标，适应时代发展的需要，就必须不断更新自己的知识，再苦再累也要用顽强的毅力，付出比别人多几倍的艰辛去学习和拼搏。"

1997年受国家教委的选派，她作为高级访问学者到美国密苏里州立大学从事分子生物学方面的研究。她对此格外珍惜，在美国一年多的时间里，不分白天黑夜地辛勤工作，经常为完成一个试验，工作到凌晨两三点，甚至通宵达旦，最终圆满完成了实验室玉米抗虫分子标记研究任务，同时也完成了国内带去的甘蓝分子生物学研究任务。回国后，她将学到的先进的生物技术和知识很好地应用到甘蓝、青花菜遗传育种的研究之中，在国内外首次找到了与甘蓝显性雄性不育紧密连锁的RFLP、SSR分子标记和

● 刘玉梅在试验田工作

甘蓝抗 TuMV（抗芜菁花叶病毒）连锁的 AFLP 分子标记，构建了甘蓝和青花菜的分子连锁图谱，为甘蓝和青花菜分子辅助育种打下了良好的基础。

"标准党支部" 团队有目标

刘玉梅对农村和农民有着深厚的感情，她注重农业科技成果的转化，与课题组成员一起经常深入北京、河北、山东、河南、山西、云南等地农村考察和调研，每年繁育和推广甘蓝良种 5 万余公斤。

她自 1994 年至 2008 年，一直担任研究所第一党支部书记。该党支部由 3 个蔬菜育种研究室、11 个研究课题组的 20 多名共产党员组成，是蔬菜花卉所育种和成果推广的重要力量。多年来，刘玉梅在紧张科研工作的同时，努力学习党在新时期的大政方针，时时处处按共产党员的标准严格要求自己，充分发挥支部书记的模范带头作用，团结和带领支委们一起积极做好党支部的工作，做党员和群众的知心朋友，得到了支部全体党员的高度赞扬和充分信任。

刘玉梅带领第一党支部全体党员积极、认真地开展了创建"标准党支部"的活动。

在大家的共同努力下，该支部自 2001 年 2 月以来，一直都保持"标准党支部"的光荣称号。根据第一党支部所在研究室年轻科研人员不断增多，且大多数在科研工作中起骨干作用的特点，她和支委们一起认真做好发展党员的工作，注重吸收年轻的科研骨干入党。刘玉梅担任党支部书记期间，该支部先后发展新党员 12 名，他们都成为科研、科技推广和科研管理的骨干。

她还结合该支部具有蔬菜育种与良种推广老专家多和青年党员力量强的优势和特点，组织支部党员多次到北京门头沟、怀柔宝山寺乡等贫困地区开展科技扶贫活动，先后赠送甘蓝、大白菜、番茄、黄瓜、青椒等蔬菜良种 50 多个品种 200 余份种子，取得了良好的社会效益，受到了当地农民的好评。几年来该支部向灾区、贫困地区捐款 1 万多元，捐物 500 多件，并资助 10 余名河北省张北地区的贫困学生上学。

刘玉梅热爱农业科研，为了用学到的知识更好地为农业科研服务，她勤奋学习，埋头苦干，不谋名利，甘于奉献，在前进的道路上勇于克服重重困难，永无止境地拼搏。她曾去过印度、英国、泰国、法国等进行科技交流，她夜以继日地拼命工作，不仅超额完成了在国外的研究任务，而且每次都按时回国，以实际行动去努力实现自己报效祖国的人生最大追求。

"我最大的心愿就是能让全国人民都吃上我们培育的甘蓝和青花菜，丰富老百姓的菜篮子，让全国农民都种上我们的甘蓝和青花菜新品种，鼓起农民的钱袋子。"这就是刘玉梅的美好心愿。

●中国农业科学院蔬菜花卉研究所供稿●

【景蕊莲简介】

景蕊莲，女，1958年生，山西芮城人，作物抗旱节水生物学专家。1982年毕业于山西农业大学农学系，1986年在山西农业大学获硕士学位，1996年毕业于中国农业科学院研究生院，获博士学位，1998年从中国农业大学植物遗传育种专业博士后流动站分配到中国农业科学院作物品种资源研究所工作。现任中国农业科学院作物科学研究所分子生物学系副主任，研究员。

长期从事作物抗旱节水生物学研究，在小麦种质资源抗旱节水的遗传多样性分析、遗传材料创制、优异基因资源发掘，以及作物抗旱节水鉴定评价理论与技术等方面进行了创新性的研究。主持制定国家标准《小麦抗旱性鉴定评价技术规范》，推动了抗旱节水种质资源评价和品种选育的标准化进程。在发掘利用作物抗旱节水基因资源，改良作物抗旱节水遗传特性方面取得了突出成绩。参加育成抗旱节水高产小麦品种3个，获国家发明专利6项，发表论文110余篇，参编著作6部，主持和参加翻译著作各1部。获国家科技进步集体一等奖1项、二等奖2项，省部级科技进步一等奖、二等奖4项。被授予农业部有突出贡献的中青年专家、全国三八红旗手称号，2012年当选为中国共产党第十八次全国代表大会代表。

> 愿将辛劳唤甘露，省却清泉育禾苗。她抱定生物节水的科学信念，坚持淡定求实的科研作风，不畏艰难，潜心钻研，为科学节水增产增收而追求不已、奋斗不息。

情系"三农" 为生物节水做贡献
——记中共十八大代表景蕊莲

作物抗旱机理复杂，研究难度非常大。中国农业科学院研究员景蕊莲以强烈的事业心和责任感，知难而进，开拓创新，在发掘利用作物抗旱节水基因资源，发展生物节水农业的道路上一步一个脚印，不断前进。

矢志不移 生物节水做贡献

景蕊莲1958年出生于山西南部的农村。父辈们为了抗旱保苗、抗旱夺丰收，肩挑车拉、运水浇地的场景，深深地刻在她童年的脑海里，后来村里修建了扬水站，但沟底水库里的水却一年比一年少，村民们只能眼睁睁地看着庄稼苗受旱。1977年她毅然报考了大寨农学院这个当时的全国重点农业院校，开始了对作物科学的探索。而真正带领她进入生物节水研究领域的，是她来到中国农业科学院攻读博士学位后的两位导师——董玉琛院士和胡荣海研究员。在导师的悉心指导下，她的业务能力迅速提高，两位导师"认认真真做事，清清白白做人"的道德风范也成为她在科研道路上学习的楷模。

通过学习，她深刻认识到，干旱缺水不仅是我国农业生产发展面临的严重问题，也是制约全球农业和经济发展的重要因素。我国是世界上水资源最匮乏的国家之一，人均水资源占有量只有世界平均水平的1/4，北方的一些地区，人们生活用水都很困难。然而，我国种植业产品的70%来自灌溉耕地，农业用水占全国用水总量的比例高达70%以上。发掘利用作物抗旱节水基因资源，发展生物节水农业是抵御干旱、保障粮食安全和水资源安全的重要途径。景蕊莲刚到作物品种资源研究所工作时，她的导师胡荣海研究员就退休了，所领导和同志们信任她，让她挑起了作物抗旱节水研究的重任。她清楚地知道，作物抗旱性是复杂的数量性状，受作物种类、环境条件等影响，研究难度非常大。曾经有同事好心地劝她换一个容易出成果的研究领域，但她执著地认为，既然选择了这个专业，就应该不畏艰难，努力探索，因为我国急需发展生物节水农业。

景蕊莲以强烈的事业心和责任感，知难而进，开拓创新，一心扑在事业上。她和课题组的同志们积极追踪国内外研究动态，学习先进的研究思路和技术，努力寻找研究的突破口。中国是小麦种质资源大国，国家种质资源库已经保存了4.3万份小麦种质资源。但是由于研究起步较晚，研究的深度、广度不够，抗旱节水基因资源家底不清，限制了这些资源的有效利用，难以满足小麦育种和生产发展的需求。其中一个重要原因是缺少成套的抗旱性鉴定技术与评价标准，在这方面国外也没有完整的标准可以借鉴。因此，她带领课题组成员认真研究抗旱性鉴定评价的技术与指标。进行作物抗旱性鉴定，需要严格把握干旱处理条件，她最担心的是夏天。当时的研究条件比较差，在试验的关键时期，为了保证试验材料不受突如其来的阵雨影响，多少次，他们抢着给试验材料遮雨，人却被雨水浇透了。经过反复试验，取得了可靠的试验资料。在此基础上，她主持起草了《小麦抗旱性鉴定评价技术规范》初稿，通过广泛征求相关研究工作者的意见，与专家们反复研讨，终于制定出我国第一个作物抗旱性鉴定评价技术标准——《小麦抗旱性鉴定评价技术规范》。2007年该规范被国家标准化管理委员会作为国家推荐性标准发布实施，现已被国家旱地小麦品种审定机构和育种单位广泛应用，推动了全国作物抗旱节水鉴定评价的标准化进程，提高了抗旱节水种质资源的共享水平和新品种选育效率。

她和课题组同志们多次深入山西、河北、甘肃、宁夏、内蒙古等干旱缺水地区，看到裸露的河床、饮水困难的农民，她的心里沉甸甸的。一些地区地下水位连年下降，水井越打越深，但是农民为了追求高产，在小麦一生中要保浇5~7次水，不但浪费水资源，还直接影响到经济收入。他们就在当地进行作物抗旱节水品种和技术的展示与

● 景蕊莲（中）在实验室工作

宣传，改变农民种粮的观念，由单纯追求高产转向增产增收、节水增收。农民深有感触地说：以前我们种粮为了赚钱，就使劲往地里浇水，结果一年投入了很多，收入却很低。现在通过使用作物抗旱节水技术，不仅减少投入，节约水资源，还提高了经济效益。

以身作则　潜心钻研谋创新

作为课题主持人，为了寻找研究的突破口，景蕊莲坚持追踪国内外研究动态，学习先进的研究思路和技术，加班加点已习以为常，在她的日程表里，几乎没有休息日，课题组的学生们说，景老师快把办公室当成自己的家了。说到"家"，在生活中如何处理好家庭与工作的关系，是每一位女同志都要面临的两难选择。她热爱工作，也爱家，也想做一个好妻子、好母亲。但是，工作之余她只能留出很少的时间照顾家庭、陪伴家人，为此她深感愧疚。她爱人理解支持她，是她工作和学习的好后勤，尽管爱人工作也很辛苦，但仍主动承担家务，照顾孩子。女儿也随着年龄的增长，逐渐懂得了母亲的心愿。家人的理解与支持，为她留出了更多宝贵的时间和精力投入工作。

国家"十五"计划最后两年，她时常感到身体不适，但因课题任务紧，总是无暇顾及，一直拖到2006年9月下旬，才不得不住院手术治疗。出院时，医生嘱咐休息两个月。然而此时，国家"十一五"重大科技项目的申报工作已经启动，她只在家里休完国庆假期就上班了，召集有关人员准备科研项目材料。通过大家的努力，课题组又主持承担了国家"863"计划现代农业技术领域"现代节水农业技术与产品"重点项目的研究课题"作物抗旱节水遗传性状鉴选与利用"。

景蕊莲在小麦抗旱节水理论研究与应用方面的成果，受到国内外同行的高度认可。2009年她被选为第三届国际抗旱大会的国内学术委员会委员，应邀作大会发言。在这次大会上，她又被选为第四届国际抗旱大会的国际学术委员会委员。国际农业磋商组织（CGIAR）"挑战计划项目"(GCP)主任M. Ribaut博士和专家通过学术交流与实地考察调研，于2007年委托她主持承担了GCP的指令性项目"分子标记选择与常规技术结合改良中国北方小麦抗旱性"。2009年又进一步委托她主持指令性项目"亚洲小麦抗旱性改良"，在项目启动会上GCP负责人评价道：亚洲小麦抗旱性改良项目选准了地点（中国），选准了团队，选准了人。

她和课题组成员齐心协力，攻克了一个个难题。在作物抗旱节水鉴定技术与评价指标、遗传多样性分析、抗旱种质资源筛选、抗旱相关基因表达分析、分子标记，以及抗旱节水种质创新等方面取得了显著的研究进展。2008年，她参加选育的抗旱高产优质小麦新品种运旱21-30获山西省科技进步一等奖；2009年，她主持完成的"中国北方冬小麦抗旱节水种质创新与新品种选育利用"获国家科技进步二等奖；2010年，她参加完成的"小麦品种抗旱性鉴定评价技术体系的研究与应用"又获河南省科技进步二等奖。

以人为本　凝聚力量攀高峰

一个人的力量是有限的，团结就是力量。工作中，景蕊莲坚持真诚、豁达、奉献的做人原则，注重以人为本，带好团队，努力营造积极向上、宽松和谐的工作氛围，为年轻人的成长创造条件，充分发挥团队的力量。从国家"十五"计划开始到"十二五"，她连续主持国家"863"计划节水农业重大专项的植物抗旱节水课题，为了做好工作，她主动向国内同行提供研究材料与技术，共享研究信息，不但加速了课题研究工作进展，也培养了一批年轻人，壮大了生物节水研究队伍。

由于工作需要，课题组接纳了一部分联合培养的研究生参与研究工作，后来又招收了国外留学生。她先后培养博士后3名，博士和硕士研究生59名。对于每一位同学，她都给予热忱的关怀和认真的指导，使学生们不仅学到了科学知识，也感受到集体的温暖和力量。她指导的博士研究生徐重益的论文于2008年先后被评选为中国农业科学院和北京市优秀博士学位论文，2009年又获"全国优秀博士学位论文提名奖"。她的学生中有40多人已顺利走向工作岗位或者继续深造，部分学生已经成为单位的研究骨干，学生们的进步也使她感到莫大的欣慰。

景蕊莲深知，生物节水农业研究任重道远，"愿将辛劳唤甘露，省却清泉育禾苗"，这是她的决心和志愿，也是她的追求。景蕊莲又主持承担了国家"十二五"863计划"节水农业"重大专项课题，以及"973"计划项目应对全球气候变化课题，她将继续带领她的团队，团结协作，努力拼搏，不断创新，争取为发展我国的生物节水农业作出更大的贡献。

●中国农业科学院作物科学研究所供稿●

【何萍简介】

何萍，女，1970年生，吉林榆树人，植物营养与肥料学专家。1992年毕业于吉林农业大学土壤与植物营养专业，1995年毕业于吉林农业大学作物营养与施肥专业，获硕士学位；1998年毕业于中国农业科学院研究生院植物营养学专业，获博士学位；2001—2003年在日本北海道大学进修。现为中国农业科学院农业资源与农业区划研究所研究员，兼任国际植物营养研究所中国项目部主任、国际肥料科学中心亚洲分中心副主席，中国植物营养与肥料学会理事、化学肥料专业委员会主任。

从事植物营养与肥料学基础和应用研究，先后主持完成了国家重点基础研究计划"973"项目"肥料减施增效与农田可持续利用基础研究"，以及国家自然科学基金、国际科学基金和国际合作项目等15项课题。作为主要完成人，获省部级科技进步一等奖2项，二等奖4项，发表学术论文120余篇，主著著作2部。曾获农业部十佳青年、中央国家机关十大杰出青年、全国三八红旗手等荣誉称号。被评为国家万人计划领军人才、科技部中青年科技创新领军人才、全国农业科研杰出人才。2012年当选为中国共产党第十八次全国代表大会代表。

在科学上没有平坦的大路，只有沿着陡峭山路攀登的人，才有希望到达光辉的顶点。她就是这样一个不畏难险、攀登科学高峰的人，怀着对国家和科学的热爱，在我国土壤肥料的沃土上奉献青春和才智。

为了那片沃土
——记中共十八大代表何萍

她是当年我国最年轻的"973"项目女性首席科学家;她为了追寻植物营养学的前沿技术,抛下刚出生不久的女儿东渡日本求学;她构建的作物高产高效施肥技术体系,为我国粮食安全与资源高效利用提供了强大科技支撑。她就是党的十八大代表,中国农业科学院农业资源与农业区划研究所研究员何萍。

国际合作　创新花开

何萍外表纤弱,内心却很坚定。1998年,博士毕业的何萍来到中国农业科学院农业资源与农业区划研究所工作,从事作物营养和肥料高效利用研究。不到3年工夫,她就受科技部委派,赴日本北海道大学开展博士后研究。那时何萍的女儿出生才2个月,嗷嗷待哺。

在那里,她选择了一个自己背景薄弱但很有前景的方向——分子生理开展研究,这是植物营养学的前沿学科和制高点,国内迫切需要开展该方面的研究。何萍大量查阅国内外最新进展,涉猎本学科研究前沿,围绕研究课题创新性反复思考。她没有节假日,把全部精力都投入学习和研究中,经过两年艰苦的研究和探索,取得了显著进展,在本领域重要SCI源刊上发表了5篇第一作者论文,赢得了合作导师和所在研究室同仁的高度赞许。合作导师称赞她是所在研究室最优秀的外国学者。现在双方已建立良好的合作关系,双方人员往来和学术交流十分频繁。

提起女儿，何萍感到很内疚。当初离家时，孩子只是个婴儿，正是最需要母亲精心养育的阶段，但为了事业的发展，何萍暂别了儿女情长，毅然远赴日本学习。每天在日本实验室和试验田紧张的忙碌后，最快乐的时刻就是给家人打电话，听着孩子咿呀学语，慢慢地学会叫妈妈，心中的喜悦无法言表。尽管每天通电话，但几个月的孩子对妈妈的记忆仍然有限。出国9个月后第一次回国探亲，看到了不满周岁的孩子只是远远地望着她，却不让她抱，何萍心酸落泪。现在谈起这件事，何萍的眼中依然泪花闪闪，没能看到自己的孩子一天天地长大，仍然是一种无法弥补的遗憾。

作为国际植物营养研究所中国项目部主任，何萍负责协调全国土壤肥料合作网络开展主要作物的养分管理和高效施肥研究，多次组织国内外的学术交流活动，与加拿大、美国、日本等国科研单位和大学建立密切联系。在与国际植物营养研究所合作研究中，何萍组织全国45个优势单位参加土壤养分管理和高效施肥研究工作，研究成果对于指导科学施肥、保障国家粮食安全和保护生态环境具有重要意义。她多次应邀参加植物营养国际会议作大会报告，还受聘于美国普渡大学，作为研究生指导小组成员，指导研究生的博士论文研究。

立足需求　支撑发展

国家需求是科学研究的导向，创新是科学发展的生命力和原动力。何萍常说，创新也是科学家的生命，国家需求与科技创新相结合，是科学家永恒的追求。中国人多地少，依靠化肥的大量投入增加单产，形成了我国特有的农田高强度利用生产体系。目前，我国单位耕地面积施肥量已达世界平均水平的3倍，但利用率却低于发达国家约20个百分点。每公斤氮、磷、钾肥料养分所增产的玉米不及世界平均水平的1/2、美国的1/3。由于过量和不合理施肥，带来了地表水富营养化、地下水硝酸盐富集以及大气氧化亚氮增加等环境隐患，高效施肥和提高肥料利用率是当前及今后的国家重大需求。当前影响作物高产高效面临着突出的科学问题是，碳氮代谢不协调，早衰严重；现有测土配方施肥方法应用困难，急需新的推荐施肥方法等。为此何萍立足学科发展前沿和国家重大需求，决定了科研选题的两个方向：一是植物营养生理。研究揭示了矿质营养影响玉米信号物质及衰老的分子生理机制，阐明矿质营养与植物病害发生的关系；阐明作物碳氮代谢、碳氮互作及其与产量形成的关系，从基础理论和技术原理上，解决了我国作物早衰、碳氮代谢不协调和茎腐病影响产量等理论问题，具有前沿性、前瞻性和战略性。二是作物高效施肥。带领团队研创了水稻、小麦和玉米基于作

● 何萍在农田里

物产量反应和农学效率的推荐施肥新方法，建立养分管理专家系统。该方法既适合当前我国以小农户为主体的国情，也适合大面积区域推荐施肥，可以在没有土壤测试的条件下应用，是一种轻简化的推荐施肥方法，受到农民和科技人员热烈欢迎。这种协调经济、社会和环境效应的养分管理方法，是当前施肥技术的重要革新和极具突破性的重大进展，显示出强劲而广阔的应用前景。

勇于领军　敢于担当

何萍作为国家"973"计划项目首席科学家，在工作中勇担重任，表现出较强的领军能力和业务水平，取得了优异成绩。2007年何萍刚晋升为研究员，院所就决定由她作为首席科学家，领衔申报"973"项目"肥料减施增效与农田可持续利用基础研究"。这是"973"计划实施10年来的第一个有关肥料方面的项目。何萍深感责任重大，思考再三,她决定勇挑重担。在队伍组织、材料撰写、申请答辩等过程中,她带领研究团队日夜奋战,项目终获科技部资助。在项目实施过程中,她以高度的责任心,无时无刻不在思索如何开展创新研究,如何完成科学目标,解决国家重大需求,把自己的全部精力投入项目繁忙的研究工作之中。

"973"项目实施5年来,何萍带领来自中国科学院和教育部系统的全国8个优势科研单位参加的"973"计划项目研究团队,以我国粮食主产区的东北、华北和长江中下游为主要研究区域,围绕高强度利用农田肥料减施增效与农田可持续利用这一核心问题开展研究。研究探明了肥际/根际养分转化、损失过程与作物高效利用机制,阐明了有机无机肥料协同提高肥料利用率和保育农田的机制,以及养分与水热等环境要素协同提高肥料氮磷利用效率的机理,揭示了作物生长或轮作周期内养分需求规律和供应的同步协调机制,提出典型农区减肥增效与农田可持续利用途径与模式,其研究成果为高度集约化农区当前高氮磷用量条件下减施20%~30%提供了理论支持和可验证的技术途径。该项目共发表学术论文409篇,其中SCI论文163篇,出版学术专著4部,获得授权专利36项,获国家和省部级科技奖励5项。通过该项目,凝聚了一批肥料研究创新性强的科学家群体和具有国际水准的研究团队。在科技部公布的国家重点基础研究发展计划("973"计划)2011年结题项目验收结果和排序中,该项目结题验收结果评价等级为优秀,成为农业科学领域8个项目中仅有的两个优秀项目之一。何萍又作为国家重点研发计划项目"肥料养分推荐方法与限量标准"主持人,率领着有全国39家单位、100余名研究骨干参加的研究队伍,为破解国家化肥减施增效重大难题而奋力创新。

率先垂范　主动作为

她热爱祖国,对党忠诚,认真履行党员义务,牢记全心全意为人民服务根本宗旨,努力学习和贯彻执行党的方针、政策,始终保持正确的政治方向;在工作和生活中严格要求自己,为人正直宽厚,团结同志,品德高尚,体现了共产党员的先锋模范作用。

何萍作为中央国家机关第四届青联委员,主动作为,有较强的议事能力。在实际工作中,她与领导沟通,如实反映党员和群众工作中遇到的问题和建议;立足本职,在青联的"青年智库"活动中利用所学专业献计献策,在科技创新和服务"三农"工作中作出突出成绩。她具有强烈的事业心、使命感和责任感,廉洁自律,刻苦钻研业务,有开拓创新精神,学风严谨,工作中严格要求自己,顾全大局,不计个人得失,

具有良好的职业道德。由于她工作成绩突出，品德高尚，先后荣获中国农业科学院十佳青年、农业部第五届直属机关十佳青年、第八届中央国家机关十大杰出青年、农业部优秀共产党员和全国三八红旗手荣誉称号，并于2012年当选为中国共产党第十八次全国代表大会代表，赢得了广大职工的高度赞誉。

●中国农业科学院农业资源与农业区划研究所供稿●

【何中虎简介】

何中虎，男，1963年生，陕西蒲城人，小麦育种专家。1989年毕业于中国农业大学，获博士学位。1990—1992年在国际玉米小麦改良中心（CIMMYT）做博士后，曾在美国堪萨斯州立大学和澳大利亚悉尼大学做访问学者。现为中国农业科学院作物科学研究所研究员，国家小麦改良中心主任，兼任CIMMYT中国办事处联络科学家。

在小麦品质研究、育种可用分子标记发掘与应用、新品种培育和推动国内外学术交流方面作出重要贡献。带领课题组育成优质节水新品种中麦175和中麦895等，2008年至今累计推广约8 000万亩。在 Nature Plants 等发表SCI论文115篇，SCI他引3 492次，获授权发明专利21项。获国家科技进步一等奖和二等奖各1项（第一完成人），获国家科技进步一等奖创新团队奖（第二完成人）。当选为美国作物学会会士（2009）、美国农学会会士（2013）、CIMMYT杰出科学家（2012），获光华工程科技奖（2010）、中华农业英才奖（2012）和全国创新争先奖章（2017），领导的小麦品质团队2011年获农业部"中华农业科技创新团队奖"。2017年当选为中国共产党第十九次全国代表大会代表。

> 咬定青山，填补空白，登上小麦品质评价和分子改良技术的科学高峰。他常说：一个人的力量是有限的，只有依靠团队的智慧才能取得成功。他用骄人的业绩诠释着对科学的不懈追求和团队的无穷力量。

勤于钻研的精神在探索中发光
——记中共十九大代表何中虎

何中虎把对事业的追求落实到每天的工作和每一件小事上。经过20多年的不懈努力，他领导的课题组在小麦品质研究、育种可用分子标记发掘与应用、新品种培育和国际合作方面取得了突出成绩。

立志献身中国小麦研究

1963年，何中虎出生于陕西省渭南市蒲城县的农民家庭，小时候曾目睹干旱和吸浆虫对小麦生产的为害，每天能吃白面馍是他儿时的梦想，学习农业便成了他的最终选择。1980年他考取了中国农业大学（原北京农业大学）作物遗传育种专业，经过9年刻苦学习，1989年提前一年获得博士学位。在张树榛教授的指导下，他的业务能力有了显著提高。张先生的敬业精神、严谨学风和对学生认真负责的态度对他产生了深刻影响。位于墨西哥的国际玉米小麦改良中心（CIMMYT）不仅是绿色革命的发源地，而且是小麦良种和育种人才的摇篮。经庄巧生院士推荐，1990年他有幸获得了到CIMMYT做博士后的机会。

在国际知名专家Sanjaya Rajaram博士（2014年世界粮食奖获得者）的指导下，他全面掌握了田间育种技术，比较全面地认识和了解了与小麦育种密切相关的学科如谷物品质、生理与栽培、抗病性、远缘杂交等，也深切体会到多学科合作以及国内和国际协作网的重要性。在完成本职工作的同时，还在国际期刊发表了5篇论文，他的敬业精神和出色工作赢得了Rajaram博士的高度赞赏。1992年9月，他来到美国堪萨斯州立大学考察访问，为回国工作做准备。1993年春天，他携带妻子和不满半岁的儿子回到了北京，热切期待着能在国内发挥一技之长，为祖国的小麦研究贡献自己的力量。

突破小麦品质研究难关

1993年5月，何中虎来到中国农业科学院作物科学研究所工作。当时的工作条件并不太好，但他没有抱怨，而是兢兢业业地做好每一件事，他的工作很快赢得了同事们和院所领导的大力支持。中国农业科学院、人事部※和国家教委※※相继为他提供了科研启动资金。他深知只有努力工作才能报答组织和同事们的厚爱，虚心向庄巧生院士等老专家请教，向周围的同事们学习，在工作中勇挑重担，承担了所里交给的小麦品质研究的重任。

我国小麦品质研究始于20世纪80年代中期，而美国早在30年代就已建成较为完善的小麦品质常规评价技术体系。当时国内对中国小麦品质家底尚不清楚，更谈不上国际发言权。对何中虎来说，这是一项异常艰巨的任务，也是严峻的挑战。他清楚地意识到，一个人的力量是有限的，只有通过团队努力才能应对这一挑战。在庄巧生院士的指导下，课题组得到了较快发展，初步建立了一支以海外回国人员为主，常规育种、谷物化学、植物病理、分子生物学相结合，与国内外密切合作的开放型小麦育种课题组。

何中虎将CIMMYT的工作模式和理念用于课题组的管理，初步实现了分工明确、团结协作、集体和个人共赢、事业较快发展的目标，也为后来取得小麦品质研究的快速进展奠定了基础。他以传统食品面条品质为切入点，带动全国品质测试方法标准化，形成了我国品质研究的特色；他集中力量，重点突破面筋质量和面粉颜色两个关键性状，力争在新技术应用领域走在国际前列。经过20多年的艰辛努力，他领导的课题组在小麦品质评价体系建立与分子改良技术研究方面取得突出进展。

※ 中华人民共和国人事部（1988—2008），全书简称人事部。

※※ 中华人民共和国国家教育委员会（1985—1998），全书简称国家教委。

改进面筋强度和面制品颜色是我国品质育种的两大关键目标。面筋强度主要由麦谷蛋白高、低分子量亚基组成共同决定，前者鉴定技术成熟并已广泛应用，而低分子量亚基的快速准确快速鉴定一直未能解决，严重影响品质育种效率。他在国际上首次明确了低分子量谷蛋白亚基与基因的对应关系，建立了准确快速的基因标记鉴定技术，提出的低分子量亚基命名 30 个标准品种在国际上广泛应用，从而解决了低分子量亚基用于育种的难题。国内外从基因水平研究面制品颜色的报道很少，何中虎带领课题组经过 15 年不懈努力，形成了利用基因组学方法进行新基因挖掘、育种可用标记发掘与验证的技术体系（Nature Plants，2018）。系统解析并正式命名面制品颜色等 13 个基因位点，在明确主要等位基因与表型关系的基础上，发掘验证育种可用的基因标记 48 个，分别占国际已报道的小麦品质基因位点的 50%、品质育种可用标记的 60%（Theor. Appl. Genet.，2012）。为推动分子育种实用化，2016 年又建立了小麦育种基因特异性标记 KASP（竞争性等位基因特异性 PCR）高通量检测平台，除可检测面制品颜色和面筋强度的基因外，还用于检测抗病、产量等相关基因，检测效率较传统凝胶电泳方法提高约 100 倍，成本降低 50%。相关评述性论文发表在 Molecular Plant（2017）。上述基因标记技术和检测方法除在国内 30 多家单位应用外，还被澳大利亚、美国等 18 个国家和利马格兰等跨国公司广泛应用。

不同食品对品种品质要求差异很大，西方对面包和饼干品质进行了近百年的研究，但对我国传统食品面条等的品质研究很少，如何对育种材料进行准确的实验室评价和选择是国内外面临的一大难题。为此，何中虎建立了中国面条标准化实验室制作与评价方法，其准确性和可操作性显著优于 1993 商业部颁布的标准；确定了面条品质的选种指标（面筋强度等 3 个指标）和分子标记选择体系（PPO18 等 9 个标记），在基因层次阐释面条品质遗传机理，使品质育种有规可循。在优化实验室评价方法的同时，还确定了中国小麦的馒头、饺子、面包和饼干品质选择指标。在此基础上，创立了表型分析与基因型鉴定相结合，包括磨粉品质评价、加工品质间接评价和 5 种主要食品实验室评价与选择指标的中国小麦品种品质评价体系，被 20 多家育种单位和面粉公司采用。

以何中虎为第一完成人，与首都师范大学等合作完成的"中国小麦品质评价体系建立与分子改良技术研究"2008 年获国家科技进步一等奖；与山东省农业科学院合作完成的"高产优质面条小麦新品种济麦 19 选育和面条品质遗传改良研究"和"优质高产广适强筋小麦新品种济麦 20"分别获 2005 年和 2009 年国家科技进步二等奖；小麦品质团队 2011 年获农业部"中华农业科技创新团队奖"，小麦种质资源与遗传改良创

● 何中虎（左二）团队成员在小麦育种试验田

新团队 2016 年获国家科技进步一等奖创新团队奖（第二完成人）。2006 年以来课题组发表小麦品质遗传改良 SCI 论文 78 篇，论文数和他引居国际第一和第二。他还担任国际 SCI 期刊 Journal of Cereal Science 等的编委，在国际小麦遗传学大会等影响较大的学术会议作特邀发言和大会报告 40 多次，获授权发明专利 21 项。

致力品质育种硕果累累

针对优质品种产量偏低、节水性能差等突出问题，何中虎将研发的基因标记与品质评价体系和常规育种技术有机融合，带领课题组先后育成中优 9507、北京 0045、中麦 175 和中麦 895 等高产优质节水新品种，近 10 年累计推广约 8 000 万亩。新近审定的中麦 1062 和济麦 23（与山东省农业科学院合作）等是国内用分子标记技术育成的首批小麦新品种，正在大面积示范推广，为推动分子育种实用化迈开了第一步。

实践证明，这些新品种的生产利用价值十分突出，中优 9507 的面包品质是国内最好的少数几个品种之一，2000—2005 年曾是北部冬麦区推广面积最大的强筋品种。育成的面条品种北京 0045 曾是河北北部第一大品种（2007—2010）。中麦 175 是我国第一个同时通过国家水地（北部冬麦区，2008）和旱地（黄淮旱肥地，2011）两个区域

审定的新品种，还通过河北、甘肃、青海等5省市审定，其节水节肥特性居国内品种前列；面粉色泽亮白，筋力适宜，面条和馒头品质指标皆达到优质标准，营养品质好，是国际上第一个大面积推广的富锌品种；产量较对照高8%，矮秆抗倒，抗病性好，抗热耐寒，适应性广，2018年约占北部冬麦区水地和黄淮旱地适宜地区面积的40%和20%，已累计推广约4 000万亩。中麦175连续10年被选为国家区域试验的对照品种，还被选为北京市、河北省和山西省区域试验的对照品种。主持完成的"高产节水多抗广适冬小麦新品种中麦175的选育与应用"2017年获中华农业科技奖一等奖。

自2005年以来，何中虎及其团队的育种工作服务地区逐渐扩大到黄淮麦区，与中国农业科学院棉花研究所合作在河南安阳建立了育种基地，合作育成的中麦895高产抗倒，抗高温特性突出，抗病性较好，面条品质优良，2012年通过国家黄淮南片审定，已成为河南、安徽北部和陕西关中的主栽品种，2018年夏收面积约700万亩。合作新育成的优质面包新品种中麦578，经多家面粉厂测试，面包加工品质特别突出，高产广适，比对照品种早熟2～3天，抗病性好，有望在黄淮地区小麦种植结构改革中发挥重要作用。

构建国际合作平台拓展创新

在农业部和科技部等的支持下，何中虎负责建立了农业部—CIMMYT联合实验室、中—澳小麦品质分子改良联合实验室及中—美小麦品质和抗病性研究联合实验室，与法国、英国和日本也建立起实质性的合作关系，为我国小麦研究融入国际小麦研究体系、提升自主创新能力，初步构建了合作平台。

病害严重影响小麦产量和品质，为从根本上解决国内白粉病和条锈病抗性频繁丧失的难题，借鉴CIMMYT对叶锈病成株抗性（又称持久抗性）育种的经验，他带领课题组建立了基于微效基因的兼抗条锈、叶锈和白粉病的成株抗性育种新方法，包括成株抗性鉴定、亲本选配、分离世代群体大小、田间选择标准、高代材料多点鉴定与分子确认等技术。在鲁麦21和"Strampelli"中发现了抗性已保持60多年的5个兼抗型微效基因，并将其用于育种实践，在国内最早育成"BFB10"等60份兼抗3种病害的成株抗性品系，与四川省农业科学院合作育成的兼抗型川麦82已通过四川省品种审定。他用实例证明了只要聚合3～5个效应相对较大的兼抗型微效基因，就可以有目的地育成抗性过硬的兼抗型持久抗性品种，为抗病育种提供了新方法、新基因和新品系，已在西南和西北地区应用。上述研究的评述性论文于2014年发表在 Crop Science，受到国际同行高度关注。

考虑到国外种质对国内育种的战略重要性，何中虎利用兼任 CIMMYT 中国办事处联络科学家的有利条件，从 CIMMYT 及 10 多个国家引进品种资源 3.6 万份，将筛选鉴定的 1.5 万份有一定利用价值的优质抗病资源发放给 40 多个育种单位利用并交国家种质库保存，为国内遗传育种研究提供了丰富的品种资源。据中国科学院黄季焜等（2015）研究，1997 年至今，国内合作单位用他从 CIMMYT 引进并鉴定的种质直接审定新品种 13 个、作亲本育成优质抗病新品种 125 个，在新疆和四川等地年种植约 2 000 万亩，2003 年至今累计推广 3 亿亩，为提高西部地区小麦生产水平作出了重要贡献。作为第一完成人，与四川省农业科学院等合作完成的"CIMMYT 小麦引进、研究与创新利用"2011 年获国家科技进步二等奖。

注重团队建设人才培养

除注意自身学习提高外，何中虎还十分注重课题组成员业务能力的培养和团队建设。课题组的所有业务骨干都多次到国外学习，这不仅提高了他们的业务素质，还为实现科研国际化提供了有利条件。近两年又从国外引进了两位博士，为课题组的进一步发展提供了人才储备。他深知辅助人员在育种工作中的重要性，为此通过各种办法稳定合同制研究助理，既努力提高他们的待遇，又倡导合同制人员参与品种和论文署名等，使他们成为课题组的主人。目前他领导的课题组共有 40 多人，包括研究员 6 人、副研究员 6 人、助理研究员 2 人、实验员 8 人，博士后与研究生 20 人。

受 CIMMYT 国际合作网的成功经验和庄巧生院士的影响，何中虎向同行开放他管理的实验室，无偿接受全国各地的访问学者和培训人员来课题组进行合作研究和技术培训。20 多年来，已有 80 多人次到课题组进行合作研究。2000 年前，在经费并不宽裕的情况下，曾无偿举办小麦品质培训班 6 次，参加培训的人数超过 120 位，为提高我国小麦品质研究水平起到了重要作用。1998 年至今，他共培养研究生 62 名（多数与其他单位合作培养），其中 5 人获中国农业科学院或省级优秀论文奖、1 人获全国优秀博士论文提名奖，毕业的研究生中有 15 人晋升为研究员或教授，在省市科研院所发挥着骨干作用。他还经常为研究生和全国科技人员提供出国深造和合作研究的机会，通过争取国际和国家留学基金委员会等的资助，先后派遣 34 个单位的 105 人次到 CIMMYT、澳大利亚和美国等进行合作研究（3~24 个月），为全国小麦育种人才培养作出重要贡献。

何中虎主持举办国内、双边及国际学术研讨会 18 次，其中第四届（2000）、第五届（2005）、第六届（2010）和第七届（2015）全国小麦遗传育种学术研讨会，2004 年国际小麦品质学术研讨会和 2012 年第 11 届国际谷蛋白研讨会等在国内外都产生了较大影响。

由于何中虎在小麦研究、国际合作和人才培养方面的突出成绩，2009 年和 2013 年分别当选为美国作物学会和美国农学会 Fellow（会士，学会最高荣誉，当选率为会员的 0.3%），2010 年获光华工程科技奖，2012 年当选为 CIMMYT 杰出科学家（230 名科学家中仅 3 人），2012 年获第四届中华农业英才奖，2017 年获全国创新争先奖章，2017 年当选为中国共产党第十九次全国代表大会代表。这是国内外同行对他本人及其课题组工作的充分肯定和最高奖赏，更是对他的鞭策和鼓励。在荣誉和成绩面前，他总是怀着一颗感恩之心，他说自己的成长是农业部、农科院、作科所各级领导长期培养的结果，更是庄巧生、李振声、程顺和、于振文、赵振东、刘旭、万建民、喻树迅等专家长期指导和帮助的结果；科研成果的取得是课题组同事们包括实验员和研究生长期辛勤工作的结果，更离不开国内外同行的鼎力合作和协作。为此，他将获得的中华农业英才奖的 20 万元奖金捐献给庄巧生小麦奖励基金会，将光华科技奖与创新争先奖的奖金与课题组同事们包括实验员分享。他时刻不忘学农的初心，将与课题组同事和全国同行一道，继续致力于小麦科技创新能力的提高，实现理论研究与品种的双丰收。

●中国农业科学院作物科学研究所供稿●

【魏灵玲简介】

魏灵玲，女，1973年生，辽宁新宾人，1995年毕业于辽宁石油化工大学环境工程专业，2002年毕业于中国农业科学院研究生院生物环境工程专业，获硕士学位，2004年中国人民大学MBA毕业，2007年毕业于中国农业大学农业生物环境与能源工程专业，获博士学位。现任中国农业科学院农业环境与可持续发展研究所研究员，农业部休闲农业重点实验室主任，北京中环易达设施园艺科技有限公司董事长，第五届中国青年科技工作者协会副秘书长。

多年来致力于设施园艺工程领域研究，先后主持和参加重点农业科技专项、国家科技支撑计划、"863"计划、国家自然基金等项目20余项。在"植物LED光系统研制及光环境调控""智能植物工厂"和"都市型设施园艺"等领域取得多项创新与技术突破。先后获国家科技进步二等奖2项，北京市科技进步二等奖2项、三等奖1项，中华农业科技奖二等奖2项，全国农牧渔业丰收奖二等奖1项；获中国专利金奖1项、授权专利62件。先后获第二届中央国家机关青年五四奖章、首都精神文明建设奖、农业部优秀共产党员、第十七届中国科协求是杰出青年成果转化奖、农业部"青年文明号"及农业部"优秀创新团队"骨干等。2017年被授予全国三八红旗手荣誉称号，当选为中国共产党第十九次全国代表大会代表。

> 她是现代农业美丽的使者，把"植物工厂"建在都市，将农业打扮得既生机勃勃、又温婉贤淑。让"树"上结出甘薯、番茄，让水培蔬菜走近寻常百姓，让绿植装点家居、办公室，她用智慧和汗水把现代园艺科技变为现实，她是科技成果转化的成功践行者和创新创业的典范。

让设施园艺为现代农业添彩

——记中共十九大代表魏灵玲

作为一名科研工作者,她满怀"科技农业强国"的理想与追求,在农业科技成果转化的道路上奋力奔跑,用心血与汗水浇灌中国农业的希望。魏灵玲,是中国农业科学院农业环境与可持续发展研究所研究员、北京中环易达设施园艺科技有限公司"掌门人",农业科技成果转化的积极践行者。

潜心钻研　取得设施园艺的重要创新

2002年7月,魏灵玲从中国农业科学院研究生院毕业,进入中国农业科学院农业环境与可持续发展研究所工作。从最初担任助理研究员开始,她刻苦钻研,积极探索,一直致力于设施园艺工程领域的科技创新与技术攻关,率先进行了都市型设施园艺领域的多项创新,一些成果达到了国际先进水平,拓展了设施园艺栽培理论与技术途径,为我国设施园艺产业发展作出了重要贡献。

"都市型设施园艺"在国际上是一个全新的领域,魏灵玲率领其团队以提高资源利用效率和拓展设施园艺产业功能为目标,开展深入研究与开发。他们在国际上首次提出甘薯"营养吸收根与块根根系功能分离"的创新栽培模式,成功实现了薯类作物空中结薯、多年连续生产,增产效果显著,创造了薯类栽培从地下到空中、有限生长到无限生长的颠覆性技术模式。还创造了"垂直和斜面无土种植"方法,实现了在垂直与斜面空间、建筑物表面进行立体种植。发明了斜插式立柱、移动式管道等立体无土栽培技术，大大地提高了空间利用率和光能利用率。在国际上率先开展了茄子、辣椒、西瓜、冬瓜、蛇瓜等20多种果蔬的树式栽培，提出了树式栽培营养与环境管理的量化指标体系，番茄、黄瓜、甜瓜树式栽培的产量和单株冠幅等技术指标超过了发达国家已报道的水平。首次发明了"多功能（MFT）水耕栽培"方法，突破了国际上一套栽培系统果菜、叶菜不能兼用的技术难题，为无土栽培技术的推广提供了重要的手段。相关研究先后获授权专利23件，为我国"都市型设施园艺"的发展奠定了重要基础。

在2009年国庆60周年成就展上，魏灵玲团队研发的"甘薯空中结薯"成果与"神七飞船""杂交水稻"等重大成果并列展出，受到党和国家领导人、社会各界的广泛好评。她作为主要完成人之一的"都市型设施园艺栽培模式创新及关键技术研究与示范推广"成果获2009年度国家科技进步二等奖；"甘薯吸收根—块根功能分离栽培方法"发明专利获2011年第13届中国专利金奖。

这些温室园艺的新技术，不仅为园艺作物生产带来了革命性进步，还可以广泛应用于城市观光农业、庭园绿化、家庭阳台园艺等众多领域，对此，魏灵玲有着更多憧憬："我们倡导的不仅是农业，也是一种生活方式，喜欢绿色、喜欢自由、喜欢新鲜空气和安全食品的人，喜欢这种放松的生活方式——在城市的各个空间和各种应用场景，屋顶、厨房、地下室、办公室、写字楼，可以把绿植、果蔬，比如番茄种在离我们最近的身边。"

攻坚克难　突破"植物工厂"的关键技术

魏灵玲带领她的团队率先在国内开展植物工厂高技术研究和示范推广工作，并在智能植物工厂关键技术研发上取得重要突破，使我国成为世界上少数几个掌握植物工厂高技术的国家。

2006年以来魏灵玲率领创新团队，通过科技部平台项目"植物种苗工厂光环境系统"以及农业部项目"植物工厂物联网研究应用"等课题的支持，先后完成了植物工厂节能光源、立体无土栽培、光温耦合环境调控、基于物联网的智能化控制等关键技术研发，获相关专利35件，并形成了智能植物工厂成套技术体系，使我国成为国际上少数掌握植物工厂高技术的国家。植物工厂相关成果得到了有关部门和国内外同行的高度评价，科技部将该成果列为农业领域向社会重点推介的五项重大科技成果之一；日本千叶大学原校长、国际植物工厂权威专家古在丰树教授认为该成果已经位于世界前列。

● 魏灵玲在国家农业科技创新园检查新型立体水培设施上的第一茬叶菜生长情况

自 2005 年以来，魏灵玲团队针对植物高效生产对节能光源的迫切需求，在国内率先进行了"植物 LED 光源节能高效生产关键技术研究与应用"研究。率先完成了植物高效生产与 LED 光源结合的生物学机理研究，探明了植物 LED 光源节能高效生产的光环境优化指标（R/B/FR 比值等参数）及其相应的调控模式；研制出满足植物组培、育苗、植物工厂以及温室补光等不同生产模式下特定需求 LED 光源的封装技术及其灯具结构，开发出了系列化植物 LED 光源系统；实现了 LED 光源在植物组培、育苗、植物工厂以及温室补光栽培等领域的高效生产；率先提出了利用 LED 光源进行蔬菜品质调控的方法，显著降低了水培生菜硝酸盐含量，提高了维生素 C 和可溶性糖含量。先后获授权专利 32 件，为 LED 光源在设施园艺节能高效生产的应用提供了有效的支撑。魏灵玲作为主要完成人参加的"植物 LED 光环境精准调控及节能高效生产技术研究与应用"在 2013 年获中华农业科技奖二等奖。

魏灵玲及其团队主持的国家科技支撑计划"岛礁数字蔬菜工厂与水耕栽培关键技术研究及示范"项目中，建立了 LED 光源的"岛礁蔬菜工厂"。该成果为南海岛礁守岛部队官兵解决了吃新鲜蔬菜的难题，2011 年以来已在海军 5 个岛礁基地实施，受到中央军委和海军领导的高度评价，为我国国防事业作出了突出贡献。

魏灵玲在"智能植物工厂"研发与成果转化方面实现了多个第一，2006年构建了我国第一个"人工光植物工厂实验室"；2009年9月，开发完成了国内第一个"智能型数字植物工厂"，并在长春农博会展出；2010年3月，开发完成了国内第一个"蔬菜工厂"——沈阳市小韩村蔬菜工厂；2010年5月，研制成功首例"低碳·智能·家庭植物工厂"并在上海世博会展出。

对于植物工厂农业园区，整个团队正在研究如何更加省水省电省土地，实现更高的智能化，产出更高品质、更高产量的农产品。"这是更高精尖的科技"，魏灵玲说，"现在我国1平方米的番茄年产量不到10公斤，在我们温室内能产到40公斤，而荷兰人能做到80~120公斤，潜力很大。"

敢于跨界　实现科技成果的产业转化

科技成果只有转化为现实生产力才能实现其价值，科技只有得到应用才能为社会造福。2002年，在国家科研体制改革浪潮下，魏灵玲牵头创办了中环易达设施园艺科技有限公司，探索"科研院所+企业"的科研创新与成果转化相结合模式，实施"实用技术产品化，科技成果产业化"的发展思路，坚持"以项目引领产业，以园区带动地区"科技成果转化新模式，打通成果转化的"最后一公里"。

为此，在2002—2010年的8年时间里，她把工作精确地分配至每一个小时，她与团队先后在全国建立了上百个园区，推进设施农业科技成果转化，为我国现代农业设施园艺发展及产业融合奠定了坚实基础，也使中环易达公司基本成型和获得稳定发展。

之后这些年，随着国家及各地方对农业现代化越来越重视，也由于魏灵玲团队设施园艺技术与模式的不断创新成熟，业务得到快速拓展。2015年，魏灵玲依据在国内不断建设园艺和运营园区的经验，创新定义了"工厂化农业""都市农业""城市农业"3种现代农业模式，并以"产品线整体输出"的方式进行全产业链的技术供给，在实施过程中不断深化迭代。

2017年，在黄河三角洲国家级农业高新技术开发区一期的工厂化农业项目中，魏灵玲团队将先进种植技术和智能装备进行本土化创新升级，系统集成运用了30多项当前国内外先进设施园艺技术和近百项科技创新成果，让原来寸草不生的盐碱地变成了优质高效的菜园子，单位蔬菜产量达到了传统温室的10倍。目前已经有周边多个地区的农民合作社、种植大户和龙头企业主动来对接学习生产技术，真正让农业科技推广工作"变被动为主动"，使农业科技更好地服务农业生产。

在都市农业领域，策划建成中国第一个高度集成新能源、节水农业、循环农业、智能化、物联网等技术的都市农场——中粮智慧农场，并连续两届策划建设北京农业嘉年华等具有影响力的标杆项目，在探索城乡结合、一二三产融合、农业产业化、现代都市农业发展等方面取得优异成果。

在城市农业的探索与实践方面，魏灵玲将现代农业与城市的绿色发展相结合，将现代农业技术跨界应用于城市生活的学校、商城等各场景。其中农业＋科普教育的"自然学校"就在全国建设了近10例，并与国内知名房地产企业——华润置地进行合作，在深圳建设了华润小径湾社群农场、华润城屋顶农场等项目。

随着市场需求扩大，魏灵玲及其团队一直高负荷地工作。"目前做科技成果转化的人还是太少了"，魏灵玲感慨道，"我们应该搭建一个开放共享的平台，吸引专业的合作伙伴，共同来做这件大事好事"。她说今后最想做的事是：磨技术、创产品、搭平台、带团队，建立完善的技术支撑体系和技术标准。

2017年，魏灵玲肩负着中国农业科学院全院党员和科技人员的重托，当选为中国共产党第十九次全国代表大会代表并参加了大会。她亲耳聆听了十九大报告提出的"加快建设创新型国家，深化科技体制改革，建立以企业为主体、市场为导向、产学研深度融合的技术创新体系，加强对中小企业创新的支持，促进科技成果转化"的战略部署，更加坚定了从传统农业向现代农业升级的信心，她下定决心，要倾尽全力，整合资源，创建我国自主的设施农业技术支撑体系，更大地发挥团队作用，带动更多的人做好科技成果转化工作，以实际行动为中国现代农业的发展作出更大贡献。

●中国农业科学院农业环境与可持续发展研究所供稿●

【粟宗嵩简介】

粟宗嵩（1910—2009），男，湖南邵阳人，农田水利专家。1934年大学毕业。曾任水利部灌溉总局设计室主任、北京勘测设计院灌溉室主任、水利科学研究院水利土壤改良研究所副所长，1959年参加组建中国农业科学院农田灌溉研究所，历任副所长、所长、研究员。先后兼任农业部农业科学委员会委员、中国农业科学院学术委员会委员；水利部科学技术委员会委员和国际灌溉排水委员会中国分会副主席；中国水利学会理事、名誉理事，中国水利学会农田水利专业委员会副主任委员；河南省水利学会副理事长等职。

开拓了中国农田灌溉的科学研究事业。在国家水利规划、引黄、新疆垦区开发、南水北调等大型水利灌溉工程中作出重要贡献。在学术上坚持理论联系实际，勇于创新，发表有价值的学术论文20余篇，主编出版专著5部，主要有《农业水文学》《灌溉原理与应用》等，为我国农田灌溉事业的发展和学科建设贡献卓著。1978年被水利部评为优秀水利科技工作者，获全国科学大会先进工作者奖。

> 他把毕生的心血浇灌在广袤中原大地，他将水利灌溉的甘霖滋润进亿万农民心田。他的足迹和智慧伴随着共和国的成长而源远流长，润泽田桑。

心系绿海　涛声依旧
——记全国科学大会先进工作者奖获得者粟宗嵩

作为学者，他以对科学事业无比的热爱、对科学研究孜孜不倦的精神，摘取了农业科研领域的累累硕果；作为领导者，他怀着对党、对人民、对事业高度负责的精神，奉献忠实和赤诚——他就是粟宗嵩。

风雨成就水利科研先驱

在20世纪那个风云变幻的年代，很多中国人的命运被打上了时代的烙印，粟宗嵩几乎全程见证了中国20世纪的风风雨雨。

1910年，粟宗嵩出生于湖南省邵阳县杉木桥乡一个世代耕读之家。1934年大学毕业后，考入全国经济委员会水利处，任实习工程员，由此奠定了他一生从事水利工作的基础。到职后分管江汉河防及导淮的技术复核，在工作中他通读当时各家水利论著，浏览水利古籍，丰富自己的水利知识。1935年参加汉江张公堤姑嫂段坍坡抢险和汉水洪水调查，认为防洪不能单靠堤防，要上控来水，下畅出流，反对单纯水来土堰的观点。

他1936年考上全国经济委员会农田水利专业出国实习生，同年赴越南、埃及进修。1937年秋，国内抗日战争已全面展开，粟宗嵩怀着"国家兴亡，匹夫有责"的强烈爱国心和责任感，放弃继续赴美深造机会，毅然回国。

● 粟宗嵩（左一）在苏联考察

    1949年8月长沙解放后，粟宗嵩参加革命工作，投身人民治水事业。1950年调到北京担任水利部※灌溉科长、灌溉总局设计室主任、北京勘测设计院灌溉室主任，负责从技术上审核各地上报的农田水利工程项目，保证了新建和改建工程的规划设计质量。1956年调到水利部北京水利科学研究院负责筹建水利土壤改良研究所，任副所长；1959年春在该所分出一半人员的基础上，组建成立中国农业科学院农田灌溉研究所，自此粟宗嵩一直在农田灌溉研究所工作，历任副所长、所长、研究员；其间曾参与筹建北京农业机械化学院农田水利系，并兼任系主任，为新中国农田灌溉科学的发展作出卓越贡献。

    1962年，他参加当时由国家科委制定《1963—1972年科学技术发展规划》的工作，担任农田灌溉、防盐等学组的副组长，力主建立中国自己的农田灌溉科技体制。他十分重视深入实际调查研究，协助当地解决技术难题，先后5次赴新疆，支援当地农垦水利规划设计，勘定宁夏青铜峡和内蒙古巴盟三盛公两处引黄工程，参加三门峡——河口段黄河考察，从治田角度参加治黄学术讨论，协助改进人民胜利渠建设，参加南水北调东线、中线勘察工作。

※ 中华人民共和国水利部，全书简称水利部。

正当这些工作设想付诸实施时,"文革"开始了,粟宗嵩被作为"反动学术权威"受到批斗,研究所也被层层下放,科研工作陷于停顿。尽管如此,也未能动摇他对事业执著的追求。1972年他一度调任河南新乡地区水利局总工程师。1974年回农田灌溉研究所复职后,他一方面积极组织恢复和开展全所的科研工作,另一方面为恢复研究所的归属到处奔波,终于得到河南省领导的同意和支持,农田灌溉研究所改名为河南省农田水利科学研究所。1978年随着中国农业科学院恢复建制,农田灌溉研究所也得以正式恢复。

党的十一届三中全会后,在国家农委的关注下,该所由农业部、水利部共管,为研究所的发展奠定了新的基础。1978年粟宗嵩获全国科学大会先进工作者奖,并被水利部评为优秀水利科技工作者,1985年和1987年分别获中国水利学会和河南省科学技术委员会从事水利工作50年荣誉奖。

呕心沥血打造"边疆粮仓"

粟宗嵩的可敬,不仅在于他精通水利工程技术,更在于他对祖国、对人民的热爱,在于他能够时刻急生产之所急,帮农民之所需。

1953年秋,应新疆生产建设兵团(以下简称兵团)邀请,水利部派他赴新疆石河子垦区考察指导工作,并协助审定完善有关水利工程规划设计。工作期间,意外发生车祸,他的眼睛里进了玻璃碴,肋骨受伤很重,为了不耽误工作,他顾不上进行及时全面的检查和治疗,稍作休息就忘我地投入到繁忙的工作中去。由此他的左眼落下了终生残疾。

粟宗嵩忍着伤痛坚持工作,他组织兵团和自治区林业厅的同志对玛纳斯河与奎屯河区间的垦区,从深山到平原进行了农、林、水、土、沙漠多学科复查,并会同自治区水利厅对原玛—奎军垦工程规划设计作了补充研究,在已定建场的基础上,因地、因土、因水制宜,建立了粮食、粮棉、甜菜、粮果、农牧结合,面积15万~20万亩的机械化团场。他们从水资源规划入手,充分发挥洪积冲积扇地下水库的作用,反调节扇上灌区灌溉余水补给地下水,截引扇缘泉水建泉水灌溉,在泉水灌区下游古河间洼地建大、中、小平原水库群和玛纳斯河石河子水库,调节非灌溉季节泉、河余水。在玛纳斯河红山嘴建引水枢纽引出东岸总干渠,在库群下游分出西岸大干渠,以玛纳斯河为中枢,跨8条河流,划分玛纳斯、安集海、金沟河、奎屯河4个亚区系统,组成一个跨流域灌溉系统,设计灌溉面积700万亩。因当时缺乏现代建材,他们决定先分别采用卵石工程、木闸、草闸应急,逐步更新。1954年7月,中央和西北水利部领导陪同苏联专家赴石河子现场视察时，苏联专家对上述规划设计方案中的平原水库提出异议。粟宗嵩据理力争，反复论证，经过重点复查，终于获得通过，并在兵团精心经营下，建成国内外第一例地表水、地下水和水库联合运用的大型农垦灌区。300万亩玛纳斯垦区成为兵团的灌溉农业中心。

1960年他作为中国农业科学院赴新疆农垦科学考察团副团长，对各大垦区进行综合考察，提供建议。1961年又以专家组组长的身份，去新疆垦区落实上次考察建议，并到伊宁市各农场进行考察，协助解答一些技术问题。他提出，对玛纳斯垦区改变计划用水，根据条田之间的档案资料逐块鉴定其肥力，按肥力水平提出计划产量，按产量配肥、配水，以水换粮，按用水量要产量和定交粮食任务，以团场为单元层层承包到连队，按每个团场核定水量发给水票，根据呈报用水计划凭票领水，供水不适时不适量造成的减产损失，由灌溉管理处赔产，用水超量，按超额水量递增上交粮食任务，节余的水量归节水部门调用。后经玛纳斯灌溉管理处采纳，推广应用，收到了既防止大水漫灌，节约用水，又控制土壤盐碱化之效。

创新思路完善农田灌溉

科学需要众多的思想火花，活跃的思维是科学生长的肥沃良田。

农田灌溉作为一门新兴学科，是在中华人民共和国成立后，随着农业生产的发展而发展起来的。粟宗嵩1959年春在选定中国农业科学院农田灌溉研究所的研究方向和任务时，打破常规，不赞同把灌溉科研局限于田间的灌排微观领域，更不同意简化农业"八字宪法"中"水"的栽培技术，割断农田灌溉微观用水与宏观治水的内在联系。他认为，现代化的农田灌溉，应是流域系统—灌区建设—田间灌溉一体化，以灌区灌排工程设计为中枢，上承流域梯级开发之先，下启田间科学用水之后。科研工作的中心任务在于阐明流域规划的原则，明确灌区灌排布局设计的原理，落实田间灌排的综合技术。他在组织领导有关科研活动中，重视发挥专题的积极作用，发动大家研究田间用水之法，而自己承担研究灌区工程建设，重点针对北方的灌溉问题进行探索和研究。

为保证有水可用，他提出应把灌溉水资源的调度作为治水的核心和根本。在流域开发中，因大规模发展灌溉破坏了原自然水的大小循环，可通过合理灌溉协调"三水"（天上水、地表水、地下水）相互转化，建立更有利于保养水源的新水的循环，改善自然环境和生态环境。在华北平原易涝、易碱和干旱地区，应以井灌为基础，井保稳产，井以灌带排，井排防盐，明沟除涝，引渠补源。在实践中，粟宗嵩总结出以地下水下

降漏斗发展土壤水库和地下水库的井、渠、沟、库联合运用的河南温县水资源开发利用模式，对源出太行山的山水河在多水季节，以引洪灌补给扇下地下水，建立扇上地下水库，枯水期井灌，将地表水送到下游渠灌，建立上下游井渠结合的灌溉模式，目的在于充分合理利用当地灌溉水资源。

建水源工程促粮食增产

农业是国民经济的基础，粮食是基础的基础，灌溉水源是保证粮食产量的重要前提。从某种程度上可以说，能否合理调配灌溉水，是关系国计民生的大事。中国北方地区水资源先天不足，随着工农业发展和人口增长，如何调度用水大户——农业用水，是这一地区农业发展面临的突出问题。因此，他提出，在中国的农田灌溉用水应面向水情时空分布不稳多变、旱涝频繁的特点，因雨制宜、看水办事，把灌溉农业建立在田间，充分用好有效降水、蓄积降水所形成的径流（地表水、地下水），补有效降水之不足，确保"三水"在相互转化中开源节流，在开源中节约水资源，从而在流域开发中建设水资源，他把这称为水源工程建设。就用水而言，在同一灌区内，可有不同保证率和不同灌溉定额的灌溉面积和作物，在同一流域内，也可有不同保证率的灌区，允许灌溉效益可随不同水文年水情变化而浮动于允许的上下限内，并逐步缩小浮动幅度，提高稳产程度。同时，大力减少输水过程中的水耗，推广省水增产的先进灌水技术，在地多水少的自然条件下，不单纯追求小面积的丰产灌溉，而是求大面积均衡增产经济效益，采用节水灌溉技术以扩大灌溉面积，获最高总产，以提高总用水量的总效益。他的这些学术观点不仅对指导水资源紧缺地区的灌溉具有现实意义，而且把中国农田灌溉的理论向前推进了一步。

粟宗嵩在从事农田灌溉科学研究中，十分重视探索宏观调控，常不惜冒风险探索新路。除在上述诸方面有其独特的学术见解外，他还认为：当代水利建设已进入环境水利阶段，农业已进入生态农业时代。农田灌溉基本原理应上升到自然科学与社会科学相互结合，从自然科学角度，应理顺水—土—植—气系统的关系，不违背自然规律；从社会科学角度，应理顺人—土—水系统的关系，即人口不超过土地负载能力，也不超过水的负载能力。农田灌溉要以水为中枢，发挥当地土气环境条件下水—植的积极作用，兴利防害，在科学治水、管水、用水的基础上，建立稳定长效灌溉农业。人—土—水关系是左右中国水利建设大局的最大经济问题，从而把水从过去供水服务者的地位提高到国家经济建设决策的地位。20世纪80年代初，他与施成熙教授共同主编《农业水文学》，泛论了中国水—气、水—地等关系，是填补中国水文学中此项空白的第一部专著。

出谋献策编织新乡水利网

1972年粟宗嵩调任新乡地区水利局总工程师，他经常深入实际，调查研究山区引水上山问题，并提出辉县峪河工程的修改计划，启用漏水库，改一河开发为跨流域联合开发，把全县置于一个统一的水利网内。实施计划在峪河平甸利用落差265米的瀑布建一级电站，装机1万千瓦，下游建宝泉水库二级站。一级站尾水用西干渠东引，高水高用，开峪河灌区，退水入石门河上游水库，引出东干渠，把沿渠各库区连接起来，组成群库汇流灌区，保留区内原有的柏石头、柿园等库区漏水的小型水库和坑塘，以补源下游平流地下水，发展井灌。二级站退水石门河下游漏水库，建库下井灌区。从而由山上到山麓把库灌—河灌—泉灌沿山走向联成片，形成峪河梯级开发、以灌为主、灌电结合、电灌能源自给、控灌50万亩的跨流域系统，可扩大宝泉水库库容，向低频率出现的洪水要水，补久旱之不足，延长跨年调节的周期。这种模式在北方地区为第一例。他还认为，在缺水地区要见水就争，哪怕花较大代价，在可能条件下，就地筹水比远地借水好。用水犹如用兵，要用得其地，用得其时，用得其量，切记"水可载舟，亦可覆舟"，农田用水受害于有限，而长期大水漫灌，则可造成土壤沼泽化、盐碱化和破坏土壤结构等不易或难以挽救之灾。他为当地水利建设规划提供了大胆的设想，巧用水泥灌浆法，修补好多年漏水严重的愚公渡槽，因此受到好评。

为吸收和借鉴国外的先进经验，使农田灌溉科研赶上国外发展水平，1955年粟宗嵩参加了水利部组派的中苏水利考察团，赴苏联考察灌溉试验机构的设置和布局、研究的内容、试验的技术装备以及学科的发展水平。随后，他以新乡引黄人民胜利渠为基地，开展小麦灌溉、地面灌水技术、灌溉管理、防止灌区土壤盐碱化等方面的试验研究，从而拉开了中国农田灌溉排水科研的序幕。

他对北方冬小麦合理灌溉问题进行了较长期的研究。20世纪60年代初，针对华北平原灌区盐碱化问题，他组织力量在山东、河南等地开展引黄灌区排水防盐的研究，并在国内较早提出粉沙壤土易盐碱化的物理性及黏土隔层的影响和相应对策。这些为80年代以后北方地区开展冬小麦节水灌溉制度的研究打下了基础。

高尚情怀造就一生辉煌

作为科研所所长,粟宗嵩待人宽厚、平易近人、诲人不倦、提携后人,对科研骨干大胆放手使用,对年轻科技人员则鼓励他们勇挑重担,在工作中边干边学,不断充实自己。他勤奋好学,治学严谨,文稿、文章等都是自己动手撰写,对送交他审查的研究报告等,均亲自审阅批改,力求准确。他还十分重视吸收国外的先进技术和理论,但不盲从。为了坚持自己的学术见解,他宁肯受人责骂,也不愿受天惩罚。他清正廉洁,生活俭朴,深受同行和同志们的敬佩与爱戴。他退出研究所领导岗位后,仍时刻关心着我国农田灌溉科研的发展,忘我地从事著述等科研活动。1985年,粟宗嵩在75岁高龄之际,光荣地加入了中国共产党,实现了他一生的崇高追求。

粟宗嵩一生,心里装的都是工作。20世纪90年代末以后,他年事已高,身患多种疾病,身体状况很差,但仍坚持著书立说、总结科研等工作,有一次他病危,子女问他还有什么要交代的,他说:"请灌溉所的同志来,我还有一些工作上的事情要和他们交代清楚,其他就没什么了。"

粟宗嵩身上体现了一位知识分子的爱国情怀,体现了改革时代的创新追求,体现了不为名利所累的精神境界。他令人瞩目的成就,源于他甘于寂寞、矢志追求、默默无闻的科研精神。他告诉我们:科学家应该具备扎扎实实的工作作风,具备认准一个目标执著追求、不达目的不罢休的科学态度,具备将满腔的爱国情怀化为日日夜夜、时时刻刻做好本职工作的实际行动。

●中国农业科学院农田灌溉研究所供稿●

【吴福桢简介】

吴福桢(1898—1995),男,江苏武进人,农业昆虫学专家。1920年毕业于南京高等师范学校农科,留校任助教,1927年毕业于美国伊利诺伊大学,获硕士学位。曾在浙江省病虫害防治所、中央农业实验所等单位工作。中华人民共和国成立后,曾在农业部植保局工作,后任宁夏农业科学研究所植保系主任、宁夏农林科学院副院长、宁夏回族自治区科学技术协会主席,中国农业科学院植物保护研究所学术委员会主任、研究员。第五、第六届全国政协委员。

我国近代农业昆虫学奠基人之一。创建我国第一个药械实验所,是我国农业昆虫学术团体的创建人之一,棉虫现代防治研究的先驱,对我国农业昆虫学事业作出了卓越贡献。1978年获全国科学大会先进工作者奖。

> 他为农业植保事业奋斗八十载,历经沧桑荣辱不惊,崇尚科学执著追求;他是治虫、药械、农业昆虫学、昆虫学术团体的先驱者,历史贡献永载史册,百年人生后人楷模。

治虫先驱 一生为民
——记全国科学大会先进工作者奖获得者吴福桢

刻苦求学奠定昆虫学基础

吴福桢,字雨公,1898年8月18日出生在江苏省武进县一个小商人家里。13岁初小毕业,不幸丧母,家境困难,父意让他辍学从商。而吴福桢竟背着父亲考取了县城里的高小,父亲见他这样执意求学,只好同意他继续上学。1914年他高小毕业,为了继续读书而又不增加家里经济负担,吴福桢报考了公费的江苏省第一农校。该校校长过探先,曾留学美国,崇尚改革,教学注重理论联系实际,在这种环境的影响下,他很快就被农业科学知识所吸引。吴福桢最感兴趣的是病虫害防治课,这不仅因为他少儿时期就喜欢昆虫,更重要的是他见过家乡虫灾过后农民望着颗粒无收的农田哭泣的惨景,促使他立下了学好本领为农民驱除害虫的志向。自此,他与昆虫结下了不解之缘。1918年农校毕业后,他又考入南京高等师范学校农科。1919年爆发了五四爱国学生运动,在民众爱国热情的感召下,他以"振兴农业达到国富民强"为己任,更加奋发学习。

1920年吴福桢在南京高师农科毕业,因成绩优异留校当了助教。1921年南京高师改为东南大学,他利用工作之余,补修本科的课程,取得了本科的毕业文凭。1925年由东南大学保送,赴美国伊利诺伊大学深造,从事"中国半翅目昆虫分类"的研究。吴福桢在农校读书时就有搞昆虫分类的愿望,他对当时中国昆虫要外国人去定名这样的事感到耻辱。他想,中国地大物博,昆虫资源丰富,中国的害虫、益虫要由中国人自己鉴定。但他毕业后,一直没有从事昆虫分类工作的机会,这次终于如愿以偿。在留学期间,吴福桢负有强烈使命感,日夜苦学,很快就过了英语听说的难关,之后又只用了1年多的时间就完成了硕士论文。为了充实自己的基础理论知识,他还选修了细胞学、农业推广等课程,并利用课余时间参加学校图书馆和标本室的工作,当时每小时工钱仅20美分，同学们都说他得不偿失。但他们并不知道，吴福桢打工不单纯是为了挣点钱以补贴生活费不足，他更想到我们国家对这些理论和实践方面知识还不重视，还很缺乏，如今有机会多学一些相关知识，回国后一定大有用途。

在国外，他生活简朴，从不和别人比吃穿。当时伊利诺伊大学有各科留学生50余人，只有他一人是学昆虫学的，大家称他为"昆虫"，而且知道这位"昆虫"平时喜欢吃"二毛五"的西餐。其实，他不是爱吃西餐，而是当时西餐便宜，中餐每周只吃一次，作为改善生活。

1926年经导师介绍，他参加了康奈尔大学昆虫系关于蚊虫幼虫分类的研究；1927年上半年又参加美国农业部日本甲虫研究所的生物防治工作。他承担室内繁殖寄生蝇、并到田野放蝇的任务，以考查寄生蝇在当地驯化情况。导师曾劝他："你还是选定一个项目，集中精力读博士学位"。但吴福桢笑笑说："对我来说，重要的不是什么学位，我们中国农业科学还比较落后，我多方面学一些，回去可以更有用处。"后来他真的没有去读博士学位，1927年带着硕士学位证书和美国科学荣誉协会奖给的金钥匙，以及搜集的大量对农业科学有用的资料启程回国。并利用沿途各种机会，参观了华盛顿美国农业部图书馆和芝加哥菲尔特自然历史博物馆。回国后，回江苏省昆虫局任主任技师、东南大学教授。他在国外所学一切，后来在国内几乎全部都直接或间接地发挥了作用。例如，1932年他在浙江嘉兴县建立了治螟寄生蜂保护室；20世纪50年代他倡导建立江苏省农业科学院昆虫标本室，着重展示农业昆虫生活史标本，闻名全国；晚年，由他提出建议，1986年经原农牧渔业部批准，建立了中国植物保护标本馆。

我国棉虫防治研究的先驱者

1920年吴福桢高师毕业时，正是江苏省沿海棉区棉虫成灾，棉产损失60%～100%，棉农恐慌，纱厂面临因棉源断绝而停产的严峻时期，上海实业界人士穆抒斋，捐资1000元委托南京高师农科对棉虫进行研究。时值该校改组为东南大学。1921年，东南大学农科主任邹秉文选派吴福桢协助他的老师张巨伯，在南汇县老港镇设站开展研究。当年秋天发大水，棉田及试验地均被洪水淹没，试验无法进行。1922年，新成立的江苏省昆虫局与东南大学农科联合，委派吴福桢去南通县三余镇设田野实验室研究治虫。当时的主要灾害性棉虫是"金刚钻"，其次是"地老虎"，前者棉农只见棉铃落地，铃上一如金刚钻钻过的小孔，据此农民叫它"金刚钻"；后者直接将棉苗咬断，故称"地老虎"。

正当棉农束手无策之际，大有晋公司派来治虫人吴福桢。大家见他身材瘦弱，是个文质彬彬的书生，不禁产生了疑虑：他能干什么？吴福桢脱去长衫，走访农户，再与农民一道下田。为了观察棉铃受害的过程，了解害虫活动的规律，他每天蹲在棉田，有时四五个小时不挪动。同时还把养虫的大口瓶带在身上，晚上睡觉放在蚊帐里，观察"金刚钻"的交尾、产卵习性。他的行动增强了公司和农民治虫的信心，大家和他交上了朋友，称他"捉虫佬"。经过长期的室内外观察，他搞清了所谓的"金刚钻"是鳞翅目害虫，成虫黄昏时在棉株丛中飞舞交尾，产卵于棉株嫩梢，据此他提出"拍蛾、摘头、舍落花落果"的防除法。他还搞清了棉花苗期"地老虎"危害的规律，棉田"地老虎"有大、小两种，幼虫都是夜晚出来危害，天亮前躲到土块下等隐蔽处。根据这一习性，他提出堆草诱杀的措施，大有晋公司为此召开了治虫现场会传授技术，租种棉田的佃农欣喜非常。这一空前盛会，是我国治虫史上第一个防治害虫的现场会。1922年9月7日南通日报以《大有晋公司驱除棉虫声》为题，报道说："大有晋公司技术员吴福桢长驻三余镇，从事研究而便考察……经过多方研究取得最经济而易于实行之驱除法，农夫无不惊而实行之"。20多岁的吴福桢，冲破当时的世俗偏见，深入田间与农民结合，为民众办实事，并著成11万字的研究报告。这种理论与实际、与群众密切联系的作风，成为他之后一贯崇尚实践，追求学以致用的起点。

他这次驻点3年，告别新婚妻子，离开东南大学优越的研究、学习与生活条件，在棉垦区生活艰苦、又没有实验设备的情况下，独立主持完成了这项任务，受到群众和同事的交口称赞。

我国病虫药械研制的创始人

1930年吴福桢任浙江省病虫害防治所所长时，提出研究害虫特性、杀虫药和杀虫器械要同时并举。他组建了农药研究室和器械研究室。1933年他在中央农业实验所任病虫害系主任时，又坚持这一方针，成立药剂室与器械室，当时阻力较大，有人议论说这是"不务正业"，认为研究病虫害本身的发生规律才是正业。开始时，所长也不支持。他为了争取领导和群众的理解，经过一番准备，他选苍蝇特多的一个厕所用小喷雾器喷施除虫菊乳剂，红头苍蝇被药杀落地，死蝇盈寸。他请大家来看此奇效，所长惊叹不已，从此对杀虫药械的研究予以大力支持。但工作开创时又遇到另一困难，所有学病虫害专业的人都不愿做喷雾器研制工作，最后，吴福桢的学生钱浩声挺身而出，自愿承担此重任。当时只有一间平房，一台车床，一位机械工，而钱浩声从此一生专

● 吴福桢（左一）在昆虫标本室指导科研人员工作

心研制喷雾器，绰号"钱喷雾"。1933年中央农业实验所病虫害系与中央棉产改进所合作，研制成自动式、双管式两种喷雾器，应用烟草水棉油乳剂及砒酸铅农药，防治中央农业实验所附近菜田的菜青虫、菜蚜及猿叶虫，成效显著，深受农民欢迎。次年，南京城郊农民纷纷来中央农业实验所请求指导治虫，所里应接不暇。这一情况偶被住在附近的当时的农林部部长见到，询知是农民争买杀虫药，便请该所青年技术员傅胜发到他家喷药治果树害虫，大见成效。当时的农林部部长亲自体验和重视，各级领导及同事对研究药械治虫不再提出异议。

1935年，南京紫金山松林松毛虫大发生，松林大片被毁，孙中山陵园管理处会同中央农业实验所及当地驻军9 000余人，用人工剪杀毛虫400多担，但次年毛虫继续严重为害。吴福桢组织病虫害室技术人员，自制粘虫胶（用松香、蓖麻油、坎那巴加虫蜡）18 000余斤，涂刷松树主干基部26万株，阻止松毛虫上树，紫金山松树得免于灾，陵园风景得以保全。当时的陵园主任、南京国民政府主席林森，为此特赠中农所一幅"扑除虫害"的匾额。这是我国早期用国产原料自制大批农药，用科学方法防治害虫获得显著成效的一大战役。

吴福桢研究棉虫时发现，用美制商品砒酸钙防治棉大卷叶虫无效。20世纪30年代中期，他组织人员研究，化学家孙云沛研制成"中农砒酸钙"，配成100～200倍溶液防治大卷叶虫，致死率达52%～74%，当时生产了1 300公斤，在陕、滇、黔、甘、湘、

浙、赣等省推广应用。据在四川射洪县观察，用此药治棉大卷叶虫，平均每亩增产籽棉 21.75 公斤，成效显著，农民信服。

1935 年，美国洛氏基金会代表到中农所参观，对我国药械治虫的研究成绩甚为赞赏，分年补助 44 300 元作为农药械专题研究经费。抗日战争期间，中央农业实验所药械研究工作分两地进行：农药在成都由孙云沛、程暄生负责；药械在重庆由钱浩声负责，但经费不足、设备简陋。为此，吴福桢四处奔走呼吁，当时的农林部部长沈鸿烈很快决定建立农林部病虫药械制造厂，吴福桢力争增加"实验"二字，说"实验与生产相结合才能更快出成绩、促生产"，因而于 1944 年在重庆江北良心桥建立"农林部病虫药械制造实验厂"，由农林部直接拨款主办，吴福桢任厂长。这一药械制造实验厂的成立，使我国病虫防治事业的发展跨上新的里程。

最早昆虫学术团体的创建者

我国最早的昆虫学术团体称"六足学会"，于 1924 年在南京成立。由当时江苏省昆虫局的技术人员和东南大学、金陵大学有关专业的师生组成。推举张巨伯先生为会长，会员有吴福桢等 20 余人。当时为了筹集学会的活动经费，曾组织养蜂改进社，力图自力更生，以社养会。但因抗日战争爆发，蜂群全被窃走，未能如愿。为解燃眉之急，张巨伯、吴福桢将在兼职大学教书的工资全部捐赠"六足学会"，作为培养人才的基金。1944 年，吴福桢、邹钟琳等函约全国各地昆虫学同道，如张巨伯、邹树文、蔡邦华等联合申请，经由当时的社会部批准，于 1944 年 10 月 2 日在重庆成立"中华昆虫学会"，吴福桢任第一届理事长。1947 年，在南京召开第二届年会，他连任理事长，并于同年创办《中华昆虫学会通讯》季刊。学会还编辑、编译收藏国内外昆虫学文献，设昆虫学图书馆，并着手筹建昆虫学会永久会址作为"虫人之家"，地址设在中央农业实验所内。当时，资金靠学会自己筹集，经会员们共同努力，1944—1948 年共筹得 350 万元法币，后因通货膨胀，法币贬值，未能发挥应有的作用。

吴福桢为了促进昆虫学的发展，积极开展学术活动并亲自撰写论文。他在 1947 年第二届年会上发表《30 年来我国治虫研究之重要成就》，对中国的飞蝗、稻螟、七大棉虫、仓虫、桑虫、松毛虫及主要蔬菜害虫的害情、生活习性及防治方法研究等作了总结性论述；并在《昆虫学会通讯》二卷二期上发表《我们的工作实已获得农民深切的信仰》一文作为序言，以促进我国昆虫学及害虫防治学的发展。

中华人民共和国成立后，1951 年 9 月 6 日，中国昆虫学会在北京正式成立，吴福桢任第一届理事。

年逾花甲再为西北植保事业作贡献

中华人民共和国成立后，1953年吴福桢被调到农业部植保处、农政总局任顾问，1956年参加中国农业科学院筹建工作，任技术组长。1957年吴福桢被错划为右派，降二级调宁夏工作，当时他已年届六十，却遭此劫难，许多亲朋好友为之难过，老伴想到将去陌生的大西北，也不禁凄然落泪。但他安慰大家说："要相信党，我的问题一定会有个公正的结论。我大半辈子都在内地工作，这次到宁夏，可以把西北的情况弄弄清楚，能为边疆老百姓做点事，这是我的运气。"出乎宁夏人意料，他们迎来的不是精神沮丧、寡于言笑的落难人，而恰恰相反，这位老人思维敏捷，精神饱满，谈笑风生，具有要干一番事业的人特有的朝气。同30多年前到三余镇时一样，他放下行装就迫不及待地了解情况，着手准备开调查会、下基层普查农业病虫害的情况。他竟不先安排一下生活就又着魔似的工作起来。这一切被当时宁夏农业科学研究所所长程焕卿看在眼里，他赞赏吴福桢对事业的一片丹心。经过宁夏农业厅的努力，并经自治区党委批准，很快为他摘掉了右派帽子，并任命他为宁夏农业科学研究所植保系主任，对他的家庭也作了安排，并给予适当照顾。吴福桢没辜负宁夏人民对他的信任与期望。他在宁夏坚持工作20年，带领植保系全体科技人员开展"宁夏农业昆虫基本调查"课题研究；对宁夏特产枸杞生产中的严重病虫——枸杞实蝇，以及小麦锈病、小地老虎等主要粮食作物病虫害，亲自组织人力进行研究。特别是经过周密计划和大量的野外采集工作，筹建了拥有22个目、176科1 500多个种，具有宁夏特色的农业昆虫标本室。他还积累大量资料，主持编绘了宁夏农业昆虫（彩色）图谱两集。在工作中，他总是身先士卒，跋山涉水，不知疲倦、不顾个人安危，深入现场采集标本，取得第一手资料。他撰写的《银川平原昆虫区系特点》等论文，在学术刊物发表，为我国生物资源调查和动物地理区划填补了宁夏地区的空白。他主持的"宁夏农业昆虫基本调查"课题，1978年荣获全国科学大会奖。

吴福桢是蒙受不白之冤、受了处分后来到宁夏工作的，但他没有灰心丧气，也从不怨天尤人，仍以满腔热忱、全神贯注地干了20年，直至担任宁夏农林科学院副院长，宁夏回族自治区科学技术协会主席。他种的树已经成林，他培养的人已经成为农业昆虫界的骨干，他为之奔走呼吁，用心血筑建起来的农业昆虫标本室和许多著述，包括他荣辱不惊、对事业执著追求的精神，都给宁夏人民留下了深刻的印象。

耄耋之年潜心编写蜚蠊志

1973 年，中国科学院在广州召开会议，商讨组织全国专家编写《中国经济昆虫志》，会上 76 岁高龄的吴福桢，毅然承担了有重要意义但尚无人承接的蜚蠊目和直翅目蟋蟀总科两卷的编写任务。1980 年，国家落实知识分子政策，为了便于他完成《经济昆虫志》的编写任务，吴福桢又被调回北京，到中国农业科学院植物保护研究所工作。这位年逾古稀的科学家，又为自己开辟了一个新的战场。他不辞辛劳，到全国各大标本馆主要现场征集和采集标本、查阅文献；还招收了以蜚蠊与蟋蟀分类为题的两名硕士研究生。1981—1988 年，年近 90 高龄的吴福桢，还陆续发表了中国蜚蠊与蟋蟀方面的论文 15 篇；他还参加青藏高原科学丛书《西藏昆虫》的编写工作，在该书的第一册中发表了蜚蠊目（包括鳖蠊科、蜚蠊科、弯翅蠊科）和直翅目蟋蟀科的文章；他和冯平章在《昆虫分类学报》上发表了《云贵蜚蠊目三新种》（稠斑真地鳖 *Eupolyphaga densiguttata*，贵州歪尾蠊 *Symploce guizhouensis*，乳突歪尾蠊 *S. mamillatus*）等文章，引起英国、美国、日本、匈牙利、捷克、加拿大等国同行的兴趣，来函索要论文进行交流。1986 年，中国科学院主持的青藏高原隆起对自然环境和人类活动影响的综合研究，获中国科学院科技进步特等奖，吴福桢是其中《西藏昆虫》作者之一，获得荣誉证书。1988 年他主持的我国室内蜚蠊种类分布调查及新属新种发现项目，获农业部科技进步二等奖。他还参加《中国大百科全书》生物卷蜚蠊目的编写工作，担任《农业百科全书》昆虫卷主编，及近代昆虫学史的编写工作。这些工作对年富力强的中年人来说，已经超负荷了，何况他当时已经是 93 岁高龄的老人。

吴福桢踏入农业科技大门 80 余年。在这漫长的岁月里，历尽沧桑，但可贵的是，他从不计较个人名利，全身心投入他所热爱的农业植保事业之中。鉴于他在昆虫研究和虫害防治上的突出成就，被推选为中国农业科学院植保研究所学术委员会主任。吴福桢 1955 年加入中国农工民主党。曾是第五、第六届全国政协委员。1978 年，在他 80 周岁时候，荣获全国科技大会奖，这是国家和科学界对他为农业植保事业作出历史性贡献的最高奖励，也是给他八十大寿的最好礼物。

吴福桢早年从事教育事业，曾先后在广州中山大学、南京东南大学、金陵大学、无锡教育学院、浙江大学等任教授。他对青年循循善诱，以身作则，引导青年学生刻苦学习，崇尚实践。他培养的学生现在多为知名教授。吴福桢为开创我国农业昆虫事业，奉献了一生，直至 90 高龄，还在执著工作。他常说："工作是我一生最大的快乐。"

●中国农业科学院植物保护研究所供稿●

【程式华简介】

程式华，男，1958年生，浙江富阳人，水稻遗传育种专家。1982年、1986年和2000年分别从浙江农业大学、华南农业大学和南京农业大学作物遗传育种专业毕业，2000年获博士学位。现任中国水稻研究所所长、国家水稻改良中心主任、研究员，全国超级稻研究与推广专家组组长，国家水稻产业技术体系首席科学家，亚洲水稻研究合作委员会（CORRA）和联合国粮农组织国际水稻委员会（IRC）中国代表。

长期从事水稻遗传育种工作，取得了一批具国际领先水稻的重大成果。先后主持国家"863"计划、国家科技支撑计划、农业部超级稻专项和国际合作项目等多项重大课题，组织和协调全国的水稻育种与推广。创新超级杂交稻育种亲本选配理论，提出利用籼粳中间型的超级杂交稻育种亲本选配方法及"后期功能型"超级稻新概念及育种技术体系，在超级杂交稻育种及其产业开发方面作出了重要贡献。共获得5项国家科技奖，其中以第一完成人获国家技术发明二等奖和国家科技进步二等奖各1项，以主要参加人获国家科技进步特等奖、二等奖和国家自然科学三等奖各1项。获国家发明专利8项，品种权12项；育成国家和省级审定品种25个；主编专著6本，发表论文200余篇。先后获农业部和浙江省有突出贡献的中青年专家、浙江省科学技术重大贡献奖、浙江省特级专家、浙江省农业科技突出贡献奖和浙江省劳动模范等多项荣誉称号，2009年获中华农业英才奖，入选新世纪百千万人才工程国家级人选。

中国是世界人口大国，水稻是中国粮食安全的重中之重。他是全国水稻科技创新的领头人，他的面前是保持我国水稻育种世界领先水平的战略任务。他以坚忍不拔、埋头苦干的精神取得了一系列科研成果，他将义不容辞、不负众望地担负起历史赋予的千钧重任。我们相信：他是一个可以期待的胜利者。

站在水稻科技创新的制高点上
——记中华农业英才奖获得者程式华

2008年，国际稻米价格狂飙，引发了新一轮世界粮食市场动荡。而在中国，国家领导人豪迈地指出，手中有粮，心中不慌。我国自2004年以来水稻连续丰收，总产稳定跃上2亿吨平台，亩产突破460公斤，居世界领先水平。在水稻丰收的背后，有一批水稻科研人员，他们栉风沐雨，站在水稻科技创新的制高点上，不断进取，克服困难，为保障我国的粮食安全竭尽全力。

程式华，就是我国水稻科技创新大军中的一员，他在超级稻研究领域取得的成果达到了国际领先水平，他正与全国水稻科研工作者一起，全力打造国际领先的国家水稻产业技术体系。

潜心钻研　解开两系杂交稻生产难结

两系杂交稻是利用光敏、温敏不育系配制的杂交稻。在20世纪80年代，我国南方地区常常出现两系杂交稻制种纯度低、繁种产量不高等现象，找出造成这些现象的原因以及解决的办法，成为当时水稻育种领域非常迫切的任务。

从1987年起，程式华和所在课题组的孙宗修一起，开创性地应用人工气候箱鉴定和大田分期播种相结合的技术路线，对光敏核不育水稻进行系统的研究，发现温度在光敏核不育水稻育性转换中起重要作用。研究结果对当时光敏核不育系在我国南方稻区生长季节气候异常时出现育性波动、导致制种纯度低或繁种产量不高等现象作出了科学解释。他还对光敏核不育水稻育性转换的光温反应型进行了科学的分类，提出了实用型籼稻光敏核不育水稻育性转换光温反应的理想模式，有助于我国两系法杂交水稻研究走上积极、稳妥的轨道，避免了因盲目制种给生产造成的损失。课题组的研究结果被原国家科委列为我国1992年度具独创性和突破性的基础研究重大成果，1993年该项成果获农业部科技进步二等奖，1996年获联合国信息促进系统发明创新科技之星奖。作为课题参加人，1999年获国家自然科学三等奖，2013年参加完成的"两系法杂交水稻育种技术研究与应用"获国家科技进步特等奖。

孜孜不倦　发掘水稻增产潜力新途径

为实现中国水稻单产的第三次突破，继续保持我国水稻育种的世界领先水平，1996年农业部启动了"中国超级稻育种"项目，以求改变杂交水稻产量出现徘徊的局面，实现水稻超高产。程式华时任该项目首席专家助理，2003年起任该项目首席专家。

程式华从超级稻育种亲本选配出发，创造性地提出了利用中间型亲本培育超级稻的理论，即利用形态指数和籼粳特异分子标记，从亲本到杂交后代进行籼粳属性检测，实现理想株型的塑造与籼粳亚种间强优势的结合。"超级杂交稻亲本选配方法"2008年获国家发明专利证书和香港国际专利发明博览会金奖。

经过多年的协同努力，程式华与同事们科学地利用了超级杂交稻育种亲本选配理论，选育出超级杂交稻组合协优9308。通过对协优9308株型及产量形成因子的系统分析，明确提出了其超高产的生理基础，提出了"后期功能型"超级稻新概念，为超级稻的进一步选育及科学栽培提供了理论基础。通过多年的栽培示范并结合协优9308的超高产生理基础，形成了一套超高产栽培集成技术，并进行大面积推广。从1999年到2003年连续5年在浙江省主要稻作区经农业部科教司、浙江省科技厅组织的专家验收，无论是作单季种植还是作连晚种植，在百亩和千亩示范片上平均亩产超700公斤，典型田块亩产超过800公斤，创浙江省水稻单产最高纪录。

这些研究成果引起了各界广泛的关注。《科技日报》将超级稻协优9308选育研究列入2000年度我国十大科技新闻。温家宝总理在2001年11月北京国际农业博览会视察超级稻协优9308时高兴地指出："这是对人类的一大贡献"。中央电视台、《人民日报》《中国日报》（*China Daily*）等新闻媒体数十次报道该项研究成果，成果应用得到了更大范围的辐射。中国超级稻育种成就还得到了国际同行的赞誉，来自美国、澳大利亚、韩国、日本、印度、越南、国际水稻所等国家和机构的数十位国际专家，在参观了超级稻生产技术示范区后，对中国超级稻研究取得的进展给予了高度评价。美国路易斯安那州立大学实验站站长穆西克（Musick）博士非常惊叹地说："国际水稻所讲超级稻已讲了很多年，可我真正看到的却是在中国"。国外一公司来函要求出高价购买超级杂交稻育种技术专利。

协优9308是农业部2015年认定的第一批超级稻品种，已在生产上累计推广种植超1 000万亩，取得社会经济效益10多亿元。程式华主持完成的"超级稻协优9308的选育、超高产生理基础研究及生产集成技术的示范与推广"2003年获中国农业科学院科技进步一等奖和浙江省科技进步一等奖，2004年获国家科技进步二等奖，协优9308是首个获得国家科技奖的三系法超级杂交稻品种。

在进行常规育种的同时，程式华敏锐地意识到分子育种技术和根系鉴定技术将对超级稻育种研究产生深远的影响。他率领研究团队，通过加强原始创新，系统研究，首创了以提高水稻生育后期光合能力为目标的后期功能型超级杂交稻育种技术体系。明确了保持超级杂交稻后期有效功能的根系筛选指标，构建了完善的抗稻瘟病基因 $Pi25$ 和抗白叶枯病基因 $Xa21$ 的分子标记辅助育种体系。应用上述技术，创建了两份聚合抗病基因的中间型恢复系中恢8006和中恢111，育成一批"国稻"系列超级稻品种，其中国稻1号、国稻3号、国稻6号、国稻7号（内5优8015）和国稻9号（中9优8012）等5个品种被农业部认定为超级稻品种，国稻1号、国稻7号和国稻8号（内2优111）3个品种10年次被农业部列为国家农业主导品种，国稻1号被《中国经济周刊》评选为2005年度中国十大自主创新技术，国稻6号2006年在浙江嵊州百亩平均亩产865.4公斤，再创浙江省水稻百亩平均亩产最高纪录，提前达到了农业部制定的超级稻第二阶段的产量（800公斤/亩）目标，2005年入选国家"十五"重大科技成就展和第三、第四届国际农交会高新技术展，2006年入选全国科学大会科技创新重大成果展，2009年被科技部列为首批国家自主创新产品。"国稻"系列超级稻品种累计推广7000多万亩，创社会经济效益30亿元。程式华及其团队完成的"后期功能型超级杂交稻育种技术及应用"成果被评价为居同类研究国际领先水平，2011年获国家技术发明二等奖，为当年作物科学领域唯一的一项发明奖。

根据1987—2009年中文文献引用数据分析，程式华在超级稻研究领域以发表研究论文11篇、累计被引198次和篇均被引18次而名列国内20位超级稻核心作者第一名；以单篇论文被引92次名列超级稻研究被引频次前20位的第一位。同时在外文数据中，他被列入全球11位超级稻核心作者之一和20位被高引论文作者之一。其在超级稻研究方面的成就已为国内外所瞩目。

勇挑重担　打造和谐的水稻创新体系

自"九五"以来，程式华主持了系列国家重大项目和重点项目，承担组织、协调全国水稻育种研究的重任。

他先后主持国家攻关计划、国家支撑计划、国家自然科学基金、国家"863"计划、国家"973"计划、国家农业科技跨越计划、中国超级稻育种专项和浙江省青年科技人才培养专项资金等多项国家和省部级重点研究项目及国际合作项目，制定了中国水稻发展战略，组织全国水稻育种大协作，为我国水稻连续5年增产提供了科技支撑。

● 程式华在水稻田里工作

通过全国水稻科技界的大协作、大联合，我国水稻新品种选育始终保持国际领先水平，一个和谐、团结的中国水稻创新体系正在形成。

2007年年底，农业部、财政部启动了我国现代农业产业体系建设，水稻成为国家首批启动的现代农业产业技术体系建设的10个试点产业之一。经民主推荐，程式华被农业部委以重任，担任国家水稻产业技术体系首席科学家，组织协调全国水稻产业界的协作，经过他的不懈努力，水稻产业技术体系已逐步成为创新能力强、团结协作精神好、应急服务水平高的优秀产业技术体系。

随着我国国际地位的提高，我国水稻科技界与外界的交流也越来越频繁，自2002年以来，程式华一直担任"亚洲水稻研究合作委员会"和"联合国粮农组织国际水稻委员会"的中国代表，参与亚洲水稻研究政策的制定和科技措施的应用建议等重大问题的讨论，受邀请多次在国际水稻大会上作大会报告和专题报告，宣传我国水稻科技的成就，与多个国家建立了合作关系，对提升我国水稻研究的国际地位作出了重要贡献。

栉风沐雨　磨练成就"生活的战胜者"

程式华最喜欢的一句格言是："应该相信，自己是生活的战胜者"。他坚信，只要大力发扬埋头学习、埋头苦干、埋头探索的"三埋头"精神，就一定能在科学事业上取得成绩，实现人生的价值。

海南省是水稻育种工作者最痴迷的地方，四季温热，在这里水稻可以比长江中下游地区多繁育一代，达到缩短水稻育种周期的目的，因而被育种界冠以"加代"美誉。他清楚地回忆起1986年他第一次去海南南繁的情景，8月盛夏穿着短袖衬衣先去广西南宁"秋繁"，11月收完种子接着赶赴海南陵水，播完种插完秧到了翌年的1月回到杭州，已是深冬白雪皑皑了。已走上领导岗位的程式华，仍然身先士卒，带领育种团队，像往年一样于春节前后远赴海南繁育良种，亲力亲为。清晨当地清脆的"风彩车"的铃声便是起床的钟，他头戴草帽，埋头在骄阳暴晒的田里忘我劳作、试验，经常是废寝忘食。晚上回到住所，又不顾一天的劳累埋头翻阅资料、统计整理试验材料。在收获了"加代"的杂交种子后，程式华带回所里继续播种"希望"。中国水稻研究所育种团队的创新能力为全国水稻界赞赏，由他担任首席科学家的"水稻遗传育种团队"入选中国农业科学院首批优秀创新团队，"超级杂交稻育种团队"2008年获农业部神农科技奖优秀创新团队，并入选中国农业科学院创新工程首批启动资助的团队。

在水稻生长季节，他除了应对繁杂的行政事务外，每天还要确保抽出一定的时间到田间观察。为了弥补处理行政公务所花的时间，他常常比职工迟下班1小时，同时他还要抽出大量的时间，到生产推广现场了解情况，下基层指导水稻生产实践。不仅如此，他还十分注重外语和专业知识的学习，亲自动手撰写论文和一些重要报告，制作多媒体汇报材料，是水稻所带外国留学生最多的导师。他常说，一个真正的科研人员，不仅要做到"三埋头"，还要做到"四勤快"，即勤动脑，要勤于思考；勤动手，要勤于实践；勤动脚，要多走多看；勤动嘴，要多交流多宣传。

"精耕细作，春华秋实"，这是中国水稻研究所的所训，他也是这样身体力行的。由于他的勤奋好学，在助研、副研两次破格晋升职称的基础上，1996年他再次被破格晋升为研究员。在一连串的成绩面前，程式华始终保持着谦虚态度。他说，成绩只能代表过去，面对未来增长的粮食需求，选育高产优质多抗的新品种是每个育种家不可推卸的责任。他要做的就是挑起这个重任，一步一步竭尽全力向前走。

● 中国水稻研究所供稿 ●

【童光志简介】

童光志,男,1962年生,湖北蕲春人,预防兽医学专家。1982年毕业于华中农学院兽医专业,1985年毕业于中国农业科学院研究生院,获硕士学位,1990年毕业于中国人民解放军兽医大学,获博士学位。曾任中国农业科学院哈尔滨兽医研究所副所长,兽医生物技术国家重点实验室主任。现任中国农业科学院上海兽医研究所所长、研究员,中国动物卫生与流行病学中心上海分中心主任,兼任中国畜牧兽医学会畜牧兽医生物技术分会、家畜传染病学分会、禽病学分会副理事长,中国微生物学会兽医微生物分会副主任委员。

长期从事动物病毒性传染病的预防与控制的应用与基础研究,在动物用基因工程疫苗及猪蓝耳病和猪伪狂犬病等病毒性繁殖障碍疫病防控技术等研究方面取得了一系列研究成果。在国际上率先研制成功鸡痘和传染性喉气管炎病毒二价基因工程疫苗和高致病性猪蓝耳病弱毒疫苗,已获得新兽药证书并在全国大面积推广应用。研制的一系列针对高致病性猪蓝耳病、伪狂犬病、猪瘟等基因工程标记疫苗,已获得基因安全证书,进入临床试验。研究成果获国家科技进步二等奖2项、省部级奖14项、获国家发明专利21项、新兽药证书4项,动物基因工程疫苗安全证书8项。在国内外专业期刊上发表学术论文600多篇(其中SCI收录182篇),主编和参编著作11部。入选国家百千万人才工程,曾获人事部、中组部等六部门颁发的留学人员成就奖,获农业部有突出贡献中青年专家、哈尔滨市和黑龙江省劳动模范、全国优秀博士学位论文指导教师和全国优秀科技工作者称号,2011年被授予上海市十大科技精英,2012年获中华农业英才奖。

卅年如一日,坚守为事业,在科学攀登的漫漫长路上,他用严谨和勤奋诠释着科研工作者的崇高职责。信念如磐石,意志如青松,在生物技术的浩瀚海洋中,他用追求和创新锻造出动物防疫的基因利器。

为动物防疫事业执著奉献
——记中华农业英才奖获得者童光志

他渊博宽厚，赤子之心，三十春秋献身我国畜牧兽医事业，他的经历生动刻画了一位年轻科学家拼搏奋斗的励志路径：他29岁破格晋升为副研究员，30岁破格晋升为研究员，成为当时我国农业系统中最年轻的高级专家，同年获政府特殊津贴。他33岁被评为中国农业科学院有突出贡献的中青年专家，34岁入选农业部首批百千万人才工程，35岁被评为中国农业科学院跨世纪学科带头人，农业部有突出贡献中青年专家。之后又相继获得哈尔滨市青年科技奖以及哈尔滨市十大杰出青年、中国农业科学院十佳青年、黑龙江省和哈尔滨市劳动模范等荣誉称号。他就是"973"项目首席科学家、曾任中国农业科学院哈尔滨兽医研究所副所长、兽医生物技术国家重点实验室主任，现任中国农业科学院上海兽医研究所所长、中国动物卫生与流行病学中心上海分中心主任童光志。

艰苦奋斗　天道酬勤

童光志，1962年出生于普通农家，祖籍是李时珍的故乡——湖北蕲春。出自贫寒农家的他，从小养成了吃苦耐劳、脚踏实地、坚忍不拔的性格，为他以后的成长打下了坚实的基础。

童光志与"兽医"结缘纯属偶然。1978年，国家恢复高考的第二年，不满16岁的他参加完高考就继续回家务农，直到老师拿着成绩单找到家里，才知道高考成绩已过分数线。但当填报志愿时，他反而满脸愁容，因为当时对于一名农村家庭背景出身的学生来说，大学的概念在脑海中很模糊。班主任老师为了确保村里这唯一通过高考分数线的学生能顺利进入大学，"包办"为童光志填报了兽医专业。就这样，从此他与兽医结下了不解之缘。大学毕业时，年轻的他并没有像其他同学一样选择当时令人羡慕的"铁饭碗"工作，而是在梦想的指引下选择了考研深造这条路。通过几年坚持不懈的努力，在1985年和1990年先后以优异的成绩获得硕士和博士学位。他的硕士导师是当时中国兽医行业唯一的院士沈荣显教授，他的博士导师也是我国兽医行业受人尊敬的院士殷震教授。作为一名学生能有这样声名显赫的导师，令很多莘莘学子为之羡慕。

"宝剑磨砺锋始出，梅花苦寒香自来"。在光鲜的背后，更多的是辛勤的耕耘与艰辛的付出。从1982年到现在，童光志大部分的时间和精力都花在了科学研究上。众所周知，搞基础研究是一项既艰苦又枯燥的工作。尤其是想要在生物技术这个崭新的领域里取得突破性进展更是难上加难。然而，他以严谨治学的优良学风、一丝不苟的工作态度和水滴石穿的钻研精神，一步一步脚踏实地在科学道路上前行。在攻读研究生期间，他每天总是第一个来到实验室，又总是最后一个离开，实验室里经常会有他苦读和做试验的身影。参加工作后，更是一心扑在科研上，即使是之后担任了研究所领导职务，他对科研也从没有放下过，按他的话说："我工作的时间中60%是用在科研上。"他既担任所里的行政职务，还作为课题的主持人，扮演着双重角色。他经常外出开会和参加学术交流，但凡外出，他一直都随身携带电脑，这样可以随时随地收发邮件，了解相关领域的最新进展，在他认为，这些"功课"都是可以在出差路上完成的。用他的话说：即使是在登山，他也会把电脑背上山顶。为了不耽误实验室的工作，他常常会在会议结束当天赶最近一班飞机回到上海，然后直接回到所里继续实验室工作，常常会看到深夜他办公室的灯还亮着。在周末，只要没有外出，都会到所里忙碌研究工作。因此在他的生活工作中，几乎没有节假日之分。

功夫不负有心人。在过去的30多年间，他不仅以优异的成绩出色地完成了学业，而且以数百篇颇有见地的学术论文，令许多兽医界的前辈刮目相看。他勤奋的工作，出色的成绩，获得了多项荣誉：1999年被评为首届全国优秀农业科技工作者，2003年获人事部、中组部、教育部、中宣部、统战部※、科技部共同颁发的留学人员成就奖，2004年获科技部颁发的国家重点实验室计划先进个人奖（金牛奖），2009年获中国畜

※ 中华人民共和国教育部，全书简称教育部；中共中央宣传部，全书简称中宣部；中共中央统一战线工作部，全书简称统战部。

牧兽医学会评选的第二届振兴中国畜牧贡献奖（杰出人物），2010年被评为全国优秀科技工作者，2011年被评为上海市十大科技精英。童光志相继被聘为国家农业转基因生物安全委员会委员、农业部科学技术委员会委员、"863"计划专家组成员、兽医生物技术国家重点实验室学术委员会副主任委员；他被聘为浙江大学、上海交通大学、中国农业大学等8所大学的客座教授，中国畜牧兽医学会生物技术分会副理事长，中国微生物学会兽医微生物分会副主任委员、中国畜牧兽医学会禽病学分会副理事长、中国畜牧兽医学会动物传染病学分会副理事长、《预防兽医学进展》和《中国动物传染病学报》主编，《病毒学报》《中国农业科学》《生物工程学报》《中国预防兽医学报》等十几种专业刊物的编委等。

艰苦奋斗、天道酬勤。他带着执著的追求与坚定的梦想，在农业科研这片热土上充满着激情，奉献着青春。

赤子之心　归国之路

上本科时童光志学的外语是日语。上研究生时接触到的相关专业文献都是英语，因此学习英语对他来说迫在眉睫。他以常人无法想象的坚持不懈的精神和毅力，一边自学英语，一边阅读英文文献成为了他研究生学习中的生活习惯，之后还报名参加英语培训班并顺利通过了考试，这为日后的学习和工作打下了坚实的基础。"机会总是青睐于有准备的人"。由于不仅专业基础知识扎实，而且英语成绩优异，他先后两次应邀到美国华盛顿州立大学做访问学者和客座教授，进行了长达5年的合作研究工作。第一次是恰逢世界银行贷款公派到美国留学这一机遇，他被公派到美国华盛顿州立大学从事博士学位论文研究。当以优异的成绩顺利完成学位论文研究工作之后，他毅然回到祖国，回到曾经培养和教育他的哈尔滨兽医研究所工作。第二次是20世纪90年代初，当时童光志已担任哈兽研兽医生物技术国家重点实验室副主任一职，但由于那时国内的试验条件相对较差，国家重点实验室研究生招生名额特别少，实验室的工作难以正常开展。于是，他选择再次出国继续深造。当时正值大批国内人才外流的高峰期，很多人都认为童光志肯定会一去不回，但只有他自己坚信"我一定会回国的"。果然，1996年年初他再次如期回到了祖国。

面对国外优越的实验条件、高度现代化的实验设备、高层次的研究平台和丰厚的待遇，童光志并没有因此动摇自己回国的决心，而是履行了自己出国时的诺言："我一定会回国"。这句话，5年之间验证了两次。他并没有什么豪言壮语，只是平淡地说：

● 童光志在实验室工作

"上要对得起国家的培养,下要对得起父母的养育,还要对得起自己做人的良心。要不是因为赶上国家重新高考招生,就不会有我的今天。我个人的命运与国家的命运是紧密相连的,回来后我可以更好地发挥作用。"

三万里回国路,二十年砺剑心。他的心中始终澎湃着一颗滚烫的"中国心"。他用实际行动履行了自己的诺言,用渊博的学识报效祖国母亲。

潜心科研 再创佳绩

归心似箭的童光志回国后,正赶上国家"九五"开局之年。由于他扎实的专业功底和较高的知名度,在申请"九五"课题时,受到国家有关部委的大力支持。经过不懈努力,不负众望的他一连串获得了国家"863"高科技项目、国家自然科学基金、黑龙江省杰出青年基金、农业部重点项目、中华农业科教人才基金项目和中国农业科学院跨世纪人才项目等资助。值得一提的是,他作为总负责人主持的"863"高科技项目

"鸡传染性喉气管炎、马立克氏病和新城疫二价、三价基因工程疫苗的研究",获得研究经费250万元,这样的经费支持力度当时在国内是少有的。之后童光志在国内兽医界的学术声望和地位节节攀升。"十五"以来,他共主持承担了35项国家和省部级重大科研项目。2005年他被聘为国家"973"项目首席科学家,承担总经费为2 000万元的"973"计划专项"动物重大传染病病原变异与致病的分子机制"和"863"计划重大专项课题"家畜病毒病基因工程疫苗的研究"。

在申请获得了多项科研项目的同时,他自"九五"以后,开始将工作重点转向动物基因工程疫苗的研究与应用。经过多年的潜心研究和勤奋努力,在国际上率先研制成功鸡痘和传染性喉气管炎病毒二价基因工程疫苗,并在全国大面积推广应用。该疫苗于2005年获得新兽药证书,是我国批准的第一个禽用基因工程疫苗,也是国际上第一个成功预防传染性喉气管炎病毒的基因工程疫苗。该项成果获得2006年国家科技进步二等奖。

之后,他又成功构建了表达猪蓝耳病病毒GP5蛋白的重组伪狂犬病毒疫苗。该疫苗可以同时预防猪伪狂犬病和猪蓝耳病,可显著降低母猪流产和死胎率,提高仔猪成活能力,为养猪业带来了巨大的经济效益。该疫苗于2007年被农业部批准进行临床试验,目前已完成全部临床试验,正申报新兽药证书。与此同时,他成功研制出表达鸡传染性喉气管炎病毒gB蛋白和新城疫病毒F蛋白的重组鸡痘病毒疫苗、鸡传染性支气管炎病毒S1蛋白和IFN的重组鸡痘病毒疫苗、猪伪狂犬病毒TK/gE/gI三基因缺失疫苗、表达H3亚型猪流感病毒HA蛋白的重组伪狂犬病毒疫苗,这4种基因工程疫苗均已获得转基因生物安全证书。

猪繁殖与呼吸综合征(PRRS)是20世纪80年代在欧美几乎同时暴发的一种新的传染病,俗称猪蓝耳病,主要表现为妊娠母猪发生早产、流产、产死胎、弱仔和木乃伊胎,仔猪和育肥猪发生呼吸道疾病,影响生长速度。中国于1995年首次暴发此病,随后几年迅速传遍全国。近10年来,童光志带领他的团队,从全国各地猪群分离PRRS病毒,进行分子遗传学分析,并针对经典PRRS研制了一系列诊断技术方法和两种疫苗(均获得新兽药证书),这些防制技术产品已在生产实际中得到广泛应用,并取得了巨大的经济效益。该项成果获得2010年国家科技进步二等奖。

2006年,我国大部分地区猪场均出现一种"高热综合征",几乎各种年龄的猪群均有发生,死亡率高达30%~100%。为了有效防控猪高致病性蓝耳病,童光志研制成功高致病性猪蓝耳病弱毒疫苗,并于2010年被农业部批准生产应用,已产生的直接经济效益达2亿元以上。

童光志并不仅仅满足于此,他还有更远大的目标和努力方向,即在高致病性猪蓝耳病弱毒疫苗的基础上,利用反向遗传操作技术研制新一代 HP-PRRS 基因工程弱毒标记疫苗以及表达猪瘟病毒 E2 重组 HP-PRRSV 基因工程载体疫苗。此外,针对近几年出现的伪狂犬病毒变异毒株研制了新型基因缺失标志疫苗。这些疫苗一旦投入使用,可以通过抗体鉴别技术区分疫苗免疫动物和野毒感染动物,极大地促进猪蓝耳病、猪瘟和伪狂犬病病毒的净化或根除,因此具有重要的应用前景和巨大的经济效益。

每当人们谈起这些成绩,童光志总是坦然表白:许多科学家穷其一生也未必能成就一种疫苗。因此,虽然这些基因工程疫苗的研究和开发都历时很长的时间,但有机会能完成,觉得非常幸运。

他以创新的思维,潜心科研的态度,丰硕的研究成果,展示了一名当代青年科学家的人生风采。

惜才纳贤　打造团队

2007 年,童光志在中国农业科学院哈尔滨兽医研究所副所长任上被提拔为中国农业科学院上海兽医研究所所长。他就职后仔细分析研究所的实际情况,果断作出决策:要牢牢抓住"发展"这个第一要务,大胆改革,锐意创新,力创一流的人才队伍、学科研究和条件平台,大量引进一批批优秀的人才。随后的几年中研究所共引进了 40 多名国内外优秀人才。为了使引进人才尽快适应新的环境,比较快地成长起来,他想方设法做好"扶上马"工作。一方面通过加大院所长基金的资助力度,为人才提供科研工作启动经费。另一方面他将自己申请到的科研项目让给年轻人主持,充分给予年轻人施展才华的机会,为他们搭建良好的科研平台。几年下来,研究所由原先名不见经传的小所,一举成为同行关注和普遍看好的研究单位,尤其是国内外高层次人才纷纷将目光聚焦到上海兽医研究所并愿意献身上海所的科研事业。在他任职的几年中,所里的科研实力得到了显著提升,科研工作走上了良性循环的道路。

刚到上海兽医研究所,他从"零"开始创建自己的科研团队。一开始设备仪器缺乏,做一个很简单的试验都要绕很大的弯儿才能完成。在他的领导下,一步步发展到如今的实验室设备齐全,管理规范,老师学生都紧密联系在一起,各司其职,共同为科研能力的提升添砖加瓦。在他的领衔下,团队现有高级职称人员 8 名,固定人员中 90% 以上都具有博士学位。无论是承担的科研项目还是科研产出都是研究所里的"大户",为提升研究所的整体科研创新实力发挥了重要作用。

以前是一名优秀的学生，如今作为一名优秀的导师，童光志为培养动物医学人才倾注了大量的心血。自1989年到2012年共培养了17名博士后、61名博士、83名硕士，大多已成为各高等院校和科研院所的教授和研究员，在科研一线为动物医学事业共同奋斗。其中曾有多人获得中国农业科学院优秀博士论文。2010年由他亲自指导的1篇博士研究生论文被评为全国百篇优秀博士论文。对此他颇感欣慰和自豪。他对同事真诚、坦率，对学生要求严格、治学严谨。他有句话经常挂在嘴边："天上不会掉馅饼"，以此鼓励青年学生勤奋学习、踏实科研，多想奉献，少讲索取。尽管担任所级领导职务后工作更加繁忙，但他对于学生的培养工作毫不松懈。对于每一届研究生的开题、中期和毕业答辩的PPT都是仔细审阅，和学生一起讨论修改，同时对学生的毕业论文指导更是亲力亲为，一丝不苟，甚至连一些很小的问题都能一一指出。这些繁重的审阅工作对他来说，是很费时间和精力的。但是他认为，作为学生，毕业论文就是学生自己的作品，学生要做到最好，老师同样也要给予最好的指导。

童光志惜才、识才、用才，在他热爱的科研领域中不断地培养优秀的人才，为国家未来的科研事业源源不断地输送新鲜的"血液"，给农业科学带来了不竭的生机和能量。

在过去，童光志用慷慨激昂的斗志，艰苦奋斗的意志，赤子的浓浓报国之心和对科研的执著追求，在畜牧兽医界书写下了他成功的篇章；在未来，依旧艰苦的科研道路上，他将继续以热爱、责任、奉献和执著为理念，创造出崭新而更加辉煌的明天。

●中国农业科学院上海兽医研究所供稿●

【李付广简介】

李付广,男,1966 年生,河南延津人,棉花遗传育种专家。1989 年毕业于北京农业大学,2003 年毕业于中国农业科学院研究生院,获博士学位。现任中国农业科学院棉花研究所所长、研究员,棉花生物学国家重点实验室主任。

从事棉花遗传改良工作,在转基因技术创新、抗虫种质创制及棉花基因组学研究等方面作出突出成绩。构建了组织培养分化率高达 95% 的棉花遗传群体,为转基因效率大幅提高奠定了基础;建立了棉花规模化转基因技术体系,创制遗传稳定的转基因抗虫材料 865 份;与育种家合作育成国产抗虫棉新品种 3 个、衍生新品种 60 多个,累计种植面积超过 1.3 亿亩,为国产抗虫棉新品种培育及产业化作出了贡献。发表 SCI 论文 60 多篇,出版学术专著 4 部。获国家科技进步二等奖 2 项、国家技术发明二等奖 1 项。2005 年获农业部有突出贡献的中青年专家称号,2007 年入选国家级百千万人才工程,2008 年获中国科协求实杰出青年成果转化奖,2011 年被评为全国农业科研杰出人才,获中原学者称号,获国家杰出青年基金,2012 年获何梁何利基金科学与技术创新奖。2015 年获中华农业英才奖,2016 年获全国优秀科技工作者称号。

> 他心系国家棉花产业安危,攻克转基因棉花育种难题;他着眼棉花产业未来,打开棉花基因宝库的大门;他接过前辈科学家的事业,奋力开创棉花科研新的辉煌。

棉花是他第二个儿子
——记中华农业英才奖获得者李付广

秋日的清晨,棉田里棉叶上还挂着晶莹剔透的露珠,在安阳大寒村的一片棉花地里,早有一个人的身影在那里忙碌着,他不时地弯腰去看看这株棉花,又去摸摸那株棉花。这块棉花地是中国农业科学院棉花研究所的试验田,这个忙碌的人叫李付广。自他1989年大学毕业分配到该所工作,至今已30个年头,他这一生与棉花结下了不解之缘,小时候是帮家人种棉花,大学毕业后是研究怎么种棉花。

与时间赛跑 攻克转基因棉花育种难题

20世纪90年代初期,一场大规模的棉铃虫危害在人们毫无防范之中悄悄袭来,并迅速席卷了我国大部分棉区,面对猖獗的棉铃虫,棉农在一个生长季节中喷施杀虫农药的次数甚至超过20次。据不完全统计,1992—1996年因防治棉铃虫而中毒的人数超过24万人次,并给国家和棉农造成上百亿元的经济损失。

就在我们面对棉铃虫束手无策时，国外跨国公司首先涉足农业高技术研究领域，并率先拥有 Bt 杀虫基因专利权，培育出转基因抗虫棉迅速进入应用。在传统农药对棉铃虫已失去杀伤力的情况下，跨国公司带着转基因这一高科技"武器"进入中国，并迅速占领了我国抗虫棉市场几乎全部份额。这对我国棉花科技工作者来说是一个严峻的挑战和考验。在国家有关部门的大力支持下，与棉铃虫赛跑的攻坚战在我国全面展开，如何培育具有竞争力的国产转基因抗虫棉，并快速应用于棉花生产，是摆在我国农业科技工作者面前的一道难题。

作为一名年轻的棉花科技工作者，李付广深感肩上的担子很重。他说，当时我国转基因棉花基本上处于实验室研究阶段，转基因研究能力仅相当于国外跨国公司的1%左右，可提供的转基因棉花育种材料很少，这成为我国培育重大抗虫棉花品种的技术瓶颈。

1998年，在中国农业科学院棉花研究所领导的支持下，由李付广牵头组建了棉花转基因实验室。由于当时的基础条件比较薄弱，技术水平较低，他一边学习一边探索，一边攻克难关，一刻也不敢懈怠，整日沉浸于实验室之中。

功夫不负有心人，有付出就会有收获，经过与实验室同仁的不懈努力，终于成功迈出了第一步。被他视如珍宝、为数不多的一批转基因棉花幼苗从实验室移栽到大田试验地。温室里的花朵总要接受风雨的洗礼，几乎每隔两三天，他和同事们都要到试验地里仔细观察一下它们的长势，并一一作下记录，如果它们当中有一棵受伤了，他的心都会隐隐作痛。

一个星期天，他回了一趟老家，当他匆匆从老家赶回来的时候，尽管天色已晚，但他还是情不自禁地绕到试验地里，看了一眼棉花，才又安心地回到家里。妻子担心地问他怎么回来这么晚？他告诉说又到试验地里看了一下棉花，妻子的一句话让他醍醐灌顶，"唉，棉花就是你的第二个儿子！一天看不到，你就不安心！"

不过被李付广视若生命的那几棵棉花苗，没有辜负他的期望，最终修成正果。秋天收获了，结下了种子，他把种子攥在手里握得紧紧的，这是他和团队辛苦付出的结晶。

棉海耕耘　硕果累累

2002年，李付广与中国抗虫基因专利获得者郭三堆研究员，以及棉花育种家郭香墨研究员合作，培育出我国第一个拥有自主知识产权并通过国家审定的双价转基因抗虫棉新品种——中棉所41，在生产上得到大规模推广应用，深受棉农欢迎，该成果于2009年获国家科技进步二等奖。

10年来，他带领研究团队利用实验室创制的上千份各类抗虫新材料，与育种家合作先后培育出中棉所41、中棉所45、中棉所47、中棉所50、中棉所60、中棉所70等不同生态类型的转基因抗虫棉花新品种60多个，累计推广面积超过1.3亿亩，对促进国产抗虫棉从1999年国内市场占有率的5%提升到2010年的97%发挥了重要作用。

他主持建立了棉花规模化转基因技术体系，创制转基因抗虫种质材料1 479份，向国家种质资源中期库上交性状稳定材料865份。研究了棉花体细胞分化规律，发明了组织培养分化性状的纯化方法，将生产推广品种中棉所24的体细胞分化率筛选纯化到95%、转化率提高到51.8%，使棉花成为可进行大规模基因功能验证的目标作物，为国内24个实验室转化验证候选基因156个，促进了基础研究成果在棉花上的应用。构建了棉花"基因转化—种质创新—品种培育—产业化"的研发体系。他主持的"棉花规模化转基因技术体系平台建设及其应用"研究，2005年获国家科技进步二等奖；"棉花组织培养性状纯化及外源基因功能验证"研究，2010年获国家技术发明二等奖。

把握科学前沿　促进棉花基础研究创新发展

自2000年起，我国棉花连续17年消费量超过生产量，供需紧张，进口增加。李付广清楚地认识到，虽然我国在抗虫棉研究方面战胜了国外竞争对手，但放眼未来，棉花的遗传改良、进一步提高生物产出能力仍然任重而道远，基础研究刻不容缓。

相对水稻和玉米等作物，棉花没有参考基因组，限制了棉花基因克隆、理论突破和分子育种等的发展。李付广作为主持人之一，积极联合美国农业部南方平原研究中心、北京大学、华大基因等合作伙伴在全球率先发起了"棉花基因组计划"，2012年完成了国际第一张棉属D基因组图谱，2014年通过绘制A基因组图谱，发现棉属在其棉花亚种分化之前发生了全基因组复制事件，上述两项研究成果均发表于国际权威学术期刊《自然遗传》（Nature Genetics）上。在完成两个二倍体棉花基因组测序的基础上，李付广和研究团队2015年对栽培棉花种陆地棉基因组进一步研究，阐明了四倍体棉花自然进化过程，研究结果作为封面文章发表在国际权威学术期刊《自然生物技术》（Nature Biotechnology）上。

● 李付广在试验田观察棉花单株

棉花基因组信息的获得,将为挖掘棉花纤维发育、耐盐碱、抗病等重要功能基因提供前所未有的机遇。通过开展重要功能基因的定位和克隆研究,获得具有自主知识产权的基因,可直接应用于棉花的品种改良,为实现全基因组设计育种,实现农业科技的"顶天立地"打下基础,也奠定了我国在该领域的国际领先地位。

以人为本　团结协作出成果

李付广深知一个人的力量是有限的,科学堡垒的攻克要靠团队的力量。工作中,他注重以人为本,发挥团队每个人的积极性,注重老中青优势互补、互动互进,特别支持青年科技人员的学习和成长,积极培养他们的独立工作能力。打造了一支凝聚力强、创新优势显著、能打硬仗的创新团队,团队成员分工协作、优势互补、团结奋斗,取得了一个又一个突破。他带领的团队被评为农业部2016/2017年度神农中华农业科技奖优秀创新团队。

李付广做事严谨认真是出了名的,他对于每一位研究生都倾注了大量心血,给予热忱关怀和认真指导,鼓励学生勤奋学习、踏实工作、严谨治学。他对学生的言传身教也无时不在，无论再忙，只要学生有求教，他总要挤出时间给予解答，每月定期举办汇报会，听取研究生的研究进展并予以指导。多年来，他培养了博士22名（留学生2人）、硕士31名。如今，他培养的学生有的已经成为单位的研究骨干，使他感到莫大的欣慰。

李付广说：科学无止境，我们仍需不懈努力，团结创新，接力相传，不断向新的科学前沿冲刺。

●中国农业科学院棉花研究所供稿●

【姚斌简介】

姚斌，男，1967年生，江西抚州人，动物营养与饲料专家。1988年毕业于华中农业大学生物专业，1991年毕业于中国农业大学植物病理专业，获硕士学位，1994年毕业于中国农业科学院研究生院，获博士学位。现任中国农业科学院饲料研究所副所长、研究员，农业部饲料生物技术重点实验室主任，国家饲料工程技术研究中心副主任。

长期从事饲料用酶研究，在饲用酶基因资源挖掘和微生物高效表达系统领域有突出贡献，特别是在我国饲用植酸酶研究领域取得开拓性成绩。发表国际期刊论文200余篇，获授权发明专利61项（包括国际发明专利2项），其中技术转让/专利许可26项次。2001年和2014年获国家科技进步二等奖2项、北京市科技进步一等奖1项、大北农科技奖特等奖一项。入选国家"万人计划"科技创业领军人才、新世纪百千万人才工程国家级人选，被评为农业科研杰出人才及创新团队、农业部有突出贡献的中青年专家、中国农业科学院一级杰出人才。2012年获国家杰出青年科学基金。2016年获中华农业英才奖。

> 他瞄准世界科技前沿，立足国家重大需求，实现我国饲料用酶从零的突破到国际领先的跨越。他扛起科技自主知识产权的大旗，建立从基础研究到产业化的技术体系，带领中国酶制剂企业登上世界产业制高点。

扛起中国饲用酶制剂的科技大旗
——记中华农业英才奖获得者姚斌

刻苦好学　迈入基因工程大门

1967年10月，姚斌出生于江西省抚州市一个知识分子家庭。他幼年和少年时期，兄妹4人跟随从事地质工作的父母辗转江西、湖南、广东、云南等地。当时父母收入微薄，又一心忙于工作和事业，他身为家中长子，在学校上学之余，还和驻地的农民子弟一起干农活做家务，照顾弟妹。艰苦的环境养成了姚斌务实坚毅，勇于承担重任的性格。学习环境的动荡并没有给他造成太多困扰，出于对学习的原始动力，他每天认真刻苦地上课读书，从小学到高中，学习成绩一直在班里名列前茅。1984年，姚斌参加高考，顺利地被华中农业大学录取，开始了生物专业的学习。1988—1991年，他进入中国农业大学植物病理系植物病理专业学习，获得硕士学位。1991—1994年，他考入中国农业科学院研究生院，师从范云六院士攻读博士学位。期间参加"八五"科技攻关项目研究，重点从事"昆虫特异性麻痹基因的分子生物学改良"，这是他进入基因工程学研究的起点，同期完成了博士论文。

迎难而上　攻克植酸酶研制科技难关

饲料工业是现代畜牧业的重要基础，我国是世界第二大饲料生产国，饲料产业成为我国经济的一个重要支柱产业。但由于我国人均耕地面积少，加之近年来生物能源发展对粮油资源的消耗增大，因此用于饲料生产的粮食原料的供应是否充足，始终是影响我国饲料产业发展的一个关键因素。

酶是具有生物催化功能的生物大分子，即生物催化剂，它能够加快生化反应的速度，而不改变反应的方向和产物。饲料用酶在解决人畜争粮、养殖环境污染以及为人类提供安全的动物产品方面有着重要意义，是公认的"绿色"饲料添加剂。饲料用酶不仅可以减少饲料中抗生素及其他化学添加剂的使用，提供更为安全、优质的动物产

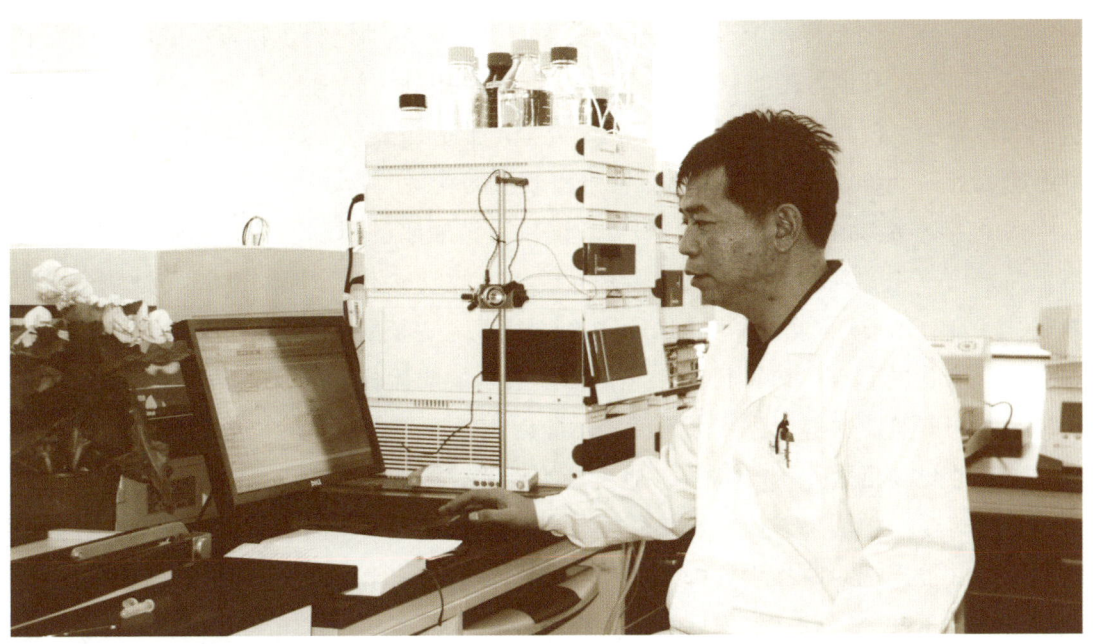

● 姚斌正在分析酶降解产物的种类与含量

品,而且能大幅度减少动物排泄物中的氮磷等有机物含量,减轻环境污染。同时,它还可以提高饲料利用率并拓展新的饲料资源。但我国饲料用酶还存在性能不能满足养殖业要求、生产成本高等问题,成为大规模推广应用的瓶颈。与普通工业用酶不同,饲料用酶须同时具备高催化效率、耐受85℃以上高温制粒,又要在动物正常体温下有高活性、抗蛋白酶、在强酸性的胃和中性的肠道中均维持高活性等特殊要求;并且我国养殖业的现状决定了其应用成本还必须低廉。以饲料用磷为例,饲料主要原料(如玉米、豆粕)中所含的磷约40%~70%是以植酸磷的形式存在,由于猪、禽等单胃动物消化道内缺乏能分解消化植酸磷的酶,仅能利用原料中磷的20%~30%,大部分未被消化的磷从粪便中排出释放到养殖场周边环境中。此外,植酸还通过螯合作用降低动物对锌、铁、锰、钙、钾等微量元素的利用率,通过与蛋白质结合成植酸复合体而降低蛋白质的消化吸收率,从而使饲料的利用率降低。植酸酶是催化植酸及植酸盐水解的一类酶的总称。大量研究表明,在猪、禽的饲料中添加植酸酶,可使饲料中磷的利用率提高40%~60%,粪便中磷的排出量减少30%~50%。因此,传统饲料中需要额外添加磷酸盐等来满足动物生长需要。

欧美发达国家于20世纪90年代开始推广应用饲料用酶并进入我国市场,但其特殊的性能要求及高昂的成本等问题,极大地限制了普及应用。中国农业科学院饲料研究所1994年成立了中国饲料研究领域的第一个饲料酶工程研究室,姚斌以饲料用酶的分子生物学和基因工程研究及产业化开发为突破口，带动饲料生物资源的前期开发和应用技术研究，开创性地将基因工程等高新技术应用到传统饲料行业的研究工作中去，引领学科发展，使我国饲料用酶的基础研究和产业应用实现了从无到有的跨越式发展，并迅速成为一个兼具国际竞争力和社会经济效益的新兴产业。

1998年，姚斌主持的"863"项目"饲料用植酸酶的研制"的研究取得了重大突破，在国内率先实现利用生物反应器来大规模、低成本生产饲料添加剂植酸酶（发明专利ZL97121731.9），实现了我国第一个饲料用酶——植酸酶的产业化生产，也成为饲料用酶国产化的起点。该项目的产业化使植酸酶的应用成本下降到国外产品的1/4左右，在我国养殖业中得以进入大规模实际应用，并被列为"863"农业生物技术领域5项重大产业化项目之一。2001年，他主持的具有我国独立自主的知识产权的"利用基因工程酵母生产植酸酶"研究成果获国家科技进步二等奖。同年，姚斌被破格晋升为研究员，并被遴选为博士生导师，成为研究所最年轻的学科带头人，为今后的发展创造了有利的条件。之后，他先后被评为新世纪百千万人才工程国家级人选、农业部有突出贡献的中青年专家，并获得中国农业科学院一级杰出人才称号。

砥砺前行　取得饲料用酶技术体系全面突破

通过不断努力与研究所支持，姚斌组建了自己的科研团队，建立了比较完善的饲用酶基础研究和产品开发技术平台，确立了在饲料高新技术研究和实际应用领域的领先地位。他和研究团队针对阻碍饲料用酶规模应用的瓶颈问题——酶的性能和生产成本，确立了从酶的分子生物学等基础性科学问题入手、进行系统性解决的研究思路和长期战略，即通过酶基因资源的高效挖掘、酶的催化和构效机制研究及进一步的分子改良，来解决酶的性能问题；通过酶蛋白高效表达的机制研究，来解决生产成本问题。

2003年，他进一步开发出第二代高比活植酸酶。首次发现了生物活性高20倍的新型植酸酶（国际专利WO2007/128160 A1），构建了生产水平较第一代植酸酶高10倍以上、生产成本进一步降低90%的生产菌株并投入产业化生产，使植酸酶的应用有了质的飞跃，3年后就实现了植酸酶在国内80%以上饲料中的普及应用并大量出口。

2012年，随着我国酶高效表达技术的不断发展，植酸酶的发酵效价从原来的7 000 U/毫升提高到了40 000 U/毫升以上，进一步大幅度降低了植酸酶的生产成本。在不断降低植酸酶的应用成本的同时，他将研发重点转移到植酸酶的综合性能改良上，陆续开发了无须包被即可经受饲料制粒高温（80℃）、抗蛋白酶降解以及耐肠道pH值等特性，且均实现了产业化生产应用，逐步形成第三代植酸酶产品。

姚斌研究团队在植酸酶技术的基础上取得整体性突破，形成了比较完整的饲料用酶酶种生产的产业链。除植酸酶外，开展其他饲料用木聚糖酶、β-甘露聚糖酶、β-葡聚糖酶、α-半乳糖苷酶、葡萄糖氧化酶、果胶酶等多种酶资源的改良与利用研究。在"863"课题、国家自然基金、转基因重大专项、国家支撑计划等一批重大项目的支持下，姚斌带领的研究团队在基础研究到应用研究上均取得了新的进展。发表了一批有一定影响的研究论文，同时又努力把最新的研究成果转化为可以实现产业化的生产技术。

通过多年的不断钻研，姚斌取得了多项科研成果，建立了比较完善的饲料用酶基础研究和产品开发技术平台，确立了在饲料高新技术研究和实际应用领域的领先地位，同时还起到了很好的示范作用，推动了整个行业的可持续发展。酶制剂的广泛应用每年可节约饲料原料磷酸氢钙20万吨以上，节省饲料成本约9亿元以上，并使动物粪便中排出的磷污染减少了约30万吨，实现了经济效益、社会效益、生态效益"三赢"。

2012年，姚斌获得国家杰出青年科学基金项目资助。次年，他主持的"饲料用酶技术体系创新及产品创制"项目获得大北农科技奖特等奖，"新型饲料用非淀粉多糖酶制剂产品的创制"项目获得北京市科技进步一等奖。2014年，他主持的"饲料用酶技术体系创新及重点产品创制"项目获国家科技进步二等奖，这是团队继2001年植酸酶技术获得国家科技进步二等奖后再次在此领域获此殊荣。

抢占制高点　跃居饲料用酶基因资源及研发国际领先

姚斌所进行的饲料用植酸酶的研究开发工作，在国际上也处于领先水平。姚斌团队从新疆冰川和火焰山土样、动物及昆虫消化道、酸矿及棉浆废水等特殊环境中克隆到了十余种饲料用酶的基因片段1 388个，全长基因386个。对获得的饲料用酶新基因进行特性表征研究，发现184个具有特殊结构或性能的新型酶。近年来在GenBank数据库中注册的植酸酶、木聚糖酶、β-葡聚糖酶、甘露聚糖酶、α-半乳糖苷酶基因相关序列数700余个，占全球同类酶基因注册总数的30%。以饲料用植酸酶为代表的多种饲料用酶的基因注册数量以及相关研究文章的发表数量，按机构排名均为第一，实现了在饲料用酶技术领域跨越式发展，确立了中国农业科学院饲料研究所在饲料用酶研发领域的世界领先地位。

姚斌及其团队还在饲料用酶的构效机理和高效表达机制研究方面取得突破，构建了高效的酶分子改良和表达技术体系，解决了酶难以满足饲料高温制粒要求，易被胃酸和消化道蛋白酶降解，以及产业化生产成本高等瓶颈问题。在国际上首次获得了集高比活性、耐高温、嗜酸、抗蛋白酶为一体的综合性能优越、全面满足养殖业需求的酶蛋白，并构建了表达水平达10～50克/升级的高效表达技术体系，居国际领先地位。

近年来，姚斌以第一发明人获得授权发明专利61项（包括国际发明专利2项），其中技术转让/专利许可26项次；占国内饲料用酶基因专利的69%。发表SCI论文200余篇，SCI他引600余次，其中在 Environ Microbiol 等影响因子超过3.0和一区SCI期刊发表论文93篇，论文他引2 328次。

打破国际垄断　实现饲用酶制剂技术出口

从20世纪90年代起，饲料用酶市场长期被国外大公司垄断，国内饲料用酶制剂产业长期受限于国外专利壁垒和技术控制，无自主产品。由于姚斌突破了饲料用酶的基础性研究，并成功地将研究成果转化到实际生产中，目前植酸酶的国内市场价格相当于国外公司进入中国的1995年的4%，添加成本相当于1995年的1.5%，利用自主饲料用酶技术生产的植酸酶产品占到了国内植酸酶市场份额的90%以上，还有60%以上的产品实现出口，国外产品基本退出了中国市场。

高比活植酸酶产品2006年开始走出国门，国内生产的植酸酶开始大量出口。我国的植酸酶生产技术开始为世界所熟悉。2007年高比活植酸酶技术专利许可美国公司在欧美生产和应用，许可费360万美元，实现了饲料用酶领域的第一次技术输出。同时应用该技术的国内企业生产的产品也大量出口世界各地。植酸酶作为一种工业化的商品，已开始服务于世界各地的饲养业。2016年，姚斌主持的植酸酶耐温性改良技术突破90℃大关（国际专利WO2015070372 A1），发酵效价提高到了60 000 U/毫升，标志着第四代超耐热植酸酶正式进入市场。德国罗曼公司搜集了世界各公司的耐热植酸酶进行性能比较，结果表明我国的植酸酶性能大大优于其他产品，因而罗曼公司主动提出与我们合作。我国自主知识产权的超耐热植酸酶专利许可成功实现了向西方发达国家的技术输出。

全球最大的工业酶制剂生产商诺维信公司的总裁彼泽·尼尔森（Peder Holk Nielsen）曾经这样评价：本公司在全球的酶制剂市场全都占绝对优势，唯独在中国的饲用酶制剂市场上我们输给了中国人。这样值得骄傲的成绩是我国所有民族酶制剂企业共同努力的结果，而这一骄傲、这一荣誉离不开姚斌在饲料用酶研发方面的科技支撑，是他扛起了自主知识产权科技的大旗，带领国内酶制剂企业避开了国际生物巨头的技术壁垒和知识产权陷阱，带领中国酶制剂企业登上世界饲用酶制剂的制高点。

●中国农业科学院饲料研究所供稿●

【江朝余简介】

江朝余，男，1933年生，重庆巴县人，土壤肥料和种质资源专家。1956年毕业于西北农学院农田水利系水利土壤改良专业，随后被分配到中国农业科学院，先后在土壤肥料研究所、作物品种资源研究所从事研究工作。曾任湖南祁阳低产田改良工作组组长、工作站副站长，中国农业科学院土壤肥料研究所办公室副主任、所长，作物品种资源研究所种质贮存研究室主任、副所长（正所级）、研究员；曾兼任中国农学会土壤肥料研究会常务理事、秘书长，中国农学会品种资源研究会副主任，中国农业科学院学术委员会委员。1981—1983年作为访问学者在美国农业部国家种子贮藏实验室进行合作研究。

1960—1965年，在湖南祁阳官山坪主持"冬干鸭屎泥水稻'坐秋'及低产田改良研究"，使水稻亩产由150公斤提高并稳定至300公斤。1963年湖南省约400万亩低产田推广其技术，增产稻谷2亿公斤以上。1964年获国家技术发明一等奖。"六五"期间主持"农作物品种资源长期贮藏理论和方法的研究"，主持建成由我国自行设计、全部采用国产设备的第一座现代化国家种质资源库。"七五"期间主持并参加国家重点科技攻关项目中的"种质资源配套技术措施"课题研究，完成了20万份种子入库任务，第一次实现了我国农作物种质资源的集中统一规范化管理。1995年筹备和主办了农作物种质资源研究与利用国际学术研讨会。发表学术论文16篇。

一首激情诗，他从年轻学子走上了党和国家召唤之路；"三同"与农民，把"鸭屎泥"改造成高产稳产良田；创新加苦干，建种质资源库集聚植物基因宝藏；执著写新章，他永远是科研攻关的尖兵和楷模。

被誉为"土神"的科研尖兵
——记国家技术发明奖一等奖获得者江朝余

有一些科研工作者,一生或许会从事很多科研项目,因硕果累累、成绩斐然让人肃然起敬;而也有一些科研工作者,或许只因作出一两个"敢为天下先"的成果而使人仰慕。江朝余应该是这后者。

听着"入党表"成长

江朝余在少年时,曾经受其大哥的影响,痴读过不少武侠小说,崇拜书中的江湖侠士,脑子里尽是行侠仗义,要当英雄好汉的想法。父亲能从一个打工仔做到家兴祖尊的经历,也使他有过很重的宗族观念。但当他上了重庆树人中学,开始接触到一些进步思想后,使他在观念和行动上都产生了新的转变。

1949年11月,解放的隆隆炮声逼近重庆,16岁的江朝余被推举为重庆树人中学护校大队大队长，负责组织校内的巡逻，防止有人破坏，保护学校和学生们的安全。解放军进入重庆后，江朝余和一些同学跑到渣滓洞、白公馆，看到被国民党杀害的革命烈士遗体，心里受到了极大的震颤。

重庆解放后，在一次树人中学举行的活动上，青年团重庆沙磁区工委学校工作部部长李致同志，充满激情地朗诵一首描述一位普通的解放军战士在一次战斗前夕向指导员要求火线入党的诗——《入党表》：

指导员，
我，什么都舍得，
我，什么也不要，
我只要一张入党表。
指导员，
战斗快要打响了，
刺刀已经上好了，
手榴弹已经挂好了，
信号弹已经升起了，
冲锋号已经吹响了，
马上就要冲锋了，
指导员啊，指导员，
快把我的名字填上入党表。

这首诗，涤荡着在场每一个人的心灵，也再一次更加强烈地震撼了江朝余。他暗自下决心，要做一个对国家对人民有用的人。

中华人民共和国成立后，百废待兴，人才奇缺。1952年夏全国实行统一高考，由于计划招生人数较多，应届毕业生不能满足计划数，因此是年高三年级上学期的学生也提前毕业参加高考。那时学工科是青年学生最时尚的选择，多数人把报考地质或水利作为第一志愿，想象将来大学毕业后当工程师，搞大的建设工程。江朝余也不例外。但当他参加了重庆市团委组织的报告会，听到当时国家最缺人民教师，需要大批学生投考师范的动员后，他的心里像是打翻了五味瓶，不知是什么滋味。经过激烈的思想斗争，他第一志愿填上师范，第二志愿是水利，第三志愿是地质。最终他被西北农学院（今西北农林科技大学）农田水利系录取。

西北农学院地处陕西省武功县张家岗。冬季寒冷，以面食为主，这对来自重庆的江朝余而言，自然在生活上有着诸多的不习惯和苦恼。但他在让自己不断地适应环境的同时，发奋学习。每天往复着从宿舍到教室或图书馆再到食堂的"三点一线"，拼命地在知识的海洋里吸吮着营养。4年的大学，他取得了门门功课成绩几乎无一例外的5分。

有组织能力、擅长体育运动、学习成绩优异的江朝余，大学二年级时被选为学生会主席。在紧张的学习间隙，经常要组织学生开展形式多样、内容积极向上、健康活泼的各类活动。一次在欢迎新生的联欢会上，他以洪亮高亢的嗓音，满怀激情地朗诵了那首让他永生牢记的诗——《入党表》。他的朗诵不仅激起全场青年人热血沸腾，也激励和鼓舞着他从一个纯真少年成长为风华正茂的青年中坚。

到官山坪成"土神"

1956年，江朝余以连续3年"三好生"的成绩从西北农学院毕业，被分配到北京中国农业科学院筹备组，随即被安排到华北农业科学研究所实习进修。当中国农业科学院正式成立后，即转入中国农业科学院土壤肥料研究所。

他在徐叔华研究员的指导下，从事滨海盐碱地改良利用研究，并长年驻扎在滨海的柏各庄农场，除了对农场的土地进行观测分析外，还参加了对山东省昌乐县，湖南省长沙县、怀化县的土壤普查工作。1958年，他如愿加入了中国共产党。

就在他的科研工作按部就班有条不紊地进行时，整个中国进入三年困难时期。

1960年元旦，时任中国农业科学院副院长朱则民听了当时主管农业的谭震林副总理指示后，立即研究部署，组织了两个工作组，按中国土壤分类直接到第一线去，尽快拿出办法，把粮食产量搞上去。那时，什么是最重要的科研课题，把粮食产量搞上去就是最大的课题！

这年春节刚过，院里派已担任土肥研究所党支部委员的江朝余为组长，带领着7人组成的精干小分队出发了。在湖南又与省、地、县的专业人员，共同组成了一个20多人的"低产田改造联合工作组"，一路兼程来到了祁阳县的官山坪。这里并没有人们想象中的公共食堂，吃住都成了问题。作为工作组组长的江朝余说，把我们都分下去，跟贫下中农"三同"吧。

贫困农民的房子大都饱经风雨。一刮风，听到的是屋顶上瓦片响，下雨时，屋外是雨哗哗，屋里是雨滴滴，晚上总是冰冷冰冷的。虽然生产队尽最大能力照顾他们，也按北京的定量下足了米，但对正处于青壮年时代的"江朝余们"，仍是叽咕囊肠，只有用橡子仁、玉米根、地瓜根、稻壳等，磨一磨，泡一泡当粮吃。可这些"代食品"给工作组的人带来了最大问题——便秘。江朝余想出了一个不是办法的办法，他悄悄地买了一个小镜子，一边照着，一边用小木片一点一点地往外掏……

当时，我国南方低产水稻区生产上最突出的难题之一是水稻"坐秋"，即因土壤贫瘠，春天插下的秧苗不发根、不分蘖，一直坐到秋天才生长，产量很低，其在我国长江以南各省均有分布。在官山坪，这里的低产田被俗称为"鸭屎泥"田，土质差，肥力低，农民历来采取蓄水过冬，来年种植一季中稻或晚稻，一般亩产100公斤左右，最低的亩产量只有几十公斤，甚至颗粒无收。

面对这种疑难杂症般的"鸭屎泥"，他和工作组的同志们做好了长期观察、仔细分析的准备。没有实验室，也没有实验设备，他们就天天转悠在官山坪的田头地尾，对采来的土样用陶缸瓦钵装，用瓶瓶罐罐盛，用炭火烘烤的方式，进行简单的土壤分析，在进行大量田间试验的同时，将土样运到北京，用同位素磷32标记磷肥栽培水稻。用这种田间观测与室内实验结合的方法，硬是找到了"鸭屎泥"的顽疾所在——缺磷。接着工作组同志又针对用什么磷肥、施用多少、施用频次等亟待解决的问题，一面广泛深入地走访农民，一点一滴地总结他们多年积累的经验，一面精心细致地做着大田和盆栽试验，以找寻到施用磷肥的科学数据与各项增产措施。

辛勤而艰苦的工作，终于换来了丰收的喜庆。官山坪，1960年工作组进入的当年，水稻亩产180公斤；1962年水稻亩产就达到280公斤，并实现了稳产，基本改变了官山坪的水稻低产面貌；1963年湖南省在400万亩"鸭屎泥"田推广应用该技术，根据300万亩的数字统计，约增产1.8亿公斤稻谷。该项研究在选题上的针对性，研究方法的内外结合性，以及泥团溶化、磷素活化、土壤熟化的理论印证性等方面，既对生产具有现实意义，又在科学上有着重要的理论价值。为此，《新湖南日报》《人民日报》先后发表了社论和长篇报道，江朝余也受邀在中央人民广播电台、北京电视台以及北京、湖南、陕西等科研单位、大专院校作学术报告。同时他还在《中国农业科学》《红旗》《人民日报》等报刊上发表了十几篇论文或文章。1964年，江朝余为第一完成人的"冬干鸭屎泥水稻'坐秋'及低产田改良的研究"获得国家技术发明一等奖。

"施用磷肥，解决了水稻'坐秋'，粮食年年增产，我们老百姓高兴！我们永远记住了你们！"这是1995年6月5日，当年的"江组长"回到了阔别30多年的官山坪村时，乡亲们对他说出的肺腑之语。而让他感到欣慰的是，有幸在那个只有粮食才能救命的年代，用科学的力量，在官山坪当了回让贫瘠土地变良田的"土神"。

● 江朝余在试验田里工作

填补"种质库"空白

1965年,在官山坪干了5年的江朝余奉命回京。不久"文革"开始,他和千千万万科研工作者的命运不二,科研步履不得不蹒跚而行。

1975年,科学的春天正在悄悄地走来。他结束了长达7年的干校生活,回到了中国农业科学院,任所办公室主任。

一位著名科学家曾这样断言:"人类的命运将取决于我们今后发掘植物种质资源的能力"。

也正是这一年,面对生态环境的日趋恶化,中央批示:要尽快建造我国种质资源库,对我国农作物品种资源,特别是对一些濒危物种与野生种进行抢救性保护。并提出将我国已经收集到或分散保存在全国各地的40余种大田作物中的20万份种质资源材料,用现代化的方法,使其在至少50年内保持其遗传特性,以保证我国丰富多彩的种质资源为优良品种选育和生物学研究提供充实可靠的物质基础的总目标。该项研究列入国家"六五"期间全国农业九大重点研究项目和建设项目之一,旨在填补我国农作物品种资源长期贮存领域的空白。

于是,1978年中国农业科学院成立了作物品种资源研究所,江朝余担任了种质贮存研究室主任,负责筹建种质库,并主持"农作物品种资源长期贮存理论和方法的研究"。然而,当时我国的情况是:从工程设计、施工单位到建设材料、仪器设备等几乎完全是一无所有。对于该项目领衔者江朝余而言,只有"自古华山一条路"。为此他心一横,把烟给戒了,凭着那些年跟电视大学学的英语,硬是查阅了当时美国、苏联、日本、西欧和国际水稻研究所等国家与国际组织机构的几乎所有相关资料,仅卡片就累计达3 000余张。跑遍了国内几十家生产企业、科研单位,与设计单位精心谋划,反复推敲设计方案,同施工单位一起边摸索边施工。

在施工过程中,他们创造性地采用了正作反贴隔热层软木砖的新技术,建成与种子干燥同步的、可日完成250份种子发芽检测的大型发芽间。在配套仪器设备的研发中,他们研制和仿制了从低温干燥箱、密封种子盒到种子清选机等一整套专用仪器设备,其中低温干燥箱、密封种子盒于1982年获得院合理化建议和技术改进奖。而具有创新性的采用干燥间与低温干燥箱的双重干燥法的实施,则大大超过美国的种子入库速度,以及在种子入库规程上,他们制定完成统一的、适合我国国情的种子入库技术操作流程等,从而在现代化低温干燥种质库建设、相应配套的种子入库技术、种质长期贮存理论和方法三大方面,有力地保证了种质资源库的建设质量、运行安全与长期有效。

历经春秋八载,克服了许多意想不到的困难甚至危险,1986年8月14日,我国第一座现代化低温干燥种质资源库终于落成,并正式运行。次日,《人民日报》《光明日报》《农民日报》分别以"现代化种质库在京落成""目前最大的国家种质资源库落成""最大的种质库在京落成"等为标题,对其进行了集中报道。

这个坐落在北京中国农业科学院内的农作物种质资源库,不单单因其与美国、苏联国家种质库面积相当,居亚洲第一,更重要的在于:它是我国第一座完全自主设计、自行施工、全部采用我国研制的国产现代化设备,主要技术指标达到世界先进水平的种质资源库。它的建成和稳定运行,标志着我国已经跻身于世界种质资源贮存先进国家之列。

截至1993年,完成入库种子24万份。在此基础上,江朝余和同事们提出在我国建立长期贮存与中期贮存相结合的二级贮存管理体系,并规划布局了中期保存库的建设。与此同时,为多年生作物资源的保存,他们协调有关省市建立田间种质资源圃等

工作。还进行了超低温液态氮保存稀有、珍贵种质资源的研究。

2003年由董玉琛主持研究完成的"中国农作物种质资源收集保存评价与利用"的课题中,包含了种质资源库建设和种质资源入库保存的内容,获国家科技进步一等奖。

出生于1933年,离开家乡重庆已半个多世纪的江朝余,用科学改变贫瘠,用勤奋创造价值,但未曾改变的依然还是那浓浓的"重庆调"和那洪亮高亢的嗓音。"要说我这一生,是怎样的一生,我只是千千万万中国科技工作者中很普通的一个,只不过是在科研攻关上可以担当和胜任尖兵任务的战士。"让我们为在中国农业科研战线有这样一位攻坚者而引以为傲吧!

●中国农业科学院作物科学研究所供稿●

【王守纯简介】

王守纯（1918—1988），男，河北乐亭人，土壤学专家。1944年毕业于北京大学理学院化学系，一直从事土壤改良研究工作。曾任中国农业科学院土壤肥料研究所研究员、新乡工作站副站长、德州盐碱土改良实验站站长、土壤改良研究室主任等职。从1962年起先后任第三、第五、第六、第七届全国人民代表大会代表。

20世纪40年代至50年代，从事我国渤海湾西部盐碱土改良利用的调查和试验研究，提出了渤海湾盐碱地种稻改良和水旱轮作技术；60年代，深入河南省新乡地区建立农村基点，开展科学试验，首创了以"冲沟躲盐巧种"为核心的一整套棉、麦保苗技术；70年代，带领科技人员到鲁北平原建立综合治理试验示范区，创立了"深沟提排与农业措施相结合"的综合治理技术；80年代，承担"六五"淮海平原综合治理的攻关任务，提出了"综合治理、综合开发"的战略构想，为发展我国盐渍土学科和黄淮海平原农业的综合治理与综合开发作出了重大贡献。1964年获国家技术发明一等奖，并获全国科学大会奖及农业部技术改进一等奖等省部级以上科技奖5项，发表论文30多篇。1988年被国务院授予黄淮海平原农业开发优秀科技工作者荣誉称号。

农业的丰歉牵着他的魂，农村的贫富揪着他的心，农民的温饱连着他的情，为使盐碱地五谷飘香，他愿永远与"盐碱窝"不舍不离。

治理盐碱 造福农民 其乐无穷
——记国家技术发明奖一等奖获得者王守纯

王守纯，一个普通得不能再普通的名字，他的人格也如同他的名字，一辈子就坚守着那份纯洁。什么叫冰清玉洁？他的心就是最好的代表，他的为人做事就是最好的诠释。

他没有豪言壮语，也没有闪光的"乌纱"，他却在"盐碱窝"里守了一辈子，图什么？他的行动给了一个最响亮的回答："治理盐碱，造福农民，其乐无穷"。

坎坷经历磨练意志

王守纯，1918年5月出生于河北省乐亭县闫镇村的一个农民家庭。12岁考入天津私立南开中学，1936年，汉奸殷汝耕成立冀东防共自治委员会投靠日本，又闻南京国民政府与日本签订了塘沽协定，于是他参加了平津学生罢课、游行、请愿活动。曾一度参加过陈家保的抗日救国队,后因该队军风军纪不良,愤而退出。由于政局不稳,不得不辍学,1937年10月受聘担任河北省乐亭县闫镇完小教师。为了实现自己的愿望,1938年辞去小学教师的工作,考入北平私立镜湖中学高三继读。高中毕业后,他父亲欲命其进入文法学院,但他不愿涉入政界,决心像著名化学家侯德榜那样,在化学工业上为国效力。1939年他考入北京大学理学院化学系,大学毕业时,正值国难当头、日伪统治北平时期,何谈谋业! 无奈,只好接受学校介绍,来到华北农事试验场化学科从事土壤分析研究。1945年日本投降,该试验场为南京国民政府接收,更名为北平农事试验场,他被留在该试验场土壤肥料室从事盐碱土改良研究,从此他便与盐碱地结下了不解之缘。

1949年中华人民共和国成立后,北平农事试验场更名为华北农业科学研究所,他仍被留在该所农业化学系土壤肥料室工作。在此期间,他随老专家参加了我国渤海湾北部盐碱土改良利用调查,走遍了河北省山海关到山东省昌邑县一带滨海盐碱地,采集了大量的土壤样品和资料,并在河北省柏各庄农场对新垦盐碱荒地进行稻改、水旱轮作等试验研究。

1957年在华北农业科学研究所的基础上成立了中国农业科学院。王守纯也随之转入中国农业科学院土壤肥料研究所土壤研究室工作。在此期间,他响应党的号召,同广大科技人员一道去河北省张家口地区张北县农村蹲点,与群众一道研究改进马铃薯栽培增产技术。1961年年初,他带领青年科技人员和刚毕业的大学生,来到河南省新乡县洪门乡的李村、洪门两个村,建立盐碱地改良科研基点(后改为工作站)。建点初正值国家三年困难时期,缺吃少用,然而王守纯一行人,与群众同甘共苦,共渡难关搞研究,与农民结下了深厚的友情。

"文革"期间,1969年底王守纯随中国农业科学院科技服务队,来到宁夏银川贺兰山下的中国人民解放军总后"五七"干校,接受"再教育",推广盐碱地改良技术。1970年年底随土壤肥料研究所"下放"山东德州,此时他已是年过半百、头发花白的老人了。没有停息几天,他同科技人员和研究化肥的妻子一同去商河、禹城等县蹲点。1973年接受山东省科委的任务,他又带领科技人员和妻子,到陵县丁庄乡佟家寨"盐碱窝"安营扎寨。1979年研究所迁回北京,他任土壤肥料研究所土壤改良室主任兼德州盐碱土改良实验站站长,仍坚持在农村一线工作。"六五"期间,承担国家重点科技攻关项目,在陵县、禹城、平原3个县设置不同的治理模式,主持了陵县试验区盐碱地综合治理与综合开发的研究工作。

● 王守纯（右）在田间工作

盐碱地上创造奇迹

要在盐碱地上出好苗、保住苗、种好庄稼，在古今中外都是一个难题。世世代代生活在盐碱地上的农民，虽然摸索出一些经验，但效果很不稳定，不能从根儿上破解难题。就拿我国典型的重盐碱区——豫北新乡市洪门乡来说吧，听与王守纯一起工作过的人说，这里是连绵的太行山和高高的黄河故道形成的槽形洼地，几百年前土壤就已盐碱板结了。中华人民共和国成立后，当地农民刮盐皮、洗盐、扫盐，几经周折不见效，这里成了著名的树不长、草不生、庄稼几乎无收的穷"盐碱窝"。20世纪60年代初，王守纯带领一批青年科技人员离开繁华的都市，踏上了南下的征程，来到这茫茫"盐海"。从此便扎根"盐碱窝"，开始了开发治理盐碱地的艰难历程。为了探索治理盐碱地的办法，他和农民同吃同住同劳动。一位老农告诉他，50年代在这块盐碱滩上曾种出过每亩收成籽棉50多公斤的好棉花，不知为什么，以后再种棉花就不"灵"了。王守纯照着老农的办法试种了一茬棉花，从实验室到试验田有十几里路，他每天跑到地里观察。几天过去了，却未见出苗。他不灰心，翌年春天，又种了两亩棉花，结果还是一苗未出，研究组的青年人有些丧气，认为这里的盐碱地不能种植棉花，劝他别再搞下去。他翻阅了大量资料，苦苦寻求问题的原因所在。他将棉籽种在不同深度的土层里，开始了他的第三次试验。几天后，竟然有两行棉花破土出苗了！他欣喜若狂，于是，他小心翼翼地将小苗周围的土扒开，分层取土化验，分析结果发现，土壤盐分由表土向下逐渐减少，凡是10厘米深度以下的土壤，含盐量均低于0.3%，棉籽可以发芽，凡是浅于10厘米的土壤含盐量均高于0.5%，棉籽无法承受，而这一层正是农民习惯的播种深度，当地农民按照王守纯提供的数据进行深播种棉花，棉苗全部破土而出。第一步的成功给王守纯带来莫大鼓舞。接着，他结合"起碱刮毒""晒垡养垧垅""热犁热种""冲沟播种"等做法，又做了大量的调查研究和30多次试验，根据试验分析结果，他首次提出了"豫北地区盐碱地土壤盐分呈'T'字形分布"的学术观点，并创造性地提出了以"冲沟躲盐巧种"为核心的一整套棉花和小麦保苗增产的耕作技术。这套技术很快就在河南、河北、山东盐碱地区大面积推广应用，并获得棉花、小麦单产成倍增长的高效益。由于王守纯作出了优异成绩，1964年他出席了在北京召开的第一次亚非拉科学讨论会，并作了题为"豫北灌区盐碱土的特征和棉麦保苗技术"的大会发言。1964年，以王守纯为第一完成人的"豫北地区盐渍土棉麦保苗技术措施的研究"获国家技术发明一等奖。

把家安在"盐碱窝"里

"不须扬鞭自奋蹄"。在成就和荣誉面前，王守纯没有陶醉，没有满足，他继续在"盐碱窝"辛勤耕耘着，不仅如此，为了更好地治理盐碱地，他干脆就把家安在"盐碱窝"里。自20世纪70年代起，他和妻子曾先后在商河、禹城、陵县的"盐碱窝"里安营扎寨，一干就是十七八年。这期间，他又提出了"开沟灌水压盐、营养钵育苗、开沟直播"和工程、生物、农业相结合的综合治理方法，并总结为"综合治理、综合开发"8个字作为科学研究和实践经验的结晶。

60年代，对土壤盐渍化使黄淮海平原农业生产长期低而不稳的问题，曾有过水利措施与农业措施谁"治标"、谁"治本"之争。为了探讨这一"纷争"，他深入鲁西北平原，对盐碱土的形成原因和演变规律进行了大量的调查研究，系统而全面地分析盐碱土盐渍化与地形地貌、水文地质、农业生产的关系，他认为，旱、涝、碱、薄交替危害制约农业生产的发展，要改变这种情况，必须实行"农水结合""综合治理"。于是，1974年他在山东省陵县西部的背河洼地，建立了深沟扬灌扬排与农业措施相结合综合治理盐碱地的万亩试验区，试验区内在降水量和月降水强度超过"64雨型"的情况下，2~3天地下水位和土壤含水量即降到作物抗涝极限以下，但作物仍正常生长，又播上了适时麦，而试验区外则是另一番景观。从而为"九战盐碱"而收效不大的陵县人民，找到了一条正确途径。但这种模式工程标准高，占地多、工程量大。为了寻找更科学、更经济、更实用的治理盐碱地的技术，王守纯组织科技人员又开辟了"深浅排农田工程与农业措施相结合"的综合治理盐碱地第二试验区，将原农沟深度标准减少0.5~1.0米，同样也达到了改土要求。这种模式比原模式占地面积减少20%~30%，工程土方量减少40%，农田工程用费减少30%~40%。经过10多年的运行结果表明：旱涝得以控制，盐碱地大面积减少，作物产量成倍增长，土壤肥力同步提高。从而使陵县64万亩盐碱地迅速改变了面貌，也为我国农业首次引进外资项目提供了模式和依据。

与此同时，在他的主持和指导下，山东省禹城县、平原县还建立了井灌井排、浅沟与农业措施相结合试验区和"抽咸换淡"咸淡混交与农业措施相结合的试验区。这一技术在山东全省1 300万亩盐碱地推广成效显著。由于王守纯作出了突出贡献，1978年他出席了全国科学大会，并荣获全国科学大会奖和山东省科学大会奖，"鲁北内陆平原盐碱地综合治理的研究"成果获得1980年农业部技术改进一等奖。

坐轮椅也要回"盐碱窝"去

40多年来，王守纯没有离开农村，没有离开农民，没有离开他为之奋斗终生的盐碱地改良事业，甚至没有离开"盐碱窝"。

他去过东北、西北、黄淮海地区考察盐碱地，在山东省德州、陵县、禹城、商河，河南省新乡、兰考，河北省张北，宁夏银川以及天津等县（市）蹲过点。兜里总是揣着一个本一支笔，不时地写着。每到一处总是虚心向群众学习，认真总结群众经验；每到一处都要到农民家中，嘘寒问暖，与农民交朋友。1961年是我国最困难的一年，其他基点的科技工作者都回北京了，他和同事们却没有走，与农民同甘共苦，一口糠一口菜，经常饿着肚子与农民一起劳动，一同搞试验，从而与农民群众建立了深厚的情感。农民冬天总是把热乎乎的炕头让给他，伏天找凉快的屋子给他住。

王守纯善于学习和运用马列主义，运用毛泽东的《实践论》和《矛盾论》的理论，解决科研、生产实践中出现的各种问题，在调查研究过程中给当地提供盐碱地种稻、水旱轮作技术，教会农民使用简易双层犁上翻下松打破犁底层办法等。他非常注重科研与实践的结合，早在1964年，他在农村基点工作时就总结出"领导、技术人员、群众三结合""实验室、试验场、农村基点三结合"和"试验、示范、推广三结合"的3个科技与生产结合、科技为生产服务的"三结合"办法，尤其是试验、示范、推广"三结合"的农业科学发展道路备受推崇。当年《人民日报》《河南日报》刊登了王守纯亲身体验的文章，《人民日报》还发表了"一条农业科学实验的正确道路"的社论，推崇的就是王守纯所走过的试验、示范、推广"三结合"的道路。

1988年他患病卧床，闻讯黄淮海农业开发的"战斗"即将打响，他又高兴又着急，捶打着自己的双腿大声喊："大夫！大夫！快把这不中用的腿锯了吧，我坐轮椅也要回'盐碱窝'去。"

人民心中树立丰碑

王守纯长期在恶劣的环境下，忘我工作，积劳成疾，腹泻病伴随终生。1988年在去人民大会堂参加第七届全国人民代表大会的途中突然病倒，经检查确诊为肺癌，癌细胞已扩散到全身，因医治无效，于1988年4月20日在北京逝世，享年70岁。同年7月，国务院授予他黄淮海平原农业开发优秀科技工作者荣誉称号。

1988年7月，当国家决定大规模开发治理"黄淮海"时，这位为改造盐碱地奋斗了几十年，被盐腌碱渍鬓发尽白的老科学家却悄然长逝了。临终前，他叮嘱他的儿子，将他的骨灰撒向那茫茫"盐海"。

他一生热爱祖国，热爱人民，热爱中国共产党，热爱社会主义，热爱农业科学事业。他的一生，是坚持真理、追求进步的一生，是治理盐碱、造福农民、其乐无穷的一生。他是一位受到国内外同行赞赏和农民群众欢迎与爱戴的优秀科技工作者。

王守纯与世长辞了，但人民没有忘记他，他永远活在人民心中。在他逝世3周年之际，在他工作过的"盐碱窝"——陵县试验区内，为他立了一座汉白玉的纪念碑，农业部前部长何康书写了碑名，时任农业部副部长洪绂曾、山东省副省长张瑞凤共同

为纪念碑揭幕,时任党和国家领导人宋健、陈俊生以及农业部部长刘中一等为他题写了"知识分子的楷模"等条幅。为弘扬以王守纯为背景的三代科学家为改良我国盐碱地的奉献精神,中央电视台、山东电视台联合摄制了7集电视连续剧《大地缘》,并在全国播放。中国农业科学院党组作出决定,号召全院职工向王守纯同志学习,激励大家面向农业主战场,为我国农业发展服务。

●中国农业科学院农业资源与农业区划研究所供稿●

【陈善铭简介】

陈善铭（1909—1993），男，北京人，植物病理专家。1931年毕业于清华大学生物系，留校任教，1943年毕业于美国明尼苏达大学植物病理系，获博士学位。1945年回国后，任中央农业实验所技正。中华人民共和国成立后，主持华北农业科学研究所病虫害系工作。1957年任中国农业科学院植物保护研究所研究员、副所长。曾任中国植物病理学会副理事长、顾问，中国植物保护学会常务理事、顾问。

长期从事植物病害研究和防治工作，在植物线虫病、小麦条锈病、植物检疫等研究领域获得重要成果。主编了《中国农作物病虫害》《中国农作物病虫图谱》《国外农业生产水平和科学进展》《国外农业概况》等著作。曾任《植物保护》主编、《植物保护学报》和《植物病理学报》副主编。作为第一完成人的"中国小麦条锈病流行体系"研究1987年获国家自然科学二等奖。

> 他运筹指挥大协作，奔波一线查实情，为防治小麦条锈病作出历史贡献；他组织基础研究，注重联系实际，为中国植物病理科学奋斗一生。他是中国植保界先驱，科研后来人楷模。

一生献给植物病理科学事业
——记国家自然科学奖二等奖获得者陈善铭

说起陈善铭，是业界十分尊敬的植物病理学家。他于1909年8月在北京出生，1931年毕业于清华大学生物系，留校任教，从事银杏果实的发育生理研究。后来到北京师范大学任教，并在静生生物调查所兼职。1936年经戴芳澜教授介绍到美国明尼苏达大学植物病理系攻读学位，在世界著名植物病理学家斯塔克曼教授指导下，从事小麦丝核菌的病理研究，1943年获得博士学位，随后受聘于明尼苏达大学参加青霉菌引变研究。1945年回国，受聘于中央农业实验所任技正。同年，日本投降后，中央农业实验所组织了一批人到北平（今北京市）接收华北农事试验场，他作为接收者之一随同到北平主持病虫害研究室工作。中华人民共和国成立后，华北农事试验场改组为华北农业科学研究所，陈善铭主持病虫害系工作。1953年他协助陈凤桐所长组织华北农科所农村工作队，赴农村帮助解决农业生产上的迫切问题，传授病虫害防治技术。1957年中国农业科学院成立，陈善铭任植物保护研究所研究员、副所长，致力于小麦条锈病的研究工作。

填补国内空白 创建线虫学科

20世纪50年代，我国作物线虫病的研究近乎空白。1953年陈善铭带领青年科研人员在定县基点上进行小麦线虫病的防治试验。他们向农民宣传小麦线虫生活史和侵染途径，传授防治技术，大力推广小麦线虫病的病瘿汰除机，取得了良好的效果，经过汰除机处理的麦种含瘿率下降到0.5%以下。他亲自对试验结果和经验进行总结，写成《1953年河北省小麦线虫病调查研究及防治研究工作报告》，引起有关方面高度重视。他协助农业部制定了控制十大作物病虫害的规划，编写了有关消灭小麦线虫病的宣传册，供各地推广应用，有效控制了我国小麦线虫病的发生和危害。50年代末，他与陈品三等又开展了粟线虫病病原生活史及其防治的研究，其成果于1962年发表在《植物保护学报》上，有力地推动了我国粟线虫病的防治研究工作。

60年代初，陈善铭又指派专人学习国外植物线虫病学的基础理论、方法和研究技术，并迅速建立了植物线虫实验室，组织翻译了《植物寄生线虫》《植物线虫学研究入门》《线虫学基础与进展》等国外专著，对推动植物线虫病研究和普及线虫病防治知识发挥了积极的作用。60年代中期，由于各种干扰，花生根结线虫病防治研究近于停顿。陈善铭为维持这一科研项目大声疾呼，鼓励研究人员坚持工作，并四处奔走，力争将已调离的人员调回，终于使研究所线虫研究得以继续，并取得了新的进展。

1979年陈善铭已70岁高龄，他还亲自去黑龙江省甘南县国有农场察看大豆孢囊线虫病发生、为害情况及防治效果，并在农业部召开的现场会上作了学术报告。随后，在农业部委托植物保护研究所举办的全国植物线虫培训班上，他全面论述了世界植物线虫学的发展和我国线虫病害防治研究概况。对推动我国植物线虫学的发展作出了重要贡献，是我国植物线虫学科的奠基人之一。

组织全国协作 揭示锈病规律

1950年全国小麦条锈病大流行，损失小麦60亿公斤，占当时全国小麦总产量的

41.3%，相当于全国夏季征粮的总和。为此，农业部专门召开了全国小麦锈病座谈会，研究制定防治方案，组织全国协作攻关。陈善铭担负起了华北小麦条锈病流行规律研究的领导，他组织周嘉平、陆师义等多位所内学者开展合作，到山西太谷，河北安国、南和等地进行实地调查。借鉴美国研究小麦秆锈病流行规律的经验，启迪青年人发挥聪明才智，分工协作、各有侧重。他经常和年轻人讨论条锈病越冬、越夏以及在华北地区的生存和发展条件，推动研究工作的不断深入。经过近6年的共同努力，完成了"华北地区小麦条锈病流行规律研究"项目，为之后解决锈病危害铺平了道路。此后，陈善铭又亲自率领助手到四川成都、雅安、宜宾等地调查小麦对条锈病抗性丧失问题。1961年他亲临甘肃布置甘、青二省小麦条锈病菌越夏调查。

陈善铭还十分重视条锈病菌生理小种及小麦抗锈性变异研究。1956年他组织汪可宁等人针对当时小麦当家品种碧蚂1号丧失抗条锈性的实际情况，开展小麦条锈菌生理小种研究，1958年建立了一套能鉴别当前小麦条锈病菌生理小种类别的鉴别寄主，以后又在此基础上进行了补充和完善，对推动我国小麦条锈菌生理专化研究发挥了引领作用。

1964年小麦条锈病在我国西北、华北、淮北地区再度暴发流行，陈善铭组织当地科技人员对锈病发生情况进行广泛调查，并在徐州地区开展了药剂防治示范，收到了积极的效果。为了防控小麦条锈病，在中国农业科学院金善宝院长的领导下，组织制定了包括培育抗病品种、强化病理研究在内的小麦条锈病研究与防治规划。在甘肃省甘谷县建立了锈病站，以甘肃为重点开展小麦条锈病菌越夏越冬、发生规律和防治方法研究。与此同时，在研究所内也组织开展了小麦抗条锈病的育种工作。1966年"文革"开始，工作受到很大干扰，但科技人员排除干扰，坚持不懈开展科研工作，经过长期努力，至1986年一批抗病品种陆续育成推广，我国小麦条锈病发生流行规律也逐渐明确。

经过30多年全国科研大协作，于1987年完成了"中国小麦条锈病流行体系"研究。其成果主要有：一是查明了我国小麦条锈菌的越夏地区、范围、方式及其条件，发现了西北、川西北、华北、云南、新疆五大越夏片，其中甘、青、宁、川连片为最大的主要越夏区；二是揭示了病菌的越冬和春季流行规律，包括越冬区域、方式、温度界限和地理边界等，查明石家庄—介休线以北病菌不能或难越冬，以南可越冬，为病害短期测报提供了依据；三是选出了一套切合中国实际的条锈菌生理小种鉴别寄主和监测系统，鉴定发现了28个生理小种，揭示了陇南易变区品种抗病性丧失快和关中、华北品种抗病性丧失慢的主要原因，对抗病品种的选育、利用和布局有重要指导作用。

● 陈善铭（右一）与外国专家讨论工作

这些成果的取得，使我国对小麦条锈病的研究处于国际领先地位。陈善铭是这些科研项目及其成果的主要组织者和领导者，他亲自拟定课题指导思想、设计方案和具体任务安排，并通过各种形式统一思想认识，保障科研协作工作的顺利实施。相关科研成果1978年获得全国科学大会奖，由他作为第一完成人的"中国小麦条锈病流行体系"研究1987年获得国家自然科学二等奖，这是相关研究获得的最高国家奖项。

坚守植物检疫　筑牢生物防线

植物检疫是植物保护的重要环节。1953年陈善铭陪同苏联专家考察了我国植物检疫情况，了解到这项工作在我国还十分薄弱，建议有关部门引起高度重视。此后，农业部筹建了植物检疫实验室，陈善铭受聘为该实验室顾问。在此期间，他对检疫对象的确定、工作人员的配备等提出了许多建设性的意见，并同曹骥等人一同对来自苏联的大量引种材料进行严格的检疫。1960年农业部植物检疫实验室因故撤销，他力主将该室研究骨干调到中国农业科学院植物保护研究所，为后续植物检疫科研工作保存技术力量。1957年他在德国召开的国际植物检疫会议上，提出了将小麦矮腥黑穗病作为检疫对象，以保障我国小麦安全生产，维护了我国的利益。以后，他先后代表我国就烟草检疫问题与保加利亚、阿尔巴尼亚谈判，挽回了不必要的经济损失。他坚持植物检疫原则，捍卫国家长远利益，对我国的植物检疫工作作出了重要贡献。

陈善铭为中国植物病理科学事业奋斗了几十年，尤其是在他退休后还孜孜不倦地关心和支持植物病理学科建设和发展，继续勤奋工作。1979年在他担任中国农业科学院植物保护研究所顾问期间，亲自指导创建了小麦病害研究室，组织开展锈菌遗传与生理、植物抗病变异体细胞选择、土传病害生物防治等国内薄弱的研究项目，并在此基础上建立了植病生物技术课题组，为推动植物病理学科发展作出了重要贡献，充分体现了老一辈科学家所特有的敏锐洞察力。他在科学研究上十分注重联系生产实际，解决农业生产中的实际问题，善于学习，勤于思考，对青年同志因材施教，培养独立思考、勤于实践的能力。许多植物病理界知名学者，都受过他的教诲。1989年在他80寿辰之际，中国植物病理学会向他献了寿匾，以颂扬他对我国植物病理学作出的杰出贡献。

● 中国农业科学院植物保护研究所供稿 ●

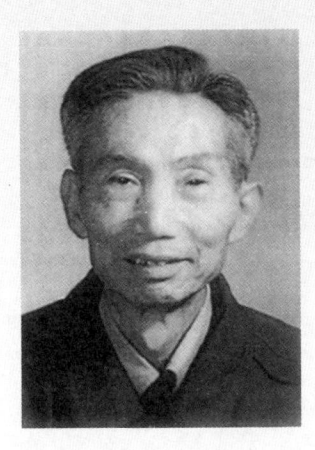

【汪可宁简介】

汪可宁（1924—1999），男，安徽歙县人，植物病理专家。1948年毕业于中央大学农学院农艺系，留校任助教；1950年调入华北农业科学研究所小麦研究组。曾任中国农业科学院植物保护研究所病害研究室副主任，锈病研究室主任，麦病研究室主任，研究员；中国植物病理学会第四届、第五届常务理事；第八届全国政协委员。

长期从事植物病理研究，特别是对于小麦锈病防治，在病菌生理转化、品种抗病性变异与遗传、病害流行传播规律、预测预报、药剂防治以及综合治理等研究方面有重要建树，成绩卓著。先后发表一系列论文，受到植物病理学家、育种学家等国内外同行的重视。获国家自然科学二等奖、国家科技进步二等奖各1项，农业部科技进步二等奖4项。

> 跋山涉水，不辞劳苦，踏遍大江南北高山平原；呕心沥血，刻苦攻关，就为制伏小麦锈病恶魔。一生只做一件事，造福人民功劳高。

中国小麦条锈病防治研究的拓荒者
——记国家自然科学奖二等奖获得者汪可宁

说到对小麦有重大危害的条锈病，人们都不会忘记汪可宁所做的大量艰苦细致的基础工作，以及在病菌生理、品种抗病性、病害流行规律、综合防治等方面的突出贡献。

初入农门　与农业植保结缘

1924年8月，汪可宁出生于安徽省歙县一个知识分子家庭。父亲担任过中学教师，对他有较深的影响。1942年他考入中央大学农学院农艺系病虫害组，从此与农业植保结下了不解之缘。大学4年级时他便兼任植物病理助教，1948年毕业后留校转为正式助教。这期间，他开始翻译美国植物病专家契斯特的名著《小麦叶锈病及其防治原理》，该书于1956年正式出版。1950年7月，汪可宁调到华北农业科学研究所小麦研究组，担任技术员。他经常深入农村，长期蹲点，对小麦条锈病、叶锈病、秆黑粉病、腥黑穗病、线虫病、秆枯病等多种病害开展实地调查研究，并积极参加农业部植物保护局组织的小麦病害发生情况调查。通过这段时间的工作和学习，培养了他对植物病理学特别是小麦病害研究的热情，为以后长期从事植物病理科学研究打下了坚实的基础。

瞄准锈病　发现小麦抗锈性变异原理

1950年全国冬麦区小麦条锈病特大流行，损失小麦60亿公斤，引起各级政府和科技界的高度重视。汪可宁在华北农业科学研究所小麦研究组负责人陈善铭的领导下，与中国科学院应用真菌学研究所陆师义等合作，积极投入小麦条锈病流行规律的调查研究。从此，他与小麦条锈病研究结下了不解之缘。

1956年，汪可宁发现当时中国大面积种植的小麦当家品种碧蚂1号抗条锈性的变异问题。通过广泛的田间调查和室内试验，证明碧蚂1号抗锈性变异是由于病菌致病性发生了变异，即出现了新的致病类型，他据此发表了《关于碧蚂1号丧失抗锈性及其他抗锈性变异原因的商榷》一文。随后，他开始摸索小麦条锈菌生理小种的鉴别寄主，根据100多个代表菌系对200多个代表性品种测定的结果，选出了一套具有明确鉴别能力、对病菌的反应较稳定、能正确反映中国小麦条锈菌变异特点的鉴别寄主，这套鉴别寄主由9个小麦品种（系）组成。利用这套鉴别寄主，鉴定了来自全国不同麦区的23 000多份条锈病标样，查明当时中国小麦条锈菌有10个生理小种，其中条中1号、条中8号分别是20世纪50年代末和60年代初引起小麦条锈病流行的优势小种。根据这一研究结果，他于1963年发表了题为《我国小麦条锈菌生理专化研究》一文，得到国内同行一致公认并采纳应用，开创了中国小麦条锈菌生理专化系统研究的先河。在此基础上，他又根据小麦生产的发展，不断加以调整和完善，将一些新的重要生产品种和抗源加入到鉴别寄主中，最终形成一套包括24个小麦品种（系）的小麦条锈菌生理小种全国通用鉴别寄主。通过对各时期小麦条锈菌生理小种进行系统监测，先后发现和命名了31个条锈菌生理小种，分别揭示了以碧蚂1号、玉皮和甘肃96、南大2419、北京8号和阿勃、丰产3号和泰山1号、洛夫林系、繁6及其衍生系品种为代表的共7次小麦品种抗条锈性变异规律，每年及时发布小种监测结果，为抗锈品种的选育发挥了重要的不可或缺的指导作用。在研究方法上，他经常到病害常发区实地考察小麦品种抗锈性变异情况，选择代表性地点设置全国小麦品种抗锈性变异观察圃进行系统观察，掌握病菌小种对重要小麦品种成株期致病性特点，为品种布局调整提供科学依据。汪可宁是中国小麦条锈菌生理专化研究的主要奠基人。

80年代初，设在荷兰的国际小麦条锈菌研究中心引入这套鉴别寄主进行测试。中心负责人、著名的条锈菌生理专化研究专家R. W. 斯塔布斯教授来信评价：中国小麦条锈菌鉴别寄主不仅对中国条锈菌有明确的鉴别力，而且对国际条锈菌具有与国际鉴别寄主同等的鉴别力。

● 汪可宁（右三）在雅安考察小麦锈病

追踪溯源　揭示小麦条锈病流行规律

汪可宁全身心地投入到小麦锈病的研究之中，在病害流行规律等方面也取得了一系列重要成果。

发现中国小麦条锈菌易变区和新小种策源地。在建立一套切合中国实际的小麦条锈菌鉴别寄主的基础上，他亲自考察选址和组织领导，在甘肃甘谷建立了锈病试验站，在陕西太白建立了高山温室，供全国从事小麦条锈病研究的单位使用。他组织建立了全国小麦条锈菌小种监测协作组，对各时期流行小种的组成、变化进行系统监测。研究证实陇南、陇东和川西北等地区是中国最重要的条锈菌易变区或新小种产生的策源地。新小种在上述地区首先发现，逐步繁殖积累，不断传播扩展，从新小种发现到发展成为流行小种，一般需要3～5年时间。他长期主持全国小麦品种抗锈性变异观察圃工作，通过分工协作，阐明了历次小麦品种抗条锈性重大变化主要是由于病菌新小种的产生和发展所致。1986年发表《1951—1983年我国小麦品种抗条锈性变异分析》一文，揭示了小麦品种抗条锈性变异自西向东与病菌自西往东传播同步的规律，为揭示我国小麦条锈病大区流行的病菌变异规律提供了翔实而珍贵的第一手资料。

组织开展高空气流与条锈菌传播关系研究。汪可宁与同事们一道对西北、西南等 13 个代表性地点 8 月下旬至 11 月下旬高空气流进行了分析。发现在 3 000 米以下高空，气流复杂多变，向各个方向活动，病菌可随气流向各麦区传播；在 5 500 米高空，气流活动以西风和西北风为主（占 74%），西南风仅占 17.5%，进一步阐明了中国小麦条锈病主要菌源基地关键传播时期的菌源是由西往东传播的规律。他结合历年实地调查结果进行综合分析，证明陇南、陇东和川西北地区是中国小麦条锈病流行的关键地区，是中国东部广大麦区秋苗发病的主要菌源基地。

首先提出小麦条锈病预测预报方法。汪可宁长期在陕、甘、川等小麦条锈病流行区蹲点调查，在掌握条锈病越夏、越冬和春季流行规律基础上，于 1958 年首先提出《条锈病预测预报试行方法》，1964 年修改成《小麦锈病预测预报技术试行办法（草案）》，由农业部转发各省（市、区）试行。1973 年和 1977 年，他与兄弟单位专家合作，又对该预测预报办法进行了两次修订，并在全国小麦锈病预测预报网应用，每年冬前和早春进行一次锈病发生流行预报。实践证明，该预测预报方法简便可靠，对指导 80 年代以前的小麦条锈病防控发挥了重要作用。

多次组织全国性条锈菌越夏调查和科研协作。1952 年他参加了农业部组织的西康小麦病虫调查，发现在新龙、康定一带高海拔地区春小麦上存在大量的条锈菌越夏菌源。为进一步查明条锈菌越夏区的范围、条件、过程、传播路线和影响范围，他组织全国有关科研教学单位和技术推广部门的专家组成条锈菌越夏调查组，在西北、西南和华北地区展开大规模越夏调查和系统观察，为中国小麦条锈病流行体系研究作出了重要贡献。1964 年，根据周恩来同志的指示，他参与起草了灭锈歼灭战技术方案，经国务院批转全国各省（市、区）遵照实施。50 年代末至 70 年代期间，一般每 1～2 年组织召开一次全国性锈病或麦病学术交流会，有力地推动了麦病研究与育种学家的合作。70 年代初，他组织开展了中国小麦叶锈菌鉴别寄主筛选工作，建立了适合中国应用的小麦叶锈菌鉴别寄主体系，由白蚰包、东方红 3 号、丰产 3 号、6068、洛夫林 10、泰山 4 号、泰山 1 号、IRN66-331 和 Redman 9 个品种组成。

汪可宁始终是小麦锈病一系列重大研究的核心组织者和研究成员，他参加完成的"小麦锈病防治研究"1978 年获全国科学大会奖，"中国小麦条锈病流行体系"1987 年获国家自然科学奖二等奖（第二完成人），"小麦叶锈菌生理小种及小麦品种抗叶锈性研究"1991 年获国家科技进步奖二等奖（第二完成人）。

呕心沥血　为锈病防治奉献毕生力量

为了中国小麦锈病防治研究事业，汪可宁奉献了毕生的精力，足迹遍布祖国大江南北，包括晋、冀、鲁、豫、陕、甘、川、宁、青、鄂、苏、皖等10多个省区。1971年，他眼见北京8号等抗锈良种感病，心急如焚。当时没有条件，他就在田野里种上鉴别寄主盖上塑料膜鉴定少量标样，并亲自携带标样到陕西太白山借助凉爽的自然条件开展工作，终于查明了原因。

1977年汪可宁刚刚结束在太白高山温室的工作回到河南新乡的实验站，正值中国农业科学院领导到河南新乡检查工作，他激动万分，连夜赶写试验总结，第二天一大早，他就走进温室等待院领导来检查工作。由于长期的操劳过度，使他的血压骤然升高。当他走出温室低头捡拾掉地的眼镜时，就站不起来了，他患了脑溢血。人们从四面八方蜂拥而至，面对那么多崇敬的目光和关切的询问，汪可宁却一句话也说不出来了，他已语言不清。痛苦的泪水从面颊流了下来，那年他才54岁，正值报效祖国的黄金时代，他有多少宏愿，有多少事还要做啊！党和政府十分重视他的病情，送他回北京做了脑颅手术，金善宝院长等领导亲自前往探视。

手术后一年多，他就带着后遗症颠跛着去北京图书馆查寻资料。1981年，他怀着无限喜悦的心情重返植保所工作，把党和人民赋予他的第二次生命又投入到锈病研究事业中。他主持完成了国家"六五""七五"科技攻关锈病课题，由于他的卓越贡献，先后获得了多项国家级和省部级科技成果奖励。

汪可宁严于律己，为人表率，亦师亦友，待人真诚。单位同事和与他接触较多的同志，无不敬佩他温文尔雅的儒者风度，遇到问题都愿与他商讨。碰到他不太熟悉的问题，他总是去翻阅书刊、查寻文献，然后给予详尽的解答。他的身传言教和谆谆教导，使年轻人一批批成长起来。他谦虚谨慎、任劳任怨，长期在西北、西南等地区生活艰苦的农村蹲点，总是和农民同吃、同住、同劳动，帮助农民解决生产中的问题。20世纪70年代，由于当时缺乏接种的低温条件，他在陕西太白山上每天都要等到晚上10点钟后才能接种。他尊重领导，团结同志，坚持原则又善解人意，能抓住各个时期协作的关键，认真总结协作研究的结果。一位与汪可宁一起工作过的县农技站站长，在分别20多年后，听到他患病的消息，专程赶到北京来看望他，充分体现了他平易近人的大将风范和优秀品德。

●中国农业科学院植物保护研究所供稿●

【谭联望简介】

谭联望，男，1930年生，湖北巴东人，棉花育种专家。1952年毕业于湖北省农学院农艺专科，1960年毕业于河南省农学院农学专业。1960年到中国农业科学院棉花研究所从事棉花育种工作，现为棉花研究所研究员。

承担国家"六五""七五"攻关棉花抗病育种专题，主持抗病育种课题，育成棉花品种中棉所12，首次将抗枯萎病、黄萎病和高产优质以及适应性广集于一身，1989年获农业部科技进步一等奖，1990年获国家技术发明一等奖。该品种通过豫、鲁、浙、鄂、新等8省区审定及国家审定，在我国黄河、长江流域及新疆三大棉区增产显著，对控制枯黄萎病蔓延起到重大作用，累计推广约1.6亿亩，成为我国累计推广面积最大、适应性最广的自育棉花品种，其年最大推广面积占到全国棉田面积的1/4。主编《棉花优良品种汇编》，参加《中国农业百科全书》《中国棉花遗传育种学》等5部著作编写，发表论文近30篇。曾先后获中国农业科学院、河南省、安阳市优秀科技工作者称号。

> 棉田是他人生的舞台，棉花高产优质是他的追求和梦想，伴随着勤劳和汗水，他开创了中国棉花抗病育种的新局面，从三大棉区飞来的捷报，传颂着他对中国棉花事业的卓著功绩。

为了棉田的丰收
——记国家技术发明奖一等奖获得者谭联望

在祖国广袤的棉田中,有一位不知疲倦的科学家,他就是谭联望。

梅花香自苦寒来

1990年12月7日,这一天使谭联望终生难忘。他走上人民大会堂的主席台,接受了李鹏总理亲自授予他获国家技术发明一等奖的证书。抚摸着红彤彤的证书,这位土家族棉花专家心中热浪滚滚。

1930年4月,他出生于湖北省巴东县西瀼乡红花岭村一个贫苦农民家庭。在他出生前3个月父亲患病去世,母亲一个人抚养他和比他大两岁的姐姐,还要照顾他年迈的祖父祖母。家境的贫寒,使得他从小就知道了人生的艰难,养成了勤俭刻苦、锲而不舍的品格。读完初中后,谭联望考进了实行奖优助学金的湖北恩施高级农业学校,1951年1月经学校保送到湖北省农学院农艺专科学习,1952年8月以优异成绩毕业,分配到华北农业科学研究所作物系棉作室工作,从此他与棉花结下了不解之缘。

1953年3月谭联望参加华北农业科学研究所组织的农村工作队,在河北旱地棉区

● 谭联望在田间选种

南宫、成安等县蹲点3年，调查总结旱地植棉丰产经验。1956年9月他考入河南省农学院农学专业继续深造。1960年8月从该校本科毕业后，他回到新成立不久、定址在河南省安阳县的中国农业科学院棉花研究所工作。

1963年8月，国务院专门成立了棉花工作组，谭联望先后被选派到河北省临漳县和四川省射洪县国务院棉花工作组工作。1964年他出席了全国棉花生产会议，受到了毛泽东、周恩来等党和国家领导人的接见。

他常说，自己的成长完全在于勤奋耕耘，而勤奋的源泉在于有毅力、动力和压力。毅力溯源于幼年时期的艰苦磨砺；动力来自20世纪60年代初两次受到毛泽东、周恩来等党和国家领导人的接见及对棉花科学工作者的期望、支持和鼓励；压力产生于当年美国棉花品种当家，而作为"国家队"的棉花工作者，有责任、有志气、有能力培育出超美品种。

谭联望在棉花抗病育种上倾注了毕生的心血。为了选育品种，他除了正月初一休息一天外，从不过星期天，经常早上班、晚下班和加班，单位有人说："抗病组是一个劳伤组"，参加工作30年，他仅回湖北老家探亲3次。1982年冬，他患鼻炎，鼻腔严重堵塞出血，仍坚持工作，直到春节前两天才去医院检查，医生决定马上住院治疗。

为了总结培育中棉所 12 的经验，撰写论文，他整整 3 个夏天查阅资料，到深夜就睡在办公室桌子上。正是靠着这种顽强拼搏和艰苦奋斗的精神，才培育出像中棉所 12 这样突破性的大品种。

科研魅力在创新

抗病、丰产、优质这 3 个基本育种目标之间，存在着较强的负相关关系。要把高产、优质同时兼抗枯萎病、黄萎病两种病害这 3 个优点有机地统一起来，是一件十分艰难的事，也是当今世界上许多育种学家一直渴求而未能实现的目标。翻开棉花育种史，美国培育的 PD 系列品种，产量、品质结合较好，但不抗病；苏联培育的塔什干 1 号、塔什干 2 号、塔什干 3 号抗黄萎病，而对枯萎病无能为力；我国著名的高产品种如鲁棉 1 号、冀棉 8 号、泗棉 2 号，产量高，但抗病力均有欠缺。能不能培育出一种把高产、优质、抗病三者融于一体的棉花新品种呢？他开始了艰苦的探索。

谭联望根据棉花抗病性多受单基因或少数基因控制，进行遗传改良较易，而高产优质性状是多基因控制，遗传改良较难这一客观事实，采取"各个击破，带动全局"的方针来解决这一问题，即先进行优系间杂交攻丰产性和高品质，取得高产优质协调后再累加抗病性。首先，前人曾在天然重病地里，从感病品种中选出高抗枯萎病的品种，这给了谭联望很大的启发，他大胆跳出从抗源杂交后代中选育抗病品种的框框，选用不抗病但丰产优质的材料作亲本，从 100 多个较好的品种（系）中，选出品质优良的乌干达 4 号为母本与高产的邢台 6871 杂交后丰产性和优质结合得好的选系 776429。然后利用人工病钵、病圃连续定向选择，反复筛选增强了枯黄萎病抗性，选出的 381 系列优系，平均枯萎病指数从筛选前的 74.0 下降到 3.2，死苗率从 56.1% 下降到零；黄萎病指数从 31.7 下降到 7.2。最后，他从一篇关于酒类勾兑的报道和中药配方中得到启发，采用姊妹系经一定比例混合形成"同质"多系品种，具体是从 776429 系中选出 16 个各具特色的优系，在不同生态区的病地和无病地上进行抗病性鉴定和交替选择，以增强当选品系的适应性和抗病性，最后决选出综合性状好、适应性强、农艺性状类同、抗病性有差异的 4 个主系和丰产优质的 4 个辅系，再以主辅系 3∶1 的比例混合，育成高产、优质、抗病三结合的中棉所 12，实现了预定的育种目标。其性状表现均优于组成系的加权平均值，从而表明，多系品种的性能不是组成系的机械相加，而是各组成系间性状的互补，产生了超补偿效应，能较好地协调高产、优质、抗病三者之间的关系，并同步提高。这种由多系组成的品种，因全体的遗传基础比较丰富,对环境的适应能力很强,因此还可以提高品种的适应性和稳定性。中棉所12在试验中表现出综合性状突出的特点:抗病性与丰产性均居全国棉花抗病区试首位。该品种先后通过豫、鲁、冀、晋、陕、浙、鄂、新8省、自治区审定及国家审定,1986年至1997年全国累计推广约1.6亿亩,增产皮棉96万吨,增加产值71亿元,1990获国家技术发明一等奖,是至今我国累计推广面积最大、适应性最广、使用年限最长的自育棉花品种。

中棉所12的选育成功,创造了3个"创新":第一,首次将抗枯萎病性与抗黄萎病性结合在一起,是一个具有兼抗枯黄萎病害多个生理型的新品种,解决了国内外一个品种大都只抗一种病害的难题;第二,首次使抗病品种的产量超过当代丰产品种冀棉8号;第三,首次将抗病、高产、优质3个性状较好地结合并同步提高,攻克了丰产优质品种不抗病、抗病品种不高产的难关,是我国棉花40年育种史上的重大突破。此外,中棉所12还是我国第一个综合性状好的种质资源。截至2005年统计,各省用它作亲本,已育出96个新品种(系),其中通过省和国家审定的53个。

反复实践出真知

谭联望常说,选种需要长期系统观察,积累经验,不下地是育不出好品种的。他之所以育成中棉所12这样优良的品种,靠的是反复观察和深入实践。有过细的观察和丰富的实践经验,才能在棉花遗传变异的大千世界中鉴别出真正优异的植株,而不至于漏选。

对于育种家,室内称产量是材料取舍中最关键的一环,他都亲自参加,还要助手在旁边帮助监督,或由助手操作他来监督。他说,田间管理不一致,任何高明的育种家也选不出好品种来。为此,他亲自到徐州地区农科所参观学习,回来后参考徐州的经验,用米尺定点、定距、定量施基肥,亲自参加追肥、灌溉等关键农活。夏季暴雨后试验田积水,他穿上雨衣带把铁锹下田排水防淹。

初期的中棉所12纤维不够洁白。为了改进色泽,他和助手选择了上千个单株,每株轧花后,他亲自观察皮棉和短绒色泽,最后发现种子短绒黄褐者,皮棉色泽暗白带黄;种子短绒白者,皮棉洁白。他据此选出了中棉所12白系,使原种生产大有改进。

心系棉农做奉献

谭联望出身农家,对农民有深厚的感情。他曾先后到河南、山东、河北、陕西、山西、四川、安徽、湖北、江苏9省的50多个县,深入棉花生产第一线开展调查研究,并经常给基层农业技术人员和棉农讲大课,传授农业技术,前来听他讲课的农民达5.3万人。他常说:"一个科技成果出来后,不是发表几篇论文、获得奖励就没事了,更重要的是推广应用,尽快转化为生产力"。为了使农民尽快掌握关键技术,他经常到田间进行现场示范,夏天烈日炎炎,汗水常常湿透衣服,遇到下雨时,他就脱下鞋子,打着雨伞,赤脚下地。山东省茌平县的县长评价说:"老谭真是一位只讲奉献,不要索取的专家。"

谭联望一向有团结协作的工作情操。他将国家"六五""七五"棉花育种攻关协作组视为一个整体,主动将自己多年培育的综合性状好的骨干亲本提供给各省使用。

中棉所12培育成功的消息,经《人民日报》《科技日报》《农民日报》等9大报刊报道,并在中央电视台、中央人民广播电台播出,中棉所12的科教片也在全国放映,很长一段时间内,慕名前来参观和引种的人络绎不绝。无论是星期天还是中午或下班后来访,他都热情接待。最初几年,每年有1 000多封来信咨询和求助,大多数都由他亲自复函。1987年,湖北省江陵县开车到中棉所调运中棉所12原种,突遇大雪,司机在装车时不慎右手腕骨折,他亲自找车送到医院,治疗完已是晚上8点多,他不容推辞地请司机在家吃饭,老伴立即用新布赶做了一个棉袖套给司机戴上,以免冻伤。第二天司机乘火车回家,留下一车棉种无人开车,他又亲自张罗,派另一位司机冒雪送往江陵,并一直等到被派司机安全返回他才放心。

自1990年退休后,谭联望积极参加国家专项资金支持的"内黄点"试验区工作,骑车到乡村上班,吃住都在村里。1997年,农业部搞棉花种子产业化工程试点,他到离家千里之外的山东省高密市参加工作。1995—1996年,他还被河南省信阳市棉办聘为棉花生产顾问,经常到8个被称为"豆腐版"的低产县进行调研,研究出高产栽培法。70岁时,他随中棉所青年同志深入河南、安徽、江苏3省的部分乡镇,调查研究推广品种存在的问题。近80岁时,他还到中棉所老基地河南省杞县、内黄县协助棉花生产科研工作,写出《北方棉区黄萎病暴发原因及防治对策》等3篇论文,继续为棉花科研生产贡献才智。

●中国农业科学院棉花研究所供稿●

【贾大林简介】

贾大林（1923—2003），男，吉林长春人，农田水利专家。1946年毕业于北京大学农学院，1961年获苏联莫斯科水利工程学院工学副博士学位。曾任华北农业科学研究所助理研究员，中国农业科学院农田灌溉研究所所长、研究员，农业部科学技术委员会委员，中国农业科学院学术委员会常务委员，中国农业科学院黄淮海综合治理领导小组副组长，中国水利学会理事，河南省土壤学会副理事长，河南省水利学会常务理事。

长期从事土壤改良和区域治理研究，是中国节水农业的开拓者。对黄河故道区、黄淮海平原旱涝碱综合治理取得一系列重大成果，为我国农田水利事业和学科团队建设作出了重大贡献。注重理论联系实际、博采众长，主编《黄淮海平原盐碱地改良》《节水农业与区域治理》等著作8部，参编25部，在国内外发表论文80多篇。任《中国大百科全书·农业卷》农业工程篇副主编。1993年获国家科技进步特等奖，先后获农业部科技进步特等奖1项、一等奖3项，省部级二等奖、三等奖4项，获国家三委一部表彰奖励3次。

> 毕生情、满腔血，魂牵梦绕土壤改良和节水农业事业；孺子牛、任劳苦，辛勤耕耘在黄淮海平原这片热土上。他是共和国科研团队中执著追求的骄子，他为新中国农田水利作出不朽的贡献。

情洒黄淮海　执著写春秋
——记国家科学技术进步奖特等奖获得者贾大林

贾大林的名字，也许在业外人士的心目中感到陌生。可是，在新中国土壤改良和节水农业取得的成就中，有他的辉煌业绩，国家最高领导人江泽民同志、李鹏同志接见过他。这里记述的是他一生对事业执著追求的片段。

寻梦踏遍渤海湾

1946年贾大林从北京大学农学院毕业，怀着一颗科学报国的心，先后参加了辽河"二龙山水库"建设和北平农事试验场的暗管排水试验研究。1949年2月北平和平解放，贾大林随即参加了新成立的华北农业科学研究所的工作，任助理研究员。

环渤海湾，现在有许多美丽的现代化城市，天津、秦皇岛、山海关……也是我国重要的农业区。然而，新中国成立初期，渤海湾沿岸，北起北戴河，南到山东省昌邑市，分布着约3 000万亩盐碱荒地。

1949—1952年，他随徐叔华等专家对渤海湾盐碱地进行调查研究。探索的路是漫长的。第一年，从河北省黄骅县沿渤海湾北上直至秦皇岛、山海关；第二年，又从天津经黄骅沿渤海湾南下直至山东潍坊的昌邑一带；第三年，在天津军粮城稻作试验站蹲点，进行节水种稻改良盐碱地试验。之后，又在渤海湾北部盐碱地的宁河、乐亭、丰南、宁海、昌黎等县多点试验，结合群众的生产实际经验，终于探索出滨海盐碱地改良与利用的一整套措施。在修筑防潮堤和排水系统的基础上，水稻插秧前，提前分期冲洗盐分；水稻生长和水稻发育期，堵排水沟并定期排水，调控排水量，减少用水量；实行水旱轮作制度，种植棉花和水稻、麻类、牧草作物，以降低地下水位。由于推广综合措施，原来野草丛生、蝗虫孳生的盐碱地，不仅扩大了水稻的种植面积，而且每亩节水近1 000立方米，稻谷亩产达到500公斤，籽棉亩产达到180多公斤，这在当时是一个很大的突破。

1954年，贾大林和他的同事在《地理学报》发表了《渤海湾北部盐碱地的利用与改良的研究》论文，这篇写在大地上的实践论文，迄今还被当地生产实践沿用。调研、勘察、取土、化验、栽培，这一切看似繁琐平常，实则深奥，包含了一个耐人寻味的哲理：扎根沃土，有辛勤的耕耘，一定会有收获。

古黄河区不了情

1956年贾大林被选派到苏联莫斯科水利工程学院读研究生。1961年学成回国后，正值国内大规模引黄灌溉招致土壤盐渍化大发生之际。时任农田灌溉研究所水利土壤改良研究室主任的贾大林，举家从北京来到中原大地，在这里，他一干就是26年。

或许是有了渤海湾那段实践经历和在国外的深造，此时的贾大林清醒地知道，内陆古黄河背河洼地老盐碱地和次生盐碱地的改良利用，与滨海盐碱地有很大区别，必须重新认识，把理论和实践紧密结合起来。他是这样想的，也是这样做的，甚至十年"文革"期间也从未间断。

让时光倒转，看看他和他的同事们的足迹吧。

1961—1962年，在河南省新乡人民胜利渠灌区，利用同位素示踪和室外观测相结合的方法，研究地下水埋深与土体积盐的关系，提出地下水临界深度三条线，即安全深度、允许深度、警戒深度，为制定排水标准、防止次生盐渍化和灌区水管理提供了理论根据。

1963—1972年，在河南省新乡县洪门乡以及沿黄的封丘县、原阳县、武陟县，进行长期蹲点试验，采取"排、灌、平、肥"措施改良盐碱地3.8亿亩；采取"放淤稻改"措施改良盐碱地16万亩，使当地粮棉单产分别增加6倍和2倍。

1965—1966年，在豫东虞城县利民乡、夏邑县李集乡，通过调查各地沟洫台田建

● 贾大林（左一）与科技人员在豫东商丘现场分析研究农田旱涝碱综合治理问题

设，提出了"以排定台、以台促排、以土修台、以台改土、以农促台、以台促农"的24字诀，对指导台田建设、除涝治碱起了重要作用。

1967—1981年，在民权县人和乡、商丘县李庄乡蹲点，进一步探索盐碱地改良利用途径。挖沟除涝、井灌井排、平地施肥、推广盐碱地植棉技术、植树造林等，正是这些综合措施改变了背河洼地的面貌。

1981—1987年，以李庄乡中心试验区形成的"治水、改土、调整农业结构和良种良法"技术体系，借助世行"华北平原农业项目"的实施，在河南省商丘、宁陵、民权3个县的古黄河背河洼地遍地开花，先后改良盐碱地74万亩，开荒6.9亿亩，使粮食增产89%，人均纯收入增加2.7倍。

现在可以毫不夸张地说，原来风沙、盐碱、内涝、干旱并重的整个豫东平原大变样了。田成方、林成网、路相通、沟相连、旱能浇、涝能排，一改过去古黄河背河洼地"春季白茫茫，夏季水汪汪"的景象。

一位曾经和贾大林一起工作多年的老同志回忆说：1988年有十几个国家的外宾来商丘试验区参观考察，贾大林边走边讲，显得格外高兴，外宾也赞不绝口。动人的画面吸引了他们：站在古黄河大堤上向南望去，紧邻大堤是错落有致的鱼塘，再向南延伸是绿油油的棉花和已经泛黄的麦田，大堤的缓坡两侧，刺槐、杨树、泡桐郁郁葱葱。阳光下，鱼塘波光粼粼；微风中，树叶沙沙作响。不是江南，胜似江南。

这就是他走过的路，在豫北、豫东的十几个县的大地上都有他的足迹。也许，人们不理解为什么贾大林情系古黄河背河洼地，这是他 26 年战斗过的地方，这里有他的许多老朋友和淳朴的父老乡亲，是他生命旅程的三分之一。

心系黄淮海治理

黄淮海平原是中国最大的平原，战略地位十分重要。由于历史上河流泛滥的原因，特别是受季风气候的影响，旱涝频繁、盐碱交错、地力瘠薄，中低产田多，加之区域地理条件复杂和人口密集等特点，农业生产极不稳定。

1979 年，接受国家农委下达的任务，贾大林和北京农业大学（今中国农业大学）石元春教授，共同主持"黄淮海平原旱涝碱综合治理区划和农业发展战略研究"。之前的 1977 年，他总结新中国成立后 20 余年改良盐碱地的试验成果和经验，已经主编了《黄淮海平原盐碱地改良》专著，为分区治理区划提供了依据。

黄淮海平原旱涝碱综合治理区划，是一项十分繁重浩大的系统工程，横跨五省二市。在长达两年多的时间里，他们组织有关科研院所、大专院校和地方科技人员通力协作，根据黄淮海平原地貌类型、流域划分以及土壤、水文地质条件，科学提出 9 个一级区和 59 个二级区的分区治理途径。在宏观上，提出综合治理 4 个方面：以治水为中心，以排水为基础，处理好"排灌蓄补"的关系；井渠结合、统一调度，合理利用地上地下水资源；大力建设林网方田，平整土地、种植绿肥、培肥土壤；将综合治理、土地利用和合理种植结合起来。

为了把分区治理付诸实践，"七五"和"八五"期间，他直接主持商丘试验区专题，系统开展了排水规格标准、农牧结合培肥改土、调整农业生产结构、生态农业、良种良法、区域治理的大系统方法及商丘农史等多方面的研究。与此同时，贾大林和石元春教授共同主持"黄淮海平原中低产地区综合治理"国家攻关课题。前后 10 年，组织 204 个单位、1 140 名科技人员通力协作，建立了 12 个不同类型的试验区，取得 116 项科技成果，增产粮食 205 万吨，创经济效益 74 亿元。这些试验区，为 1988 年以来黄淮海平原的农业综合开发提供了技术支撑和示范样板。"黄淮海平原中低产地区综合治理的研究与开发"于 1992 年、1993 年分别获得农业部科技进步特等奖和国家科技进步特等奖。

贾大林心系黄淮海，献身黄淮海。对于涉及黄淮海国民经济发展的一系列重大问题，如南水北调、水利建设、地下水开发利用等，均提出了卓有见地的建议。在1979年天津召开的南水北调规划会议上，1982年北京召开的中国水利问题研讨会上，他两次提出，工程规划要引水和配套并重，输水与蓄水并举，地面水与地下水结合，灌溉与排水兼顾，要走农业和水利相结合的道路。

贾大林对事业的执著和忠诚成就了他，党和国家给了他很高的荣誉，他曾3次获国家"三委一部"表彰，获国务院黄淮海平原开发一级奖励，李鹏总理还在北戴河接见过包括他在内的一批农业科技功臣。面对这些荣誉，他坦然地说："这是大家的共同荣誉，我只是一个代表。"

节水农业谱新篇

20世纪80年代以来，随着国民经济的飞速发展，中国的水危机尤其是北方的水危机比以往任何时期更为严峻，已成为农业可持续发展的主要制约因素。

贾大林和水、土、作物打了一辈子交道，面对农业用水大户这一迫切问题，他开始了新的思考。1981年，他首先提出了"在防洪排涝的基础上，发展节水灌溉农业和重视旱地农业"的战略设想。1988年，他又进一步深化了节水农业的内涵，概括为"提高用水有效性的农业"。他认为，节水农业的核心，是调控从水源到形成作物产量过程的3个环节，即通过输水或降雨，由水源转化为农田土壤水分，再通过作物吸收利用，由土壤水转化为作物水分，最后通过光合作用形成作物产量。节水农业的目标，就是探讨每个过程的节水措施，提高上述3个环节中水的转化和产出效率。

理论是实践的指南。1981年贾大林组织大农学、地学乃至农业遗产在内的十几个专业的科技人员，在河南商丘试验区联合攻关，进行节水农业系统研究。他博采众长，勇于创新，提出了适合中国国情的节水农业技术体系：一是合理利用水资源，实行引黄水和地下水联合调度；二是建立节水灌溉系统，包括提高单井出水量、管道输配水、节水灌溉制度；三是农艺措施，包括农牧结合、培肥地力、选用耐旱品种、秸秆覆盖保墒、化学保水剂；四是划分节水农业生产分区，根据当地水资源和生产条件，划分丰产灌溉、有限灌溉、抗旱灌溉、旱地农业类型区，因地制宜采取水利和农业措施，达到节水增产的目的。之后的5年，在他的指导下，新一代科技人员又继续完善这一技术体系，很快在商丘示范推广20万亩，节水30%，增产10%。

十年磨一剑。1992年他主编出版了专著《节水农业与区域治理》，并相继发表10

多篇有关节水农业的论文。他的学术观点和思想逐步为国内同行所认可，并在实践中得以完善和提高，对推进中国节水农业理论研究与实践起到了开拓性作用。

气宇轩宏孺子牛

1987年，因工作需要，贾大林奉调到北京。在他家客厅的墙壁上挂着一幅三国蜀相名句条幅："非淡泊无以明志，非宁静无以致远"。以后他曾经3次搬家，面积从小到大，家具也换新的了，唯独这个已经发黄的条幅仍旧陪伴着他。是啊，为了自己的志向，为了追求的事业，他有一颗宁静而不老的心，对事业执著追求一生，他像一头不知疲倦、朴实无华的老黄牛。

在中国农业科学院他担任黄淮海综合治理领导小组副组长期间，经常下基层调研。他勤于思考，撰写发表了21篇农业发展战略研究报告和论文。令人敬佩的是，直到他有病住院前仍笔耕不辍。

1997年贾大林应邀在中国工程院从事节水农业宏观战略研究，主持"中国农业需水与节水高效农业建设"和"西北地区农牧业可持续发展与节水战略"两个子项。1997—2001年，他不顾年迈体弱，多次深入宁夏、内蒙古、新疆等地的大中型灌区考察，对我国节水农业发展方向和灌区改造提出了许多重要意见和建议，曾得到全国政协前副主席钱正英院士的高度评价。

1997年他还被国家节水工程中心聘为"特聘研究员"。那一年，他已经74岁。他的同事回忆起一件往事：2000年1月5日，星期三。那是一个飘着雪花的阴天，农历接近"小寒"了，他们顺便到贾所长家拜访。开门的是他的老伴裴老师，因为很熟，她说："老贾去水科院了，每周去一次，除了出差和特殊情况，雷打不动。是'打的'去的，可下着小雪路又滑，多不方便。""有报酬吗？"大家开玩笑地问。"每月300元，可你们知道，老贾不是冲钱去的。"裴老师说。听了这话，大家都开心地笑起来。

这是他生命旅途的最后几个镜头：

镜头1——2002年的一天，被检查出胃癌，做手术。钱正英院士派她的秘书去看望他，直到手术结束。

镜头2——2003年7月初，灌溉所的几位同志专程到医院去探望老所长。一束鲜花放在病床头。他微微眯了下眼睛，嘴角颤抖，又闭上了眼睛。

镜头3——2003年7月底，商丘市梁园区委书记江方众，代表原商丘县80万人民专程去医院探望。他无力睁眼、无力说话，眼角流出两行热泪。

镜头4——2003年8月3日，贾大林静静地走了。

八宝山公墓送别那天，农业部、水利部、中国农业科学院、中国农业科学院农田灌溉所以及中国农业大学等单位有关领导和生前好友，来向他告别，长长的人群队伍中，有许多与他一起工作过的老专家……

2009年，中国农业科学院农田灌溉所建所50周年，商丘市人民政府请著名画家曹天舒作国画"孺子牛"并赋诗一首："俯首孺子不逞强，终身劳瘁不居功；强犟步稳性温驯，形容无华气轩宏。"贾大林正是老一辈科学家众多"孺子牛"的典型代表。

这或许是对他一生最好的告慰和追思。

● 中国农业科学院农田灌溉研究所供稿 ●

【张方域简介】

张方域（1922—1986），男，浙江黄岩人，棉花育种专家。1945年毕业于国立中正大学农学系，任江西农学院、农林部棉改处技士。中华人民共和国成立后在华东农林部特产处上海棉场和中国农业科学院筹备组研究计划科工作，1961年调中国农业科学院棉花研究所工作。历任棉花区域组组长、良种繁育研究室副主任、品种研究室副主任，研究员。

主持"黄河流域棉花品种区域试验"，鉴定徐州209、徐州1818、鲁棉1号等良种，在黄河流域广大棉区推广，获1979年中国农业科学院技术改进三等奖。鉴定并推广比鲁棉1号丰产和纤维品质好的冀棉8号。主持的"全国棉花品种区域试验及其结果应用"1985年获国家科技进步一等奖。该成果系统地总结了中国30多年棉花品种区域试验所取得的成绩和经验，指出了区域试验既是育种工作的继续，又能促进育种工作的提高。发表科研论文40余篇，合译著作一部。

> 他是棉田里的守望者，他是棉花良种的"月老"，为了棉花的丰收，为了棉农的喜悦，他二十几年如一日从事着平凡而严谨的配试工作，把毕生精力献给了中国的棉花科技事业。

甘作绿叶　奉献一生
——记国家科学技术进步奖一等奖获得者张方域

科技人生，灿烂缤纷。有红花，有绿叶，组成一个和谐的整体，各在其位，各司其职，各自发挥最大的作用。张方域甘作一片绿叶自始不渝，最终获得了突出的成果。他的一生证明了"无论红花还是绿叶，经过不懈努力，都会大有作为"。

甘为棉花育种做嫁衣

1961年，张方域从大上海来到河南最北面的城市安阳，下车后坐上单位来接他的马车，一路颠簸15公里来到当时中国农业科学院棉花研究所所在地——白璧镇大寒村。沿途看见田间衣衫破旧、辛勤劳作的农民，他暗下决心，一定为我国的农民丰衣足食奋斗一生。到单位后，领导分配他从事棉花品种区域试验工作，他接下任务后就投入了此项工作，一干就是20多年，这成为他毕生的事业。

张方域从事棉花区试工作，他深知干这一行是很难出成果的。棉花区域试验是将育种者培育出的棉花新品种经全流域的生态试验、汇总分析，鉴定出优良的棉花品种应用于全流域乃至全国的棉花生产，是新品种转化为现实生产力的有效措施，而棉花新品种的成果属于育种家。他常常对同事们说："棉花品种区域试验中的一个个品种像待嫁的新娘，经过我们几年的考察，挑选出最美丽的姑娘送到棉农家中，来年地里绿叶、红花、白絮、硕桃累累、一片丰收景象，这是多么有意义的工作啊！"张方域乐观、豁达、负责的精神感染着他身边的每一位同事。大家在他的精神鼓舞下，无怨无悔地工作着，直至现在，从无间断。

心系自育品种快成长

我国陆地棉自 1865 年由英国商人引入上海未获成功，后来湖广总督张之洞、实业家张謇等引种效果均不明显。1918 年华商纱厂联合会、1933 年美国洛夫、1934 年冯泽芳等经比较试验和区域试验引进美棉品种逐步获得成功。中华人民共和国成立后，国家对棉花品种区域试验更加重视，但经区试鉴定的品种仍以美国品种占优，至 20 世纪 60 年代美棉品种仍占绝对优势，如岱字棉 15 的年种植最大面积达 5 200 万亩。

张方域看在眼里急在心中，查阅、翻译了大量外文资料和了解我国棉花育种的发展状况，反复比较美棉品种与自育品种的特征特性，比较美国棉花带与我国棉区生态条件的异同，经过几年的观察、比较、分析，终于鉴定出高产、纤维品质优、适应性广的品种徐州 1818。该品种为江苏徐州农业科学研究所从徐州 209 中采用系统选择育种法于 1961 年育成。1962—1964 年黄河流域棉花品种区域试验比对照岱字棉 15 增产皮棉 18.5%，1971—1976 年年均种植面积 915 万亩。我国自育品种年种植面积近千万亩，这在我国育种历程中实属一个不小进步。不幸的是工作刚起步，"文革"就开始了。国家棉花品种区域试验停止 6 年（1967—1972 年），在"文革"后期他极力主张重新组织专家开展棉花区域试验工作。

棉花区试是棉花新品种选育和审定、繁殖、推广的重要中间环节。通过区域试验对新育成的品种进一步鉴定其丰产性、早熟性及纤维品质，确定最适宜的推广地区，并为制定新的育种目标、探讨引种规律以及生态研究等提供科学依据。

张方域主持或参与主持全国棉花品种区域试验的 20 多年间，建立了全国棉花品种区域试验网，准确鉴定出一大批优良棉花品种应用于生产，共试验鉴定 400 余个自育品种和引进新品种，鉴定并推荐生产应用各类型品种 70 余个。1984 年全国棉花种植区试推荐品种 36 个，共种植 6 700 万亩，占棉田统计面积的 74.1%。根据中国农业科学院农经所《经济评价方法》，仅以通过区试推荐生产应用的鲁棉 1 号、中棉所 10 号、鄂沙 28、豫棉 1 号、86-1、黑山棉 1 号、新陆早 1 号、岱字棉 15 这 8 个品种推广面积最高年份计，净增皮棉 98.1 万吨，年增值 26.17 亿元。尤其是 1978 年鉴定推出了著名的棉花优良品种鲁棉 1 号。该品种以其高产、稳产、抗逆性强、适应性广的优良特性闻名全国，累计推广 1.2 亿亩，创直接经济效益 57 亿元，终结了美国岱字棉品种在我国黄河流域棉区长达20多年的主导地位。1974—1978年试种对比，平均皮棉产量比对照岱字棉15增产39.48%，亩产最高达135.75公斤。鲁棉1号繁殖推广之快，种植面积之广，成为我国历史上第一个大面积推广种植的自育棉花品种。

这些良种在生产上所发挥的巨大作用，是育种、区试和繁育推广部门共同努力的结果，而张方域更是一片衬托红花的绿叶。

一丝不苟田间忙试验

春播后，人们常常会看到试验地里有一位头发花白的老人来回奔忙，时而远距离观看棉田，时而近距离端详棉株，出苗、开花、结铃、吐絮各个生育时期都认真观察和记录。炎炎夏日，苗壮成长的棉株有一人来高，骄阳暴晒后的棉田散发出湿浓的蒸气，蒸笼般地让人透不过气。更难受的是棉虫发生时，棉叶棉茎上沾满了蚜虫，手一摸黏黏糊糊，蚜虫瓢虫时不时还会爬到身上，咬你一个大红包几天不消。张方域全都不顾，左看看右瞅瞅，摸摸花朵，碰碰棉铃……时间长了，他能一口气说出区试各品种的特点，出苗快慢、开花结铃吐絮早晚、叶形、株型、果枝夹角大小、抗耐病虫性能和纤维品质等。

他对试验的田间管理也非常严格。浇水、整地、播种、中耕、整枝、化控和防治病虫等都亲自把关。他说："田间操作看起来简单，执行难。稍不留意就会造成水、肥、药等不能均匀分布，从而影响试验的准确性。"

对试验数据的整理分析，他也从不马虎。几十个试点成万的数据他与同事们都一个个地校对、计算、分析，不放过一个疑点。有一次，他拿着一个同事最后的计算结果，回想起自己平常实地观察的印象，认为这个数据错了，经复查是把小数点打错了1位，相差了10倍。随即他对这位同事说："你的一个小失误，可能把一个好的品种给埋没了，也可能把一个不好的品种推广到生产中去，会造成不可弥补的损失！"

年年试验点上过中秋

农历八月十五，人们都尽可能与家人团聚，度过人月双圆的"团圆节"。中国人对中秋节的重视非同寻常。但中秋节前后却是观察棉花的最佳时期，布置在各地的几十个试验点跑一遍要一个多月，所以张方域年年的中秋节就在车上、船上或在试验点

● 张方域在查阅资料

上度过。

张方域坐在疾驶的车上,透过车窗看到碧绿的棉田随风荡起层层波浪。走在田间看到挂满棉桃的棉株。有许多的品种是经自己几年的试验后推向农业生产一线,它们正在发挥新品种增产增收的作用。每到一个试验点他都细心观察,一圈下来,哪些品种适应性广,哪些品种对特殊环境适应,品种的抗病虫性怎样,长势强不强,早衰不早衰,整齐度好不好……他都能做到心中有数。

明月当空,秋风冉冉,中秋月夜分外寂静。每年中秋与妻子儿女千里相隔,他和家人似乎习以为常,但仔细想想又觉欠家人太多,长年忙于工作无暇顾及家庭,但为了千千万万的棉农能种上好的棉花品种,他得先顾这个大家,他想等退休后,再好好地补偿妻儿。

置身病榻一心思科研

进入 20 世纪 80 年代,张方域已到了退休年龄,但因当时科技人员青黄不接,大批的老专家仍然坚持在科研一线,张方域虽然身体不够好,也坚持留下来又工作了几年。

棉花品种区试是琐碎、操心、一年到头不得闲的工作。4月播种到11月收获,风里来,雨里去,还要各地到处奔波。田间试验结束后,又要进行室内大量的试验数据整理分析,每年春节都得加班加点写出试验报告。春节一过就要召开区试年会。随后就又到了播种时节。他年复一年地操劳,积劳成疾。1984年初冬,北来的寒风吹刮大地,干冷的空气使人窒息。张方域瘦弱的身躯再也支撑不住了,咳嗽不断,胸闷气急,送到医院被诊断为严重的肺气肿,必须卧床休养。

治病期间,病症时好时坏。天气暖和病情减缓,他还不时到试验地里看一看与他相伴一生的棉花。天气变冷病情就会加重,但他仍坚持翻阅国内外资料,回顾历年的国家棉花品种区域试验结果,总结区试多年所取得的成绩和经验,指出今后的工作方向。1985年"全国棉花品种区域试验及其结果应用"获国家科技进步一等奖,作为该成果的第一完成人,张方域拖着病重的身躯,在家人的陪护下来到北京,捧回了大红的获奖证书。翌年9月他的病情加剧,与世长辞。他的工作得到国家和人民的高度评价,这是对他最高的嘉奖,也是对他一生辛勤工作最好的肯定和总结。

●中国农业科学院棉花研究所供稿●

【叶复初简介】

叶复初,男,1932年生,浙江温岭人,水稻育种专家。1965年浙江农业大学农学系作物育种专业研究生毕业,现为中国水稻研究所研究员。

自1971年参加杂交水稻育种研究以来,主持籼型杂交水稻选育课题,先后育成杂交晚稻新组合12个,推广种植面积累计2.4亿多亩,增产稻谷总计75亿公斤。其中汕优6号曾成为20世纪80年代我国南方杂交水稻生产的主要当家组合之一;选育的汕优85,是以籼粳糯三者融合而成,属国内首创籼粳亚种间杂交稻;选育的汕优10号和协优46,成为90年代长江流域双季杂交晚稻的重要推广组合,年种植面积超2 400万亩;"八五"期间选育的汕优5111,于1994年通过江西省品种审定,并被列为重点推广组合。发表论文10余篇。参与撰写《水稻》《水稻育种学》等著作4部。1993年获国家科技进步一等奖,先后获国家"七五"攻关重大成果奖1项,省部级科技进步一等奖2项、三等奖1项,受省级以上表彰奖励3项,被授予浙江省劳动模范和浙江省农业科技突出贡献者称号。

> 他是一只永远追逐夏天的"候鸟",不是在稻田里,就是在去往稻田的路上,他执著地实现了自己的"水稻人生"。

一生守望丰收的稻田

——记国家科学技术进步奖一等奖获得者叶复初

1954年,叶复初从浙江省一个山海交汇的小县温岭考进了浙江农学院。他就读于农学系,1958年毕业,被分配到浙江农业科学研究所(浙江省农业科学院的前身)稻作系,参加水稻育种的研究,从此开始了他与水稻一生的情缘。

从收集农家品种做起

作为"鱼米之乡",浙江有着悠久的稻作历史,特别是在杭嘉湖平原一带,存在很多的地方品种。但当时没有系统的水稻品种研究选育和推广,各地各家各种各的,没有一个主栽品种。

为收集整理这些散落在农家的"珍宝",并调查整理出它们不同的特性,1960年,叶复初带上农科所之前从各地征集来的2 000多个品种,来到嘉兴进行田间试验。同时他不断走访农家,寻找更多种质资源。每一个农家品种,他都要到种植农户的家里,当面问清种子来源、种植年份、产量等特性,一一记录。

那时候县城和村镇之间不通公交,也没有车,基本上只能靠两条腿走路。他说:"到农民家里,还要算好时间。农民每天要下地干活,时间宝贵,总是算着他们休息的时候去,比如中午饭后或者晚上。"于是,每一次出发,叶复初不是顶了个大太阳就是披星戴月赶夜路。两年里，他走遍了当时嘉兴管辖的嘉兴、平湖、桐乡、嘉善、吴兴、长兴等县的很多乡村。

如今"鱼和熊掌"要兼得

1965年叶复初从浙江农业大学研究生毕业。此后转向杂交稻育种研究。中国农业科学院水稻研究所在杭州建立，他是最早的成员之一。

他主持籼型杂交水稻选育课题，先后育成杂交晚稻新组合12个，推广种植面积累计达2.4亿多亩，增产稻谷总计75亿公斤。其中汕优6号曾成为20世纪80年代我国南方杂交水稻生产的主要当家组合之一。

到80年代末，浙江省晚稻长期以来的主栽品种汕优6号出现了抗稻瘟病能力衰弱、后期叶片焦黄早衰等不良现象，从外省引进的品种又不适应浙江省夏季多台风的气候，常常大片倒伏。农业生产上对水稻新品种的呼声非常大。培育杂交水稻新组合，这个国家和省重点攻关项目就落到了叶复初身上。

杂交育种要取得单一优势不难，难的是集多个优势于一身。而生长期长短与米质的好坏、产量与抗病能力等不同优势之间的关系往往是相互矛盾的，要求一个品种同时具备这些优势，就如同鱼和熊掌要兼得。

叶复初深知，浙江传统双季稻种植的优势不能丢，产量只能提高不能减少，对稻米质量的要求要满足，还要同时考虑抗病抗虫等优势，要求多种优势必须并存，这使得杂交稻看上去非常自由而多选的组合变成了戴着锁链跳舞。这就要求育种专家在这些扑朔迷离的成千上万的杂交组合中"大海捞针"，用智慧和耐心找出最符合需要的那一组。

他注意到我国的杂交稻均属于籼稻与籼稻的杂交组合，类似于"近亲"结合，要进一步提高产量非常困难。他考虑到，为什么不试一试籼粳杂交呢？于是他改变了以往选择亲本时只注意大粒、大穗等外部特征的习惯，转而重视亲本之间的血缘关系和遗传背景。他从几千份品种资源中，筛选出具有明显粳稻血缘的籼稻品种作父本，选育出汕优10号和协优46，一举突破了产量徘徊不前的局面。以籼粳糯三者融合而成，属籼粳亚种间杂交的汕优85新组合，是国内首创。这是一次新技术路线的探索，并取得了令人瞩目的成功。

一只追逐夏天的"候鸟"

海南岛，中国著名的天然大温室。位于海南南部的三亚更是长夏无冬，那里正是农业科学家们进行冬季南繁育种研究的绝佳场所。

南繁是艰辛的。三亚这个今日的旅游胜地，那时还只是中国最南端的一个小镇，甚至还要算是中国最贫穷落后的地区之一，远离繁华。

叶复初是三亚迎来的最早一批研究育种专家之一，头几年，育种基地里连固定的房子都没有，他们只能住在自己搭建的草棚里。但是，他几十年始终坚持重复着"杭州—海南—杭州"路线，如一只"候鸟"，追赶着一个又一个炎热的生长季节。

每年8月，在杭州当地收获完水稻之后，他就抓紧时间统计整理好资料，又带着种子在当年的11月赶到海南加种一季。这样，一年内种了两茬水稻，可以连续得到两组数据。于是水稻新品种的繁育年限被大大缩短了。

选育一个水稻新品种，正常情况下需要10个生产周期，那就是一个育种人10年的光阴。而得到一个优质杂交稻的周期会更长，也就意味着育种者将付出更多的艰辛。

水稻育种是一项需要耐心和毅力并举的事业。水稻喜欢高温，一天时间里每一个小时气温的变化都会影响到它开花扬花的状态。在选择杂交父本和母本时，他不仅要考虑它们各自的优点，还要考虑它们的发育过程的协调一致性，特别是开花期。这个不仅指开花的日子要相同，在同一天里，开花的钟点也最好重合。父本开花早，基本会集中在上午9—10时，而如果母本在下午开花，这样的组合就不是很理想，会影响到制种产量，影响来年的制种面积。

水稻杂交配组后会产生大量的变异，而真正有用的材料出现的几率极低。这样"大海捞针"后培育出的每一个新品种，倾注的都是育种人的一腔心血。如果不能持之以恒，有的好品种就在你的眼皮下溜走了。因此，育种人员越是天热越要守望在稻田里。

三亚的一年四季都是酷夏，"头上烈日晒，地上湿气蒸"。在太阳底下站上3分钟，准是大汗淋漓。正午时分，一天最热的时候，恰恰是水稻扬花授粉的最佳时机。那时的南繁队员多有被热晕的经历。

每逢刮台风下暴雨，他都得风雨无阻地赶到试验田，察看风有没有吹倒试验标识牌，横流的雨水有没有冲倒稻苗。育种这一行靠天靠地，与常人不同，刮风下雨却往田里跑。那里所有的育种人都是"又黑又瘦"，人们戏称："远看像要饭的，近看像烧炭的。"

● 叶复初（左）在田间向助手传授选种心得

奔波田间试验显本色

一劳永逸是水稻育种工作中最不可能成为现实的，献身于此的科学家们永无脚步停歇的一天。他们必须不停地通过几千次、几万次的杂交观测选育，找出那一两个符合要求的组合，必须在一次次的成功后，不断地否定自己，然后奔向下一个目标，不断去创新。

稻瘟病是一种全国各稻区常见的重要病害，它由真菌引起，通过水和风传染，可以造成水稻减产30%～40%，严重时可达80%，近乎绝收。这是水稻种植农户最为头疼的病害。1980年，叶复初辗转在浙江省临安县这个稻瘟病高发区，哪个乡镇发作得最严重，他就在哪个乡镇做试验。

他至今印象深刻的是1988年的经历。那年，叶复初在临安县堰口乡向农民租用了10亩地做试验。恰恰赶上了大旱，连续几个月没有雨水。在水稻最需要雨水的8月，为了不跟当地的农民抢水，他和助手几乎每天都是等到农民把自家的田地浇灌好了再出发去引水。而这一等，往往都要到半夜以后了。山路多蛇，他们总是要一手打着小手电，另一只手里拿着一根竹竿，用来打草惊蛇。

但是还有一片种着协优46的制种稻田，由于地势问题，怎么都无法引水入田，叶复初不得不把田里的稻苗一棵一棵地移栽到靠近溪水的半亩地里。然后，他和助手轮流用脸盆一盆一盆地往稻田里舀水，从下午5时要一直坚持到晚8时多，才能吃晚饭。

新品种育成，叶复初也已青丝成雪。

人生要对国家有作用

汕优10号在两年浙江省区域试验中，产量都是第一，该品种适应性强，是杂交稻中抗稻瘟病最好的组合，米质也非常出色，达到了优质二级米标准。协优46耐肥抗倒、高抗稻瘟病和稻飞虱，后期耐低温。种植面积在易感染白叶枯病的浙江沿海和安徽、江西、湖南、湖北地区迅速扩大。

这两个组合从1992年起，在浙江省种植面积之和占杂交稻总面积的3/4，是该省杂交晚稻的当家品种。在此后很长一段时期，几乎在长江中下游地区占统治地位。

1995年统计显示，自1989年起，这两个组合仅在浙江省累计推广种植2 800万亩，按区试每亩分别增产39公斤和35公斤计，到1995年，增产的粮食已经超过10亿公斤。而按照长江流域种植面积统计，增产达到34亿公斤。至今，汕优10号和协优46，还是长江流域双季杂交晚稻的重要推广组合，年种植面积超2 400万亩。其中，汕优10号的育成，1993年获国家科技进步一等奖。

为了让水稻育种技术得到推广应用，叶复初还积极组织培训工作，把自己的经验传授给各地的"取经"人。同时，他还参与了《水稻》《杂交水稻高产高效益栽培》《水稻良种高产高效栽培》和《水稻育种学》等书籍的写作与编撰工作，完成了其中"水稻品种的多样性及其形成""杂交早稻新组合、杂交中晚稻新组合"和"杂交水稻选育"等章节的内容。

"不是在稻田里，就是在去往稻田的路上"，是叶复初生活状态的真实写照，回顾自己的"水稻人生"，他并没有提及半个"辛劳""奉献"之类的字眼，而是淡然地说："人活一辈子，对国家总要有一些作用。"

但是，人民并不会因为叶复初的低调与平和，就忽视了他作出的巨大贡献。一连串的奖项或许就是对他一生执著奋斗最有力的肯定与赞美。这些奖项包括：1992年农业部科技进步一等奖；1993年以第一完成人获国家科技进步一等奖；1994年浙江省科技进步一等奖；1995年浙江省劳动模范；1997年全国中华农业科教奖；1996年和2001年，先后两次被评选为浙江省农业科技突出贡献者等。

• 中国水稻研究所供稿 •

【黄祯茂简介】

  黄祯茂，男，1935年生，广东普宁人，棉花育种专家。1960年毕业于江西农学院，同年被分配到中国农业科学院棉花研究所，现为棉花研究所研究员。

  从事棉花遗传育种研究40多年，先后主持和参加了国家"七五""八五""九五"棉花育种攻关项目。先后育成中棉所14、中棉所16、中棉所18、中棉所20、中棉所24、中棉所36和中棉所50等12个短季棉新品种，累计推广2亿亩。获国家和农业部科技进步奖5项，其中，中棉所16获1995年国家科技进步一等奖；中棉所20，以及利用生化辅助育种技术育成的中棉所24、中棉所27、中棉所36系列棉花新品种，均获国家科技进步二等奖。退休后仍积极参与一些国家重点科研项目，2004年被评为农业部老有所为先进个人。

>   他把棉田作为实现理想的舞台，为棉花育种事业付出了毕生精力。他所倾心倾力培育的短季棉品种，为粮棉生产协调发展作出历史性贡献。他不为名利所左右，甘做棉花事业的"老黄牛"。

风雨五十年　乐在棉花事业中
——记国家科学技术进步奖一等奖获得者黄祯茂

前途是光明的，道路是曲折的，在科学研究的道路上，困难与挫折时时刻刻考验着前行的勇士。每一项成功的获得都需要付出艰辛的劳动，黄祯茂在棉花遗传育种方面取得的成果，清晰而深刻地证明了这一点。

为祖国的棉花事业奉献青春

1935年11月，黄祯茂出生于广东省普宁县的一个农民家庭，生活的艰辛使得年少的黄祯茂意识到人生的艰难。"献身农业，报效祖国"的热情激励着他努力学习。1956年，21岁的黄祯茂进入了他梦寐以求的校园——江西农学院（今江西农业大学），4年大学生活，他刻苦学习科学文化知识。1960年毕业后，他被分配到中国农业科学院棉花研究所工作，从此他便走上了棉花科研的道路。

1962年，对于别人来说可能没有什么特别的意义，但对于黄祯茂来说却是不平凡的年份，他背负着希望，到环境极其艰苦的甘肃试验站去工作。

在甘肃河西走廊棉花试验站，黄祯茂专门从事垦荒植棉研究。河西走廊气候寒冷干燥，风沙特别大。住在试验站的小土房子里，冬天外面的温度特别低，零下十几摄氏度是经常的事，有时会达到零下四十六七摄氏度。院子里的一口井便是试验站的唯一水源，从十几米的井里打上来的水有一半是泥土，需要沉淀半天才能饮用，井水又咸又苦。一台破旧的老式发电机是试验站的电力来源。由于粮食缺乏，常常需要自己挖野菜充饥。他记忆最深刻的一次是从黎明一直到晚上，徒步走了90公里去磨一些用来当作粮食的野菜籽。

即使这样艰苦，也没有打消黄祯茂对棉花科研工作的热情。在试验站的岁月里，他与课题组的同志历尽艰辛,先后从气候、地质、水利等方面对河西宜棉区120万亩荒地进行了考察。徒步跋涉,亲自深入荒滩地带取水土样品,收取有关的基础数据。困难孕育着希望,艰苦换来收获。他将第一手资料经过分析、整理,撰写了10万字的《河西走廊植棉条件考察报告》,为农业部对甘肃河西走廊地区发展垦荒植棉决策提供了重要的参考依据。

他在河西走廊工作期间,为发展棉业,引进了几百个棉花品种,结束了该地区无棉花当家品种的落后局面,也为该地区开创棉花生产新局面奠定了基础。他在实践中针对当地基本条件,提出了"高密度、早打顶、少留果枝、少浇水、控制氮肥用量"等有效的技术措施,在生产上首次应用并获得成功,使棉花亩产由15~20公斤提高到80~100公斤。他在这块洒满心血的土地上,一干就是20年。在这20年中,他的科学知识得到了全面的应用,同时也积累了经验,磨练了意志,这为他今后的棉花科研工作打下了牢固的基础。

呕心沥血培育短季棉新品种

1980年黄祯茂开始从事短季棉新品种选育研究,1981年参加国家"六五"棉花育种攻关研究。1986—1995年,他主持国家"七五"短季棉新品种选育研究。短季棉新品种选育研究是一项全新的棉花科研项目。为收集短季棉种质基础材料,黄祯茂多次到辽宁、新疆、甘肃、山西等棉花特早熟地区考察,引进一批特早熟材料。5年里,共收集短季棉种质材料250多份。在对田间性状认真观察比较的同时,还对其早熟性构成因素进行了遗传分析,为后来的短季棉新品种选育奠定了坚实的基础。

黄祯茂一年四季与同事们忙个不停。春天播种季节,他要精心筛选种子;夏天生长季节,要在大田中踏晨露,顶烈日,观察、记录每个数据。由于棉花的生长习性,做杂交时正好在天气最炎热的三伏天,因此必须在烈日暴晒下坚持作业。秋天收获季节,他们要逐行逐株地挑选一朵朵棉花。冬天,他们要进行考种、分析、筛选,还要到海南进行加代繁殖。他作为一名农业科技工作者,尤其是棉花科研工作者,为选育一个新品种、获得一项成果付出了太多太多的艰辛。

为了加快短季棉新品种的育种进度,他建议在海南岛除了杂种的加代和繁殖定型品系以外,还应加强人工选择工作,以此来加快棉花育种进程。并把自己的这些见解及建议写成《短季棉在海南的选择效果研究》一文,较详细地阐述了短季棉在海南基地的表现及其选择效果。

● 黄祯茂（右）在做田间调查

  一分汗水，一分收获。十几年来他先后主持育成了 5 个短季棉新品种，其中中棉所 16 克服了棉花早熟与产量、抗病、优质的遗传负相关，将早熟、优质、高产、抗病、不早衰几个优良性状集于一体，在育种技术上取得创新。该品种先后通过国家和冀、鲁、豫 3 省的审定，1994 年通过国家"七五"攻关专家组验收，专家一致认为："中棉所 16 作为麦棉套（间）作品种达到了国际领先水平"。1992 年其被列入国家科委重大科技成果推广计划项目和农业部优良品种扩繁计划项目。以黄祯茂为第一完成人的中棉所 16 在 1995 年获得国家科技进步一等奖。他育成的短季棉新品种至今已累计推广 2 亿亩，经济效益 190 亿元。

  自 1985 年以来，为了把科研成果迅速转化为现实生产力，取得麦棉双丰收，他不辞辛劳地到冀、鲁、豫等地给县乡有关技术人员及农民传授短季棉科技知识和栽培技术，加班加点编写技术资料 10 多万字，受益的听众多达数万人次。从事棉花育种近 50 年，他不断地追求与探索，结合自己的研究与工作实践，共撰写科技论文 18 篇和《无毒棉育种与种子利用》《无毒短季棉中 642 介绍》等多部著作。

退而不休为科研发挥余热

黄祯茂现虽年过古稀，可他每天仍旧不辞辛劳地工作。从棉花播种到收获，他总是守在试验地里，用他自己的话说就是"一天不看见棉花都想得慌"。根据从事棉花育种的体验，他认为只有到棉田里仔细观察，才有可能选出好品种。他每年都会组配大量的杂交组合，从棉苗出土开始，每天都要到田间观察记载，根据自己的育种理论和经验，进行有效的选择、淘汰。2003年7月所内职工迁新居，按规定每人都有一个假期。老伴要他管管搬家的事，可是这时正是棉花开花结铃的关键时刻，他说"现在地里很忙，家里事顾不上了"。就这样，乔迁大事就全由老伴一手操办了。功夫不负有心人，一年秋天，他在试验地看到一行棉花很特别，株矮、秆硬、吐絮畅，经反复分析研究后，育成覆盖新疆北疆、赫赫有名的短季棉新品种中棉所36。该品种在新疆北疆一炮打响，年推广面积达300万亩，被列为农业部跨越计划重点推广品种。退休之后，他依旧像往常一样辛勤地工作，协助课题组相继育成了中棉所26、中棉所27、中棉所36、中棉所37、中棉所42、中棉所45等新品种，他近期参与研究的"短季棉早熟不早衰生化辅助育种技术"，在2008年通过了成果鉴定。由于他成绩卓著，被评为农业部2000—2004年度离退休干部先进个人，受到了表彰。

1972年他患了高血压，有时相当严重，医生要他多休息，可他却经常吃点降压药后，还像正常人一样上下班。2006年秋天，天气转凉，他应邀去新乡短季棉公司进行棉种收购、贮藏和加工等方面的技术指导。在公司忙碌两天后回到家里，他的腿脚就有点不灵活，老伴劝他休息半天，他却以课题事情多回绝了。第二天下班后，他的腿疼异常严重，走路必须扶着椅子。在老伴的逼迫下，才同意去医院检查。医生说必须住院治疗，但他在医院勉强住了两周，病情刚刚有所好转，就坚持出院上班。"生命不息、战斗不止"，正是他的这种人生哲理，使他视研究棉花育种如生命；正是他的这种精神，使他有使不完、用不尽的力量。

培养新人使团队绿树常青

黄祯茂朴实无华，平易近人，从不以长者或老专家自居。把自己多年的育种技术和经验毫无保留地传授给青年一代，也早已成为他近些年来的工作重点。在他身边已经培养出两代新人：其中第一代新人如喻树迅，从一位普通的大学毕业生成长为国家级棉花育种和高新技术专家，并任中国农业科学院棉花研究所所长、党委书记，后来又当选为中国工程院院士。现在他又协助喻树迅进行第二代新人30多名博士和硕士研究生的培养。在他身边成长起来的新人还有：支援大西北，在棉花育种和推广中作出贡献的生态试验站站长原日红；出国深造的姜瑞云；河南省"五四"十大杰出青年、主持全国"863"项目棉花课题的范术丽等。在这些有作为的年轻人身上，无一不倾注着黄祯茂的心血和汗水。他这种燃烧自己照亮后人、无私奉献的精神激励着一代又一代年轻人茁壮成长，真可谓：碧血催桃李，丹心树栋梁。

黄祯茂生活十分简朴，从不乱花一分钱。可他心地善良，经常拿出自己的工资，帮助有困难的年轻人。他所在的课题组有一位年轻人，刚刚大学毕业，家里有两个小孩，爱人又没有工作，生活比较困难。他得知这一情况后，总是从每月的工资中拿出一部分资助这位年轻人，就这样，他坚持了好几年。他的一位同事没钱给孩子做心脏手术，他主动拿出钱让老伴亲自送到同事家。直到现在，他仍然坚持这种雷锋精神，每月按时供养一位远方的无儿无女的亲戚。黄祯茂关爱他人、助人为乐，深受大家的称颂。

他从事短季棉育种工作40年有余，育成10余个短季棉新品种，其中一些优良品种先后成为不同地区的当家品种和国家区试对照品种。新育成的短季棉品种在产量、品质和抗病性方面大大超过老品种，甚至可与春棉相媲美。正是由于短季棉品种的育成，使我国麦棉两熟种植区域向北推移了2个纬度，解决了人多地少、粮棉争地的矛盾，为我国粮棉生产的协调发展作出了历史性贡献。

可以说，棉田是他实现理想和信念的舞台，毅力和勤劳支配着他，深入实际，潜心钻研，不受名利所左右，为棉花事业甘做"老黄牛"。黄祯茂不愧为科研工作者的楷模，他那种生命不息、奉献不已的精神更值得当代青年人学习。

●中国农业科学院棉花研究所供稿●

【蔡荣芳简介】

蔡荣芳，男，1931年生，福建南安人，棉花育种专家。1956年毕业于福建农学院。曾任中国农业科学院棉花研究所学术委员会委员、育种室副主任，现为棉花研究所研究员。政协河南省第七、第八届委员；政协安阳市第七、第八届委员及常委；安阳市归国华侨联合会第五、第六届委员会委员、常委、主席。

先后主持国家棉花育种"六五""七五"攻关等重点科研项目20余项，主持或共同主持育成中棉所7号、中棉所9号、中棉所12、中棉所14、中棉所15、中棉所17、中棉所19、中棉所23和中6331共9个各具特色的棉花优良品种，其中，推广面积超过5 000万亩的品种1个，超过1 000万亩的有3个，超过500万亩的有5个，中棉所12和中棉所17全国年度最大种植面积分别达到2 970万亩和3 500万亩，均占全国当年棉花种植面积的30%以上，中棉所9号、中棉所12、中棉所17先后作为国家棉花区试对照品种。开创了培育适合麦棉套种、确保粮棉同步高产的棉花新品种的先河。获国家技术发明一等奖1项，国家科技进步二等奖1项，省部级成果奖6项，1998年以第一完成人获国家科技进步一等奖。发表科技论文30余篇，出版专著2部。

> 人生的价值不是以金钱多少来衡量，而是以对祖国、对人类的贡献来体现。大江南北、内地边疆的广大棉区，都留下了他的身影和足迹，中棉所7号、9号……19、23等系列良种，都渗透着他的汗水和智慧。这一切令人敬羡的成就，放射出他人生价值的光芒。

把壮志写在祖国辽阔的棉田上
——记国家科学技术进步奖一等奖获得者蔡荣芳

50多年前,他放弃国外优厚的生活条件;50多年来,他一心献身于祖国的棉花科技事业,参与培育出中国自己的棉花品种,致力于棉花的丰产、优质、抗病和高效,促进了粮棉双丰收。他无悔于少时改变我国农业落后面貌和为千百万贫困农民服务的坚定志向,也为我国的棉花科研事业书写了一个光辉的名字——蔡荣芳。

立志献身棉花科研大事业

1931年蔡荣芳出生于福建南安的一个贫苦的农民家庭,排行老大。为养家糊口,父亲不得不远离妻儿,漂泊海外,家里繁重的农活自然落在了这个年幼的男孩身上,每天放学后,耕田、插秧、施肥、浇水,起早贪黑,双手磨出了厚茧,双肩磨出了血泡。他饱尝了农民的贫穷和艰辛,从小就树立了坚定的志向:我要改变农业的落后面貌,为千百万贫苦农民服务。1952年高中毕业那年,他成绩优秀,许多老师和同学劝他报考北京、上海的名牌大学,但他的3个志愿全部选定农业大学,并以高分被福建农学院录取,1956年毕业分配到祖国首都北京,进入当时的华北农业科学研究所棉作室工作。翌年,在该所基础上组建了中国农业科学院,他在新成立的棉花研究所师从我国著名棉花专家冯泽芳院士和资深育种家彭寿邦先生。1958年该所由北京迁址到河南安阳。

从繁华的首都迁到偏僻的农村,吃菜靠自己种,出差靠双腿步行,看病要跑几十里路,工作、生活条件可谓天壤之别,当时许多人劝他留在北京,他硬是凭着对工作、事业的坚定信念,毅然决然到安阳,过起了"农村人"的生活。

正当蔡荣芳向棉花科研高峰奋力攀登时，"文革"十年浩劫打碎了他的梦想，他被误当成里通外国的"特务"受到歧视。1968年他到安阳县南崔庄蹲点5年，其间，他砥砺意志，刻苦钻研，终因积劳成疾，大病一场，却完成了两件事：一是和南崔庄人民一起治理低洼盐碱，建立中棉所3号良繁基地，推广优良品种，改旱田种稻，实现了粮棉双丰收，使该村成为河南省和全国的一面红旗；二是理论积累，利用业余时间在煤油灯下和树荫下搜集阅读了大量科技资料，特别是菲律宾国际水稻研究所和埃及吉扎棉系列品种的育种方法引起了他的重视与思考，借鉴于此而又有重要发展，成为日后他育种技术体系的圭臬。

1974年他父亲回国接他到菲律宾继承家产，他告诉老人，他的事业在中国，他的心在棉花科研上。他说："人生的价值不能以金钱多少来衡量，人生的价值关键要看对祖国、对人类的贡献，为了祖国棉花科研事业的发展，吃再大苦，我心里坦然。"后来，他的弟弟妹妹又多次劝他出国，都被他婉言谢绝。在中棉所的试验田里，在棉农的田间地头，他整整干了40多个春秋。

20世纪80年代初，他主持全国棉花生态育种协作组工作，深入实际，足迹踏遍长江中下游、黄淮海平原和新疆南疆等地，对各地棉花生产情况有了全面了解，这为他树立正确的育种目标，打下了坚实的基础。

我国古代传说中有种鸟叫精卫，"常衔西山之木石，以湮于东海"，日夜不辍。蔡荣芳，就是这样一位矢志不移的精卫鸟，把毕生的精力都用来衔棉花科研之木石。

占领高产优质抗病育种制高点

1957年，中国农业科学院棉花研究所诞生了，它虽然荟萃了新中国棉花科技精英，但作为泱泱大国，棉花当家品种却是泊自美国的"岱字棉""斯字棉"系列品种，对此，年轻的蔡荣芳不服气，中国应该有自己的棉花品种。60年代初，经过不懈的努力，他和同事们先后培育出中棉所2号和中棉所3号，这些品种所表现出来的某些优异特性，完全可以与美国的"岱字棉"原种相媲美，甚至有所超越。他深受鼓舞。

党的十一届三中全会送来了科学的春天，蔡荣芳欣喜若狂，他们采用系统育种方法培育出优良品种中棉所7号，这是中棉所第一个通过审定的品种。这一品种的诞生，不仅摆脱了当时我国棉花品种单产不高、纤维品质较差、难以达到工业纺织指标的窘境，更为育种目标与方向的确立和后来大批优良品种的选育奠定了基础。中棉所7号一经育成，很快就在黄淮海棉区普及推广，并于1978年在河南省人民政府主持召开的科学大会上，被授予科学大会奖。

我国棉花生产常受到枯萎病、黄萎病的危害，到80年代初期，我国棉花两病发病面积猛增到3 800万亩，占全国棉田面积的1/4左右，每年皮棉损失近亿公斤，严重制约了棉花生产的发展。当时我国棉花抗病育种十分薄弱。为此，蔡荣芳总结了埃及棉花育种家解决丰产、优质、抗病三者之间的负相关遗传关系的经验，根据我国棉花育种实际，制定了全新的育种目标和策略：采用陆地棉与海岛棉进行远缘杂交，创造纤维品质、抗黄萎病性和抗逆性优良的中间材料；因其优良性状遗传稳定性和丰产性较差，再选取丰产性突出的陆地棉品种和品系与其杂交并连续回交，以期将海岛棉的优良性状转育到陆地棉品种上，育成综合性状优异的新品种。根据上述策略，他成功地育成了突破性的棉花新品种——中棉所9号。中棉所9号的突出优点是把高产和抗黄萎病有机结合，是我国首次选育的抗黄萎病高产品种，曾作为我国抗黄萎病区域试验的对照品种，丰产性居全国抗病区试首位，由此1984年蔡荣芳获得农牧渔业部技术改进二等奖（为第一完成人）。又根据育种目标，提出以乌干达4号作母本，邢台6871为父本选配杂交组合，经过多年选育，育成丰产、优质、兼抗枯萎病和黄萎病的棉花新品种中棉所12，于1990年获国家技术发明一等奖（为第二完成人）。中棉所12先后通过国家和三大棉区8个省、自治区的审定，推广区域从东海之滨到天山脚下，从燕赵大地到湘江两岸，种植中棉所12的棉农无不欢欣鼓舞，从心底发出了"这个品种真的神了"的由衷赞叹。据农业部统计，1986—1997年，中棉所12累计推广面积达1.6亿亩，产皮棉96万吨，新增产值71亿元，仅1988—1997年在河南省种植总面积就高达5 500万亩，每年占河南省总棉田面积的40%～50%，超过我国当时"王牌"品种鲁棉1号的累计推广面积（9 900万亩）。中棉所12的选育成功，改写了我国棉花品种高产不抗病、高产不优质的历史，使我国棉花育种整体水平跻身国际先进行列。

攻克早熟高产实现粮棉双丰收

"会当凌绝顶，一览众山小"。生产的发展需要科学技术的支撑，农业科技创新加速了生产水平的不断提高。进入80年代中期，我国粮棉争地矛盾逐渐突出，有限耕地首先要保证粮食安全，如果压缩棉花面积，就会影响纺织工业和出口创汇，从而制约国民经济的可持续发展。能否培育一种棉花新品种，在小麦行间套种，实现粮棉双丰收？对此，年近花甲的蔡荣芳日夜思考。他查阅了国内外大量技术资料，决定通过

● 蔡荣芳在进行田间调查

利用我国特早熟棉区生育期短的品种作亲本,采用复合杂交技术,缩短黄河流域棉花品种的生育期。早熟不高产,高产不早熟,自古如此。蔡荣芳认为,这种意见有一定道理,但他想只要方法科学,目标明确,没有过不去的"火焰山"。他带领全组科技人员广泛搜集早熟材料,配置杂交组合,采用边试验、边提高的策略,经过不懈努力,终于育成了适合麦棉套种、高产、优质、抗病的棉花新品种——中棉所17和中棉所19。

中棉所17是我国第一个既适宜一熟春直播,又适宜麦棉春套两熟种植的中早熟新品种,其主要创新是把丰产、优质、抗病和早熟性融为一体,纤维品质的优异特性表现更为突出,纤维长度、单纤维强度和细度实现完美结合,1987年福建三明棉纺厂试纺80支纱(高支纱),精梳纯棉府绸质量达上等一级部优水平,还可部分代替海岛长绒棉作特殊用棉的原料,其纤维品质超过了美国的棉花品种,结束了我国自育品种纤维品质长期不如美棉的历史,达到国际优质棉水平。中棉所17的丰产性居黄河流域麦棉春套区试各参试品种首位,抗病性和抗逆性兼备,不仅抗棉花枯萎病和耐黄萎病,而且苗期还抗角斑病,后期抗红叶茎枯病。中棉所17累计推广面积4 100万亩,新增经济效益27.76亿元,连续多年成为黄淮海棉区麦棉套种的对照品种和当家品种。1996年中棉所17获国家科技进步二等奖(为第一完成人)。

中棉所19也是一个既可一熟春播亦可麦棉春套两熟种植的新品种,它的主要优异特性是多抗性,既抗枯萎病和黄萎病,又抗苗期根腐病和苗蚜,还抗棉红铃虫和棉铃虫,兼抗6种病虫害,为国内外罕见。中棉所19的综合性状优良,纤维品质达到"八五"育种攻关优质棉标准,可纺高支纱;皮棉产量比对照中棉所17增产10%,比中棉所12增产12.9%~15.4%,丰产性居陕西省抗病品种区试和长江流域抗病品种区试所有参试品种的首位,1994年引入新疆南疆试种,在农一师三团皮棉亩产量高达231.2公斤,创造了我国棉花单产的最高纪录,朱镕基总理曾亲临视察并给予高度评价。中棉所19的适应性广,既适宜黄淮流域一熟或两熟种植,又能在长江中下游棉区油棉间作,也适应新疆南疆棉区种植,中棉所19累计推广种植面积3 300万亩,新增经济效益17.87亿元,1998年获国家科技进步一等奖(为第一完成人)。

"老骥伏枥,志在千里"。如今,年过古稀的蔡荣芳早已退休,每天他除了锻炼身体外,对棉花育种事业仍然情有独钟,在试验田仍可看到他指导年轻人的矫健身影,儿孙们劝他少操些心,不要弄坏身体,他风趣地说:"我的心在棉花上,不看棉花我睡不着觉。"这就是一个终生献身科学事业的老育种家的情怀。

●中国农业科学院棉花研究所供稿●

【张慧廉简介】

张慧廉（1940—2010），男，湖南新晃人，水稻育种专家。1963年毕业于湖南师范学院生物系，曾任中国水稻研究所研究员。

1974年开始从事杂交水稻育种研究，探索并创造了从栽培稻中发掘不育胞质的成功方法，并用"印尼水田谷6号"不育胞质培育成印水型系列不育系，成为中国印水型杂交水稻的奠基人。提出了高异交率不育系的完整选育指标体系，并培育了我国第一批高异交率不育系。至2006年，国内印水型杂交水稻年种植面积已占我国杂交水稻总面积的27%以上。在国内主要刊物上共发表论文20余篇，专著（合著）2部。曾获省部级科技进步一等奖1项、二等奖2项，2005年获国家科技进步一等奖，浙江省科学技术重大贡献奖，2006年获何梁何利基金科学与技术奖。

"保障国家粮食安全，造福更多的农民"，是他矢志不渝的奋斗目标。在通向科学高峰的路上，他不断挑战自我，追求卓越，勇攀巅峰。他创造的印水型杂交水稻育种，将在水稻科学史册上功名永存。

功勋卓著的印水型杂交水稻创始人
——记国家科学技术进步奖一等奖获得者张慧廉

2006年1月11日,在激昂的乐曲声中,66岁的一位长者从温家宝总理手中接过国家科技进步一等奖奖状时,全场响起了热烈掌声。

长者紧抿的嘴角露出舒心的笑容,显示出由衷的喜悦。他很高兴自己主持的"印水型水稻不育胞质的发掘及应用"能获此殊荣,然而他更高兴的是,随着印水型水稻更快地推广普及,更多的农民兄弟又能够增产增收了。

他就是中国水稻研究所的杂交水稻育种家,中国印水型水稻不育系和印水型杂交水稻的创始人——张慧廉。

他1940年2月出生于湖南省新晃侗族自治县——湘西的一个美丽小县城。讲起他的童年生活,他仍然饶有兴致,他打小就兴趣广泛:爱斗蟋蟀、爱斗鸡、喜欢划船、游泳,还有打铁。年少的喧闹与冲动,显示出张慧廉天生那股爱冒险的精神和追求成功的执著,这在以后的科研生涯中愈发凸显。

不休不眠　实践修正教科书

1963年从湖南师范学院生物系毕业后,张慧廉主动放弃在城里的工作机会,请缨到最艰苦的湖南新晃侗族自治县中寨公社农技站,因为那里有他喜欢的虫子和植物。他每天早出晚归,就连喝水吃饭都是一路小跑着,不肯耽误一点观察时间。由于长期暴露在田间日头下,他的肤色如同板栗的颜色一样厚重。此时他发现了这里有一种叫稻黑蝽的危害大又难防治的害虫,这让他的心慢慢沉重起来。

稻黑蝽是山区水稻的重要害虫,虫害发生时,水稻会越长越小直至死掉。张慧廉在发现虫害的第一时间就翻遍了教科书，根据书上记载虫子"白天在根部休息，晚间到叶面取食"的特性采取喷杀措施，却依然不见好转。他开始怀疑书本的记载，于是决定仔细观察研究稻黑蝽。

"每年有半个月时间，我得每3小时观察一次稻黑蝽的生活习性，24小时不间断。"他对稻黑蝽进行连续观察，从它们迁入稻田到产卵、孵化，试验范围从室内到田间。为了能够找到典型的观察对象，他晚上得独自跑到离山村5里外的深山沟。"我在半夜三更去，仅穿着短裤衩，双手一把柴刀、一把手电筒。"张慧廉笑说，"要做研究，自然要吃得起苦，不过我并不觉得这是苦，当研究出成果的时候，那种充实和快乐的感觉远远超过了苦。"

张慧廉终于弄清了稻黑蝽的生活习性，得出了和教科书相悖的结论：原来夜间虫子到叶面上并不是取食，而是交配，在交配成功后又很快返回水中，并不在叶片上取食。根据正确的结论，他为村民配好了药剂，并规定了打药时间和方法。结果，大山里的稻黑蝽几乎是一次性被灭绝。

大胆创新　育出印水型杂交稻

张慧廉正式与水稻育种研究结缘应该从1974年算起。那年冬天，他去了海南岛向袁隆平学习杂交水稻选育，开始正式从事杂交水稻研究。靠着与研究昆虫同样的执著，他经过两年多的研究，首次从栽培稻中找到了不育细胞质，并由此培育出一种全新的杂交水稻——印水型杂交水稻。

谈起成功的主要原因，这位著名的水稻育种专家说："要想成功，就必须大胆创新，做别人不敢做、没做过的事情。"正是凭借这种创新精神，他才在世界上首次培育出印水型杂交水稻。

杂交水稻科研人员的主要工作，就是找到一种不育系（"母"）和恢复系（"父"）进行杂交，然后再从千千万万的杂交后代中挑选出最具优势的组合，由此选育出新的杂交稻。

"'母亲'很难找，既要本身雄性不育，还要开花的时间好，开花集中，又要开花时的形态好，这样才有利于异交授粉。"他打了个比方。自1970年袁隆平等人在野生稻中找到不育系，并于1973年选育出野败型杂交水稻之后，育种人员大都是从野生稻中去寻找这样一位"母亲"。

但张慧廉发现，从野生稻里来的这位"母亲"开花习性不好，花时不集中，不利于和"父亲"杂交，由此带来制种产量很低等缺陷，当时就决定自己动手培育新的不育系。

● 张慧廉在海南育种基地选育新品种

"是对当时已育成不育系的这些缺陷进行修补,还是开辟一条新路?"他不断这样追问自己。他很快就打定主意,一定要走一条和别人不一样的育种之路。对此,他做出了一个大胆的决定——从现代栽培稻中寻找新的"母亲"。

两大难题摆在了张慧廉的眼前:一是栽培稻是否含有胞质不育基因,栽培稻范围太大,如何寻找;二是如何让栽培稻里的不育基因表达出来。听说刚学杂交水稻的张慧廉要从栽培稻中寻找新的不育胞质,有人笑他是"无知者无畏"。

但张慧廉却自有底气。他思考,栽培稻是由野生稻进化而来的,"既然现代的野生稻和栽培稻都是从同一个老祖宗——古代的野生稻进化而来,现代很多野生稻有胞质不育基因,那么同源而来的现代栽培稻有部分也一定还有胞质不育基因。如果用野败不育系作鉴别种来鉴别栽培稻,通过与之杂交,就可以将所有栽培稻分成恢复和保持两大类,再用保持品种对恢复品种进行核置换,就能将恢复品种中的不育基因显露出来。1976 年,他终于首次从来自印度尼西亚的栽培稻"印尼水田谷 6 号"等 10 个栽培稻中找到了新的不育细胞质,并培育成了不育系。

此后 30 年间,他利用培育的印水型系列不育系,先后主持、参与培育了 200 个印水型杂交稻新组合,其中由他单独完成的有 28 个之多,这在世界杂交水稻育种史上也是最多的。张慧廉深情地说:"一个好的育种家就像一个好的画家和雕塑家,每个作品上都带着作者特有的印记。"

耐住艰辛　成功之路荆棘多

回首往事,张慧廉感慨良多:创新首先需要的就是有不迷信权威的勇气,敢想才能敢做,但是同时还要能够忍受成功之路上的艰辛。

"好的稻株永远不会在脚底下等你!"他说,水稻育种不仅要有很扎实的遗传育种学功底,还要想办法从农田里成千上万株水稻中,找到你想要的那些分离后代,而它所出现的概率只有几千万分之一甚至几万万分之一。

1994 年张慧廉来到浙江,被邀请到中国水稻研究所工作。在浙江生活了近 20 年,张慧廉这样形容这里的科研环境,"中国水稻研究所学术空气浓,氛围好,我也就能够更加踏踏实实地搞科研了。"

中国水稻研究所在海南三亚有个南繁试验点,他和 3 个助手一年里就是杭州三亚两地跑。每到 3 月水稻抽穗时节他就前往海南选种,3 月底回到杭州,在这边的试验田里选育水稻,直到 10 月底。可能是因为长时间待在水稻田里,张慧廉落下了关节炎。但他并没有抱怨,还乐呵呵地说:"这点病没什么,既不影响走路,也不影响研究工作。"

为选育高水平杂交稻组合,30 多年来,他几乎每年都有 8 个多月在稻田里度过。水稻长得最好的时候,正是天气最热的时候,他几乎每天都要顶着炙热的太阳,光着脚在稻田里逐行逐株仔细观察和筛选。长时间待在水田里,导致他的脚趾甲盖被染成了深深的铁锈色……

高产好吃　成果惠及国内外

印水型水稻不育系由于具有前所未有的良好开花习性，它们的育成将我国杂交水稻的制种产量从每亩 100 公斤左右提高到 300～400 公斤，使杂交水稻从此进入了超高产制种时代。

由于在培育高异交率不育系过程中有翔实、细致的观察研究，了解到影响不育系异交率的诸多因素及它们各自重要性的排名，从而提出了较全面而准确的高异交率不育系性状选育的指标体系，为今后新的高异交率不育系的选育提供了借鉴。

因为各个时期育成的印水型不育系都比当时其他不育系米质高出一筹，印水型不育系和印水型杂交水稻的育成也为提高我国杂交水稻米质作出了贡献。

印水型不育系有较好的配合力，各个时期育成的印水型杂交水稻都表现出高产的特点，如 2005 年春农业部公布的 19 个超级杂交籼稻中，就有 9 个是印水型杂交稻。

截至 2006 年，印水型杂交水稻已审定 210 个组合，其中由张慧廉独立育成 28 个组合。国内累计推广印水型杂交水稻已达 4.8 亿亩，年种植面积达 5 500 万～5 800 万亩，占全国杂交水稻总面积的 27% 以上，并呈快速上升趋势。

自 1998 年以来，印水型杂交稻每年的应用面积仅次于"野败"型，列第二位。并且统计表明，我国销往国外的杂交稻也以印水型杂交稻为主。

由张慧廉为第一完成人的"印水型水稻不育胞质的发掘及应用"2005 年获国家科技进步一等奖，实至名归。

印水型杂交稻开辟了源于野生稻之外的新的优良不育系杂交育种途径，它的潜力和前景将进一步拓展，它的创始人张慧廉为水稻育种科学作出了杰出的、历史性的贡献。

"老骥伏枥，志在千里"。在荣获国家科技进步一等奖、何梁何利基金科学与技术奖等大奖后，张慧廉并没有就此满足，他仍在沿着培育新的印水型杂交水稻的路上继续前进。他激动地说："我最大的野心，就是让印水型杂交水稻成为中国种植面积最大的水稻，为保障国家粮食安全作出更大贡献，以造福更多的农民。"

●中国水稻研究所供稿●

【于康震简介】

于康震，男，1960年生，江苏沛县人，预防兽医学专家。1982年毕业于南京农业大学兽医学专业，1988年毕业于中国农业科学院研究生院预防兽医学专业，获硕士学位。1991年赴美国加利福尼亚大学进行客座研究，1994年回到中国农业科学院哈尔滨兽医研究所。曾任中国农业科学院哈尔滨兽医研究所所长、研究员，农业部畜牧兽医局副局长，全国畜牧总站站长，中国兽医药品监察所所长，农业部兽药评审中心主任，国家首席兽医师。现任农业农村部副部长。

1994年以来主要从事禽流感的防控研究工作，开创了中国禽流感系统研究的先河，主持建立和研制了禽流感疫病诊断监测和病毒分型鉴定技术体系以及多种疫苗和基因工程疫苗，为我国H5N1高致病性禽流感的防控提供了关键技术措施，并提出了"免疫与扑杀相结合"的我国禽流感防控基本策略。获省部级一等奖1项、二等奖4项，国内外发明专利3项，2005年获国家科技进步一等奖。发表学术论文150多篇、出版著作10余部。获第七届中国光华工程奖、第四届中国青年科技创新奖及农业部有突出贡献的中青年专家等称号。

> 没有慷慨激昂的陈词，只有脚踏实地的苦干。凭借良好的专业知识和敏锐的洞察力，他义无反顾地投入禽流感研究与防控之中。当高致病性禽流感病毒十年后袭来时，他把克敌制胜的利剑奉献给国家和人民。人们不会忘记，他是走在病魔前面的人。

科研一定要走在疫病防控的前面
——记国家科学技术进步奖一等奖获得者于康震

"解决动物疫病防控的热点和难点问题，最终还是要靠科技，狠抓科学研究工作，狠抓科技推广工作，及时研制出比较好的防控技术并迅速推广应用。这是禽流感防控非常重要的一个经验。"这席话出自国家首席兽医师于康震之口。

是啊，作为我国禽流感系统研究的开拓者和禽流感疫情防控的参与者之一，于康震对此体会得太深了。

咬住青山不放松　冲破云海迎彩虹

"对于我们这样一个发展中国家和世界第一养禽大国来说，对付禽流感仅靠扑杀是远远不够的，免疫与扑杀相结合的综合防控措施才是现实的选择。"

2004年春节前后，H5亚型高致病性禽流感在给东南亚一些国家造成严重危害后，开始在中国部分省、自治区大规模暴发。有的群众抱怨：怎么刚刚战胜了"非典"，又来了禽流感,难道21世纪的中国真的就如此多灾多难吗?有人担心地问:我们能控制住疫情吗?然而,50天之后,我们打赢了这场举世瞩目的禽流感阻击战,全面控制住了疫病的流行。在外行看来,这似乎是一个奇迹。有些外国媒体猜测:"近50起高致病性禽流感,忽然一下子就没了,是不是不报、瞒报了?难道中国有天兵天将吗?"时任农业部部长杜青林在新闻发布会上掷地有声地说:"不是中国有天兵天将,而是有两大法宝:一是我们有组织优势、政治优势和制度优势,群防群控;二是我们依靠科学,有最好的禽流感疫苗作保障。"中国农业科学院哈尔滨兽医研究所历时10余年研制出的禽流感疫苗及防控配套技术,在这场阻击战中发挥了中流砥柱的支撑作用,立下了大功。当2005年H5亚型禽流感病毒由于候鸟传播而再次在国内暴发时,我们依然能够从容面对,岿然不动。

让我们再重新审视一下人类和禽流感斗争的经历。

在国际有记载的禽病史上,禽流感是一种毁灭性的疾病。自1959年至2003年亚洲暴发禽流感的统计看,在全世界共暴发了20多起高致病性禽流感。其中多数是在鸡群中暴发的,每次暴发高致病性禽流感,不仅给养禽业造成了重创,而且还造成巨额经济损失。以美国为例,1983—1984年,美国宾夕法尼亚州、弗吉尼亚州和新泽西州暴发了严重的禽流感,共扑杀了1 700万羽家禽,耗资8 500万美元,补贴生产者损失3.49亿美元。这在高致病性禽流感的发生史上非常著名。

于康震知道,在与禽流感这一类疫病的较量中,早一天研制出防控措施和疫苗,国家就会占得先机。所以,1994年他回国后就力主开展对禽流感的研究。因为他在美国的所见所闻,使他感受到禽流感对一个国家财力和物力以及人力等方面的巨大消耗。他认为,根据烈性传染病流行途径和规律分析,高致病性禽流感在中国发生不是不可能的。他敏锐地感觉到,对禽流感如果不尽早研究、没有完善的应对措施,迟早会成为中国的大问题。

当时,国内对于禽流感的系统研究几乎处于空白。他回忆道,"我们对于禽流感的研究起步比较晚,西方国家已经做了大量的研究。""九五"攻关立项的时候,有的专家表示出了不理解,当务之急是新城疫等这些在中国四处横流的疫病,为什么要去研究中国尚未发生的禽流感?面对质疑,他四处奔走呼吁。当时,学术界也有不同的认识,认为如果一旦来了禽流感,我们也可以像美国那样采取扑杀的办法来解决。但于康震坚持认为:"对于我们这样一个发展中国家和世界第一养禽大国来说,对付禽流感仅靠扑杀是很难控制也是无法承受的,免疫与扑杀相结合的综合防控措施才是现实的

选择。"因为，我国家禽总的饲养量大，养殖点密度大且养殖条件简陋，有效的封锁措施很难实行。经济实力也不允许我们在禽流感暴发后，单纯地进行扑杀。

尽管中国当时还没有禽流感，但他还是说服了当时的哈尔滨兽医研究所所长，于1994年挂牌成立了国内第一个禽流感研究实验组，并定位为开展禽流感系列诊断方法的研究和疫苗的研制工作。由于是新成立的研究组，尚没有条件获得国家立项，而哈尔滨兽医研究所当时的经济状况还不宽裕，只能给予这个研究组很小额度的经费支持。于康震带领他的小组潜心工作了两年。1996年，禽流感研究小组得到了国家项目的支持，他们申报的禽流感疫病诊断和病毒分型技术的研究获得了国家立项。经过8年的努力，终于在2002年研制成功了禽流感分型诊断技术和H5N2亚型禽流感灭活疫苗，奠定了我国禽流感防控技术的基础。其间，先后得到科技部国家攻关、"973"计划、"863"计划、农业部专项、国家发改委高技术产业化计划以及省、市相关科研计划的立项支持，使他们得以系统开展禽流感分子病原学、流行病学、免疫学、诊断技术和预防疫苗的研究，攻克疫苗生产的技术与工艺，形成最高日产疫苗1 500万羽份的规模化应急生产能力。

这些工作，为日后打赢禽流感阻击战提供了极为必要的技术储备。事实证明，免疫与扑杀相结合的防控路线完全符合中国的国情特点。他主持的H5亚型禽流感灭活疫苗的研制及应用，获得2005年国家科技进步一等奖。可以说，于康震是我国禽流感系统研究的开拓者和奠基人。

磨刀不误砍柴工　优秀团队攀高峰

科技工作要实现可持续创新和发展，不仅需要有杰出的领导人才，更需要有优秀的人才群体。这是现代科技发展趋向综合化和整体化的需要，也是学科可持续发展的需要。

1994年于康震的研究组加上他本人才5个人。他意识到，要想搞好科研工作，没有一支优良的团队是不可能的，于是他千方百计地网罗人才。

从1997年起，于康震任哈尔滨兽医研究所副所长，主持全所工作，1999年升任所长，这给了他施展才华的空间和舞台。

他提出了"稳住一头，放开一片，人才分流"的科技开发和人才管理模式，接着又实施了"成果战略"和"人才战略"，建立起了"开放、流动、竞争、协作"的运行

● 于康震在办公室

机制,使哈尔滨兽医研究所在 3 年内走出了困境。

现任国家禽流感参考实验室主任的陈化兰研究员,当年还是于康震的学生及师妹。在于康震的禽流感研究团队最需要人的时候,陈化兰博士毕业了,为了进一步丰富自己的专业知识,陈化兰有想去美国深造的愿望,于康震没有阻拦,他告诉陈化兰,你可以出去,然后到时间你就回来,回来后你可以再出去。陈化兰真的按时回来了,回来后仅仅待了 20 天,又再一次出国。"那时候我们就想传达出一种来去自由的信息,一种出国容易回国再出去也容易的信息,让科研人员对我们有信心。"于康震说。

1999 年到 2000 年,于康震先后派出他的 3 名博士研究生到美国和德国的国际著名实验室从事博士后研究工作。

2000 年年末,于康震调到农业部畜牧兽医局任副局长,这对于他个人来说,无疑是一个新的发展机会,也有利于加强全国动物疫病防控的技术指导力量。但对于哈尔滨兽医研究所的禽流感防控研究来说,却面临着新的选择。

此时,陈化兰正在美国进行深造,为了不使禽流感研究工作因为一个人的变动而受到影响,同时也看好陈化兰具有主持此项研究工作的优质潜能,于康震坚持自己仍然兼任禽流感课题的主持人,因为他知道,当时哈兽医所的禽流感研究工作还处于初级阶段,还有大量的工作要做。禽流感研究的事业不能中断,而且要发扬光大。

于康震在哈尔滨兽医研究所营造的宽松环境，不仅更好地吸引了人才，也学习到了国际上的先进技术。2002年下半年，陈化兰学成归来，于康震把主持禽流感防控研究工作的重任逐步转交给她。后来，在于康震的指导下，她和同事们一起大胆采用了国际上先进的流感病毒反向遗传操作技术，在国际上首次研制成功新型H5N1亚型禽流感灭活疫苗，受到了国际学术界的高度关注，为全国禽流感防控持续作出了新的重要贡献。禽流感研究团队也逐渐羽翼丰满，2003年被国家正式命名为"国家禽流感参考实验室"，2008年被世界动物卫生组织命名为"OIE禽流感参考实验室"。

从1994年开始从事禽流感的系统研究，到2002年研制出安全有效的疫苗，再到2004年禽流感阻击战，为了打赢这一仗，于康震和他的团队艰苦奋战了10个春秋。

"只要禽流感存在一天，我们的研究就会继续深入。"后为国家首席兽医师的于康震，承担了统筹国家的动物疫病防控工作的更大责任，但他始终坚持"我们的科研工作应该与国家需求相结合，要有能力承担更多的全局性、战略性和根本性的课题。科研一定要走在疫病防控的前面。"

于康震是这样说，也是这样做的。

●中国农业科学院哈尔滨兽医研究所供稿●

【刘秉华简介】

刘秉华，男，1944年生，河南鄢陵人，小麦遗传育种专家。1968年毕业于河南农学院农学专业，1982年毕业于中国农业科学院研究生院，获硕士学位。现任中国农业科学院作物科学研究所研究员。

在科研第一线辛勤耕耘30多年，主持多项国家研究课题，创立基因定位新方法，定位太谷核不育基因于4D染色体短臂、距着丝点31.16个交换单位处；将显性核不育基因 $Ms2$ 与显性矮秆基因 $Rht10$ 紧密连锁于4D染色体短臂上，国际首创矮败小麦；利用矮败小麦，创建高效育种方法，育成轮选987、轮选988等7个小麦新品种；矮败小麦育种技术为近百个单位所应用，育成40多个品种，推广面积近两亿亩。发现一套基因控制的雌雄性都不育的小麦遗传种质，提出作物显性核不育起源理论，建立植物隐性核不育回交后代的遗传模式。获国家技术发明二等奖、国家自然科学四等奖、农业部中华农业科技奖一等奖和中国农业科学院科技奖特等奖各1项，2010年获国家科技进步一等奖。

> 发现是科学家的灵感，创新是科学家的灵魂，执著是科学家的本质。在他身上，人们看到了一位育种科学家的用心发现，勇于创新，坚守执著。他用艰辛锻造的矮败小麦重锤，敲开了小麦育种史上又一里程之门。

不断创新的科研人生
——记国家科学技术进步奖一等奖获得者刘秉华

刘秉华的科研人生与小麦结缘，与创新相伴，与突破性成果相随。他创立太谷不育基因定位新方法，创造矮败小麦，创建小麦高效育种平台，育成集高产、稳产、多抗于一体的小麦品种轮选987，该品种在生产上大面积推广应用10年而不衰。

创立定位方法　完成太谷不育基因定位

1979年，中国农业科学院研究生院招收第一届学生，刘秉华考取了作物所研究员、爱国华侨科学家邓景扬博士的研究生。也许是命中注定，刘秉华来到农业科学院时，一下子就撞上了矮败小麦的祖宗——太谷核不育小麦。1972年，山西省太谷县农民技术员高忠丽发现了一株特殊的小麦，远看穗子半透明，近看雄花败育，雌蕊发育正常，后来被邓景扬定名为太谷核不育小麦。1980年，邓景扬在《作物学报》上刊发了自己的研究成果，明确太谷核不育小麦的不育性受一对显性基因控制，从此之后，"太谷核不育小麦"开始堂而皇之地走进人们的视野。

知道太谷小麦是显性核不育以后，下一个重要课题就是基因定位。为此，邓先生访问了美国、英国、法国和国际小麦改良中心，向多位专家请教太谷不育基因定位方法，都没得到明确答复。回国后他又请教数位专家，也没有给出完整定位方案。这个时候刘秉华出场了。人们常说"性格决定命运"，对刘秉华来说是再恰当不过，他老家人说，"这孩子小时候就爱琢磨个事儿，不出名堂不罢休。"刘秉华要挑战这个大难题还有一点儿自信，早在农村锻炼和中学执教时，他几乎研读了所有版本的遗传学，一句一句地读，一段一段地思索，做了数十万字的读书笔记，编写了上百道遗传学题，积淀了较深的遗传学功底和对遗传研究的浓厚兴趣，这样他就主动请缨承担这一任务。

这项研究，难，太难了。刘秉华处于焦灼中，查阅相关文献，苦思冥想，走路、吃饭都在想，常规方法是单体分析，但太谷小麦只能作母本，单体分析不可用。怎么办？有一天，研究生集体宿舍靠窗的上铺上，刘秉华两手交叉在脑后，两腿伸直，两脚盘起，两眼望着天花板，突然来了灵感，"用端体分析"，于是急忙坐起将想法演算了一遍，定位的路子通了。他很兴奋，及时将想法告诉了导师，导师将信将疑，前人没用过的方法能行吗？疑问挂在导师脸上，刘秉华说，放心吧老师，我已经推算多遍了。从此以后他就更忙了，从国内外收集齐42个中国春小麦端体，在北京大田和温室播种、杂交、取材，还到昆明、西宁加代，其他时间就是看显微镜，一坐就是半天，经常工作到深夜，一个幼穗一个幼穗地看，逐株记载染色体组成，工作量很大、很大，而他毫不动摇地坚持、坚持……

与此同时，他还在做另外一个试验，他想把不育基因转移到四倍体的硬粒小麦中。凭着自己对减数分裂期染色体行为的深刻了解，根据硬粒小麦与太谷不育小麦回交后代不育株越来越少的事实，认识到太谷不育基因不在A、B组的14对染色体上，而是在D组7对中的某一染色体上。在回交后代他还得到14对A、B组染色体加上1个D组单价体的不育株，这个唯一的单价体就是携带不育基因的染色体。经端体测验和分析，太谷不育基因定位在4D染色体短臂、距着丝点31.16个交换单位处。这个巧妙设计，不仅使工作量大大缩减，只用了原方案工作量的1/21，而且定位的准确性高，受到谈家桢、庄巧生、曹宗巽等专家的高度评价和国外同行的好评。国际上将太谷不育基因命名为 *Ms2*。1998年，以邓景扬领头的这项基因定位与发现、鉴定等成果获得国家技术发明二等奖，而刘秉华也成为中国遗传学会植物遗传委员会最年轻的委员。

创造矮败小麦　开启育种方法创新之门

遗传育种学家非常重视寻找或创制标记性状，以便根据标记性状间接地或及早地对目标性状进行选择，以提高品种改良成效。太谷不育小麦用于育种实践，遇到的问题是必须在抽穗开花期人工分出不育株与可育株，更大的问题是轮选群体植株逐轮升高。对此大家不约而同地想到做标记，给太谷不育小麦做蓝粒标记。各单位做了大量杂交试验，结果，不育与蓝粒有时连上了，后代又分开了，总不能紧密地连在一起。刘秉华反复思考这个问题，同时又分析了硬粒小麦蓝粒不育株的资料，认为蓝粒基因是位于4E染色体长臂，很难与位于4D染色体短臂的不育基因紧密连锁。

他陷入沉思。就在这时，他看到作物学报关于矮变1号小麦基因定位的论文，实验做得好，资料也完备，只是分析出点问题，把矮秆基因定位在 2A 和 4D 上。刘秉华综合分析前人实验资料，明确矮秆基因与 2A 无关，只位于 4D 染色体上。这时他自然联想到自己定位太谷不育基因在 4D 上的结果，用矮秆给太谷不育小麦做标记性状的想法油然而生，即着手用矮变 1 号小麦给太谷不育小麦杂交。矮变 1 号是世界上最矮的小麦，株高不足 30 厘米。他调查得到的 321 株测交后代，高秆 162 株，都不育，矮秆 159 株，都可育，惊奇地发现不育基因总是与高秆基因相伴，可育基因总是与矮秆基因相随。研究目标是让不育与矮秆走到一起，锁定在 4D 染色体短臂上。这时还有人做与刘秉华同样的工作，认为这种矮的不育小麦不能得到。刘秉华没有气馁，相信两个基因之间总会有间隔，有间隔就可能发生断裂、交换和重组，不育基因与矮秆基因就能走到一起，获得矮秆不育小麦。

越是不容易得到的东西，得到以后才越觉珍贵。多数人还坚持做蓝粒标记，刘秉华相信自己的判断，决定按照确定的方向干下去。独立之初，条件十分艰苦，一间简易的平房，既办公，又做试验。最要命的是当年没有试验地。没有试验地，如同猎手没了猎场。"材料要种，试验不能停！"刘秉华来到自己原先的试验地播种。他在前边开沟，助手杨丽在后边点种。一周后幼苗出土，在他们精心护理下苗壮成长。翌年 5 月初，小麦抽穗了，他又满怀希望地开始调查。一株一株量株高，查育性，记载本上出现的是高的不育，矮的可育，记了一页又一页，总共是 3 248 株，仍没能找到需要的矮秆不育小麦。第二年，领导分给他三分试验地，其旁边是长满籽粒苋和堆满垃圾的荒地。为扩大试验面积，他和助手杨丽带上铁锹和耙子，除杂草，清垃圾，干了一个星期，又开出了半亩地。就在这块地上，他又向着预定的目标进发，测交群体增加到 5 216 株。

1988 年 5 月初，刘秉华又开始田间调查。那天午后，阳光有些灼热，看了一上午的他，简单吃了点午饭又来到试验地，继续量株高，查育性，期盼找到那个有特质的小麦。突然，他手停下了，手边的这株矮个子小麦，雄性败育，颖壳张开。刘秉华揉了揉眼，抬头看看天。随后，他急切地叫助手，"杨丽杨丽！快过来看！"待杨丽到近前，他说："就是它了！这株矮个子小麦雄花完全败育，它就是我们想要的啊。"累计 8 785 株过后，他终于选到了 1 株又矮又败的小麦，这就是矮败小麦，这就是矮败小麦的祖先。

1988 年秋，他将那株矮不育小麦上的 235 粒种子精心播入土中。翌年，在经过漫长等待之后，在 235 株中分离出 108 个矮秆株，表现雄性败育，127 个非矮秆株，表现正常可育，完全符合预期结果。矮秆不育小麦衍生后代群体的一半是矮秆不育株，另一半是非矮秆可育株，两者的株高差异一目了然，省去人工区分育性；在矮败小麦群

● 刘秉华在小麦田工作

体中，接受花粉的不育株在下，提供花粉的可育株在上，异交结实率高；矮秆不育株靠异交结实，非矮秆可育株种靠自交结实，矮败小麦兼有异花授粉和自花授粉的特性，是高效育种工具，可方便有效地用于常规育种，轮回选择和分子设计育种，开启了创新小麦育种方法之门。

创建高效平台　培育突破性小麦新品种

矮败小麦是宝贵遗传资源，理想的育种工具，用它出品种，出突破性品种，还要有相应的方法与技术。对此刘秉华开始了新的创新征程，他要研究一套高效育种方法。在以后的10年中，他很少参加讨论会、观摩会等，好像突然从人间蒸发了，只闻其声，看他发表的文章，难见其人。刘秉华去哪啦？他在小麦试验地，在北京的试验地，新乡的试验地。

1992年他组建了第一个矮败小麦轮选群体。他精心挑选了20个亲本，其中有主栽品种，有抗病、抗倒伏的，北方及黄淮麦区的品种，还有1/3是名不见经传的遗传种质，构成遗传多样性丰富的群体。通过群体内不育株与可育株杂交，进行基因交流，产生新类型；经过选择，优化基因。一轮又一轮的杂交与选择，群体不断得到改良。

群体内每个可育株都是一个复交 F_1，一亩轮选群体有上万种基因组合，从中不断选出各具特色的新品种。

轮选育种成败的关键：如何使群体逐轮优化，如何把优良后代选出来，培育成好品种？刘秉华有句格言：小麦生长季节在试验地反复走，反复看，反复想，把试验田走道踩成路，看得入微，想出道道，就离成功不远了。反复，成了座右铭，他的路就是这样反复出来的。他常常天刚亮就下地，天黑才回家。每逢刮风下雨，不等雨完全停，就去试验地，看看育种材料有无倒伏。

经过 10 年反复探索与实践，轮选群体得到显著改良，产量、品质、抗性等性状大幅度提升，类型多，优良植株多，一派喜人景象。庄巧生先生看了，高兴地笑了！小麦育种同行看了，伸出了大拇指！

2003 年国家新品种展示，46 个品种参试，在产量位居前 10 名的品种中，用矮败小麦技术育成的品种占 5 个，轮选 987、轮选 981、轮选 201 分居第一、第二、第三名。轮选 987 参加国家区域试验，平均比对照增产 14.8%，区试点最高亩产 715 公斤，其还抗病、抗寒、耐旱、抗干热风和穗发芽，农民说"轮选 987 好种易管，产量高，一亩多收一两百斤"。

1991 年他收到新乡县农民张清海的一封信，恳求得到一些矮败种子，刘秉华爽快地答应了他的要求。就这样，刘秉华多了个试验场地——张清海家的农田。他常奔波于北京和新乡之间，路，从北京绵延到河南，又从河南伸展到北京，反复地走，踩出了一条实实在在、结结实实的路。

2003 年，农业部组织召开"矮败小麦创制与高效育种新体系"成果鉴定会，庄巧生等 5 位院士参加的鉴定委员会认为，"矮败小麦这个独特的遗传资源属国际首创""该项研究创新性强、应用效果好，发展潜力大，总体上达到国际领先水平"。

新乡人的热情感动了刘秉华，他向院里建议，在小麦生产大省河南建立矮败小麦研究中心。2006 年 5 月 28 日，设在河南新乡的国家矮败小麦育种技术创新中心挂牌成立。迄今，矮败小麦已应用到上百个单位，育成 42 个品种，还有数十个品种参加各级区域试验，展现出广阔发展前景。矮败小麦的创新，将对世界小麦育种产生积极而深远影响。

矮败小麦高效育种新技术新体系，这项对小麦育种具有重大创新意义的科研成果，2010 年获得了国家科技进步一等奖。

● 中国农业科学院作物科学研究所供稿 ●

【小麦种质资源与遗传改良创新团队简介】

  中国农业科学院作物科学研究所小麦种质资源与遗传改良创新团队初建于20世纪50年代，以金善宝、戴松恩、庄巧生、董玉琛院士为代表的先辈科学家为我国小麦品种改良工作奠定了基础。经过60多年发展，团队在种质资源保存与利用、新品种培育和新技术研究等领域取得了重要进展：全面系统开展种质资源收集保存、评价与创新利用；创立矮败小麦育种技术体系，品质改良方法研究取得重要进展；率先完成D基因组测序，发掘的育种可用分子标记在国际上广泛应用；育成的小麦新品种和集成的生产技术为我国小麦产业发展提供了技术支撑。1998年至今，先后获国家科技进步一等奖3项、二等奖4项，获授权发明专利和新品种保护权102项；在国内外出版专著8部，在 Nature 等发表SCI论文498篇，SCI论文数和他引居国际小麦遗传改良领域第二位和第四位，3人担任主流国际SCI期刊编委。2016年获国家科学技术进步奖一等奖（创新团队）。

  他们以"瞄准国际前沿、引领小麦育种方向、服务国家重大需求"为目标，以促进中国小麦科学和产业发展为宗旨，前辈科学家薪火相传，后来继承者团结奋斗，他们用卓著的业绩竖起了勇攀科学高峰的旗帜。

为我国小麦产业建功立业的科技创新团队

——记国家科学技术进步奖一等奖（创新团队）获得者作物科学研究所小麦种质资源与遗传改良创新团队

种质资源研究是品种遗传改良的基础，培育和推广优良新品种是提高产业竞争力的关键技术。中国农业科学院小麦种质资源与遗传改良创新团队历经几代科学家的团结奋斗，在种质资源保存与利用、新品种培育和新技术研究等领域取得重大进展，为我国小麦技术创新和产业发展作出了重要贡献。2016年，他们走上了国家科学技术进步奖一等奖（创新团队）的领奖台，获此殊荣的团队核心成员有：刘旭、何中虎、刘秉华、贾继增、辛志勇、李立会、景蕊莲、肖世和、马有志、张学勇、刘录祥、毛龙、夏先春、孔秀英、张辉。

历史传承奠定坚实基础

中国农业科学院的小麦研究始于20世纪50年代，以金善宝、戴松恩、庄巧生、董玉琛院士等为代表的先辈科学家为我国小麦品种改良工作奠定了基础，形成了3个

● 作物科学研究所小麦种质资源与遗传改良创新团队合影

层次的研究内容，即种质资源保存、研究与创新；育种技术改进与创新；新品种培育、测试与布局。金善宝于1957年调入中国农业科学院工作，戴松恩和庄巧生从1947年起就在原中央农业实验所北平农事试验场和华北农业科学研究所从事小麦研究，董玉琛从1950年起在华北农业科学研究所从事小麦资源研究。

从50年代至80年代初期，金善宝和戴松恩是团队的带头人。这一时期的主要进展包括大面积推广南大2419等引进品种，开展国内外种质资源收集与保存鉴定，如引进了智利的"欧柔"、意大利的"郑引1号"和东欧的"洛类抗源"，育成北京8号和北京10号等新品种，编辑出版《中国小麦栽培学》（1961）、《中国小麦品种志》（1986）和《中国小麦品种及其系谱》（1983）等专著。

从80年代初期至2000年前后，庄巧生和董玉琛是团队的带头人。这一时期的主要进展包括组织全国小麦育种攻关，启动中国小麦非整倍体研究，育成丰抗号新品种，太谷核不育小麦鉴定与应用取得进展；建成国家作物种质资源库，考察收集我国北方小麦野生近缘植物，小麦远缘杂交与生物技术创造新种质取得重要进展；出版《中国小麦栽培学》（1996）、《中国小麦品种改良及系谱分析》（2003）和《中国作物及其野生近缘植物》（2006）等专著。

新的发展全面提升能力

2003年,中国农业科学院的作物品种资源研究所与作物育种栽培研究所及原子能利用研究所的育种部分合并组建作物科学研究所。整合后的研究所科研实力显著增强,科研经费大幅增加,实验条件全面改善,为小麦种质资源与遗传改良创新团队的融合发展与全面提升提供了难得的机遇,逐步形成了以刘旭牵头,中青年专家为主,老中青相结合的小麦研究队伍。目前,团队有研究人员85名,包括院士2人、研究员30人,其中1人当选为全国先进工作者,2人获中华农业英才奖,1人被评为国家级有突出贡献中青年专家,2人当选为全国政协委员,2人当选为全国党代表。

团队以"瞄准国际前沿、引领和带动国内发展方向、服务国家重大需求"为目标,按照新材料、新基因、新技术、新品种统筹规划,逐渐形成了"团结协作、严谨务实、勇于创新、服务农业"的和谐发展的团队文化。在鼓励创新的同时,十分重视文化传承。先后编辑出版了4位先辈院士的论文集,以及董玉琛、庄巧生画册,设立了面向全国的"庄巧生小麦奖励基金",奖励在小麦育种密切相关领域作出突出贡献的个人,以推动全国小麦育种和生产的持续发展。

重大成果为小麦育种铺路展翅

近20年来,团队在种质资源保存与利用、基因组学研究和新品种培育等领域取得5方面的重大进展。

1. 全面系统开展种质资源收集保存与评价利用

设在中国农业科学院的国家种质资源库现收集国内外小麦资源4.9万余份,包括我国独有、有重要利用价值的农家种1.5万余份,资源拥有量和影响力居国际前三位。持续引进的国外品种为我国小麦育种和生产发展作出了重要贡献。合作单位用引进品种"欧柔"育成的泰山1号,是20世纪70年代黄淮北片的突破性品种,1979年种植面积曾达5 600万亩。用引进"洛类抗源"育成的新品种在90年代的年种植面积达2亿亩左右,约占同期全国小麦面积45%。1990年至今,从国际玉米小麦改良中心等引进育成品种和高代苗头品系等2.5万份,育成的新品种累计推广6.5亿亩。引进种质对提高我国小麦产量、抗病性和改良品质起到关键作用。

种质资源鉴定与新基因挖掘取得重要进展。在制定小麦种质资源描述规范与数据质量控制标准的基础上，刘旭和李立会等率先建立了农艺、品质、抗病虫、抗旱等重要育种目标性状的表型精准鉴定和基因型鉴定新技术，攻克了种质资源鉴定效率低、结果重复性差的难题。景蕊莲主持制定的小麦抗旱性鉴定评价技术规范，被国家农作物品种审定委员会采用，成为新品种区域试验评价抗旱性的重要依据。张学勇建立了包括262份材料的微核心种质，已成为我国小麦基因组研究的重要材料平台。在上述工作基础上，贾继增、马有志、张增艳等发掘出有重要育种价值的新基因10个，如克隆并明确了光周期基因 Ppd-B1 等的作用机制与育种价值，为解决近几年生产中出现的新病害和应对气候变化等提供了新基因。

远缘杂交创造种质取得重大进展。辛志勇等综合应用生物技术，将中间偃麦草 St 基因组的抗黄矮病基因导入普通小麦，通过穿梭育种，在国际上育成首批大面积推广的抗黄矮病新品种张春19、晋麦73等。李立会等在国际上首次实现普通小麦与冰草属、新麦草属和旱麦草属3个属间的成功杂交，将冰草P基因组中控制多粒、高粒重和抗白粉病基因转入普通小麦，创制出优异新种质120份，育成普冰151、科农2011等13个高产抗病新品种，为我国小麦育种水平的持续提高提供了种质基础。

"中国农作物种质资源收集保存评价与利用"和"中国农作物种质资源本底多样性和技术指标体系及应用"分别于2003年和2009年获国家科技进步一等奖与二等奖，"综合应用生物技术创造抗黄矮病普通小麦新种质"1995年获国家技术发明二等奖，"中国北方冬小麦抗旱节水种质创新与新品种选育利用""小麦种质资源中重要育种目标性状的评价与创新利用"和"CIMMYT小麦引进、研究与创新利用"分别于2009年、2014年和2015年获国家科技进步二等奖。

2. 发现太谷核不育基因并创立矮败小麦育种技术体系

太谷核不育小麦是高忠丽于1972年在山西省太谷县发现的一个显性核不育小麦材料，其特点是雄性败育稳定彻底，不受环境条件影响，异交结实率高。"六五"至"八五"期间，邓景扬组织全国多家育种单位进行了太谷核不育小麦的研究与利用工作，率先完成太谷不育基因 Ms2 的定位，育成的轮抗6号和轮抗7号等新品种在华北盐碱地发挥了重要作用；合作单位育成的鲁麦15和石4185成为山东省和河北省的主栽品种，年推广面积皆超过1 000万亩。"太谷核不育小麦的发现、鉴定与初步利用"1998年获国家技术发明二等奖。

在前辈科学家的科研基础上,针对小麦开展大规模轮回选择的国际难题,刘秉华等通过连续大群体测交筛选和细胞学研究,将 Ms2 基因与矮秆基因 Rht-D1c(Rht10)紧密连锁于 4D 染色体短臂,首创矮败小麦,其后代群体中总有一半矮秆不育株和一半非矮秆可育株。矮秆不育株异交结实,非矮秆可育株自交结实,兼有异花授粉和自花授粉的特性,是便利的遗传改良工具,可用于各种育种途径,特别是轮回选择。经过 20 年不断探索和反复实践,创建了矮败小麦高效育种技术体系。利用矮败小麦,全国 16 个单位已育成新品种 42 个,推广面积 1.85 亿亩。刘秉华主持育成了新品种 10 个,其中轮选 987 高产、抗寒、耐旱、抗干热风和吸浆虫,已大面积推广 10 余年。贾继增和孔秀英等历时 20 年不懈努力,成功克隆并解析了矮秆基因 Rht-D1c 与 Ms2 基因的功能,相关论文于 2012 年和 2017 年分别在 New Phytologist 与 Nature Communications 发表,对持续利用矮败小麦具有重要意义。"矮败小麦及其高效育种方法的创建与应用"2010 年获国家科技进步一等奖。

3. 建立中国小麦品种品质评价体系

20 世纪 80 年代中后期,庄巧生等率先对北部冬麦区和黄淮麦区区域试验材料的磨粉品质、面团流变学特性和面包品质开展了研究。21 世纪初以来,在庄巧生的指导下,何中虎、夏先春等对小麦品质改良技术进行了深入系统的研究。将水稻等模式植物基因组学的信息和技术用于小麦品质新基因发掘、育种可用分子标记开发与验证,发展了具有育种实用价值的基因标记技术。明确了低分子量谷蛋白亚基与基因的对应关系,建立了准确快速的基因标记鉴定技术,提出的低分子量亚基命名 30 个标准品种在国际上广泛应用,从而解决了低分子量亚基用于育种的国际难题。将发掘的基因标记与谷物化学技术相结合,创立了适合国情的小麦品质评价技术体系。如建立了面条的标准化实验室制作与评价方法,明确培育优质面条小麦的 3 个主要选种指标和 9 个可用基因标记,并揭示了控制面条色泽的分子机理,为改良传统食品品质提供了理论、技术和高效方法。2006 年以来团队发表的小麦品质遗传改良系列 SCI 论文和他引,居本领域国际第一位和第二位。"中国小麦品质评价体系建立与分子改良技术研究"2008 年获国家科技进步一等奖。

4. 基因组学研究取得重大进展

在贾继增带领下，通过与华大基因合作，率先完成了小麦 D 基因组供体种—粗山羊草基因组框架图的绘制，首次为小麦研究提供了较为完整的基因组信息，相关论文于 2013 年在 *Nature* 发表，已被引用 420 次。进一步利用二代、三代等测序技术与最新组装技术，对 D 基因组进行了重新测序与组装，使组装质量提高 210 倍，完成了染色体级别的 D 基因组精细图谱的绘制，论文于 2017 年在 *Nature Plants* 发表。在上述工作基础上，开发出具有完全自主知识产权的小麦 SNP 芯片 Wheat660K，是目前国际上实用性最强、通量最高的小麦 SNP 芯片，国内 20 多个单位已将其用于基因挖掘研究。基于水稻与小麦 D 组测序结果，已发掘并验证品质和农艺等重要性状 56 个育种用基因标记，在国内 20 多个单位及美国等 18 个国家应用。在此基础上，创立了基因特异性标记与常规育种相结合的高效育种新技术，用分子标记育成的中麦 1062 等 5 个优质品种，已通过国家或省级审定并大面积示范推广。

5. 新品种培育与综合生产技术集成

将品质评价体系、育种用基因标记与水旱交替选择等技术相结合，1995 年以来先后育成 50 多个优质高产新品种，其中中麦 9 号、中麦 175 等 4 个主栽品种已累计推广 1.2 亿亩左右。中麦 9 号是北部冬麦区育成的第一个矮秆品种，1998 年通过国家审定。在 21 世纪初，大面积亩产达到 500 公斤，使本麦区产量水平登上一个新台阶，大面积推广 10 多年，种植区域延伸到保定以南的黄淮北片。中麦 175 是我国第一个同时通过水地（北部冬麦区，2008）和旱地（黄淮旱肥地，2011）两个区域国家审定的新品种，其抗旱节肥特性优异，适应性广，已累计推广 4 000 多万亩。

通过有关农业财政项目的实施，2004 年以来，肖世和从畅通科技成果转化渠道入手，组织国内育种与种子、病虫害防控、栽培与农机、土肥水资源、产后加工和产业经济等 6 大研究领域的 86 个优势科研团队，以及 255 个小麦主产县的科技骨干，建立了国家小麦产业技术体系。35 个岗位科学家团队从不同专业角度研究小麦产业链主要环节的技术需求并不断提供技术成果，51 个分布在各大主产区的综合试验站团队完成新技术的集成创新与服务，形成了适于不同麦区的综合生产技术规程，为我国小麦产业持续发展提供了技术支撑。

经过三代科学家 60 多年的不懈努力，小麦种质资源与遗传改良创新团队已逐步成为我国小麦技术创新中心、学术交流与国际合作中心。自"六五"以来，一直是国家小麦重大科研项目的主持单位，近15年团队牵头组织实施了国家"973"计划、"863"计划、支撑计划和行业科技专项等项目。建立了国家小麦改良中心及下设的12个分中心、农业部小麦生物学重点实验室及下设的7个区域实验室、国家分子育种工程实验室等一批国家级研究平台，与国际玉米小麦改良中心等合作建立了4个国际双边联合实验室，为全国小麦技术创新和产业发展提供了全方位服务。针对新时代我国粮食安全战略对小麦生产的重大需求，团队正在开展资源节约、环境友好、绿色发展等新型种质挖掘与品种创制，以及基因组学等前沿研究，争取为促进小麦科学发展与保障国家粮食安全作出更大贡献。

●中国农业科学院作物科学研究所供稿●

【祁阳红壤实验站简介】

中国农业科学院祁阳红壤实验站（原为祁阳官山坪低产田改良联合工作组）始建于1960年，是我国建站时间最早、历时最久并唯一首批入选国家级重点野外台站的农业实验站，也是中国农业科学院唯一以我国南方14省（自治区）3 000余万亩的红土地作为研究对象的农业实验站。

50余年来，中国农业科学院祁阳红壤实验站取得了一系列具有原创性的重大科研突破，"南方红黄壤地区综合治理技术研究"等成果先后获国家级科技成果奖5项、省部级奖22项，培育了包括中国工程院院士刘更另在内的一批杰出农业科研人才，为地方培养了3万名农业技术人员。据不完全统计，他们的科研成果累计增产粮食30亿公斤，为农民增收节支45亿元，为我国红壤地区的农村发展、农业增效和农民增收作出了巨大贡献，先后获得湖南省委、省政府授予的优异成绩奖，湖南省科学大会低产田改良和先进集体奖，湖南省人民政府先进集体称号，国家科委、经委、林业部、农业部先进集体称号，国家计委、科委、财政部"八五"国家科技攻关项目重大成果表彰，2006年农业部神农中华农业科技奖特别奖等荣誉。2006年，祁阳红壤实验站被中共中央宣传部和农业部列为全国重大宣传典型。2011年，"祁阳站精神"作为农业部重点弘扬的三种精神之一，在农业部系统广为宣传。

祁阳站科技工作者几十年如一日，扎根基层、团结协作、淡泊名利、无私奉献，代代传承"执著奋斗、求实创新、情系'三农'、服务人民"的祁阳站精神，不愧为"永不褪色的科研哨卡""红土地上的丰碑""农业战线的一面红旗"。

誓将红土变绿洲

——记全国重大宣传典型祁阳红壤实验站

50 余年来，祁阳站的科技工作者几十年如一日，耐得住寂寞，守得住清贫，代代传承着"执著奋斗、求实创新、情系'三农'、服务人民"的祁阳站精神，用青春、智慧和汗水，谱写了一曲"绿了红土地，白了少年头"的壮丽篇章。

执著奋斗　五十余年坚守红壤

20 世纪 60 年代初，中国人的吃饭问题成了牵动从领袖到平民百姓的第一件大事。为解决南方红壤地区提高粮食产量问题，1960 年春，中国农业科学院一批心系国家、情牵人民的青年科技工作者，毅然告别首都北京和亲人，来到南方山区，组成"低产田改良联合工作组"，在湖南省祁阳县一个叫官山坪的地方安营扎寨，江朝余成为祁阳官山坪农村基点的负责人。

祁阳官山坪是一个偏远的小山沟，这里离最近的城镇还有 9 公里，当时，下火车后还要步行两个多小时才能到达。最初科研人员借住在农户家中，一间柴房里住两个人，房顶不封闭，晚上躺在床上能看见星星，风能把土刮到被子上，雨、雪都能落到床上。冬天房子里没有取暖设备，既潮湿又寒冷，被子冰冷沉重，晚上不愿意进去睡觉，早晨不愿出被窝。那时研究工作没有任何设施设备，一切条件都要靠自己创造，没有房子，他们就把办公室和实验室设在农民家里。没有办公桌，他们就取下食堂墙上挂的一块匾，用石头支起来当办公桌和实验台用。冬天温度低，分析土壤磷还得烧炭加热保证温度。直到 1964 年站里砌起了土砖房，既当住房，又作办公室，实验站才算有了自己的"窝"。

晴天一顶帽，雨天一身泥，赤脚双双走田间，春夏秋冬不得闲，喝的是泥巴水，住的是土砖房，吃的是自家菜，度的是单身日，干的是农家活，拿的是临工钱。这就是他们工作和生活的真实写照。而且由于长期在野外作业，大部分科研人员都患过胃病、风湿性关节炎和高血压。

虽然在这里冬冷夏热春潮，屋内屋外一样冷，白天晚上一样热，床上床下一样潮，而且夫妻分居，生活单调，饮食不适。但是50余年来，先后有166名科技人员来祁阳实验站进行科研工作，而且在这样艰苦的工作生活条件下，平均每年在站里坚持近300天，甚至过年过节也坚守岗位。如今，昔日的小伙子大多已白发满头，回顾当年"脸对红土背朝天，弯腰曲背搞试验"的艰苦岁月，他们感慨万千。忘不了，从进入官山坪的第二天起，用不到100天的时间先后走访50多个生产队，召开140多次调查会，发现并解决水稻"坐秋"问题，使当地农民增产增收；忘不了，杨守春研究员的儿子因出生在官山坪，而取名杨山坪；忘不了，秦道珠夫妻俩把才6个月大的小孩放在舅舅家里寄养，有一年回家去看孩子，孩子一过来就叫秦道珠舅舅。

因为执著，他们坚守；因为坚守，他们崇高。作为农村基点时期负责人的江朝余，带领一批甘于奉献的年轻科技人员，在创业初期历尽艰辛，为祁阳站的长足发展打下了坚实的基础。1964年祁阳站正式成立后，第一任站长刘更另在这里工作了28年，其中驻点最长的一年竟达342天，那一年直到除夕，他才回到北京过春节。若干年后，他深情地说："没有28年的基层工作经历，就没有我今天的成绩。"第二任站长陈福兴研究员，在祁阳站工作了32年。为了工作，他还把夫人武桂珍从北京调到实验站附近的小学教书；为了工作，他连女儿的婚礼都没有回北京参加。陈永安研究员在这里工作了35年。目前在祁阳站基地工作超过28年的有13人。

三代人接力传承，穷其一生精力，无怨无悔地围着一坨泥巴打转转，这是多么可敬的红土地情结啊！

求实创新　科研成果层出不穷

红（黄）壤是我国南方14省（自治区）的主要土壤类型，总面积约218万平方公里，占国土面积的22.7%，占全国耕地面积的28%。然而，红壤十分贫瘠，因酸、黏、瘦、板的特性而不适合作物生长。美国土壤学家索泼（James Thorp）在《中国之土壤》一书中曾预言，中国南方红壤地带有机质缺乏，经过风化雨淋将成为"红色的荒漠"。

● 祁阳千亩双季稻机插技术集成示范片

50余年来,一个站,三代人,凭着求实创新的科学精神,在这块被称为"红色的荒漠"的土地上,创造了一个接一个的"首次":在几十年大量实验观测记录的基础上,首次揭示了磷肥防治"坐秋"机理,首次解决水稻"坐秋"难题;首次研究出钾肥提高绿肥田稻谷产量;首次提出硫酸锌防治水稻"僵苗";首次为改良"砷毒田"提供理论和方法;首次提出"水平浅沟、沟坑相连、分散蓄水"的工程措施,解决了红壤地区的干旱缺水问题。对此,中国农业科学院翟虎渠院长说:"祁阳站的苦,不是它的招牌。祁阳站的最大特点就是敢想敢干,就是不畏权威,就是敢于打破国际权威定论,就是要在'红色荒漠'上创造出绿洲,就是要将自己的泥巴脚踩进国际农业科技的殿堂。"

20世纪60年代,祁阳站的科研人员攻克了潜育性水稻土"鸭屎泥田"水稻"坐秋"低产难关,于1964年获国家技术发明一等奖。1985年后,他们将工作的重点集中在南方红黄壤地区高产优质高效农业的科技攻关。1986年红壤稻田持续高产研究获国家科技进步三等奖;1996年红壤丘陵立体农作制度研究获国家"八五"科技攻关重大成果奖;2002年南方红黄壤地区综合治理技术研究获国家科技进步二等奖。截止到2009年,除上述国家级奖项外还获省部级科技进步奖22项。据不完全统计,这些科研成果累计增产粮食30亿公斤,为农民增收节支45亿元。

如果说求实创新、敢为人先是祁阳站的特点,那么长期定位试验就是祁阳站的品牌。目前该站22年以上的长期定位试验有7个,其中稻田阴离子试验始于1975年,生土熟化试验、水田轮作制试验和稻田综合因子试验均始于1982年，荒山植被恢复试验始于1983年，旱地土壤肥力监测试验始于1990年。已积累田间观测和分析数据35万个，气象数据46万个。这批数据为国家制定农业长期发展规划提供了科学依据。

50余年来，祁阳站不仅处于农业生产前沿，而且成为培养农业科技人才的基地，从这里走出了许多杰出的农业科研人才。第一任站长、土壤肥料与植物营养专家刘更另博士，1994年当选中国工程院院士，被誉为从祁阳"鸭屎泥田"改良中走出来的院士。第二任站长陈福兴研究员，1991年被评为农业部有突出贡献的中青年专家。陈永安研究员1992年被评为国家有突出贡献的中青年专家。第三任站长徐明岗博士，2005年被评为农业部有突出贡献的中青年专家，2008年获第十届中国科协年会周光召基金会首次颁发的"农业科学奖"。还有新一代的牧草专家文石林，土壤肥料专家张会民、王伯仁，也有像秦道珠、高菊生、黄平娜这样在长期的工作实践中成长起来的农学家以及坚守农业科研第一线的年轻大学生黄晶，硕士生刘淑军、李冬初、蔡泽江等。

从1984年开始，祁阳站利用试验基地培养研究生，学生们在这里进行试验研究和完成毕业论文，截至2009年年底，在此做研究论文的硕士研究生57名、博士研究生13名。这些研究生毕业后，分别在国内外不同岗位上发挥重要作用。

祁阳站不愧为农业科技工作者成长的摇篮，当代中国南方大地上的"土神"！

情系"三农" 树一座永远的丰碑

祁阳实验站从建立之日起，就以情系"三农"、服务人民为己任。20世纪60年代，以刘更另、江朝余、章士炎、杨守春等为代表的第一代科技人员，是在吃着"瓜菜代"，背着木炭篓，支起旧木匾当试验工作台的艰苦条件下，攻下"鸭屎泥水稻坐秋"这一科研难关的。

80年代以后，以站长陈福兴研究员和陈永安、张马祥研究员等为代表的第二代农业科学家，深入衡阳、零陵、邵阳等地区，建立湘南地区土壤肥料实验网，将试验田搬到农民的家门口。1983—1987年，秦道珠、魏长欢、黄佳良、吕玉朝、李孟秋在零陵、东安、常宁、衡南4个县的16个公社驻点，建立深泥脚田水稻垄栽示范片、紫泥田水稻施用锌肥示范片、砷毒田改良示范片，显著地提高了水稻产量。仅1983年和1984年两年，示范推广面积就达40万亩，累计增产稻谷3 166万公斤。

"八五"期间，丘陵立体农业研究将整个山、水、田、土综合治理，粮、经、果、牧立体发展。在湘南地区祁阳、祁东、冷水滩、东安等县区，示范推广稻—稻—油

"三熟制"12万亩，增产稻谷1 152万公斤、油菜籽240万公斤；发展落叶水果11万亩，改造低产茶园3 000亩，获"五峰贡茶"和"蛋鸭饲料配方"两项专利，累计增收2亿多元。

90年代以来，以站长徐明岗研究员和文石林博士为代表的科技人员，将农业集约化、产业化种植和牧草筛选作为攻关重点。2001—2005年，环境保持型施肥技术在永州、衡阳地区推广180万亩，累计增加稻谷8 503万公斤。1987年以来的18年间，引进牧草品种240个，筛选出6个适合南方地区种植的当家品种，推广面积达10万亩。

新形势下，祁阳站为粮食增产开始了新的科技攻关，在国家水稻产业技术体系重大项目的支持下，建立了"湘南水稻产业技术体系网"，采取"科研+公司+基地+农户"的方式，推广优质稻天龙1号170万亩；建立试验示范核心区3万亩，培植"机耕、机插、机收"的现代农业试验示范样板田2 000万亩。据统计，2008年仅祁阳、祁东、东安、冷水滩4个县区的"核心示范区"就推广高产优质稻135万亩，增产稻谷1 072万公斤。

熟悉每一块红土，帮助每一户农民，致力于发展农村经济，祁阳站用自己的实际行动播洒着情系"三农"的汗水，绽放出科学发展的耀眼光芒。

50余年来，千山万壑，印上了他们的串串足迹，大地可以作证；寒来暑往，刻下了他们脸上的条条皱纹，时间可以作证；田间地头，回响着他们的循循善诱，人民可以作证；奖状证书，闪耀着醉人的熠熠光辉，历史可以作证！这是中国农业科学发展史上难忘的一页，也是留在红土地上一座永远的丰碑。

● 中国农业科学院农业资源与农业区划研究所供稿 ●

【北京畜牧兽医研究所反刍动物营养研究室简介】

北京畜牧兽医研究所反刍动物营养研究室成立于1993年,到1997年初步建立起一支7人的小团队,目前发展为以青年为骨干、以博士硕士为主体的由50多人组成的科研队伍。其中,35岁以下青年的比例达到75%,具有博士学位的占40%,具有硕士学位的占45%,专业涵盖了动物营养学、微生物学、分子生物学、分析化学、兽医学等相关学科。

从"九五"到"十一五",该团队共主持完成国家项目30余项,包括国家自然科学基金项目、国际科学基金(IFS)项目、联合国粮农组织(FAO)项目、国际科技合作重点项目和"十五""十一五"国家重大科技专项课题。"瘤胃微生物脲酶抑制剂的研究与应用"等研究成果先后获国家级奖1项、省部级奖5项,主持研制9项国家及行业标准,获得4项发明专利和2项实用新型专利授权,主编著作7部,发表论文近500篇。此外,这个团队还培养出博士后8名、博士13名、硕士56名。1997年被农业部机关党委和中央国家机关团工委授予"青年文明号"称号,2005年被授予"全国青年文明号"称号。

他们用青春和热血弹奏出时代的强音;他们用忠诚和奉献谱写着服务"三农"、报效祖国的篇章。这就是反刍动物营养研究室创新团队,青年科技工作者的楷模和领跑者。

服务民族奶业的科技团队
——记"全国青年文明号"北京畜牧兽医研究所反刍动物营养研究室

中国农业科学院北京畜牧兽医研究所反刍动物营养研究室是一个热心服务"三农"的团队,为了振兴我国奶业,为了民族强盛,他们全身心地投入科研和技术推广,被广大农民誉为"万事民为先,科技引路人"。

在磨练中攀登的团队

复原乳问题是关系奶业健康发展的关键问题,国务院办公厅于2005年9月18日发布了《关于加强液态奶生产经营管理的通知》,而如何鉴定复原乳则是该通知贯彻中最核心的问题。为此,农业部向中国农业科学院北京畜牧兽医研究所奶业课题组下达了《巴氏杀菌乳和UHT灭菌乳中复原乳的鉴定》标准的研制任务。

中国农业科学院北京畜牧兽医研究所按时完成了《巴氏杀菌乳和UHT灭菌乳中复原乳的鉴定》标准的研制任务,并由农业部在2005年9月30日通过互联网向全国发布。液态奶中复原乳的鉴定是一项世界性难题,奶业课题组究竟是依靠什么力量完成了如此艰巨的任务?

标准研制组负责人王加启说:"这项工作是对一个团队意志的磨练。"9月13日接到标准研制任务后,研究室立即成立了一支由12人组成的科研队伍。就是这支队伍,刚刚在9月初完成了一项有关共轭亚油酸牛奶的成果鉴定任务,接到任务的当天下午,还在忙着两个科学仪器设备改造项目的验收工作,连晚饭都来不及吃一口,就毫无怨言地投入一场新的战役中。

● 反刍动物营养研究室青年科技团队合影

尽管有前期科研储备,但是标准研制与科研工作差别很大。面对试验方法重复验证和标准起草两项主要工作,12人的队伍被分为标准起草文献查阅、标准物制备、样品物资采购、样品前处理和仪器分析5个小组。王加启研究员在研制组会上要求:"为了完成任务,每个人都必须以小时甚至是以分钟为单位来规划手头的工作。"刚开完会,刘仕军博士到大兴采样的车就出发了,这时是9月14日凌晨2时。为了找到更好的分析试剂,李树聪博士在计算机前一坐就是20个小时,给他送午饭时,前一天的晚饭还在旁边放着。研制组中还有远在加拿大进行合作研究的卜登攀博士,白天从事加方的研究工作,晚上则进行国际标准资料的整理。为了按照与生产完全一致的条件制备UHT奶样品,魏宏阳博士连续60个小时过着车上—牛场—加工厂—实验室的颠簸生活。66岁的于建国研究员因为连续熬夜,导致视力出现短时性急剧下降,可他却坚决拒绝了让他休息的安排。付宝华老师在工作开始前就感觉到身体不适,却将去医院检查的时间安排在了标准发布以后。王加启则始终与团队战斗在一起,果断决策,在每个困难和挫折中都能确定正确的方向,使整个团队自始至终都保持着清醒的头脑、明确的方向和向上的精神。

反刍动物科研楼的考勤清单显示:从9月14日到28日,标准研制组成员的总加班时间达到2 550个小时,相当于人均每天加班9个小时,其中加班最多的刘仕军博士达到180个小时,平均每天加班加点达12个小时。在这15天中,反刍动物科研楼彻夜灯火通明。

在工作中求实的团队

反刍动物营养研究室成立于1993年,当时,面对几乎一无所有的两间实验室,这个团队本着不等不靠的自力更生精神,开始了艰难的创业历程,到1997年初步建立起一支7人小团队,并被农业部机关党委和国家机关团工委授予"青年文明号"称号。在荣誉面前,团队没有止步,而是更加以时不我待的心态投入没有止境的创业中,通过科技成果转化的收入,他们建起了一栋1 500平方米的反刍动物营养科研楼,建立了国内先进的三位点瘘管肉牛和奶牛试验基地,一件一件地添置仪器设备,逐年不断地出成果。正是这种永不满足的创业精神,使反刍动物营养学科在2005年拥有了一支超过50人的队伍,具有全面开展相关研究的条件,成为国内重要的反刍动物科研基地之一。也就是在这一年,该研究室被授予"全国青年文明号"称号。

团队的第一个研究生李树聪说,他最敬佩的就是这个团队从事科研的脚步永不停息,在荣誉面前不沾沾自喜,在困难面前不低头,在国家需要的时候不退缩。魏宏阳博士从读硕士开始加入这个团队,现在已经是常务副主任,他说他最佩服的是这个集体敏锐超前的学术眼光,总是能够比别人更早地发现问题、发现苗头和发现技术需求,因而也就能够更早地进行探索性和储备性研究。这次研制复原乳鉴定标准,大家所知道的时间只有半个月,而实际上早在2005年年初,这个研究室就已经安排开展前期研究工作,接到任务时,实验室已经完成检测方法的初期研究。

在创业中成长的团队

从"九五"到"十一五",团队共主持完成国家项目30余项,包括国家自然科学基金项目、国际科学基金(IFS)项目、联合国粮农组织(FAO)项目、国际科技合作重点项目以及"十五""十一五""奶牛现代集约饲养关键技术研究与产业化示范"等国家重大科研课题。他们始终以认真求实的工作作风要求自己,坚持科研课题来自生产、科研成果应用于生产的基本指导思想。团队2009年6月"热应激对奶牛营养代谢的影响及其缓解技术的研究"和"青贮与全混合日粮裹包技术的研究应用"两项成果通过部级鉴定,2008年"奶牛合成优质活性蛋白的机理及其应用技术研究"成果被鉴定为国际先进水平,2006年"奶牛共轭亚油酸(CLA)合成调控机理研究及其产品开发"成果获北京市科技进步一等奖、"奶牛饲养标准化技术推广项目"获北京市农业技术推广奖二等奖,2005年"农牧交错带贫困地区肉羊舍饲、农牧民增收与生态恢复模式研究"获辽宁省科技进步三等奖，2004年"提高牛奶共轭亚油酸含量的营养调控研究"和"奶牛规范化饲养与牛奶品质营养调控技术研究应用"通过农业部科技成果鉴定，2003年"反刍动物新型饲料添加剂预混料与高效饲养技术推广应用"获全国农牧渔业丰收奖一等奖，1999年"瘤胃微生物脲酶抑制剂的研究与应用"获国家科技进步二等奖。近9年来，团队先后获得部级鉴定成果10项、国家奖1项、省部级奖5项，主持研制9项国家及行业标准，获得4项发明专利和2项实用新型专利授权，主编著作7部，发表论文近500篇。此外，团队还为社会培养输送了一批有用人才，已培养博士后（出站）8名、博士13名、硕士56名。

在服务中奉献的团队

与反刍动物养殖技术推广服务有关的中央部门及许多地方政府都说："这是一个热心服务'三农'的团队。"该团队从1998年起在内蒙古、新疆、北京、河北、山西、福建、天津等10多个省（自治区、直辖市）推广反刍动物高效饲料饲养技术。2003年、2004年在北京大兴和辽宁朝阳开展奶牛与肉羊的规范化饲养技术推广，每年给两地的养殖户带来5 000万元以上的新增纯收益，被当地农民誉为"万事民为先，科技引路人"。研究室积极配合团中央、中央国家机关团工委、全国青联、农业部、科技部和中国农业科学院组织的科技下乡与科技扶贫活动，1997年至今已经派出200人次以上，遍及全国30多个省（自治区、直辖市）。仅2004年5—10月，就派出10多名专家配合农业部到山东、河北、河南、辽宁4省开展"玉米青贮与奶牛高效饲养技术"推广，接受培训的农民达到6 000人次以上。2005年该研究室作为科技入户（奶牛）项目的牵头单位，组织了一支由10余名专家和技术骨干构成的队伍，深入全国10多个省开展调研和技术推广服务。

这个团队自成立以来，始终坚持"学以致用，报效祖国"的宗旨。正是由于确立了"服务国家需要、服务'三农'发展"的团队建设理念，他们才能在国家最需要的时候站出来，在最艰苦的战斗中打得赢。

●中国农业科学院北京畜牧兽医研究所供稿●

【后记】

值此中国农业科学院建院 60 周年之际,《农科英才（2017 版）》正式出版了，本书对于进一步宣传建院以来的杰出人物，传承优秀的文化传统，营造浓厚的科研氛围，激发科技创新精神，推进现代农业科研院所建设，奋力实现中国梦和"两个一百年"宏伟目标，具有十分重要的意义。

本书的编写和再版，得到了中国农业科学院办公室和全院各相关研究所以及中国农业科学技术出版社的大力支持，在此表示衷心感谢。参与撰稿、编辑的全体同志为本书的出版付出了辛勤的劳动，在此一并表示感谢。

中国农业科学院建院 60 年来，在农业科研领域和技术推广方面作出重要贡献的专家学者和团队为数众多，限于篇幅，书中仅收录了他们中的 71 位个人和 3 个集体代表。由于编写时间紧，水平有限，书中难免存在疏漏和不足，敬请读者谅解和指正。

《农科英才》编辑委员会
2018 年 6 月